U0108865

中國照相館史

1859-1956

仝冰雪 著

商務印書館

中國照相館史 1859-1956

作　　者：仝冰雪

責任編輯：徐昕宇　董　良

封面設計：張　毅

出　　版：商務印書館(香港)有限公司
　　　　　香港筲箕灣耀興道 3 號東匯廣場 8 樓
　　　　　http://www.commercialpress.com.hk

發　　行：香港聯合書刊物流有限公司
　　　　　香港新界大埔汀麗路 36 號中華商務印刷大廈 3 字樓

印　　刷：中華商務彩色印刷有限公司
　　　　　香港新界大埔汀麗路 36 號中華商務印刷大廈

版　　次：2017 年 7 月第 1 版第 1 次印刷
　　　　　© 2017 商務印書館(香港)有限公司
　　　　　ISBN 978 962 07 5721 1
　　　　　Printed in Hong Kong

目錄

前言

本書的寫作，緣起於十五年前為了新居補壁而淘來的一張老照片。正是這張「山西洪洞縣大槐樹處遷民古蹟攝影」的原版民國照片 (0-2)，開啟我持續至今的歷史影像收藏。此後，每當得到一張心儀的古董照片時，除了賞鑒，我心中不免會有另一種衝動：照片上的人到底是誰？在哪裏？由誰拍攝？何時拍攝？為何拍攝？這一系列疑問，有些已經在照片或卡紙上的商標、題籤上找到了答案，但更多的時候需要繼續查證，因此，研究也成了我收藏之後的另一個習慣和愛好。

我最開始收藏到的照片，從拍攝者來說，各地照相館拍攝的影像佔據了絕大部分。為了了解照相館的背景，我開始翻閱《中國攝影史 1840—1937》[1]《上海攝影史》[2]《中國攝影史話》[3]《中國攝影發展歷程》[4] 等當時國內僅有的幾本攝影史專著，發現關於照相館的詳細史料少之又少，並且，書中的很多記載，與我收藏照片中的直接證據是矛盾的，這進一步激發了我對照相館研究的興趣和熱情。

隨着我的影像收藏越來越多，尤其是2005 年後，因特網的大規模崛起和網上購物的便捷，我開始通過網絡購買照片和相關的攝影史料書籍，一批和中國早期影像有關的英文書，比如《老照片中的中國：1860—1910》[5]《大清帝國：1850—1912》[6]《中國面孔：1860—1912》[7]《圖像香港：1855—1910》[8]《蠻夷的鏡頭》[9]《戰爭和美麗》[10]《北京的照片：1861—

1　馬運增、陳申、胡志川、錢章表、彭永祥主編，《中國攝影史 1840—1937》，中國攝影出版社，1987 年。

2　上海攝影家協會、上海大學文學院編，《上海攝影史》，上海人民美術出版社，1992 年。

3　中國社會科學院新聞研究所編，《中國攝影史話》，遼寧美術出版社，1984 年。

4　吳群，《中國攝影發展歷程》，新華出版社，1986 年。

5　Burton F. Beers, *China in Old Photographs 1860-1910*, American China Trade, 1978.

6　Clark Worswick and Jonathan Spence, *Imperial China: 1850-1912*, Pennwick Publishing, Inc., 1978.

7　Preface by L. Carrington Goodrich, Historical Commentary by Nigel Cameron, *The Face of China, As Seen by Photographers & Travelers 1860-1912*, Aperture, Inc., 1978.

8　*Picturing Hong Kong: Photography 1855-1910*, Asia Society Galleries, New York, in association with South China Printing Company, Hong Kong, 1997.

9　Regine Thiriez, *Barbarian Lens, Western Photographers of the Qianlong Emperor's European Palaces*, Gordon and Breach Publishers, 1998.

10　David Harris, *Of Battle and Beauty, Felice Beato's Photographs of China*, Santa Barbara Museum of Art, 1999.

《1908》[11] 等出版物，極大地開闊了我的研究視野。此時，國內關於早期影像的出版物和展覽也如雨後春筍，《莫里循眼裏的近代中國》《上海圖書館藏歷史原照》《1860—1930：英國藏中國歷史照片》《晚清碎影——約翰·湯姆遜眼中的中國》《前塵影事：于勒·埃及爾最早的中國影像》等一批重量級中文圖冊問世，有的還伴隨着同名的展覽，這也激發了我對中國早期歷史影像研究的更強烈關注。(0-1)

在此期間，有關中國原版影像的收藏領域，國際、國內市場也系統開啟。2006 年春大，有關中國歷史影像的首次專場拍賣在「攝影之都」巴黎舉辦，法國人于勒·埃及爾拍攝的八張中國內容銀版照片，也是目前被史學界稱為拍攝時間最早並留存至今的中國影像上拍。同年秋季，國內的北京華辰拍賣公司也首次領銜舉辦了影像專拍，中國早期歷史影像佔據了相當的內容。隨後，有關中國歷史影像的專場拍賣也不時出現在國內春、秋大拍中，除了私人藏家外，不少公共機構、藝術基金、企業家也開始步入影像收藏的行列。

正是在這一片熱潮之中，我卻發現一個有意思的現象：不論是出版、展覽，還是拍賣中，外國人拍攝的中國歷史影像佔據了絕大部分。這類影像，大部分是當年的戰地攝影師、商業攝影師、外交官、傳教士、商人或者純粹的旅行者拍攝，然後直接帶回本國，或進行商業開發和銷售，或作為個人紀念品而保存下來；也有部分是外國人在中國開設照相館銷售的旅行紀念品。正因為這批影像留存量大，並

且自身具有強烈的流通屬性，塵封多年後，因為互聯網的發展和國際物流的發達，世界各個角落的照片開始進入畫廊、網站或拍賣公司，被發現、研究和交易，從而進入公眾的視野中。2009 年和 2010 年，英國學者泰瑞·貝內特出版了兩本有關早期中國影像的專著，對早期來華的外國攝影師的生平和作品進行了詳細的考證，把這類外國攝影師拍攝的中國歷史影像的研究和交易推向一個高潮。

在第一次和第二次鴉片戰爭期間，照相機正是伴隨着槍炮來到中國的。西方攝影者拍攝的「歸順、異國情調與『原始』觀感」[12] 的影像，滿足了歐美消費者的幻想，為西方塑造了一個遙遠東土的「真實」映射。今天，當我們再次回看這些「他者」照片時，從某種程度上同樣滿足着我們自身對那個時代中國的想像，攝影師記錄的那一幀幀殘破的城牆、乞丐、繁華的街道還有絕美的田園風光，都彷彿瞬間復活，滄桑與厚重撲面而來，可以直擊我們內心的懷舊情愫，這些影像，都成為我們家國歷史的珍貴視覺記憶。(0-3) 不過，仔細探查，這種今天看起來撼動人心的「真實」，大部分是攝影師「通過各種修辭和畫面的手法（從畫意派的觀點到科學分類的方法），還有不同的視覺主題（從風景攝影到『種族分類』的攝影）」[13]，從而再現的一個想像中的帝國地景。正如雷恩（James R. Ryan）所說，這些影像是「一種對真實的意指和建構」[14]，而並不單單是一種純粹的記錄。對當時與照相機面對面的中國民眾來說，很多人成為拍攝的對象，或者成為西方拍

---

11 Nick Pearce, *Photographs of Peking, China 1861-1908*, The Edwin Mellen Press, 2005.

12 （英）利茲·韋爾斯等編著，《攝影批判導論》（第 4 版），傅琨、左潔譯，人民郵電出版社，2012 年，第 254 頁。

13 同前註。

14 同前註。

攝者所僱用的模特，但大部分被攝者或許根本沒有見過照片的成品，這種大批量製作的「他者」影像，與拍攝對象的真正交集還遠遠沒有開始。

反觀「他者」影像批量生產時的中國，因為與同時期西方的經濟和文明發展的巨大差距，我們幾乎沒有獨立的戰地攝影師、商業攝影師，手持相機在中國的普及程度也遠遠低於西方，因此，早期影像的生產，照相館成為主體，正如《中國攝影史 1840—1937》一書所說，「攝影術傳入初期，照相館攝影師是中國早期攝影發展的一股主要力量」[15]。同時期的西方國家，雖然照相館也是遍地開花，但無論是其佔有整個社會影像生產量的比重，還是傳統照相館時代的持續時間，以及照相館內攝影師與顧客對於拍攝照片的話語權控制上，都與中國形成了巨大的反差。中國特色的照相館影像，成為世界攝影史中一道獨特的風景線。

對中國照相館的研究，有必要首先關注早年照相館裏的顧客群。相比照相術在歐美一夜之間的迅速普及，中國的社會土壤和需求則完全不同，早年因為照相館稀少和消費的昂貴，以及普通民眾對照相術的不解，最早步入照相館拍攝的，大部分是與外國人打交道的開明官員、開明商紳，還有開風氣之先的柳巷嬌娃、梨園妙選等。也有不少顧客拍照，只為未來逝去後繪製肖像畫製作摹本，但能夠如此未雨綢繆的，肯定也是非富即貴。因為獨立攝影師、官方攝影師的普遍缺乏，在晚清、北洋甚

至國民政府早期，權貴拍照，甚至政府重大活動的拍攝，照相館也基本是唯一的候選人。照相館，幾乎是當時社會「大眾接觸和享有攝影藝術的唯一途徑」[16]，照相館影像，也「代表了中國慢照時代的照片所能達到的最高水準，所體現的價值不僅殊為獨特，而且絕對無可替代，某種意義上，它首次使形形色色的『中國人』得以不分等級身份、在一種靜止不失莊重的狀態中被『學術』和不帶偏激地凝神觀看成為可能」[17]。照相館不僅僅是每個個人或家庭影像的第一個自覺塑造者，也首次成為中國社會變遷視覺文獻的主動記錄者。(0-4)

2011 年，美國洛杉磯的保羅·蓋蒂博物館策劃了一個特別的展覽——「丹青和影像：早期中國攝影」。這次展覽，探究了攝影如何傳入中國和中國迎來攝影術期間的文化轉變。其中，中國本土出現的第一批攝影師成為展覽的亮點，同名展覽圖錄上，巫鴻、郭傑偉、范德珍、胡素馨、黎健強、葉文心等專家學者的文章，也是立論獨特，令人深思。展覽開幕後，紐約的藝術批評家理查德·B·伍德沃德，在《華爾街日報》上發表了題目為《鏡頭後面的中國人》[18]文章，他說，在 19 世紀的中國攝影史上，中國攝影師是很罕見的，當時，幾乎都是歐美的職業或業餘攝影師，為本國讀者構建了紙上的中國映射，中國人只是站在鏡頭前成為拍攝對象，而沒有出現在鏡頭的後面，成為拍攝者，而這次展覽，就是強調鏡頭後的中國攝影師。因為展覽前曾與策展人范德珍女士

15 馬運增、陳申、胡志川、錢章表、彭永祥主編，《中國攝影史 1840—1937》，中國攝影出版社，1987 年，第 57 頁。

16 肖小蘭，《上海：1949—1999 照相館人像攝影藝術》，藝術中國網站，2012 年 1 月 31 日。

17 林茨、王瑞，《攝影藝術論》，北京：生活·讀書·新知三聯書店，2011 年，第 303 頁。

18 Richard B. Woodward, *Chinese Behind the Lens*, April 19, 2011, WSJ.

有過多次深入交流，讓我再次深切感受到了國外學者對以照相館為代表的中國攝影師系統研究的急切與渴望。

而照相業當時一般歸入手工業或商業，中國自古就有重農輕商的傳統，歷來經商者排位於「士農工商」四民之末，並且，攝影又被認為是「技術之末」[19]或者「遊藝小技」[20]。明清以來，隨着商品經濟的發展和商品流通領域的擴大，社會上開始出現了「恤商、厚商」[21]的思潮。照相業因為具有相當技術含量，對很多人來說還帶有神秘的色彩，如果照相館經營規模很大，或者蓋起小樓，普通民眾對照相從業人員會高看一眼，甚至照相館老闆和師傅會「成為市面上受人尊敬的人物」[22]。不過，相比早期照相業中非富即貴的顧客來說，照相館業主或照相館工作人員還是處於弱勢地位。如果貴客上門，僕從跟隨，「她們或坐或站，聽其自便，攝影師上去動手校正姿勢這是萬萬不許可的，只可用鏡頭調換角度，還要照得比較理想，才能取得顧客歡心」[23]，如果能夠有機會為社會上的權勢人物拍照，對很多照相館來說更是「感激無極矣」[24]。

正是因為不對等的社會地位或經濟差距，早年照相館中，絕大多數的顧客掌握着話語權，照相館肖像的姿勢、構圖、光線等，一切以顧客滿意為前提，劉半農在《半農談影》中曾說，照相館「無論如何是營業的；既要營業，就不得不聽社會的使喚」。就算在本地外國人開辦的照相館中，我們也不難發現，給中國顧客拍攝和給外僑拍攝，手法和風格會迥然不同，中國人更多的是正面、全身照，外僑則幾乎無一例外地半身側面照；同樣，在中國人開辦的照相館中，每當給外僑拍攝時，一樣會選擇頭像或胸像，臉上也儘量避免平光。

在早期照相館時代，一些守舊的中國文人雅士，以其局限性的傳統知識建構，加之某些先入為主的偏見，曾經蔑視民間照相，就如熱衷於文學改革和漢字改革的《新青年》編委錢玄同甚至曾戲言：「凡愛攝影者必是低能兒。」[25]回首來看，正如林茨、王瑞所說，這些照相館影像「以歷史分析和圖像分析的眼光看，很可能具備比他們提倡的高雅藝術更豐富的內涵」。[26]早年中國照相館審美標準的確立，不單單是照相館攝影師的獨創，更應該是全體顧客和攝影師共同合作的選擇。中國傳統的具象視覺審美觀念，從不同方面直接催生了中國最早期照相館的攝影審美，比如正面照、平光照、全身照、圖式照等一系列審美標準和法則的確立，實際上也可以稱之為一個民族自然產生的價值認同。

隨着照相館在各地的普及，更多的民眾走入照相館，尤其當更多的藝術家、海外留學

19 《脫影奇觀》一書的廣告，見《萬國公報》，1878年第512期，第20—21頁。

20 弁言、陳公哲，《攝影測光捷徑》，精武體育會攝學部出版，1917年。

21 陳學文，見《明中葉以來「士農工商」四民觀的演化——明清恤商厚商思潮探析》，《天中學刊》，2011年第2期。

22 劉育新，《解放前的遼源照相業》，見中國人民政治協商會議遼源市委員會文史資料委員會編，《遼源文史資料》第4輯（建國前的遼源工商業），第84—99頁。

23 冼芳基、米秀灃，《傅靈台和美麗照相館》，見中國人民政治協商會議天津市委員會文史資料委員會編，《天津文史資料選輯》，2002年第2輯（總第94輯），天津人民出版社，2002年，第1—3頁。

24 《山本照相館》，見《順天時報》，1909年5月12日。

25 劉半農，《談影》《半農談影》，上海開明書店，1927年。

26 林茨、王瑞，《攝影藝術論》，北京：生活‧讀書‧新知三聯書店，2011年。

生開始介入照相業，擔任照相館館主或攝影師後，照相館中，顧客和攝影師的話語權才開始發生微妙的變化。自 20 世紀 20 年代起，在新文化運動的啟蒙下，美術照相開始在中國各地風靡，拍照從最初記錄性的實用功能，開始向時尚功能轉變，照相術也開始被認為是藝術之一。照相館濫觴時期的基本審美範式逐步被打破，更多的照相館攝影師開始在攝影藝術之路上積極探索，這也得到了廣大民眾，尤其是大中城市中的女影星、女藝人、名門閨秀、女學生、軍政要員和文化巨匠的積極響應。在照相館中，從燈光運用、背景道具、人物姿態、表情抓拍等方面，攝影師在模仿西方攝影造型的同時把中國人所認同的莊重、內斂、隱逸等精神追求融入照片拍攝和製作中，從而創造出有中國特色的照相館審美範式，此時照相館創造出的影像，已經成為中國社會早期現代化視覺構建中一個不可或缺的組成部分。(0-5,0-6)

在中國早期攝影發展過程中，除了照相館的攝影，我們還有林鍼、鄒伯奇、羅以禮等攝影先知們孜孜以求的探索，以郎靜山、陳萬里、劉半農、吳中行等為代表的藝術攝影大師們苦心孤詣的實踐，抗日戰爭、解放戰爭等一系列歷史演進中產生的紅色攝影師、戰地記者、國民政府官方攝影師的拍攝，以及因為手持照相機的發展而誕生的業餘民間記錄等。其中的每一個主題，都值得我們獨立成章地去關注和研究，有些領域研究成果已經頗豐，這些並不在本書的涵蓋範圍之內。縱觀早期中國攝影史，不論從影像生產的體量，還是從攝影與中國人的交集來看，照相館攝影「本應成為中國攝影史乃至中國近現代視覺藝術最具有研

究價值的重要組成部分」[27]，但是，從已經出版的各種攝影史類書來看，對照相館攝影的研究，「總是好像非常不應該地付之闕如」[28]，其中緣由，有以帝王將相為正史中心的攝影史觀的限制，更主要的是因為各種照相館原版影像和原始史料缺乏的桎梏，而讓研究者無從系統開啟。

中國照相館拍攝的影像，除了作為商業銷售的名人肖像，花界、梨園小照，以及少量風景、民俗照片外，照相館生產的影像的主體就是個人肖像，家庭、集體合影等。這類影像，大部分只是印製一張或幾張，當年或置之案頭，或懸之壁上，或持贈親朋。歷經歲月流轉，社會動盪，晚清、民國的照相館影像能夠留存至今的，遠遠不比當年的海量生產。在過去的十五年中，正是因為互聯網的發展，當年作為贈品的大量「玉照」被發現和交易；各個文博機構也開始在網上披露自己的收藏；家族的後人，因為先人的離世，開始把逝者的原版影像推至市場之中。這些照相館照片的大量湧現，為中國照相館史的研究提供了一個難得的契機。

在照相館原始史料方面，因為正史中鮮有刊載，晚清、民國的報刊上的報導文章和商業廣告，成為豐富和重要的資料來源。這幾年，隨着眾多機構進行晚清、民國報刊的電子化，史料檢索越來越方便，雖然還有大量報刊無法借閱，沒有電子化，但相比十年前一卷卷審看縮微膠卷，或者一張張翻看報紙的縮印本，已經大大提高了效率。這也是我從去年下決心開始寫作的原因，相信未來會有越來越多的新鮮史料湧現，只能期待同好的跟進研究或者再版

27　林茨，《攝影與神話》，見《美術館》，2009 年第 1 期。　　28　同前註。

時進一步更新了。另外，值得一提的是，1982年，全國政協五屆五次會議把政協文史資料工作寫進了《中國人民政治協商會議章程》，從此，各地政協文史資料工作者，以極大的熱情投入徵集、撰寫、整理和出版本地文史資料工作。本書中就有不少篇章引用了當地老照相館的直接從業人員或後人撰寫的回憶錄，從不同側面回顧了早期各地照相業的發展。雖然有些回憶性史料的準確性還亟待進一步證實，但其中有很多鮮活的一手觀點性材料值得今天史學者借鑒，在絕大部分民國照相館老闆主、老攝影師、老技師都已經離世的情況下，這些口述史顯得更加彌足珍貴。

本書的寫作，從時限上來説，雖然宜昌照相館有可能早在咸豐年間（1851—1861）就已經在香港開業[29]，但目前還沒有直接發現佐證。而中國文人王韜在《蘅華館日記》（稿本）中，確切記載了羅元佑於 1859 年在上海開設照相館一事[30]，這也因此成為本書的時間上限。此後，照相館由南往北，從沿海向內地次第發展，跨越晚清、民國，以及新中國成立初期。直至 1956 年公私合營的高潮中，全國幾乎所有私營、個體照相館主動或被動地參加了公私合營運動，此後不到十年的時間裏，中國的照相業已經全部變為公有制，隨後而來的「文化大革命」，徹底改變了傳統照相館的發展軌跡，公私合營宣告了延續百年的傳統照相業的終告落幕，也是本書綜合論述部分最後的篇章。改革開放後，甚至數碼技術橫行的今天，

雖然一些傳統照相館的物理形式依然存在，但其精神內核已面貌迥異，更多的照相館面臨着「生存還是毀滅」的嚴峻考驗。這一系列中國傳統照相館的延展，都值得我們以後進行深入的專題研究。

在早期大陸照相館的發展過程中，香港曾經是一個最主要的策源地。不過，因為香港、澳門、台灣三個地區特殊的政治、經濟和文化背景，其照相館的發展史和整個大陸地區出現了相當的異趣。當我試圖以一篇總論梳理中國照相館最有特質的發展脈絡時，發現很難系統融入這三個地區的照相館存在，因此，我還是把筆觸更多地集中在大陸地區，香港、澳門、台灣三個地區的照相館發展，有些已經有學者做了相當的研究，相信未來還會有進一步的系統的探索和發現。

從結構上來講，本書每篇獨立成章，每個章節選取中國照相館發展的一個側面來剖析，最後選擇六家典型的照相館和《申報》上出現的照相館傳略作為個案調查。考慮到每個章節的獨立性和完整性，不同章節的部分內容有少量的交叉和重複，敬請讀者理解和諒解。

中國照相館史影像，不僅關照中國人開辦的照相館拍攝的影像，最重要的是中國人消費的影像，裏面同樣包含了本土外國照相館為中國人拍攝的影像。所有這些影像，不僅代表了攝影師的技術水準和藝術追求，更展現了中國人自我觀看的前因後果。影像裏的每一個因素構成，都體現着中國人的文化涵量和審美情

29 鄧肇初，《廣州攝影界的開山祖》，原載廣州攝影工會，《攝影雜誌》，1922 年 6 月 15 日第 2 期，第 97 頁。轉引自吳群，《我國照相業的創始歷史》，見《攝影叢刊》第 8 輯，上海人民美術出版社，1982 年。

30 王韜，《蘅華館日記》（稿本），見《清代日記匯抄》，上海人民出版社，1982 年。

結。這種涵量和情結，在不同的時期、不同的地域、不同的階層，都會有不同的風格特質。這種風格特質，也不是獨立於寰宇之上，唯我獨尊，就如同中華文明的包容性一樣，有對傳統的堅守，更有相容並蓄。正是這豐富多彩的可能性，共同構築了一部中國人認知攝影、自我觀看的大歷史。我們應當去書寫獨特的中國早期攝影史，這種書寫，是對歷史的忠實，更是為了一個民族敢於正視自身歷史的文化自信。

0-1 《前塵影事：最早的中國影像》北京華彬藝術博物館展覽現場
展出法國人于勒·埃及爾拍攝的中國最早影像，銀版照片 15 張，及大量早期照相器材。數碼文件，作者拍攝，2012 年 12 月 14 日。

0-2　山西洪洞縣大槐樹處遷民古蹟攝影

佚名，銀鹽紙基，卡紙 25×19 厘米，照片 19.5×14.5 厘米，1930 年前後。紫檀原框，28×21.5 厘米。作者收藏的第一張歷史影像。

0-3　從安定門看北京城牆

費利斯・比托，蛋白紙基，28.6×22.9 厘米，1860 年 10 月 21 日。作者收藏。

0-4 中國照相館照相圖式集錦一

香港繽綸照相館，蛋白紙基，27×24 厘米，1875 年前後。作者收藏。

圖片中表現了照相館可以製作的照片樣式，包括名片格式肖像、櫥櫃格式、大尺寸照片等，照片內容分為單人雙人、多人合影，以及風景、建築、民俗等。圖片中的照片有香港繽綸拍攝，也有約翰·湯姆遜、華芳照相館拍攝的作品。照片中央上方的兩幅肖像為李鴻章和左宗棠。

0-5　中國照相館照相圖式集錦二

香港繽綸照相館（傳），蛋白紙基，25.2×20.6 厘米，1868 年前後。作者收藏。
圖片展示了當時照相館可以為本地顧客拍攝的八種不同類型的名片格式肖像，無一不是全身照。

0-6　中國照相館照相圖式集錦三

香港繽綸照相館（傳），蛋白紙基，24.9×19.9 厘米，1868 年前後。作者收藏。
圖片展示的照相館拍攝的類型更加豐富，包括戲裝照、官員像、日本女子和服照等類型，同樣無一不是
全身照。

第一章

傳入與開辦

1-1-1　廣州雅真照相館外景
佚名，銀鹽紙基，照片明信片，1910 年前後，作者收藏。
雅真照相館的廣告招牌上，「西法影相」是最突出的字眼。

Thomson.   Hongkong.

1-1-2　中國女子肖像

香港約翰‧湯姆遜照相館，蛋白紙基，名片格式（約 6.4×11.4 厘米）手工着色，1868
年。作者收藏。

從女子拍攝時身體的角度、神態來看，這應該是照相館僱用的模特，照片是作為商品來
銷售的。

1-1-3　斌椿肖像一

法國巴黎 Carjat & Cie. 照相館，蛋白紙基，名片格式，1866 年。作者收藏。

1-1-4　斌椿肖像二

瑞典斯德哥爾摩 W . A . Eurenius & P . L . Quist 照相館，蛋白紙基，名片格式，1866 年。作者收藏。

1-1-5　張德彝肖像一

瑞典斯德哥爾摩 W . A . Eurenius & P . L . Quist 照相館，蛋白紙基，名片格式，1866 年。作者收藏。

1-1-6　張德彝肖像二

比利時布魯塞爾 Cesar Mitkiewicz & Cie.
照相館，蛋白紙基，名片格式，1866 年。
作者收藏。

1-1-7　彥慧肖像

瑞典斯德哥爾摩 W. A. Eurenius & P. L.
Quist 照相館，蛋白紙基，名片格式，
1866 年。作者收藏。

1-1-8　廣英肖像

瑞典斯德哥爾摩 W. A. Eurenius & P.L.
Quist 照相館，名片格式，蛋白紙基，
1866 年 7 月 12 日。作者收藏。

1-1-19　香港全景

香港華芳照相館，蛋白紙基，85×20 厘米，1875—1880 年。作者收藏。
照片所附標籤編號為「第 329 號」，是從太平山頂鳥瞰香港島和維多利亞港的全景，三聯張，手工拼接，遠處為九龍。

1-1-9　蒲安臣使團合影

佚名，紐約，蛋白紙基，16.5×10.5 厘米，1868 年。華辰 2011 年秋季拍賣會《影像》Lot 1402。
照片中者為蒲安臣，兩側為孫家穀、志剛兩位使團大使及德在初、聯春卿、塔木庵等隨行參贊，照片下方有該使團成員的具體名錄。

1-1-21　香港歐洲洋行裏的買辦合影

香港華芳照相館，蛋白紙基，28×20 厘米，1870 年前後，作者收藏。

照片所附標籤編號為「第 98 號」。華芳照相館給洋行買辦拍攝過多種組照，有合影，也有單人肖像，作為商品對外銷售。

HONGKONG.
No. 295.—Germanic Club.
Taken from the corner of Wellington and Wyndham Streets, this was built by Messrs. Sassoon
& Co. as a Club House for the German residents of the Island.

1-1-20　香港影相樓外景

香港華芳照相館，蛋白紙基，21×27 厘米，1872—1873 年，作者收藏。

照片所附標籤編號為「第 295 號」，原標題為「德國俱樂部」，指右側建築，可見華芳照相館本為拍攝德國俱樂部，無意中留下了香港影相樓的外景。香港影相樓開辦者為埃米爾·瑞斯菲爾德，1874 年轉讓後更名為「香港影相公司」。

1-1-22　白人男子着中國服裝合影

香港華芳照相館，銀鹽紙基，櫥櫃照片，1890 年前後，作者收藏。
照片正面卡紙下方用英文標明了華芳的成立日期是 1859 年，卡紙背面則有更多照
相館的信息和廣告。上方左側表明，華芳曾是 1872 年訪問香港的俄國阿里克謝大
公（Grand Duke Alexis of Russia）的攝影師，右側又寫明是香港總督堅尼地爵士（Sir
Arthur Kennedy，任期為 1872—1877 年）的指定攝影師；卡紙下方兩個圓形的圖案，
是華芳照相館參加 1886 年在倫敦舉辦的「殖民地與印度博覽會」（Colonial and Indian
Exhibition）所獲獎牌的復刻圖。

1-1-10　香港宜昌卡紙商標

香港宜昌照相館，1860 年前後。

1-1-11　中國僕人和洋少爺

福州宜昌照相館，蛋白紙基，名片格式，1862—1864 年。作者收藏。

1-1-12　上海宜昌卡紙商標

上海宜昌照相館，1865 年前後。

1-1-13　街頭賭博

香港時泰照相館，蛋白紙基，名片格式，1875 年前後。作者收藏。
畫面為擺拍，以銷售給來港外僑。

1-1-14 男子胸像

香港時泰照相館，蛋白紙基，名片格
式，1875 年前後。作者收藏。
中國人拍攝這樣的半身肖像，在內地
十分少見，而在不同文化背景的香港
則不同。

1-1-15 倆女子肖像

武漢榮芳照相館，銀鹽紙基，櫥櫃格
式（約 11.4×16.5 厘米），1890 年
前後。作者收藏。

1-1-16　泰和商店外景

奉天大光明照相館，銀鹽紙基，卡紙 30×37 厘米，照片 21.5×27.5 厘米，1930 年前後。作者收藏。
照相術傳入內地後，除了大量的人像攝影，建築、風景也是照相館拍攝的業務之一，一般為受邀定製，其業務量還不足以支撐純粹的商業銷售。

1-1-17　蓬萊閣天后聖母聖誕日攝影

山東蓬萊物華照相館，銀鹽紙基，卡紙 38.5×31.5 厘米，照片 27×21 厘米，1928 年。作者收藏。
人像、建築、風景之外，民俗攝影也是早期照相館嘗試進行的業務。此圖為早期照相館民俗攝影中廣
為銷售的代表作之一。

1-1-18　遊子思親圖

成都廣東有容樓照相館，銀鹽紙基，卡紙 19×14 厘米，照片 12.8×8.64 厘米，1909 年。作者收藏。
照相館的名字當中，直接標明「廣東」字樣，不僅代表了廣東人開辦，更宣示了當時公認的「廣東」質
量和聲譽，燙金的照相館館名，也是典型的廣東風格。

從「斌椿出洋」到「廣東效應」
—— 照相館的認知和傳播

「蓋映相之道，始創於外洋，而映相之門，遂開於中國。」[1] 攝影術是舶來品，已是一個不爭的史實。對早期的中國照相館來説，照相法一般得自「西人秘授」[2]，是一種「西法」[3]，很多照相館卡紙上也直接印有「西法映相」。(1-1-1)

攝影術被正式公佈的兩個月後，在澳門、香港一帶銷售的英文週報《廣州報》，就登載了一個美國人講述參觀達蓋爾的實驗室及觀看銀版照片的一封信函[4]，這應當是本土中國人第一次知曉攝影術。而極少數的民眾第一次真正接觸攝影術則是在五年之後的 1844 年，法國人于勒・埃及爾在澳門、廣州拍攝的 40 多幅銀版照片，記錄下了中國和中國人最早的一批影像[5]。再過五年，福建人林鍼作為第一個親赴海外學習攝影術的人，主動將其見聞記載下來，他的專著、中國最早的遊西筆記 ——《西海紀遊草》，是中國第一部主動記錄攝影術的著作。同時，林鍼也是第一個把「神鏡」(銀版照相機) 帶回的中國人[6]。

19 世紀 60 年代初期以前，洞開國門的華夏大地，已經有零星的國外傳教士、外交人員、戰地攝影師、商業攝影師、流動照相師等陸續進入沿海幾個口岸城市[7]，他們攜帶的照相機拍攝了搖搖欲墜的大清帝國的批量影像，這批影像大都被帶回本國消費 (1-1-2)，建立了西方世界對遙遠東土的初步映射。對中國人來説，只有耆英、于福格、周壽昌、倪鴻等區區

---

1 《新開福生照相樓》，見《申報》，1894 年 9 月 19 日第 4 版。
2 《香港新到照相》，見《申報》，1876 年 5 月 29 日第 6 版。
3 《永康照相》，見《申報》，1881 年 4 月 15 日第 6 版。
4 黎健強：《暗箱和攝影術在中國的早期歷史》，見郭傑偉、范德珍編著，《丹青和影像：早期中國攝影》，葉娃譯，香港大學出版社、蓋蒂研究所，2012 年，第 19—32 頁。
5 中國文學藝術基金會、巴黎中國文化中心主編，《前塵影事：于勒・埃及爾最早的中國影像》。
6 林鍼：字景周，號留軒，在美時自署天蕩子，福建閩縣人，隨父輩遷居廈門。1847 年在紐約接觸過照相機，所著《西海紀遊草》稱之為「神鏡」，説「煉藥能借日光以照花鳥人物，頃刻留模，余詳其法」。《西海紀遊草》成書於道光二十九年（1849），大約在近二十年後，即同治六年（1867）才小批量付梓刊刻。見鍾叔河、楊國楨、左步青校點，鍾叔河編，《走向世界叢書》第 1 輯，嶽麓書社，2008 年。
7 《中國攝影史：1842—1860》一書比較全面地介紹了 1860 年之前，外國攝影師在中國攝影的情況。（英）泰瑞・貝內特，中攝國攝影出版社，2011 年。

幾個晚清的文臣武將、文人士紳等留下了對攝影術片言隻語的記載[8]。同時，香港，廣州、上海等地也已經有外國人開設的屈指可數的幾家照相館，但顧客無疑基本都是僑居和外籍人士，本土主流人群，鮮有主動登門求攝者，攝影術和天朝子民的真正交集還遠遠沒有展開。

說到中國人自覺展開與西方攝影術廣泛而親密的接觸，我們不得不首先提到晚清時期一個關鍵的節點，就是第一個觀光、外交使團——斌椿使團出訪歐洲諸國，以及隨後的蒲安臣使團出訪。彼時西方照相館業正在蓬勃興起。

19世紀60年代中期，飽受兩次鴉片戰爭創痛的滿清政府，開始思考如何在西方列強擴張中謀求生存，而了解西方則是需要邁出的第一步。在時任大清海關總稅務司的英國人赫德策動之下，總理衙門決定派遣一個代表團去西方見識一番「山川形勢、風土人情，隨時記載，帶回中國，以資印證」。[9]

1866年，以清朝官吏斌椿為團長，以及同文館學生張德彝、鳳儀、彥慧及斌椿之子廣英一行，從北京出發，奔赴歐洲，拉開了中國官方赴海外觀光考察的序幕。代表團先後遊歷考察了法國、英國、荷蘭、丹麥、瑞典、芬蘭、俄國、普魯士、比利時等11個歐洲國家，歷時4個多月。代表團一行接觸到大量西洋景，尤其是親歷了正在歐洲方興未艾的攝影術，他

們不僅造訪了各種照相館，拍攝了個人肖像，還見證了攝影術在外交及商業運營中不可或缺的作用。

1866年3月到達法國後，年長的領隊斌椿，第一次走進了照相館，對西方的攝影術有了切身感受：「西洋照像法，攝人影入鏡，以藥汁印出紙上，千百本無不畢肖。」[10]「畢肖」的魔力深深吸引了代表團的成員，從此，每到一地，進照相館照相也成為全體團員的保留節目。斌椿一行在感受攝影術的同時，當地人也在窺察第一個東土代表團。使團的廣告和明星效應，讓當地照相館看到了潛在的商業機會，紛紛用底片加印出售使團的小照，「日前在巴黎照像後，市儈留底本出售，人爭購之，聞一像值銀錢十五枚。」[11]沒有肖像權概念的中國使團，讓當地照相館大賺一筆。正是這些小照巨大的商業效應，深深觸動了斌椿這個中國老夫子，他在得意之餘，還不時賦詩自詡：

意匠經營為寫真，鏡中印出宰官身；書生何幸遭逢好，竟作東來第一人。團扇當年畫放翁，家家爭欲睹儀容；近來海國傳佳話，不惜金錢繪友松。[12]

另外，斌椿入鄉隨俗，學會了互贈照片之禮，充分認知了照相在社交和外交中的作用。比如，在德國拜會朋友時，威稅司夫人及姊妹「各贈照像一」留念，「眉目秀麗，竟如其人。

8 參見馬運增、陳申、胡志川、錢章表、彭永祥主編，《中國攝影史 1840—1937》第一章：中國攝影的萌芽，中國攝影出版社，1987年。

9 總理各國事務恭親王等奏，《籌辦夷務始末》，同治朝，卷39。

10 《乘槎筆記》，見鍾叔河、楊國楨、左步青校點，鍾叔

河編，《走向世界叢書》第1輯，嶽麓書社，2008年，第113頁。

11 同前註。

12 《海國勝遊草》，見鍾叔河、楊國楨、左步青校點，鍾叔河編，《走向世界叢書》第1輯，嶽麓書社，2008年，第166頁。

攝之中華，恐二喬不能專美千古」。[13] 在瑞典，斌椿還把一把詩扇呈送王妃，後來，王妃回贈照片見答；還和瑞典國王之弟會晤，「贈印像銀錢一枚，請換予所照像並名片」。[14]

斌椿使團中還有另一個重要成員，他就是年僅20歲的翻譯張德彝。張德彝是一個十分善於觀察和記錄的人，對西方的工藝和技術表現了濃厚的興趣。他到法國巴黎後，對當地高級照相館的攝影方法和特殊設備觀察很仔細，栩栩如生地描述了一張照片的拍攝和印製過程，以及照相館的陳設佈置：

上樓玻璃嵌窗，玻璃照棚。其照法令人端坐，不可稍動，對面高支一鏡匣，相隔十數步。匠人持玻璃一方，入一暗室，浸以藥水，出時以青氈遮之，不見光亮，仍放於鏡匣內。向人一照，則其影自入鏡矣。初則入影倒立，片刻照畢，入屋以白水洗滌數次。如面目微有不肖，拭去另照，再洗如式，則隔日向陽曬之。時不可久，久則必黑；亦不可速，速則必暗。一時可印數紙，印畢仍放水內。三日後，裝潢成冊。玻璃照棚內，另有白布照棚簾帳，以測日光之濃淡，以正照像之黑白。並有琴棋書畫，諸多陳設，以及假園林花木，山水樓台，一切任人隨意佈置點綴，情景各臻其妙。[15]

從拍照，到印相，以及最後的裝幀成冊，一家照相館的主要經營流程一目了然。曝光時間的大大縮短，照相館內詩意的佈置，也使照相擺脫了發明之初的機械和呆板，顧客的良好

心理體驗預示着攝影術大發展時代的到來。

斌椿代表團的歐洲之行，不僅考察了多家當地照相館，每個人也親身拍攝了不少照片。從代表團留存的肖像來看，顧忌外交禮儀，所有成員一律穿官服或中國傳統長衫，並且基本是全身站像，也可以看出，長期傳統文化的薰陶和有限的具象視覺審美經驗，還深深影響着每一個人。（1-1-3, 1-1-4, 1-1-5, 1-1-6, 1-1-7, 1-1-8）

斌椿代表團歐洲觀光旅行之後第四年，清政府為了「國家利益」再次派出使團訪問美歐，這是第一個正式向西方國家派出的外交使團，由三位「辦理中外交涉事務大臣」組成，他們是：前任美國駐華公使，此時受聘為中國政府服務的美國人蒲安臣；總理各國事務衙門章京、花翎記名海關道志剛；總理各國事務衙門章京、道銜繁缺知府、禮部郎中孫家穀。

從1868年到1870年，蒲安臣使團一行陸續訪問了美國、英國、瑞典、丹麥、荷蘭、普魯士、俄國、比利時、意大利、西班牙等歐美十國（蒲安臣1870年在彼得堡病逝，志剛作為使團領導繼續了後面的訪問）。（1-1-9）關於此次訪問成果，史學界有不一致的評價，不過，使團的重要團員之一 —— 志剛在回國後，撰寫了《初使泰西記》一書，記述了訪問經過，其中的亮點就是關於西方科技和製器的描述。攝影術，尤其是照相館的經營也成為志剛關注的焦點，相比斌椿一行的考察，志剛的記述更為詳細和專業，對藥料的配置、玻璃底版的製作、拍攝時取景構圖等，做了更詳細的描繪：

---

13 《乘槎筆記》，見鍾叔河、楊國楨、左步青校點，鍾叔河編，《走向世界叢書》第1輯，嶽麓書社，2008年，第124頁。

14 同前註，第126頁。

15 《航海述奇》，見鍾叔河、楊國楨、左步青校點，鍾叔河編，《走向世界叢書》第1輯，嶽麓書社，2008年，第494頁。

照相之法，乃以化學之藥為體，光學之法為用。所謂化學之藥者，西人率以硫磺、焰硝、鹽鹼等物煎煉成水，以之化五金，為強水。而各視之強水之力，化所能化一物，如硫強水能化金，硝強水能化銀之類。蓋物性有堅疏，藥性有猛弱。其法為專門之學，不輕示人。學者必納資若干，始得習而得之。

今止言照像之藥，則化以有銀之強水，少滴於玻璃片上，令其浸濡周邊，而仍滴回瓶內。再以淨水淋之，以去其火性。將藥片納於夾板，以橫插於照像鏡架之後。鏡架之式，如方木筒，橫臥於木凳之上，筒外口有圓望鏡，坐人於對面，使影隔鏡照於藥片之上。欲其像之大，則推鏡架而近之。欲像之小，則撤鏡架而遠之。一分功夫，乃抽藥片而又以清水淋之，漸見影現，愈現愈真，而照像成矣。[16]

從上面描述的口氣中不難看出，志剛對照相術這一西洋景持肯定和欣賞的態度。對於當時遍佈歐美大街小巷的照相館，志剛觀察很細緻，光線的取用，顯影的原理，無一不納入他的筆下：

夫照之之法，夫人而知之；現影之故，則未有能抉其微者。因細繹其故，乃悟凡照之時，必於巳、午、未天光正照之下。而照像之屋，上有玻璃頂，隨時刻方向，或遮或蔽。其作用全藉天光，取天光照於人身，而以人身所受之天光映入濕藥片。則藥片上人之銀性，受天光之明處隱生鏽意，受天光之暗處如故。

再以冷水澆之，激出鏽痕，漸分濃淡，而像以現。[17]

志剛、張德彝、斌椿等人的記述，雖然不是對照相術和照相館的科學考察報告，但這畢竟是中國人第一次以官方或半官方的方式，自覺參觀、考察了照相業的發展。各代表團回國後，通過官方匯報、口口相傳和出版報告等方式，進一步傳播了照相業的理念。此時，歷史也邁入了 19 世紀 70 年代。中國各地，從沿海口岸到內陸重鎮，營業性的照相館開始設立，中國攝影史上「照相館時代」正式掀開序幕。

中國照相館的建立和發展，基本遵循了從南往北、從沿海往內地、從省城再中小城市的發展規律。1845 年，美國人喬治·韋斯特在香港開設了中國第一家商業照相館，雖然直到 1860 年香港才出現第一家長期經營的照相館，但這期間，有不少流動的外國攝影師，以及掌握了攝影術的外國人在此路過或停留，因此，他們成為攝影術在中國傳播的首批佈道者，為後來內地各城市的照相館的開設，培養了一大批專門人才，香港，也成為中國早期照相館的策源地。

在香港的早期照相館中，黎芳和他創辦的華芳照相館也許是最值得一書的華人照相館。祖籍廣東高明（佛山西）的黎芳，從 1859 年開始就在香港從事照相業[18]，到 1870 年，華芳照相館已經在香港照相業中佔有一席之地。人物肖像之外，華芳照相館拍攝了大量風景照

---

16 《初使泰西記》，見鍾叔河、楊國楨、左步青校點，鍾叔河編，《走向世界叢書》第 1 輯，嶽麓書社，2008 年，第 321 頁。

17 同前註，第 322 頁。

18 鄧肇初，《廣州攝影界的開山祖》，見《攝影雜誌》，廣州，1922 年第 2 期。

片，這在中國早期照相館中是不多見的。除了香港和澳門，華芳照相館還拍攝了廣州、汕頭、福州、上海等通商口岸的人物風景，甚至北上大清都城北京，拍攝時事和皇城風貌。不過，和很多內地照相館不同，香港特殊的殖民地緣，決定了常駐外僑和外國遊客都是照相館的主要顧客，照片外銷也是照相館的一個主要收入來源。為了維護外國顧客群和在外銷中保持競爭優勢，華芳照相館還聘請數位洋僱員監督照片製作。到 1890 年黎芳去世時，華芳照相館已經名聲在外，不僅在香港，甚至國際上都獲得認可[19]。華芳照相館一直經營到 1947 年，成為香港最成功、經營時間最長的華人照相館之一。廣東人，因為地緣和歷史原因，也成為中國最早的一批攝影術的傳播者和照相館的開辦人。（1-1-19，1-1-20，1-1-21，1-1-22）

咸豐年間，在香港開設油畫店的粵人周森峰、謝芬、張老秋三人，看到照相業的前景，就合資延請當地外國兵營中一個會攝影術的人傳授技術，期滿後各投資二百元，在香港開設宜昌照相樓。幾年後，三人分道揚鑣：周森峰繼續留在香港；張老秋回到廣州，於 1862 年在河南開設了「宜昌」照相館；謝芬到福州開設了「宜昌」照相館。[20] 兩年之後（1864 年），謝芬繼續北上，來到了上海，開設宜昌照相館，「宜昌巧手照相，舖在福州路開張，

倘有貴客光顧價錢相宜」。1875 年，宜昌重建新舖，「謹擇於七月二十二日開照，諸尊光顧，請移玉步來，價錢格外公道」。[22] 直到 1891 年，宜昌照相館館主謝芬才宣告：「余因有別業，故將生財全盤招頂。」[23] 1892 年，改名宜昌効記，「准於正月廿九日交易，倘有往來數目未清，問舊主理清，與宜昌効記無涉」。[24] 從此結束了宜昌照相館在上海灘近三十年的經營。可以說，宜昌照相館的發展過程，是照相業由南往北傳播的典型案例之一。（1-1-10，1-1-11，1-1-12）

另一個從香港北上的典型例子為粵東人士梁時泰的照相館。梁時泰的照相館從香港到上海，再到更北部的天津衛，最後到了北京城。19 世紀 70 年代，梁時泰得「西人秘授，盡斯業之精微」[25]，在香港開設了「時泰影相」館。不過，可能由於香港競爭激烈，他於 1876 年 5 月北上，到上海開設照相館，「巧照石片、牙片、絹片，而情景逼真，誠丹青描摹之捷法也」。[26] 1879 年 5 月 17 日，剛卸任的美國總統格蘭特乘船來到香港，後至上海、天津、北京等地，對中國進行私人訪問，在天津期間，格蘭特拜訪了北洋大臣李鴻章，梁時泰以其在照相界的聲望，被邀請從上海北上，為這次中國外交史上的重要會見進行拍照。可能正是因為此次機緣，梁時泰得以和李鴻章結識，後來

19 華芳照相館很多櫥櫃照片的卡紙上有「成立於 1859 年」的英文字樣，但根據英國人泰瑞・貝內特的研究，現存最早的華芳照相館廣告是 1870 年 4 月 9 日，而在華芳照相館成立於 1859 年的文獻記載最早出現在 1904 年的香港報章上，因此，他推斷，1859 年應當是黎芳在香港開始從事照相業的時間。見（英）泰瑞・貝內特，《中國攝影史：1842—1860》，中國攝影出版社，2011 年，第 67 頁。

20 （英）泰瑞・貝內特，《中國攝影史：1842—1860》，中國攝影出版社，2011 年，66 頁—99 頁。

21 《宜昌照相》，見《上海新報》，1864 年 5 月 21 日。

22 《照相》，見《申報》，1875 年 8 月 20 日第 6 版。

23 《照相店全盤招頂》，見《申報》，1891 年 11 月 22 日第 5 版。

24 《盤店聲明》，見《申報》，1892 年 2 月 26 日第 6 版。

25 《香港新到照相》，見《申報》，1876 年 5 月 29 日第 6 版。

26 同前註。

他來到李鴻章主政的直隸天津,再次開辦照相館,不僅單獨拍攝了李鴻章的肖像,還通過李鴻章得以進入京城為清廷王室大臣攝影,尤其是成為光緒皇帝之父醇親王奕譞的「私人攝影師」。[27](1-1-13,1-1-14)

照相業從香港到內地的傳播,除了宜昌三位創始人及梁時泰等攝影師直接北上開辦照相館外,也有通過師承相傳的方式,走入更多城市的。廣東南海人梁海初,是去香港謀生的童工,後在香港學會照相技術,1872 年回廣州開業,在雙門底創立了「芙蓉鏡」照相館,招收梁傑臣等人為徒。梁傑臣出師後,先到廣州十八甫開設同生照相館,後因為競爭激烈,就和四位同業前往上海開辦麗珠照相館。發達以後,梁傑臣又抽出股份,遷往蘇州,獨資創辦興昌照相館,並在無錫崇安寺設立分館,後又在開封開設捷元照相館。正是在師徒代代相傳中,照相館開始從沿海往內地發展。

隨着香港、廣州照相館的發展和競爭的加劇,不是每個學會攝影術的人都有機會開辦一爿照相館。同時,內地照相業巨大的市場潛力,開始吸引不少廣東人直接開辦照相館。從沿海走入內地,更加拓寬了照相業的發展空間,為未來照相館開遍中國的大城小鎮吹響了號角。

1872 年前後開辦的武漢榮華照相館,就是由廣東人在漢口回龍寺開設的,這也是當地最早的華人照相館之一。後來,來自嶺南的歐陽石芝於 1884 年之前,又在武昌黃鶴樓邊開設了寶記照相館,從而拉開了寶記照相館跨越武漢、南京、上海、廣州四大名埠,連鎖開店的序幕。[28]1902 年,廣東人謝石琴在貴陽北門橋(現在噴水池附近)開設「二我軒」照相館,從此貴陽開始有了照相館。其他更小的城市如淮安、常州等,也有很多廣東人開業照相,從而誕生了本地第一家照相館。(1-1-15,1-1-16,1-1-17)

正是因為中國最早一批照相館創辦人的「廣東效應」,有很多內地人開始到廣州學習攝影術,回故鄉開辦照相館,或者有實力者,則僱用廣東技師主理照相館經營。光緒十八年(1892),岳陽人汪繼真自廣東學藝返鄉,在羊叉街首創岳陽照相業。[29]昆明最早的照相館之一「二我軒」照相館(1911 年創辦)老闆蔣樸,因為深感照相技術人才缺乏,開始奔波於香港、廣州等地,尋找專業人才。廣州「豔芳照相館」的學徒黃恪存,被蔣樸看中,跟隨到昆明發展。在「二我軒」工作一段時間後,約 1930 年,黃恪存於正義路自立門戶,照相館也叫「豔芳照相館」。[30]在廣州灣(今湛江市),開業於 1942 年前後的「中央」照相館,由吳庭柱、王茂合股經營,也是從廣州請來照相師傅做技術指導,設備條件較好,與當時的「現代」「贊真」並列為第一流的照相館。[31]

27 梁時泰給李鴻章及醇親王拍照的詳細情況,見本書第三章第二節《利用與反利用:照相館與權貴關係之解》。

28 寶記照相館連鎖之經營,詳見本書第四章第一節《照相業分支營業之範例──寶記照相館》。

29 李培天,《岳陽照相業》,見中國人民政治協商會議湖南省岳陽市委員會文史資料研究委員會編,《岳陽文史》第 4 輯,1985 年,第 161—165 頁。

30 劉瑤,《豔芳照相館:歲月留痕 80 載》,見《雲南信息報》,2009 年 1 月 3 日。根據昆明豔芳照相館創始人黃恪存之女黃秀英的口述回憶。

31 吳顯強,《廣州灣的照相業》,見中國人民政治協商會議湛江市委員會文史資料研究委員會編,《廣州灣》(法國租借地史料專輯,湛江文史史料第 9 輯),1990 年,第 181—185 頁。

隨着上海、天津、北京等照相業的發展，內地很多城市開始就近從這些大城市學習照相術，中國照相業的發展進一步加速。

長沙最初的一家照相館叫鏡蓉室，創於1904年，設在當時市中心區的藥王街。創始人瞿瑞卿，家境寬裕，曾飽讀詩書，人稱「瞿二相公」「瞿秀才」，因久學不第，常往各地遊覽。到上海時，值攝影術傳入不久，初開的幾家照相館轟動全城。瞿亦被吸引，常去照相館觀看攀談，逐漸與照相館中人建立起一定的友誼，進而了解到一些照相知識。回到長沙後，即着手籌設照相館。後又多次去上海參觀學習，並請來一位姓胡的師傅，購回照相器材，於藥王街開設小型照相館。[32]

寧夏寶珍照相館的創辦人章藏珍，喜愛音樂，擅長月琴、琵琶、揚琴等樂器，又會放映電影，出於對藝術的喜愛，意識到照相這門藝術有發展前途，於是與北京寶記照相館商定，將其子章文煥送到該館學習照相技術。章文煥在北京學藝三年，於1923年回到阿拉善旗開設寶珍照相館。後來到了銀川，在柳樹巷（現復興南街）租賃門臉，章文煥自任攝影師，並從北京聘來技術人員，於1925年9月6日在銀川正式開張營業。[33]

陝西榆林人顧志霄，看到外地照相、印刷業很發達，榆林尚無人經營，因此在北京投師學藝，購回照相機和照相材料，聘請技師，於1918年回榆，創設永茂隆照相館，開創了榆林的照相業務。[34]

山東德州的照相業，最早始於李煥章師傅，他由天津東馬路寶光照相館學藝成功後，於清末光緒年間，來德州馬家溜口（今商業街）開設德州第一家照相館——「文茂照相館」。[35]民國初年其子李蘭亭繼承父業，繼續經營。

同樣是山東，濟寧天真照相館，原名天真攝影公司，開辦於1927年前後。重視質量和信譽，曾先後重金禮聘天津技師王清甫、青島技師王道南等來店工作。這幾位技師都具有較高技術和藝術水準，主要工序如拍照、修版等都是由他們親自把關，一絲不苟。這些技師在衣着上擺脫長袍、馬褂的舊式打扮，西裝革履，顯得有派頭，而使天真更加「洋氣」。[36]濟寧另一家粹華照相館，創設於1920年，為在同行業中競爭，改造了門面建築，建造了大玻璃門窗的水泥門頭，並且相繼由濟南、北京、天津等處請來攝影師和修版老師，在濟寧同行業中，第一家使了新式八英寸座機，增設了燈光攝影、立體佈景，並備有西服、結婚禮服、化妝用品等，後又從北京著名的大北照相館請來了任傑民老師，使用了油彩着色。在濟寧使用燈光攝影和油彩着色者，粹華是第一家。[37]

32 朱振三，《長沙照相業史話》，見中國人民政治協商會議湖南省委員會文史資料研究委員會編，《湖南文史資料選輯》第17輯，湖南人民出版社，1983年，第162—170頁。

33 趙貴春，《攝影技術的傳入和寶珍照相館的興起》，見中國人民政治協商會議寧夏回族自治區銀川委員會文史資料研究委員會編，《銀川文史資料》第3輯，1986年，第149—151頁。

34 史書博，《榆林照像、印刷業的開創與顧志霄其人》，見中國人民政治協商會議榆林市委員會文史資料委員會編，《榆林文史資料》第10輯，1990年，第68—70頁。

35 于潤泉口述，田金鵬整理，《德州兄弟照相館》，見中國人民政治協商會議山東省德州市委員會文史資料委員會編，《德州文史》第11輯，1994年，第150—155頁。

36 盛太坤、何生，《天真照相館春秋》，見中國人民政治協商會議山東省濟寧市市中區委員會文史資料委員會編，《文史資料》第6輯，1990年，第185—189頁。

37 蕭化鵬，《粹華照相館憶舊》，見中國人民政治協商會議山東省濟寧市委員會文史資料委員會編，《濟寧文史資料》工商史料專輯第4輯，1987年，第201—203頁。

從上不難看出，從南往北，從沿海到內陸，從大城市到中小城市的傳播是中國照相業發展的基本路徑。對早年開設在廣州、上海的照相館來說，「西人傳授」[38]、「香港新到」[39]是顧客最看重的。而對於天津、北京的照相館，「上洋聘請」[40]技師，「粵東聘請好手」[41]則成為宣傳語句。內地更多的中小城市，則把從天津、北京，甚至省城學習技藝或聘請技師作為自己的廣告噱頭。中國的照相業，正是在這種一步步次第傳播中，從沿海開放城市，逐漸到達了偏遠的鄉村小鎮。民國初年，《新編攝影術》的作者杜就田在該書序言中說，「考吾國初得其術，尚屬濕版舊法，手術繁雜，能者無幾。迨乾片法流行以後，法簡用繁，藉以營業者日眾。今則荒村僻野，時有其人。能者不奇，見者不怪……」[42]直到 20 世紀二三十年代，才有一批知識分子從國外直接學習攝影術，回國開辦自己的照相館，從而部分擺脫了原來的基本傳播模式。

從 19 世紀 70 年代開始，中國正式開啟了照相館時代，以「廣東效應」為特點的大範圍傳播，照相館從南到北，從沿海走向內地，開始發展起來。無論是廣東人的直接開辦，還是當地民眾學藝後的另起爐灶，照相館開始廣泛介入人們的生活。我們的祖先，在照相館中定格了人生的第一張影像，從此，一些人和家庭開始建立了自己的視覺檔案。照相館拍攝的城市建築、田園風光、民俗風情、社會活動等一系列影像，成為我們民族最早一批主動視覺檔案。這一幀幀寶貴的留影，為我們進一步探尋中國照相館攝影史的方方面面，提供了無限的可能。（1-1-18）

38　上海蘇三興照相館廣告，《照相》，見《申報》，1872年 12 月 31 日第 6 版。

39　上海時泰照相館廣告，《香港新到照相》，見《申報》，1876 年 5 月 29 日第 6 版。

40　天津恒昌泰照相館廣告，《新開恒昌泰照相樓》，見《大公報》，1902 年 11 月 20 日。

41　北京同生照相館廣告，《同生照像館》，見《順天時報》，1914 年 3 月 27 日。

42　杜就田，《新編攝影術》序言，商務印書館，1913 年。

1-2-1　魯迅家庭合影

上海新民美術攝影社印製，印刷品，卡紙 15×22 厘米，照片 9.5×13.7 厘米，1933 年後印製。作者收藏。
魯迅《論照相之類》並非對攝影本身的專門論述，而是以攝影為材料，引出對國民性的批判。不過，魯迅
家鄉關於照相術的各種異端説，直接印證了早年照相館發展之阻滯原因。

1-2-2　浙江南潯望族金桐宅邸客廳照片陳設（下圖為局部放大）

佚名，蛋白紙基，26.7×19.5厘米，1889年前後。作者收藏。

這是南潯望族金桐（1820-1887）的宅邸陳設，房屋至今保存完好。1889年金桐夫人馮氏去世，金家承德堂中軸二進這個房間掛起了挽幛輓聯。室內陳設考究，最大的亮點在於影像中的照片陳設：兩邊懸掛着已故男主人金桐的油畫（左）和照片（右），桌子上為馮氏遺照，兩側還有南潯的風景照。照片如此之多，是因為金家人非常洋化且酷愛攝影。左側房門內就是暗室，是金家人自己沖洗照片的地方。所以此種內宅所攝喪事留影，極其可能是金家人自行拍攝之作品。

1-2-5 闡化真君聖像

哈爾濱震美照相館，銀鹽紙基，卡紙 20×30 厘米，照片 14×20 厘米，1930 年。作者收藏。

這是民國會道門組織委托照相館偽造的照片，應當是根據一張畫像拍攝的，還題有像贊，以所謂「顯像」來進行教主崇拜、欺騙信眾。

1-2-6 劉仙洲大師三三法道發揚

上海大美照相館，銀鹽紙基，卡紙 25×15 厘米，照片 13×9 厘米，1930 年前後。作者收藏。

劉仙洲曾經在西安催煉宮傳道弘法。為了增加所謂大師的神秘性，照相館在印製照片時，特地通過暗房手段，在「大師」頭部製作出一圈光暈，以拉攏道友。

1-2-3 天津仁慈堂廢墟內景

(英國)約翰・湯姆遜，玻璃底片掃描，1871 年。英國維爾康姆圖書館藏。

仁慈堂是法國傳教士 1862 年所建的收容中國孤兒的慈善機構。1870 年 6 月，仁慈堂內收容的中國孤兒因發生瘟疫而大批死亡，人們謠傳說是天主教的神甫和修女用藥迷拐孩子，挖眼剖心製藥等，因此引起群眾憤恨，仁慈堂遭到焚燬，堂中的十位修女被殺，此事件和燒燬天津望海樓教堂一起，史稱「天津教案」。

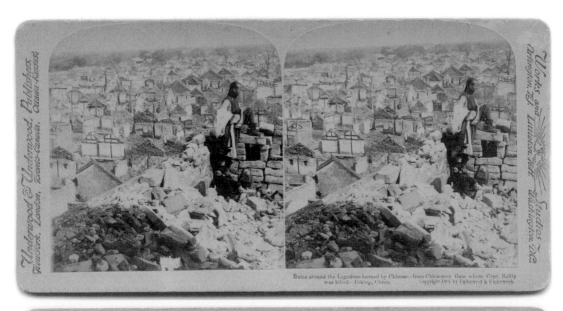

Ruins around the Legations burned by Chinese—from Chien-men Gate where Capt. Reilly
was killed—Peking, China.

Ruins around the Legations burned by Chinese—from Chien-men Gate where Capt.
Reilly was killed—Peking, China.
Ruines autour des légations brûlées par les chinois—vue de la porte Chien-men où Capi-
taine Reilly fut tué—Pékin, Chine.
Ruinen um die Botschaften herum van den Chinesen in Asche gelegt—vom Chien-men Thore aus
gesehen wo Kapt. Reilly getödtet wurde—Peking, China.
Ruinas alrededor de las Legaciones quemadas por los chinos, desde al puerta Chien-men
donde fué muerto el Capitan Reilly, Pekin, Rnina.
Ruiner rundt omkring de af kineserna nedbrända legationerna—från Chien-men porten,
der Kapten Reilly dödades—Pekin, Kina.
Развалины вокругъ посольствъ сожженныхъ китайцами—видъ съ Чіенъ-Менъ воротъ, гдѣ
былъ убитъ капитанъ Рейли, Пекинъ, Китай.

1-2-4 北京的廢墟

（美國）詹姆士・利卡爾頓，銀鹽紙基，立體照片（約 102×178mm），美國安德伍德立體照片公司出版，1901 年。作者收藏。

照片是從前門拍攝的，展現了被義和團燒燬的使館區附近的廢墟。在義和團的大火中，前門附近無數照相館同樣因為和「洋」牽扯而被
焚燬。

「妖術」說之源
—— 照相館發展之阻滯分析

照相似乎是妖術。咸豐年間,或一省裏,還有因為能照相而家產被鄉下人搗毀的事情。[1]

這是魯迅先生在《論照相之類》中一段關於中國人對照相術認知的描寫,「妖術」似乎是早年中國各地民眾對攝影術的普遍認識。被譽為 19 世紀人類最重大的發明之一的攝影術,正式宣佈發明五年之後,中國人就開始在華夏大地上和照相機有了第一次的面對面接觸。[2] 但相比西方照相館的迅速普及和攝影術被大眾普遍認知,中國照相館的發展要緩慢得多,這裏有中國經濟發展落後的客觀限制,但深層次的原因,則更值得我們進行系統地挖掘和探討。(1-2-1)

民間禁忌

照相術傳入之前,人們要想看自己的形象,除了通過反光的鏡子之類,只能通過畫像。但中國長期以來有一種不成文的習慣,也可以說影像禁忌,即不為生者畫像。在古代,除了為帝王賢臣、祖先畫像,以及少數文人雅士作小像或雅集圖外,在照相機普遍應用之前,人們對這種寫實類影像心存很多忌憚,原因何在呢?(1-2-2)

在傳統中國俗信中,人們很容易把靈魂具象化為影像,「以為人的影子既和人的身體相像又和人的身體相關。身體為陽,影像為陰,所以就覺得影子大約就是自己的靈魂,或者是與靈魂有關的屬於自己生命中重要的東西。人體中有靈魂才有影子的。鬼魂沒有影子。如果一個人失去了自己的影子,那麼這個人就會失去生命。」[3] 中國民間還普遍相信,如果要懲治某人,可以將他的畫像燒掉,或者戳破,這樣至少可以損傷他的靈魂,如果不是直接損害他的身體的話。正是在這種觀念的影響下,人們認為影像、畫像以及塑像和人本身一樣,都是人的靈魂的寓所,甚至這些影像、畫像以及塑像就是人本身。人們擔心畫像是對靈魂的捕

---

1 《論照相之類》,見《語絲》週刊第 9 期,1925 年 1 月 12 日。

2 1844 年,法國人于勒・埃及爾在澳門、廣州拍攝的 40 多幅銀版照片,留下了中國和中國人最早的一批影像。見中國文學藝術基金會、巴黎中國文化中心主編,《前塵影事:于勒・埃及爾最早的中國影像》,中國建築工業出版社,2012 年。

3 任騁,《中國民間禁忌》「影像禁忌」,山東人民出版社,2012 年,第 37 頁。

捉，因此會引致通靈巫術的咒殺。

古代緝捕罪犯的時候，都是畫一張模擬畫像張貼在城門口和交通要道旁，以此辨認罪犯。同時，這樣的做法據說也含有先通過畫像攝住罪犯的靈魂，再緝拿真兇的意義。有些術士、巫師還可以根據圖像判斷出罪犯的去向，甚至可以控制罪犯，使其自投羅網。因此，廣大民眾看到畫像，第一個自然想到的是犯罪的人，所以很多中國人一般是不願意讓人畫下自己的肖像的。

人們還由陽光和燭光等投射的影子聯想到鏡子中的影像，就覺得鏡子中的影像也是自己的魂魄。中國文學名著《西遊記》《紅樓夢》以及許多民間傳說、民間故事中都有「魔鏡攝魂」的情節描寫。民間普通人也認為照鏡子不宜過多，「照鏡子越多，老得越快。因為照鏡子時，魂魄就會被攝去。這樣反覆地照來照去，魂魄是要勞神受損的，人體也會因之而受到損害。」[4]

湖北一帶孕婦室內忌張貼人物畫像，據說多看畫上的人會使孕婦腹中的胎兒和畫中人長得一樣。俗稱「換胎」。《清稗類鈔》「鄂婦妊忌」篇云：「湖北婦人妊子，避忌最甚。有所謂換胎者，言其所見之物入其腹中，換去其本來之胎也。故婦人妊子，幾房中所有人物畫像，藏之棄之，或以針刺其目，云其目破不為患矣。」古人還普遍認為，生前畫像是一件很危險的事情，敵人可以借助畫像來對自己進行攻擊。[5]古代的婦女，最害怕的也是畫像（包

括自己的詩文書畫作品），擔心被傳出之後，引起他人的非分之想，有害聲名，因此不但自己不願畫，家人也反對。

照相術傳入後，它逼真的特性，比早期肖像畫有過之而無不及。純粹的黑白二色，在很多人眼裏是不吉利的，人們自然而然地把傳統影像禁忌中的習俗移植過來。早期照相機鏡頭被人們稱為「照相鏡」，早期使用的玻璃底版，也很容易讓人把它和鏡子聯繫在一起，使用它們拍攝、印製的照片，沒有幾個人會有好感。「更有一些人為照片沒有把全身都照進去而擔憂，以為沒有照上腿腳的相片會導致自己真的失去腿腳；沒有照上頭面及僅照上半個身子的照片就更犯忌諱，要也不敢要的。」[6]所以，即使人們接受攝影術後，在照相館拍照，必須要拍全身像，忌諱拍半身照、胸像或大頭照，亦是同樣道理。

咸豐年間，人們還傳說「一照便要背時，並且短命」。當與人有仇時，「亦有取其人之照像置壓者，其人受害，與壓八字同」。[7]那時幾乎無論在哪裏，照相機總被看作特別危險的東西，很多人說「這是白種人想把我們拐走，帶到不知是哪裏去，所剩下的我們，可就不完全是原來的我們了」，有時外國人在中國演示照相幻燈片的時候，老百姓就會想「可憐那些映出的人，口裏說：他們給我們照相，就是想這樣虐待我們呀！」也有人認為映幻燈是「竟把久已死了的人帶到陽間來」[8]。

正是有着悠久的民俗文化傳統和深厚的

4 同前註。

5 周晉，《寫照傳神：晉唐肖像畫研究》，中國美術學院出版社，2008 年，第 87 頁。

6 任騁，《中國民間禁忌》「影像禁忌」，山東人民出版

社，2012 年，第 37 頁。

7 江紹原，《照像》，見《新女性》，1928 年第 3 卷第 5期，第 49—51 頁。

8 同前註。

民間信仰基礎的影像禁忌，當中國大眾看到逼真的攝影術，看到明晃晃的照相機鏡頭時，從心底害怕，擔心攝走靈魂，損傷元氣，或受到攻擊、虐待與名譽損害。即便完全免費，一般人也不敢拍照，何況，商業性的照相館都是收費的，並且價格不菲呢。

技術恐懼

在從前風氣閉塞的時代，對於不能理解的新奇東西，人們總是抱着疑畏的眼光。當時很多學會攝影術的人，為了防止別人搶自己的飯碗，對攝影的原理往往閉口不談，因此，人們對照相館器具和拍照、洗相等一列科技流程的無知和誤解，更加劇了這種對照相的恐懼和擔心。而且必定有閒人，故意造出神秘不經的議論，口碑輾轉，遂使一般人對照相館抱敬而遠之的拒絕態度。

當有好奇之人走進照相館，別的顧客在照相，他們從鏡箱上看到別人的影子，「惟緣攝影鏡中，人必倒豎，迷信者謂其不吉，每或因此裹足」。[9] 有人覺得這樣的倒立，真得像人的魂兒被抽走了，絕對就不敢再照相了。

照相館興起之初，還在硬版[10]和濕版時代，開始都是設在玻璃房內，沒有燈光或其他人造光，完全靠玻璃棚頂上的日光。因為曝光時間較長，拍照的時候，為了讓拍攝者集中注意力保持靜止，攝影師會敲一下木板子，大喊一聲，然後打開鏡頭蓋，「一、二、三、四、五⋯⋯」數下去，數到九、十甚至二十時，才算大功告成。也有的照相師高聲誦讀《千字文》中「天地玄黃，宇宙洪荒。日月盈昃，辰宿列張⋯⋯」喊的時候，厲聲厲氣，情景嚇人，膽小一點的人或者孩子，常被嚇出病來。很多人本來對照相就不了解，看到攝影師那副可怕的神態，也不禁愕然。有的孩子照相受到驚嚇，回去發燒，胡言亂語，做母親的就跑到照相館來「叫魂」，上海人當時名之為「叫喜」[11]。

當時印相都是曬相，直接把底版和印相紙夾在一起，在陽光下曬製。曝光時，照相師傅嘴裏要默默地數秒，以防止曝光不足或過度。照相師傅的這一行為，在老百姓看來就像道士唸咒語一樣，所以，無形當中，又給照相增加了一分神秘色彩，照相師又被很多人稱為「會唸咒語的人」。

為了彌補室內光線不足的情況，後來照相館引進了鎂粉閃光燈，每當拍照時，會突然發出「砰」的一聲，然後冒出青煙，跟炸藥爆炸一樣。第一次經歷的人往往會嚇一跳，民間也一度流傳照相會驚嚇到人魂魄的說法。

大部分照相館為了滿足顧客的愛美之心，把修版看成一個很重要的工序。早期拍照時人們不喜歡自己的臉上有陰影，所以照片拍完之後，照相館總會在修底時使用毛筆在底版上塗紅汞「補光」。很多人看到底版上的紅色，認為照相吸了人的血，「照相師傅會魔法，把一個人的精、氣、神都吸到了底版上，背地裏喊他們『吸血鬼』」。[12] 大家覺得常常照相的人臉會發黃，肯定是因為被吸了血，這樣的流言使得很

9　佩珍，《照相館之今昔觀》，見《攝影畫報》，1935 年第 11 卷第 30 期，第 29—30 頁。

10　指銀版、錫版、玻璃版等照片。

11　舒宗僑，《上海早期的照相業》，見中國攝影家協會創作理論研究部編，《中國攝影史料》第 3 輯，1982 年，第 25—27 頁。

12　王志鵬、李亞琨，《老字號南·北悟真照相館用影像記錄許昌 102 年》，見《許昌晨報》，2014 年 1 月 3 日。

多頭腦中缺乏科學知識的人不敢照相。另外，技師在修補底片時還使用刮刀等工具，在人的身上，尤其是臉上劃來劃去，也使很多不明就裏的老百姓覺得不吉利。對照相技術的無知，或多或少地影響了初期照相館業務的廣泛開展。

迷信詐騙（1-2-5，1-2-6）

清末民初，很多巫術師和不良照相館合作，拍攝所謂「鬼魂」的照片，以達到騙人錢財的目的，這種騙術也阻礙了人們對照相的認知和照相館業務的發展。

當時，病人出現幻覺，覺得惡鬼纏身時，巫術師便說「此鬼實帶三分陽氣，可以照其真相，以示眾人」。[13] 於是，巫術師便請和自己合作的照相館攝影師，攜帶照相器具進入室內「用電光法燃一鎂帶（儀器館有售即白色電光），立發異光，瞬熄即滅。觀者未有不驚，乃攜暗盒出室，用紅燈映而洗片，則其中所顯之象，必為病人與鬼同在其中矣」。[14] 這種照片，都是兩次照成，第一天說照壞了，第二天才拍攝成功，實際上是利用第一天拍攝的人像，與一張事先拍攝模糊的人像（裝成鬼影），合成再翻拍而成：

蓋第一次所照實只病人個人之相，特沖洗時，非此所照之片。而欲明此理讀者，須先知照相之具。其藏乾片之暗盒，本係兩面可裝乾片，當照相時，實以甲片照人面，沖洗時則出乙片，此乙片必在日間先使漏光，預照一模糊之人影於上，遂使所顯之影，隱約不明，

自謂失敗，須特明夜再照。而其實則甲片固已照成，病人之影乃取以歸，沖洗曬出，將病人以外之隙地盡行剪去，糊於紙上，即畫鬼影於其旁，而塗黑其地，更用乾片翻印一張，暫不沖洗，自不顯影，乃將此片裝於暗盒之甲面，更於暗盒乙面另裝乾片一張，再如昨夜之法，即用乙片以照病人，及至沖洗之際，則捨乙片而出甲片。一經顯影，自然人鬼並呈，鬚眉畢現，不但可曬於紙，且可鑄銅板也。萬一此片失敗，則今夜所照乙片即可攜回沖洗，一如昨法，製成人鬼並呈之片，更於後夜行之。則後夜所顯之影，其姿勢固與昨夜不同，可以無破綻矣。[15]

也有的巫術師和照相館合作，拍攝所謂「靈魂」照，實際上還是利用死者生前的影像，加工製作而成。如果被攝者生前有照片或者畫像，則可以「先覓得死者生前照相一幀，不拘大小，但剪取其頭顱，然後放大，加畫身衣，使與習見之本人照相不符，其第一夜照時，仍必故作失敗，此失敗之片，則即預先漏光之乙片也。而其實已將應用背景攝於甲片之中，攜歸沖曬。而後乃將所備之畫像粘貼於曬成背景之上，更用乾片翻照，暫不沖洗，裝於暗盒之甲面。明夜更往，以乙片照之，即出甲片，當場沖洗，自然顯露死者之像，而背景即為眼前之地」。[16] 這樣的完美合成實證，對很多不懂照相術內幕的人來說，不得不相信了。

在 20 世紀 30 年代，貴州貴陽宗教迷信活動頗為活躍，白蓮教、同善社之類的組織也

---

13 天虛我生，《照相之弊》，見《申報》，1918 年 3 月 8 日第 13 版。

14 同前註。

15 同前註。

16 同前註。

和一些照相館合作，利用照相來迎合迷信，對群眾進行欺騙。「這些迷信活動中，有的是專以扶乩為業，在其唸動咒語之後，即宣稱，呂祖、濟公或是關聖之類的神仙已經降臨，並在沙盤上，由扶乩人代神仙寫出『指示』。其『指示』的內容，大體是『要在×××地建立廟宇』『×××應捐款×××元』等等。」[17]有些信徒會產生懷疑，於是組織者就搞出神仙親臨乩壇照相的把戲。其做法是：「於夜間，在扶乩的會上，宣稱『呂祖』或『濟公』要留影給信徒們『瞻仰』等等。然後由主持人唸動咒語，焚香禮拜，一聲令下，命令攝影師將相機對準天空，連續拍照。拍照之後，當眾沖洗，底片上即現出似隱似現的神仙照片來。印好後，信徒們各持一張回家供奉。」[18]這類故弄玄虛的把戲，如果由一家相館包辦，必然會引起信徒們的懷疑，而且有被內行識破的危險。因而組織者經常更換照相館，事先和照相館協商好分肥原則，採取一致的步調，才能達到愚弄群眾的目的，這也影響了民眾對照相館的好感和信任。

當時的很多大眾媒體，對照相館能夠拍攝「鬼影」的事情也津津樂道，1923年《申報》就刊登了一篇《鬼影》的文章，說在京城某知名的照相館，一日有少婦獨自前往攝一影，約好一週後取件，「及期而往，店中人告：以前攝片毀，須重攝，不得已從之。又越一週而去，則謂片又壞，不能印。少婦已微慍，然亦無可如何，遂再攝焉。乃至第三次往而店中，人仍以再攝請，不覺大怒，以為藉曰：片毀亦須出片一視。店中詭稱已棄去，而神色張甚，

少婦迫之急，疑其有惡意也，始瑟縮以出，則少婦之旁，有美男子恃焉。三攝而三，然店中人不知其故，恐遭輕薄之責，未敢實告，而少婦一見，則大哭。美男子非他，蓋其已故之夫也。遂命店中為印數幀以去」。[19]這樣煞有介事的報導，給報紙讀者增加了談資，損害的卻是照相館正常業務的發展。

文化衝突 (1-2-3, 1-2-4)

攝影術最初傳入中國，與兩次以清政府完敗的鴉片戰爭基本同步。門戶洞開後，西方軍事、政治、經濟侵略一步步深入，西方列強與中華民族的矛盾，成為當時中國社會的主要矛盾。尤其是隨着各地教會勢力的迅速膨脹，既影響了城市個體手工業者的生存，又破壞了中國幾千年來以個體為主的小農經濟，不斷引起農民、個體手工業者和教會勢力的衝突。加上文化的衝突和隔膜，中國民間對於「洋鬼子」和「洋玩意」開始不自覺地抗拒，甚至充滿稀奇古怪的想像和誤解。

《容安館札記》（五十一）記載：1864年，北京連續發生多起拐騙小孩、挖其雙目的慘案。破案後兇犯供認，其犯罪目的是為了「取童子雙目，學外國人配合照相藥」。這種說法似乎流傳很廣，時任大清海關稅務司的赫德，在1864年6月17日的日記中也有記載：「京城最近謠言四起，說外國人買來孩子，然後挖去他們的雙眼，去做拍照的藥劑。最近總有孩子被綁架、失蹤……官府抓了一些中國人販子，據說他們會給孩子灌下一種黃綠迷魂湯

---

17 吳傳德，《解放前的貴陽市照相行業》，見中國人民政治協商會議貴州省貴陽市委員會文史資料研究委員會編，《貴陽文史資料選輯》第8輯，1983年，第115—132頁。

18 同前註。

19 娛，《鬼影》，見《申報》，1923年5月24日第8版。

……」[20] 英國醫生德貞翻譯了中國第一本關於攝影術的著作《脱影奇觀》，在自序中也説「鄉愚之人，往往以井蛙之見，每觀泰西畫片，活潑如生，輒妄加詆毀，謂非目睛之水，即人心之血」。可見此種説法流行之廣。葉昌熾《緣督廬日記》1900 年 6 月 28 日錄：「某照相館被焚，搜出廣東鮮荔枝，以為挖人眼珠，莫不皆裂。」這類荒誕不經的説法，説明國人對於現代照相原理的無知，無形當中阻礙了照相業在京城的傳播。

在京城之外也是一樣的情況，中國人從事攝影或者開辦的照相館，同樣被認為和洋教勾結，殘害百姓。

我國最早的攝影愛好者之一吳嘉善，咸豐末年旅居湖南湘潭時，常以攝影自娛，同治元年二月（1862 年 3 月），湖南湘潭等地發生教案，當地人民搗毀教堂，並波及幾十家中國教民。吳氏因會攝影，被人誤認為信奉洋教。於是「一日突遇數百人仡然而入，謂其為天主教徒將執之」，他「欲辯不及，毀垣而逃，則寓中已劫擄一空矣」。[21]

1874 年 12 月 22 日《申報》第三版，選錄了香港《循環日報》的一篇文章，批評中國人迷信和愚昧：「曾有江西某太史者，旅居廣東，見西人影像，其法極妙，因出重貲學習，迨回江西，設影像館，由是得利。而官謂其為天主教人所主使，將以攝取人之魂魄，其影像之藥，蓋挖取人睛為之。乃毀其室，奪其物，逐之出境。捕其徒數人，而治其罪。」

這類關於照相的文化誤解，在 1899 年義和團運動爆發後達到高潮。在「扶清滅洋」的口號下，一些城鎮中的照相館被視為與洋教、洋行有關而受到衝擊，被損毀或焚燒。據記載，庚子年間，上海照相館因時局動亂，營業不佳，照相技師紛紛離去。天津各照相館一度停止營業。同年五月，北京在義和團運動的高潮中，「凡洋貨店，照相館盡付一炬」。「五月二十日，焚燒屈臣氏西藥房暨榮升照相館同時舉火，是日西風大作，延及前門外商號二千餘家俱成灰燼」。[22] 一些與洋教、洋行有關的照相業人員也被波及。義和團「將長巷四條照相館張子清俱家三口剿辦，剿得自行車、話匣子、洋器不少。解送南橫街老團」。[23] 內城照相館的集中地隆福寺也遭火災。

很多照相館業主為了營業得利，掃清照相館發展的阻礙，也想出了不少反擊的妙計，進行了不少反宣傳。例如，有照相館宣揚，説拍攝照片，攝去的是「衰運」！這個説法吸引了一些失意者和窮苦大眾，誰不想把「衰運」從自己身上趕走呢。於是在上海、福州、貴陽等地，每逢重陽節，很多人來照相館拍照，以期將「霉氣」攝入機內，從此鴻運高照、時來運轉。[24] 他們堅信，隨着照相機發出「啪」的一聲，霉運會隨聲而去，全部留在了照片中，這樣的顧客付錢但不把照片和底片取走。福州當地還有傳説，照相一般要照兩張，因為第一張不吉利，會攝人魂魄，所以照相師把底版從照相機裏抽出來，見一下天日，再來拍第二

20 （英）泰瑞・貝內特，《中國攝影史：中國攝影師 1844—1879》，中國攝影出版社，2014 年，第 18 頁。

21 夏燮，《中西紀事》卷二十一，《江楚黜教》，同治四年。

22 （清）趙聲伯，《致適庵書》。

23 《王大點庚子日記》（稿本），見《義和團運動史料叢編》第 1 輯，中華書局，1964 年。

24 吳傳德，《解放前的貴陽市照相行業》，見中國人民政治協商會議貴州省貴陽市委員會文史資料研究委員會編，《貴陽文史資料選輯》第 8 輯，1983 年，第 115—132 頁。

張，一、二、三，咔嚓，這才是吉祥照。

當然，照相館發展阻滯的真正消除，還是依賴於科技知識的傳播，尤其是一系列照相原理書籍的普及。1907 年，周耀光在《實用映相學》一書中，專門解密了「鬼影相」的原理，他說，人們迷信鬼神之說，是因為「一切之宗教家、迷信家，每假鬼神之說，以行其術。至謂鬼神潛行匿跡，常處幽際，能福人，能禍人。於是人人懼禍之心勝，邀福之念切，而諂媚鬼神之事，奇橫百出」。[25] 而周耀光之所以專門一篇提及「鬼影相」，純粹是為了解密，以及「遊戲以取樂」，拍攝方法很簡單：

法令一人正坐，一個在側。預計映時之長，譬如應以七秒鐘為合度，則映至三秒鐘時，即命在側之人走開，續映四秒鐘久，共成七秒鐘。則造成之像，正坐者完美，其企在側者，因映時未足，朦朧暗昧之中，誠鬼咁樣矣。[26]

攝影術在整個中國的傳播，相對在歐美等地的流佈來說，速度要慢得多。中國最初的攝影術的實踐者都是外國戰地攝影師、傳教士、外國人開設的流動或短期存在的照相館，顧客也基本都是外國僑民，或者說這些早期影像的消費者都是洋人，中國民眾更多的是被擺佈拍攝的對象，誤解的產生自然而然。隨着《脫影奇觀》《色相留真》《實用映相學》等一系列照相原理書的普及，更多的中國人加入照相的隊伍，尤其是中國本地人開設的照相館越來越多，照相的各種「妖術」之說才漸漸消散，中國照相業開始走上了真正大發展之路。

---

25 周耀光編著，《實用映相學》，致用學社發行，1911 年再版，第 81 頁。作者收藏。

26 同前註，第 82 頁。

1-3-1　香港宜昌照相館館主周森峰像

宜昌照相館，蛋白紙基。1870 年前後，私人收藏。
照片上有周森峰中文簽名，卡紙上有英文題字：「我們的中國藝術家（宜昌）」。

1-3-2　兒童肖像

香港繽綸照相館，蛋白紙基，名片
格式，1880 年前後。作者收藏。

1-3-4　嚴智惺簽名肖像

天津寶昌照相館，銀鹽紙基，名片格
式，1908 年前後。作者收藏。
嚴智惺，即嚴約敏，天津南開優秀教
師，1913 年病逝，後學校建「思敏
室」以資紀念。此照片卡紙背後有嚴
智惺中英文簽名。

1-3-3　攝影師和顧客

上海佚名照相館，銀鹽紙基，13.7×8.9厘米，1900年前後。作者收藏。

晚清時期，由於價格高昂，一個照相館內的「照相鏡」基本就一台，能夠給照相機和照相師留影的機會非常之少。畫面中，照相師把控制曝光時間的鏡頭蓋取下，佯作工作狀。一名顧客看着畫面中的鏡頭，另一名顧客則直視正在拍照的相機。店小二則擺出倒茶的樣子，為畫面平添了一絲幽默感。

1-3-5　王熾開肖像

選自《良友》1934年第100期第9頁，趙俊毅提供。

王熾開，又名王秩忠、王開，廣東南海人。曾任上海英明照相館攝影部主任，1926年8月1日後，在南京路獨資開設王開照相館。

1-3-6　林雪懷肖像

選自《影戲生活》1931年第1卷第44期第2頁。

林雪懷，演員、攝影家，著名女演員胡蝶的第一個未婚夫。1931年10月15日，林雪懷在上海開辦雪懷照相館。1933年底正式與胡蝶解除婚約後，周守定受盤雪懷照相室，繼續使用雪懷商標。林雪懷又在蘇州觀前街開設雪懷照相室，並在無錫、京漢設立分館。

1-3-7 趙翠玲肖像

廣東天華照相館，銀鹽紙基，卡紙
9.58×15.47 厘米，照片 5.6×8.8 厘米，
1920 年前後。作者收藏。

1-3-9 滿族格格肖像

北京容豐照相館，銀鹽紙基，卡紙及封套 13.2×24 厘米，照片 7.5×14.5 厘
米，1925 年前後。作者收藏。

1-3-8 兩男子在奧略樓前留影

武昌黃鶴樓惟精照相館，銀鹽紙基，卡紙 24×30 厘米，照片 14×20 厘米，1920 年前後。作者收藏。

作為當時武昌旅遊勝地之一，奧略樓附近雲集多家照相館。就在奧略樓一層，有一家叫做「三景」的照相館，照相館櫥窗裏陳列着各種不同尺寸的人物肖像照片。

1-3-10　太原圖書博物館之畸形品

太原華昌照相館，銀鹽紙基，相框 24.5×31.9 厘米，卡紙 20×25.5 厘米，照片 14×20 厘米，1924 年。作者收藏。

對於山西等內陸地區的很多照相館來說，因為資訊的閉塞，師徒相承是照相館培養人才的主要方式。

1-3-11　崇興商號同仁合影

北京大北照相館，銀鹽紙基，卡紙 29×36 厘米，照片 21.9×27.5 厘米，1930 年前後。作者收藏。

從「畫師」到「遊學生」
—— 「照相人」是怎樣煉成的

　　福建人林鍼是已知的第一個從西方學會攝影術的中國人。成書於清道光二十九年（1849）的《西海紀遊草》的附錄《救回被誘潮人記》，記載了林鍼在 1847 年學習攝影術和購買照相機的情況：「英人以余破其奸，而不余願，知余初學神鏡法，即囑其友照鏡師誣余，以所買之物為盜，私與協文醫生串通，值余外出私開箱篋，迫余以所買之物還之，不然即欲送官。」從以上文字可以看出，林鍼學習了攝影術——「神鏡法」，已經購買了攝影器材——「神鏡」，攝影師被稱為「照鏡師」，可惜目前還沒有發現林鍼拍攝的任何銀版照片。

　　攝影術從 1844 年正式來到中國後[1]，香港、廣州、上海等城市中，學會攝影技術的外國人成為第一批攝影術的佈道者。

　　廣東人周森峰、張老秋、謝芬三人，在咸豐年間旅居香港，結伴經營油畫業，店名宜昌。看到攝影術的潛力，「合資延操兵地一西人專授其術，時乾片未出世，所授皆濕片法」。[2]學成以後，三人合夥在香港開設「宜昌」照相館，從「畫師」轉行為照相師，後來「分途謀進取」，周森峰留港，謝芬往福州，張老秋回廣州，共設「宜昌」照相館，從而成為中國最早開業的照相館之一。（1-3-1）

　　同樣是廣東人溫棣南，他的父親在廣州大新街經營蘇杭布匹，店名繽綸，因此常與外國人往來貿易。有個美國人自香港來廣州，攜有照相器械，打算拍攝羊城的風景，寄住在該店。「棣南深慕之，求得其術。時在同治年間，乾片尚未發明，所用者僅濕片與蛋白紙而已。」[3]溫棣南學成後，即在本店開業經營照相館，後來他的兄長也從他這裏學會了攝影術，繽綸照相館經營成功後，還在香港、西貢、新加坡等地設立了分號。（1-3-2）

　　在另外一個開埠城市上海，同為粵人的羅元佑，曾任上海道台吳健彰司會計，「從西

1　法國人于勒・埃及爾 1844 年拍攝了中國最早的一批存世影像，見中國文學藝術基金會、巴黎中國文化中心主編，《前塵影事：于勒・埃及爾最早的中國影像》，中國建築工業出版社，2012 年。

2　鄧肇初，《廣州攝影界的開山祖》，原載廣州攝影工會

出版的《攝影雜誌》，1922 年 6 月 15 日第 2 期，97頁。見吳群，《我國照相業的創始歷史》，《攝影叢刊》第 8 輯，上海人民美術出版社，1982 年。

3　廣州攝影工會出版的《攝影雜誌》，1922 年 6 月 15日第 2 期。

人得受西法畫，影價不甚昂，而眉目清晰，無不酷肖」。[4] 羅元佑的照相館在 1859 年就已經開業，是中國人在上海經營的最早開業的照相館之一。

不難看出，中國第一批攝影術的佈道者，有流動的外國攝影師，還有不知名的掌握攝影技術的「西人」。中國人學會之後，為了生計，開設照相館是唯一的選擇。

隨着中國照相館的開設，批量照相器材開始通過外商設立的洋行陸續進入中國，洋行也開始通過培訓本地攝影師的方式，來擴大器材的銷售。開埠城市中的洋行、洋貨店，也成為中國照相館攝影師的最早的系統培訓基地。

19 世紀 70 年代，照相館所使用的各種材料、器具，如化學藥品、各種厚薄照相紙等，已經在上海等地「皆有出賣，其價亦甚廉」[5]。開設在上海隆茂洋行隔壁規矩堂內的會地理洋行，1873 年在《申報》上發佈廣告，教授攝影術，「華客欲學此術者，本行主或獨教一人，或合教數人均可」，並且學習完成後，各種「藥料器具皆已備齊，亦可代買也」[6]。19 世紀七八十年代，正是上海照相館發展的第一個高峰，會地理洋行的培訓和銷售一定是取得了相當的成績，在一則十年之後的廣告中，這樣的照相學堂，已經不僅僅局限在傳授機器的用法，包括人像、風景攝影都可傳授。除了滿足開設照相館的需求，「自娛悅者」也可以學課聽講：(1-3-3)

開設照相學堂

啟者：

僕現擬開設教照相各法之學堂，教人照各種人物，及如何運用器具，如何配用藥料，一切盡心指授，束修格外公道。照相之法，最為有用，其有欲開照相之館，以圖獲利及富貴之家，欲照取景物以自娛悅者，皆可令其子弟至僕處學習。有願學者請至僕處面議可也。

四馬路西廣西路第一號門牌會地理啟[7]

此時，從 19 世紀 60 年代開始的「洋務運動」，逐漸向全國蔓延，極大促進了國人對西方文明的接受程度，關於照相的書籍也已經應運開始在中國編譯出版。北京有德貞編譯的我國第一部攝影業務專著《脫影奇觀》，該書內容完整，文理清楚，簡明扼要。書中介紹了濕版火棉膠法、乾版火棉膠法等當時世界上最流行的攝影方法，自 1873 年刊刻後，在中國揭開了攝影術的奧秘，打破了西方攝影師和洋行的技術壟斷，很多中國人通過書中傳授的方法了解和掌握了攝影術。《滬遊雜記》中講到，就在該書出版之後，「近日華人得其法，購藥水器具開設照相樓，延及各省」。[8]《脫影奇觀》的出版，也推動了中國攝影書籍的翻譯。在上海，1880 年科學雜誌《格致彙編》第九卷至十二卷連載了徐壽與傅蘭雅合譯的《照相略法》，後改名《色相留真》單行出版。徐壽還編譯了《照相器》《照相乾片法》等書。

4　王韜，《蘅華館日記》（稿本），見《清代日記匯抄》，上海人民出版社，1982 年。

5　《照相學》，見《申報》，1873 年 9 月 30 日第 5 版。

6　同前註。

7　見《申報》，1883 年 10 月 17 日第 5 版。

8　葛元旭，《滬遊雜記》，上海古籍出版社，1989 年，第 19 頁。

攝影知識的普及進一步推動了照相培訓的需求，1894 年 6 月，設立在上海京江棧的運升照相學局開班，「人物、山水、古今字畫，樓台殿閣，萬般花草，西法妙速，七日成手，照相比眾不同」，學費大洋十元，「紳商如願寬心賞樂、作趣妙景」[9]，學局還可以派人上府面議。

照相器材愈加熱銷，從早期外資洋行、洋貨店的壟斷，逐漸普及到遍佈大城市的各個大藥房或者鐘錶號中。在北方天津，北洋大藥房裏不僅「各國名廠照相器材，一應俱全」，還同時開辦了寶昌照相館，「特造新式照相洋樓，陳設清雅，另備靜室，以便女客起坐。並請妙手照相，電光放大之像，惟妙惟肖，價廉物美」。[10] 大藥房也教授照相術，來促進器材的銷售。上海四馬路恒泰鐘錶號，「專照書畫並石上印字等法，精工無比」，還兼「傳授照相鍍金精法，約期包成，修金格外相宜」。[11] 在一些中小城鎮，由於交通閉塞，攝影不甚普及，一些洋貨店或鐘錶店，一邊銷售器材，一邊附帶教授使用方法，這樣，不少人學會了照相，照相館開始向偏遠地區普及了。（1-3-4, 1-3-5, 1-3-6）

在外資洋行大舉進軍中國的同時，辛丑之變後，為維護江河日下的封建統治，大清政府迫於國內輿論，「實業救國」，着手發展工商業。各省相繼成立了工藝學堂或工藝傳習所招收學員，傳授各種工藝技術。照相也作為一種工藝而包括其內，形成了我國最初的攝影職業教育，為照相業的人才培養和進一步發展起到

了積極推動作用。

1903 年，直隸總督兼北洋大臣袁世凱派周學熙去日本考察工商業。周回國後，任直隸工藝局總辦，在天津成立了工藝學堂，招收學生，傳授照相等技術，並將學員成績公開展出，以求得社會上的監督品評。1906 年，山東濟南成立工藝傳習所，分設照相等十科。此時，各種攝影作品，還可作為工藝品參加國內的工商品展覽，經評選優秀者，可獲獎勵。1910 年在南京舉辦的第一次南洋勸業會上，陳列各類照片，琳瑯滿目。通過評選，杭州二我軒照相館的「西湖各景」照片冊經審查「欽定」為金牌獎。1915 年，北京同生照相館送往農商部國貨展覽會的攝影作品，經農商部物產品評會評定，獲一等獎。這些攝影傳習機構的開辦，為照相業培養了一批專業人才，在各種工商品展覽中照相館作品展覽和獲獎，也提高了照相館的知名度，促進了攝影技術的傳播和應用。

進入民國時期，照相業和美術界的關係開始進一步密切，照相師的培訓更專業化。1913 年 1 月 28 日，上海美術專科學校的前身「上海圖畫美術院」在《申報》上首次刊出一則招生廣告。在該招生廣告中，所列舉的「專授」內容包括了攝影。廣告中說：「本院專授各種西法圖畫及西法攝影、照相銅版等美術，並附屬英文課。」然而根據顧錚的研究，攝影和照相銅版後來並沒有進入上海美專的課程設置中，也許只是學校方面在當時為招攬學生而採取的言說策略，但也從一個側面說明學校方面沒

9 《照相訪友》，見《申報》，1894 年 5 月 27 日第 8 版。

10 《大公報》，天津，1903 年 12 月 2 日。

11 《照相並石印書畫報名》，見《申報》，1882 年 6 月 14 日第 4 版。

有將攝影與照相排除於美術教學內容之外。[12] 1918 年，由周湘創辦的中華美術學校第一期學員畢業後，學校開設夏期補習科，講授滑稽畫、背景畫、照相術等。[13]1919 年和 1920 年兩屆蘇州美術展覽會，照相着色畫和「國粹畫、油色畫、氣色畫、鉛畫、炭畫、鋼筆畫、焦畫、攀斯丹耳畫、刺繡畫」等一起走向陳列品展台，「連日觀者肩摩踵接云」[14]。在北京，我國第一所由國家設立的專業藝術院校——國立北平藝專，黃懷英教授則在學校長期開辦照像製版學校暑假班，「開設歷十餘年，成績甚著，該校現因發展黨化教育，提倡藝術起見，特開照像速成班，於暑假期間傳授極簡捷之學術，擬於七月上旬開學」。[15] 國立北京藝專為北京培養了大批照相館人才。

1920 年，美國柯達公司在上海開辦分公司，開始大規模進軍中國市場，在銷售器材的同時，也為中國照相館培養了大批技術人才。1921 年，柯達公司在江西路 64 號，正式創辦照相學校：「三星期畢業，學費及材料用器費一概從免。」[16]該公司致函各代理公司及照相館，請派人前往學習。1922 年 9 月 27 日，柯達公司在上海中國青年會開過照片展覽會，會場中除陳列各種照片及柯達克照相器外，還有專門照相技師在場講教攝影術，並且免費入場。[17]

同年，柯達公司還捐助價值 2000 美金的儀器，給上海聖約翰大學，資助該校於「課程中專設照相一科。據言，若需專家教授，該公司願派人擔任」。[18] 後來，聖約翰大學成立了以林澤蒼為會長的攝影研究會，1925 年 5 月舉辦了成績比賽，上海中華照相館經理、英國皇家照相會會員郭叔良，德國畫師兼攝影專家高伯贊，以及柯達公司克利林任評委[19]，24 日比賽頒獎後，郭叔良、克利林及在上海開照相館的西人高白柴還舉辦了有關攝影術的講座。為了普及攝影術，柯達公司還請人翻譯了不少攝影書籍，「已出版中英合璧全書共計二百餘頁，繪圖百餘種，約有十餘萬言，印有五千冊。大有可觀」。[20] 這些圖書一般都是免費贈送，或者在各地照相館進行商業銷售。正是因為柯達一系列免費人才培訓，以及出版推廣活動，柯達公司攝影器材、藥料在中國的市場份額直線上升。

從 20 世紀初期開始，照相館已經在中國大城市中基本普及，照相館之間的競爭也日趨激烈，而人才是照相館競爭的核心。除了參加各種培訓直接學習攝影術外，很多本地照相館業主，還採取直接聘用高等技師的方式，以提高服務質量和水準。

東瀛、歐美名師是北京、上海等大城市照相館人才競爭的焦點。在北京，1895 年開業的山本照相館，1908 年建成的三星照相館，

---

12 顧錚，《他們如何接納攝影——上海美術專科學校與攝影》，見《上海美專 100 週年論文集》。

13 《中華美術學校畢業式》，見《申報》，1918 年 7 月 3 日第 11 版。

14 《第二屆美術展覽會之盛況》，見《申報》，1919 年 1 月 4 日第 7 版；《蘇州美術畫會續誌》，見《申報》，1920 年 1 月 7 日第 14 版。

15 《照像製版學校開照像速成班》，見《益世報》，天津，1928 年 7 月 6 日。

16 《申報》，1921 年 12 月 23 日第 15 版。

17 《柯達克照相器公司將開展覽會》，見《申報》，1922 年 9 月 11 日第 15 版。

18 《約翰大學畢業典禮紀》，見《申報》，1922 年 6 月 25 日第 13 版。

19 《約翰攝影研究會將舉行比賽》，見《申報》，1925 年 5 月 6 日第 18 版，及《申報》，1925 年 5 月 20 日第 19 版《約翰攝影會舉行展覽會》。

20 《柯達公司新目錄已出版》，見《申報》，1923 年 4 月 6 日第 17 版。

業主都是日本人，他們的廣告中，以「東瀛聘請高等照相名師」[21]、「東洋著名之照相師」[22]為賣點，而設在北京東交民巷北洋商務公司內的利亞照相館，則把「特有德國聘請照相名師到京，該師由歐美研究新法，精妙絕倫」[23]作為自己的宣傳語。上海靜安寺路的國際大照相館主人王廷魁，也「特聘歐西專家，擔任攝影」[24]，出品之佳，真、善、美具備，堪稱海上照相館標準權威。

除了日本、歐洲的名師，中國攝影術最早的傳入地香港、廣東、上海等地名手，也成為北方照相館爭奪的對象。1917年在前門外廊坊頭條新開的廣東天華照相館，則聘用「上洋有名各光學專家，於照像及放大一門，無不精工精巧，用料之精美，不獨顏色鮮明，更能惟妙惟肖」。[25]同為廣東人開設的北京同生照相，以「粵東聘請名師來京，製造出之像，玲瓏浮凸，比他家更覺工精藝美，誠為一時之冠」[26]為傲。北京的太芳照相館，1926年專門聘請香港油畫大家，負責照相館的着色業務：「精繪人物寫生，放大着油色，風景山水各種大畫。有遠年失色之照片，亦可追真，且價甚相宜。」[27]貴陽鍾大亨開設的黑白照相館，也從香港聘來了技師溫克明、黃文輝，每人每月工資為大洋五十元，另供膳宿。當時照相行業

的營業員等非技術人員的待遇，每月為六元左右，技術工人的待遇為十元左右，以這樣高的待遇向外地聘請技術人員，正說明照相行業對改進技術的迫切需要。[28] (1-3-7)

一些中小城市的照相館，則把有能力從附近大城市聘用專業技師作為自己的業務招牌。開辦於1927年前後的濟寧天真照相館，曾先後重金禮聘天津技師王清甫、青島技師王道南等來店工作。在當時這些技師都具有較高的技術和藝術水準的，主要工序如拍照、修版等都是由他們親自把關，一絲不苟。這些技師擺脫長袍、馬褂舊式打扮，而是西裝革履，顯得有派頭，也使天真更加「洋氣」[29]。1925年9月6日在銀川開業的寶珍照相館，不僅聘請了在北京寶記照相館學藝三年的攝影師章文煥，還從北京聘來技術人員，對底版精心修飾，深受顧客的歡迎。為了擴大營業，寶珍又於1927年修建一幢兩層樓房，這在當時的銀川是罕見的。[30]

20世紀二三十年代，照相館聘用職業技師已經成為普遍現象。1926年《順天時報》曾刊登《專門照相題色者待聘》的廣告：「茲有人於照相題色，研究有素，技術精巧，曾在美國布哇大照相館充當技師，有需此項技術者，請通函敝社營業部第一號信箱轉交。」[31]不論是

21 《夜間照像開始》，見《順天時報》，1908年12月6日。

22 《三星照像館開張告白》，見《順天日報》，1908年10月16日。

23 《利亞照相館》，見《順天日報》，1909年1月8日。

24 包小蝶，《記國際大照相館主人王廷魁》，見《戲劇年鑒》，1941年（1940年度），第40頁。

25 《特別大減價：廣東新開天華照像》，見《順天時報》，1917年2月28日第1版。

26 《廣東同生專家照像放大》，見《順天時報》，1917年12月30日。

27 《太芳照相減價七扣》，見《順天時報》，1926年11月9日。

28 吳傳德，《解放前的貴陽市照相行業》，見中國人民政治協商會議貴州省貴陽市委員會文史資料研究委員會編，《貴陽文史資料選輯》第8輯，1983年，第115—132頁。

29 盛太坤、何生，《天真照相館春秋》，見中國人民政治協商會議山東省濟寧市市中區委員會文史資料委員會編，《文史資料》第6輯，1990年，第185—189頁。

30 趙貴春，《攝影技術的傳入和寶珍照相館的興起》，見中國人民政治協商會議寧夏回族自治區銀川委員會文史資料研究委員會編，《銀川文史資料》第3輯，1986年，第149—151頁。

31 見《順天時報》，1926年8月22日第1版。

東瀛、西洋的專家，還是香港、上洋、粵東名手，以及北京、天津等大城市的技師，這些職業照相人員的加盟及交流，極大促進了不同地區照相人才技術的提高。尤其是外國技師帶來的先進理念，無形中觸動了本土很多熱愛攝影的人士，去國外直接學習「光學」「化學」，再歸國創業，一時成為潮流。

武漢顯真樓照相館的館主嚴愛堂，為了進一步學好照相技術，增強顯真樓的競爭力，自費赴日本留學，學成回國後極大促進了照相館的業務發展，這段留學的經歷自然是照相館廣告宣傳的絕佳題材。在 20 世紀 20 年代的《武漢指南》上，顯真樓做了一則廣告，稱該館自創建以來，「歷來應用歐美新法，館主親赴日本，歷訪專師，參觀名場，實地考察最新的照法。並購東西文書籍，隨時參考。」20 世紀 20 年代初期，顯真樓也成為武漢僅有的幾家大型照相館之一。[32] (1-3-8) 北京豐泰照相館的任慶泰，青少年時代便深受「洋務」氣氛的感染，與胞兄一道自費遠赴日本，意在學習照相技術。這次日本之行，任慶泰不但在照相技藝方面進一步提高乃至飛躍，並且還帶回了東瀛先進的經商理念，這次經歷，將他原本平淡的人生道路引入了一個嶄新的境界。正如 1938 年《新北平報》一篇專記所載：「君，於同光之際，自費東遊，足履瀛壖，以其所知，勾通中日商情，觀光攻錯，虛往實歸，擷其精蘊，以

為都人士貢。」[33] 馳名京城的太芳照相館的館主溫章文，「畢業於香港皇仁大學，於光學一門特加研究，更在青島與德國照相名家合辦多年，盡得奧妙」。[34] 1922 年在北京開張的光明照相館館主何生泉、何錫九，也是「渡歐美，光化兩學，素有研究」。[35] 北京容光照相館主人雷卓霆，也是「學於歐美」[36]。1925 年開幕的上海迎芳照相館，則是法國留學生王雪橋等創辦。[37] 1927 年，號稱上海唯一之藝術照相館的光藝照相館，主人彭望軾「留日專習攝影有年，造謂甚深……文藝家如胡適之博士、徐志摩、劉海栗諸先生，名媛如唐瑛、陸小曼、張蕊英女士等，均在該館攝影」。[38]

正是國外遊學回來的新一代照相館主人，帶來了國外先進的照相技術和經營經驗，同時，在國內風起雲湧的新文化運動的影響下，現代攝影的理念也開始進入照相館，傳統的構圖、用光、佈景，都在新觀念的帶動下，一步步改革，美術照相的觀念開始在大中城市深入人心，照相館的拍攝開始注重人物的表情、光影、造型，一批具有鮮明時代特色的國民肖像產生了。(1-3-9)

從 20 世紀初二三十年代開始，在沿海開放城市中，隨着中國照相業逐步走向成熟，越來越多的中國人掌握了攝影術，西方人開設的照相館，在激烈的本土競爭中，也有淡出之勢。一系列編譯或中國人自己撰寫的攝影出版

32　周德鈞、朱聲媛，《百年顯真樓》，見《武漢文史資料》第 12 期（總第 170 期），2006 年，第 44—47 頁。

33　王大正，《中國電影創始人 —— 任慶泰》，見《當代電影》，2005 年第 6 期，第 9—14 頁。

34　《奉黎大總統命晉府照像》，見《順天時報》，1916 年 8 月 31 日第 4 版。

35　《光明照像開幕廣告》，見《順天時報》，1922 年 10

月 14 日第 1 版。

36　《容光照相特別廣告》，見《順天時報》，1924 年 11 月 28 日第 1 版。

37　《迎芳照相館今日開幕》，見《申報》，1925 年 12 月 26 日第 18 版。

38　黃梅生，《介紹光藝照相館》，見《上海婦女慰勞會劇藝特刊》，1927 年特刊，第 6 頁。

物，開始被更多人閱讀，照相的原理也不再神秘，對很多此時的照相館來說，師徒相承成為一個快速和便捷的培養人才途徑，一大批照相業人才從本地照相館裏成長起來，也成為照相業從沿海往內地發展的原動力。(1-3-10)

不過，這種師徒相承一開始在很多小照相館受到了阻礙。照相館當時作為一門充滿技術含量的新興服務業，由於投入資金量小，回報較高，很多小照相館，為了防止競爭，保住自己的飯碗，一開始基本都是家族生意，照相技術概不外傳。清末，楊勛用洋涇濱英語寫的《別琴竹枝詞》中，有一首就描寫了照相館對技術保密的竹枝詞：「樓名福托葛來夫，拍照人間各樣圖。藥水房中常黑暗，只傳兒子不傳徒。」「福托葛來夫」即英文 PHOTOGRAPH 洋涇濱譯音。在這樣的情況下，很多小照相館的徒工只得偷偷摸摸地學藝。

但對於很多成規模的照相館來說，培養家族人員以外的人才，成為擴大規模以在激烈的市場競爭中立足的必須。早在晚清時期，就有照相館登廣告招收學徒：「現徒學成，自業召補學徒，須擇年近弱冠，質地清秀，不耐煩勞，籍貫蘇屬。送來受業，膳金莫貼俟，學有成，從心謝，以便自立。」[39] 不過，舊時想到照相館學徒很不容易，有的需要求人介紹，有的還需要有兩家鋪保，還有的要求有高小文化，人要老實、聰明伶俐等等。「投到門下的徒弟，前一年只幹雜活。諸如開板、關板、生火、劈柴、掃地、跑道之類。第二年，往紙袋裏裝照片，切紙、裝匣子。第三年才能摸相機，有時還要當苦力使。如利豐齋蓋小樓時，徒工搬磚運石，挑水和泥十分辛苦。在掌櫃眼裏，徒工是『頭年愣，二年蹭，三年支不動』，所以對徒弟十分嚴厲，有的打罵徒弟。徒弟每日清晨五點起牀，勞作一天晚上十點才能睡覺。一年到頭，只有春節休息三天。」[40]

一般學徒期為三年，徒弟學藝，沒有明確的師徒關係，所有的技工都是師傅，哪叫哪到。一般店方與徒工簽訂的契約上還有一條：「如三年技術學不成，要退還伙食費。」所以徒弟任勞任怨，刻苦學習，不敢偷閒貪玩。「當年照相業學徒工資低，第一年每月大洋五角，第二年一塊，第三年兩塊，到學徒期滿正式辦請師酒後才算『參師』。『參師』後要能正式擔任一項工種才能每月拿六塊大洋，工作成績好的，工資還可以高些。但即使成績很好，甚至超過客師（指照相館老闆聘用的、有一技之長的專業技師——作者註），也只能拿到客師約一半的工資。這是不成文的規定。」[41] 正是在這種苛刻要求下，很多學徒更加珍惜學習的機會，一般一年後就能掌握基本照相和洗印技術，三年正式出師。

從 20 世紀初到三四十年代，中國一大批照相館的工作人員，都是從學徒一步步走出來的。中國有句俗話叫作「教會徒弟，餓死師傅」，徒弟出師後單幹的情況也確實不少。比如，大北照相館的創辦者趙燕臣，少年時在北京城裏的鴻記照相館當學徒，出師後技術不

39《上洋吳萃和照相》，見《申報》，1886 年 6 月 25 日第 4 版。

40 劉育新，《解放前的遼源照相業》，見中國人民政治協商會議遼源市委員會文史資料委員會編，《遼源文史資料》第 4 輯（建國前的遼源工商業），1991 年，第

8—99 頁。

41 黃祖德、夏循海、章運軍整理，《相館滄桑話顯容》，見中國人民政治協商會議沙市市委員會文史資料研究委員會編，《沙市文史資料》第 2 輯（工商史料專輯之一），第 228—236 頁。

錯，幫着掌櫃幹了幾年，就與人合股開設了大北照相館，成為北平聞名的照相館之一；[42] 王熾開原為上海耀華照相館的學徒，後來加盟上海英明照相館，1926 年之後，單獨開設王開照相館，成為三四十年代上海灘標誌性的照相館；天津的李耀庭，1909 年，經親友介紹到鼎昌照相館（鼎章的前身）學徒，開始他的照相生涯，後來李耀庭成為鼎章照相館的副經理，及遼寧路分號的總經理。(1-3-11)

除了同城的競爭外，因為中國巨大的照相業市場，從大城市到中小城鎮，甚至鄉村，發展水準很不平衡，對很多照相館的學徒來說，出師後，有更多去異地他鄉發展的新機會。岳陽人余松齋喜愛攝影藝術，其父花紋銀一錠托人介紹進入武昌黃鶴樓「顯真樓」照相館做學徒。宣統末年（1911）余松齋藝成回岳，與汪繼成合夥開設了岳陽第一家「玉壺冰」照相館。[43] 廣州「豔芳照相館」的學徒黃恪存，被昆明二我軒照相館的老闆蔣樸看中，1930 年前後，黃恪存從二我軒出來，於正義路自立門戶，照相館也叫「豔芳照相館」，豔芳不僅成為

昆明最大的照相館之一，也給昆明照相館帶來了手工着色等新理念。[44] 重慶麗芳照相的學徒肖旭初，出師後與友人到川黔交界的貴州正安縣北區土溪場，開辦「四川重慶流動照像組」，給交通閉塞、經濟文化落後的小鎮帶來了現代文明。[45] 一批批出師的專業學徒，把照相館開到城市的背街小巷，開到了窮鄉僻壤，極大促進了照相業在中國的整體發展，也讓拍攝一張個人肖像成為每一個中國人或可實現的夢想。

從最早轉行的畫師、民間學局裏的子弟，到工藝傳習所和美術學校的學員、海外名家，以及歸國遊學生、出師的年輕學徒等，照相館內，不同時期的「照相人」，共同拍攝了不同形態、不同地域的中國照相館影像。從一開始單純地模仿西方技藝，到結合傳統視覺習慣，演繹出中國照相館審美，以及後來再次在「西化」的風潮中，形成中西合璧的照相館藝術風格，正可歸因於不同文化背景和社會經歷的「照相人」的努力。形形色色、豐富多彩的「照相人」，在中國照相館時代的視覺構建中，應該當仁不讓地成為照相館的主角。

42 愈奇，《大北照相館發家史》，見《北京紀事》，2006 年第 7 期。

43 李培天，《岳陽照相業》，見中國人民政治協商會議湖南省岳陽市委員會文史資料研究委員會編，《岳陽文史》第 4 輯，1985 年 12 月，第 161—165 頁。

44 劉瑤，《豔芳照相館：歲月留痕 80 載》，見《雲南信息報》，2009 年 1 月 3 日。

45 肖旭初，《土溪場照相業的興起》，見遵義市政協教科文衛體委員會編，《工商金融》（遵義文史十四，民國時期），2008 年，第 147—152 頁。

1-4-1　上海女子肖像

佚名，蛋白紙基，手工着色，卡紙 8×10.55 厘米，照片 6.85×9.4 厘米，裝在一個銀版照相盒內，1860 年前後。作者收藏。

1-4-2　北平阿東照相館照片袋

北平阿東照相館照片袋，1930 年前後，作者收藏。

該店為德國人哈同夫婦開辦的照相館，所以照相館同時經銷德國「矮克發」照相材料，還移植兩句中國古語來為「矮克發」做廣告。

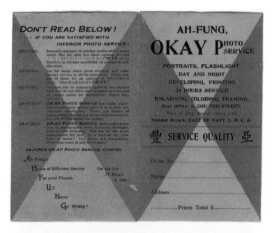

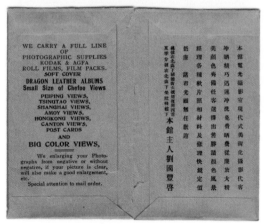

1-4-3　煙台亞豐照相館照片袋

煙台亞豐照相館，印刷品，17×13 厘米，1930 年前後。作者收藏。

亞豐照相館經營電光、美術攝影，代客沖洗、曬印，同時經營各種照相材料，比如柯達和矮克發等，還銷售皮質照相冊、修理相機等業務。

1-4-4 矮克發博羅維那美術放大紙樣本冊

矮克發中國公司，照片冊 14×20 厘米，照片樣本 10×14 厘米，1930 年前後。作者收藏。

這是一本矮克發公司為了宣傳自己的博羅維那（BROVIRA）相紙產品製作的廣告樣本冊，用不同相紙印放中國風景和美女照，其中包括白色半光細面、白色無光細點粗面、奶色半光細面等 14 種相紙標本。

1-4-5　寧波天勝照相材料行廣告兩張

印刷品，每張 56×45 厘米，1930 年前後。作者收藏。

天勝照相材料行，經營照相材料，還可以「專拍藝術照相、電光美術放大、代客沖曬軟片」等。當時很多照相材料行和照相館經營不分家，可同時經營攝影和照相材料業務。

1-4-10　天津瑞興商行及附設攝影部

瑞興攝影部，銀鹽紙基，6×4 厘米，1930 年前後，作者收藏。

商行附設攝影部，是當時通行做法。瑞興是天津經營「書籍、文具、華洋紙張、兒童玩物、化妝用品」的一家商行，其攝影部則經營「結婚、團體、外照、標準、時代攝影」。

1-4-6　北平東方照相館照相袋

印刷品，18.8×12.5 厘米，1930 年前後。作者收藏。

1-4-7　錢景華環象攝影機廣告

刊登於 1928 年出版的《北京光社年鑒》第
一集，趙俊毅提供。

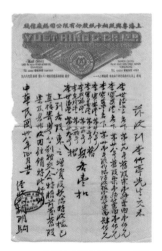

1-4-8　粵興卡紙有限公司證明信

手書，17.3×27 厘米，1949 年 4
月 21 日。作者收藏。

1-4-9　陳筱舫感光紙廣告

刊登於《中華攝影雜誌》，1931 年 10 月
1 號，第 1 期。趙俊毅提供。

「照相法」和「照相傢夥」

—— 對照相術的認知和「具料」的引進與國產

　　中國獲知攝影術發明的消息，幾乎和西方同步。1839 年 8 月 19 日，法國公開宣佈達蓋爾銀版照相法發明，僅僅兩個月後的 10 月 19 日，澳門的英語週報《廣東報》(The Canton Press，又名《澳門新聞紙》或《澳門新聞錄》)，轉載了一位名叫華爾殊 (Mr. Walsh) 的先生發給美國《紐約美國人》(N. Y. American) 的讀者來函，講述了他當月 3 日造訪達蓋爾工作室並見到一些銀版風景照片的事。[1] 考慮到當時傳遞資訊的方式，從歐洲通過輪船把資訊送達澳門，至少兩個月左右的時間，這次訪問最晚也應當是當年的 8 月 3 日，也就是在攝影術正式公佈之前。同年的 12 月 14 日和 1840 年的 4 月 25 日，《廣東報》又刊登了兩篇關於攝影術的文章，先後介紹了英國人塔爾博特的卡羅式攝影法、慕尼克哈奧素博士的「將表面塗上印度墨的金屬版放進照相機，曝光後便出現色調正確的黑白照片」[2] 的方法。

　　根據英國人泰瑞・貝內特的研究，1842 年 7 月，就有兩名英國人 —— 麻恭少校和伍斯納姆醫生在中國揚子江上拍攝過銀版照片[3]，雖然對這次拍攝所用器材沒有詳細記錄，也沒有發現所拍攝的照片，但這應當是實體照相機第一次進入中國。兩年後的 1844 年，法國人于勒・埃及爾再次攜帶銀版相機來到中國，在澳門、廣州拍攝了中國影像，他拍攝的銀版照片，有 37 幅被收藏在法國攝影博物館[4]，還有部分散落在民間，這批影像也成為中國現存最早的影像。

　　1845 年，美國人喬治・韋斯特在香港臨時開辦了中國第一家照相館，從事達蓋爾銀版照相。此後，在香港、上海、廣州等城市，間或有西方人和極少的中國人開辦固定或流動的照相館，使用銀版或安布羅法照相，照相館客戶基本是外僑，或者拍攝本地風景及僱用本地人拍攝的中國風格肖像，銷售給外僑作為中

1　黎健強，《暗箱和攝影術在中國的早期歷史》，見郭傑偉、范德珍編著，《丹青和影像：早期中國攝影》，香港大學出版社、蓋蒂研究所，2012 年，第 19—32 頁。

2　同前註。

3　（英）泰瑞・貝內特，《中國攝影史：1842—1860》，中國攝影出版社，2011 年，第 1 頁。

4　中國文學藝術基金會、巴黎中國文化中心主編，《前塵影事：于勒・埃及爾最早的中國影像》，中國建築工業出版社，2012 年。

國之行的紀念品。位於上海牯嶺的麗昌照相號，曾遺存一張拍攝於 1853 年的銀版人物肖像，雖然還缺乏文字史料的佐證，但這普遍被認為是中國照相館拍攝的最早的照片，並且成為中國照相館進行達蓋爾銀版攝影的物證。[5] 作者收藏了一張蛋白紙基的中國女子名片格式肖像，是一位美國商人 1860 年前後從上海帶回的，女子坐姿、道具、地毯是典型的早期中國照相館風格，照片卻被卡裝在一個銀版照片盒子內，根據銀版盒子的專利期限（1856—1857 年）判斷，這張照片應當拍攝於 1856—1860 年間，此時，玻璃濕版已經傳入中國，成為本地照相館拍攝的主要方式，應當是照相館把當年剩餘的銀版盒子再利用，達到保護照片的效果。（1-4-1）

一直到 19 世紀 60 年代初，照相館攝影和本地中國人的交集還沒有真正開始。從 60 年代中後期開始，隨着晚清第一批走出國門的觀光、外交使團 —— 斌椿使團和蒲安臣使團考察歸來，帶回了對西方照相業的進一步認知；同時，沿海口岸城市現代報刊業開始崛起，一批中文報刊創辦，開始刊登介紹攝影術的文章，極大促進了中國人對攝影術的認知和照相館的普及，尤其是中國人開辦的照相館的大量增加。各種照相館設備引進，也開始進入了一個大發展時期。

正如中國最早的一批照相館攝影師誕生於香港和廣州一樣，香港、廣州也是攝影術知識最早的集散地。《中外新聞七日錄》是 19 世紀 60 年代國內出版的少數幾份報刊之一，也是中國第一份新聞週報，該報由廣州惠愛醫館的英國傳教士湛約翰於 1865 年創辦，創刊目的是：「蓋欲人識世事變遷，而增其聞見，為格物致知之一助耳。」[6]《七日錄》內容以中外新聞報導為主，也少量刊登介紹西方科技知識的文章，其中自然關注攝影術的發明和發展，上海第一家中文報紙《上海新報》在 1870 年 4 月 12 日轉發了《七日錄》刊發的文章《紙玻映相》，介紹了塔爾博特的「卡羅式攝影法」和後來的「玻璃濕版攝影法」，這成為上海最早介紹攝影術的華文文章。在毗鄰的香港，《香港近事編錄》是港島 19 世紀 60 年代僅有的兩份華文報刊之一（另一份是創刊於 1857 年 11 月 3 日的《香港船頭貨價紙》，約 1860 年初改為《香港中外新報》，創刊於 1864 年 5 月[7]），雖然該報原件至今闕如，但該報文章多被其他報刊轉載，上海《新報》和《申報》就曾多次轉載該報文章。1872 年 6 月 18 日《上海新報》就曾刊載了《香港近事編錄》一篇文章《泰西照畫法》，介紹了銀版攝影術過程，並提到後來的安布羅法及玻璃濕版攝影法，並說可以「彼國凡罪人遇赦必照其像，以存案牘，再犯則易於緝捕耳。更能仿照書畫名人墨跡，宛如真本」。

伴隨着現代報刊對攝影術的介紹，照相器材開始穩步踏入中國市場，華人開設照相館成為可能。1864 年，英國人巴吉落從英國帶來「照像器一全付，其器係在英國新造，極其

5　陳申、徐希景，《中國攝影藝術史》，生活‧讀書‧新知三聯書店，2011 年，第 86 頁。

6　蔣建國，《地方新聞與社會話語：1865—1867 年的廣州 —— 以〈中外新聞七日錄〉為中心》，見《學術研

究》，2008 年第 11 期。

7　參考《香港近事編錄》史事探微兼及王韜的早期報業活動。蕭永宏，《歷史研究》，2006 年第 1 期，第 178—185 頁。

巧妙，應用各種俱全，倘有華商買去者可開照相館，亦本小利大之事也」。[8] 美國人也不甘落後，從 1865 年 1 月 26 日到 1866 年 12 月 18 日近兩年時間裏，一直在《上海新報》刊出售賣照相「器具」的廣告：

啟者：本行常有照相所用的器皿及西洋景。在花旗國買比在中國地方，其價格外公道。如有貴客欲買照相器皿及西洋景者，可寫信送花旗京城大陸第五百零一號。花旗人姓安多呢，斷不誤事。

甲子年十二月二十日
安多呢謹啟[9]

到 19 世紀 70 年代初，英國、美國都已經在上海成立了代辦本國照相器具的洋行。會地理洋行還開始教授中國人學習攝影術，「本行主或獨教一人，或合教數人均可，學成後所需諸藥料器具皆已備齊，亦可代買也」。[10] 在北京，1862 年來華的英國人德貞 (Dr. Dudgeon John Hepburn，1837—1901)，是位酷愛攝影、兼通中西文理的醫生。德貞在京都施醫院任職，還在北京同文館教授醫學與生理。[11]1872 年，德貞編譯完成我國第一部攝影術專著——《脫影奇觀》，次年在北京刊印。《脫影奇觀》不僅介紹了最早的銀版照相法、

卡羅式攝影法，還講述了當時最流行的濕版火棉膠法，並且還力求具體地告知讀者照相器材和藥品的操作之法。在中國攝影發展史的啟蒙階段，《脫影奇觀》公開了攝影術的奧秘，消除了很多人對照相的詆毀和謬傳，對攝影術在中國的普及和中國照相業的發展起到了極大的促進作用。(1-4-2, 1-4-3)

1876 年，上海《申報》上刊登了《照相法》，詳細介紹了濕版火棉膠法從製版到曝光、顯影到定影、印像、着色等全過程，並且說，除了拍攝肖像外，「更照法帖，如蘭亭序及十八跋，照為徑十縮本。又如石鼓文、華山碑、褚聖教序，皆照有縮本，頗便臨摹，則尤奇之又奇也」。[12] 此時，上海作為中國照相器材的集散中心，隨着照相館數量的激增，照相器具進口由原來的訂購改為更多的現貨供應，「請先來本行查看所存諸貨，然後作定奪。照相盒子及照相鏡，予皆備存，於買定之前，可預為試用一次」。[13] 並且，原來一兩家洋行壟斷的局面不復存在，隆茂洋行[14]、福利洋行[15]、和順洋行[16] 等諸多洋行，科發藥行[17]、大英醫院[18]、屈臣氏[19]、老德記大藥房[20]，以及一些照相館、畫室都加入了照相器具和藥料的銷售，競爭十分激烈。老牌的會地理洋行也不得不實行價格戰：「本行今到照相樓所需各藥料，其價較賤於他行也。所發賣各料咸保其

---

8 《照相器出賣》，見《上海新報》，1864 年 7 月 28 日。
9 見《上海新報》，1865 年 1 月 26 日。
10 《照相學》，見《申報》，1873 年 9 月 30 日第 5 版。
11 吳群，《我國最早出版的攝影譯著〈脫影奇觀〉》，見《攝影叢刊》第 4 輯，1980 年 9 月。轉自吳群，《中國攝影發展歷程》，新華出版社，1986 年。
12 《照相法》，見《申報》，1876 年 2 月 22 日第 3 版。
13 《照料出售》，見《申報》，1877 年 7 月 2 日第 6 版。
14 《照相具料出售》，見《申報》，1876 年 12 月 4 日第 6 版。

15 《照相傢夥出售》，見《申報》，1878 年 3 月 5 日第 7 版。
16 《照相紙出售》，見《申報》，1879 年 5 月 24 日第 8 版。
17 《新到照相藥》，見《申報》，1878 年 4 月 10 日第 7 版。
18 《大英醫院新到照相鏡》，見《申報》，1881 年 7 月 2 日第 7 版。
19 《照相藥水器件出售》，見《申報》，1884 年 4 月 1 日第 7 版。
20 《出賣照相機器藥水等》，見《申報》，1884 年 11 月 22 日第 6 版。

為好，若偶有不喜者，則本行調換亦可。」[21]
一般來說，洋行主要代理照相器材，而各大藥
房則經銷「照相一切藥水，及蛋紙、揩紙、銀
粉等」。[22] 各代理商也可以為照相館提供全套
照相器材，1878 年，上海福利洋行「全副照
相傢夥，計照相印箱架三個，照相盒三個，另
有黑房藥水及各零件。是皆從英國辦來，算最
好傢夥，價銀二百五十兩」。[23]

19 世紀 80 年代，隨着玻璃乾板在西方的
流行，照相操作更加簡便，曝光時間也大大縮
短，從此攝影術也步入了一個快速發展時期。
一些攝影的新技術和新方法也不斷被國人獲
知。1879 年 11 月 14 日的《申報》就刊登了美
國試驗連續曝光的攝影方法：

照相捷法

泰西今又新創一照相之捷法，甚為奇貴，
已在舊金山試驗。其影照馬之疾馳，人之互跳
一霎時，皆可以鏡繪之。又照一翻觔斗之人，
從翻起而至未落地之時，已照成十四形相。又
令一人高跳，亦照成十四形相。即兩人互毆，
亦可悉照無遺。試以此法影照小像，不較此時
之所行更為便捷哉？

此時，各種各式照相快鏡、各式新巧鏡
箱，以及大小不同的乾片開始被中國照相館採
用。1888 年，伊斯曼公司正式推出了柯達盒
式相機，伴隨着那句著名的口號：「你只需按
動快門，剩下的交給我們來做。」這種手持相
機很快流行世界各地，其他國家的製造商業也

紛紛投入生產。1889 年 9 月，上海就已經開
始代售英國新式「照相鏡」：

照相乾片新式鏡子

啟者：本藥房茲又續到英國新式照相鏡
子，鏡箱忒煞玲瓏，其收光機關安在鏡內，是
誠向來所未有之巧妙也。並有全副快鏡，能照
飛禽跑馬，莫不畢肖。暨各色影相藥料、玻璃
杯盤、銀粉、蛋紙，一應俱全。價目比眾，
格外克己。紅盒船牌乾片，隨時有到，頗覺新
鮮，附譯華文顯影方法一紙俾用。是乾片者，
一目了然，省卻幾許摸索耳。賜顧者請認牌
記，庶不至誤。

上海中西大藥房謹啟[24]

在上海，如英昌照相館、公泰照相館等，
為增加收入，也開始代售這種「照相快鏡」和
各種底片。此時，更多的德國照相器材進入中
國，1910 年 3 月 1 號《時報》上同一天就有三
家德國照相器材的廣告，一是矮克發各種照相
材料，二是德國高爾上 GOERZ（VEST-POKET
TENAX）攝影快鏡，三是史脫而伯（SATRAP）
廠照相及化學紙。此時，銷售方式更加多樣
化，洋行拍賣成為最流行的銷售方法之一。
上海魯意師摩洋行 1911 年 10 月在英大馬路
三百五十一號寶珠照相店內舉辦了一次照相
器具拍賣，「一應全店照相器具、鏡頭、蛋光
紙、照相片、小照、油畫、景致、拍照衣服、
乾片、硬片、盤盆，並生財櫥窗檯子、椅子、
窗簾，另星花名不計」。[25] (1-4-4, 1-4-5)

---

21 《照料出售》，見《申報》，1877 年 7 月 2 日第 6 版。
22 《出售照相藥水》，見《申報》，1876 年 2 月 15 日第 6 版。
23 《照相傢夥出售》，見《申報》，1878 年 3 月 5 日第 7 版。
24 見《申報》，1889 年 9 月 28 日第 6 版。
25 《照相器具》，見《申報》，1911 年 10 月 26 日第 8 版。

更多的攝影術的發展也不斷被介紹給國人。1897年，我國最早的文摘刊物《集成報》[26]，和維新運動時期著名的報紙《時務報》[27]，都刊登了西方關於彩色照相的探索。1904年，法國盧米埃爾兄弟發明出真正彩色底片，雖然沒有普及應用，但上海的《萬國商業月報》在1908年第一期就刊登了《收藏天然顏色映相新法》[28]，介紹了柏黎君進一步研究改進彩色照相攝影的詳細原理，這種方法雖然昂貴，且還不能印之紙上，但作者感歎：「然是法發明既易，改良何難，倘將來所映景象，歷久不磨，誠為攝影家所心醉也。」1917年9月23日至27日，上海《申報》分五天連載了王雅馴的文章《彩色攝影法》，進一步普及了彩色攝影的知識。

進入民國後，顯微攝影、「電傳照相」[29]、「航空攝影」[30]、「愛克司光」攝影[31]等從歐美肇始的攝影新技術，陸續被國內媒體介紹進來。1918年，上海《申報》在《世界小新聞》中，登載了美國芝加哥製造的世界最大相機：「高六英尺，尺幅九英尺，重一千四百磅。其運搬也，必載以鐵路貨車一乘。」而德國人洗印了世界最大的照片：「全片幅五英尺，長達三十九英尺。聞該片洗滌時，係卷於直徑丈許之巨輪，而用大管導水居高沖下，約歷八時。」[32]國內照相館在激烈競爭中，也開始注重進口先進的照相設備，北京的太芳照相館

從德國柏林著名的相機製造商噶氏（GEORZ CELOR，也作高爾上）那裏購買了價值一千元的「照相鏡」：「此鏡可照千數百餘人，照出之相，其細如豆，其大如斗，無不鬚眉畢現，可稱照相鏡中之巨擘。」[33]1925年，北京的光明照相館，則從美國購買沙克梯大轉鏡，「能照百餘寸，專備各界喜慶典禮及新年團拜合影大像」。[34]

自1920年美國柯達公司正式在中國設立分公司後，各種大宗照相貨品通過上海，源源不斷銷售到各地，進入照相館和攝影愛好者手中。柯達公司還編譯了多種照相書籍，通過普及攝影知識，推動攝影器材的銷售。1924年《中外經濟週刊》登載的《中國進口照相用品》一文[35]，詳細分析了中國照相器材的進口來源：

中國進口照相用品，在歐戰以前，來自英國者，居三分之一以上，來自日本者，居三分之一以下；歐戰既作，此項進口用品加增，仍以英國為最大來源。但至一九一七年及一九一八年，英國輸入減少，而由日本輸入者約增一倍，由美國輸入者約增三倍，其最大來源為日本。歐戰以後，中國照相事業，益見發達，所用物品，由英日輸入者，固見加多。由美國輸入者，進步尤速。一九二一年中國進口之照相物料，其中三分之一有餘，來自美國。現在中國所用照相器，以美國所製，銷路最

26 《新法映相有色》，見《集成報》，1897第6期，第45—46頁。

27 譚培森輯譯，《着色照像新法》，見《時務報》，1897年第40期，第6—7頁。

28 《萬國商業月報》，1908年第1期，第28—29頁。

29 警眾，《照相學之進步》，見《申報》，1914年8月9日第14版。

30 《攝影之效用》，見《申報》，1918年9月2日，第17

31 朱天石，《照相話》，見《申報》，1921年11月26日第18版。

32 見《申報》，1918年12月10日第14版。

33 見《順天時報》，1918年3月27日第6版。

34 《光明照像新正六扣》，見《順天時報》，1925年1月13日第8版。

35 見《中外經濟週刊》，1924年第43期。

—18版。

廣。德國所製，亦漸通行。據言德之照相鏡，比他國為佳，且所用攝影膠卷（Films）可以不拘一格。至於照相器尺寸，最通行者，為長四英寸又四分之一，闊三英寸又四分之一，次為與明信片大小相同者。中國所售照相用品，分為批發與零售兩種。經理批發者，為洋商駐華代理人；經理零售者，為就地照相館，及其他商店。批發之交款期限，通常為三十日至六十日，如向外國直接零買，則須於貨到之日，簽寄匯票。

根據 1925 年沈詰撰寫的《照相漫談》一文，「鏡箱之在上海稍為通行者，有三處，曰柯達克 KODAK，曰伊卡 ICA，曰安斯柯 ANSCO」，而膠片，在上海最流行的則是「柯達克及矮克發 AGFA 兩種。矮克發價略賤，柯達克質略佳，無大軒輊，用者之經驗習慣亦大有關係也。至於玻片之種類尤多，加以速率不同，選色有異，不能一一詳述。」[36]

在其他沿海城市，如泉州，照相業最初的服務對像是上了年紀的人，出國謀生者——向外國申請入境需拍三英寸的個人半身像，以及為僑屬照全家樂、照個人像寄給海外親人，慰其渴念。因此，照相業的發展與華僑的推動是有密切關係的。照相館原材料最初是華僑從國外帶來，以後才從上海採購。當時使用英國「依爾福」船標底片（玻璃片）和「POP」照相紙，感光度慢，相紙夾底片曬太陽，洗相和沖片處方與現在不同。顯影液使用「金粒」（金屬

類，密封在小燈泡內），接着有德國出品的矮克發照相原材料和美國柯達公司出品的照相原材料，抗日勝利後有日本「富士」牌照相原材料進口。[37]

在內陸地區，比如貴州省貴陽市，照相業初期的底片是英國依爾福廠出品的船牌玻璃片，相紙是使用硫酸、硝酸混合溶解少量黃金的混合液，稱為「金水」，作為漂定液。沖洗的感光紙稱為「白金紙」，到 20 世紀 30 年代，有了柯達人像平快軟片，及愛素紙運來貴陽。「玻璃片」及「白金紙」已完全被淘汰，底片及相紙的感光度增加，操作方便，成本也降低了，利潤相應也有了較大幅度的提高，照相行業逐漸地發展起來。同時期，美國柯達及德國矮克發的 120、620、127 膠卷及散頁「拍克」片，已開始在貴陽傾銷，美國的「白朗民」「鷹眼鏡箱」「柯達記事鏡箱」和德國「蔡斯」「蔡納」折合式鏡箱，也在貴陽出現，滿足了很多業餘攝影愛好者的需求。當時比利時、日本的產品在市場偶有出現，絕大部分照相材料的供應，都來自美國和德國。[38]

在北京，韓大風在《故都的照像事業》中說：「各種紙版的發明，民國十年前，上海柯達公司有以日光曝洗之日光紙，到了民國以後，才時興了夜光紙、白金紙（此紙最費手續，而租價頗昂貴，因洗版時需要金水也）、布紋紙、綢紋紙等，均係六年前英國依爾福工廠由廣東傳來。其布紋紙，大抵平時很少有人使用，嗣經現在東方照像館經理楊某發明使

36 見《申報》，1925 年 12 月 24 日第 16 版。

37 陳建基，《泉州照相業的開創與發展——兼述羅克照相館》，見中國民主建國會泉州市委員會、泉州市工商業聯合會、政協泉州市委員會文史資料研究委員會合編，《泉州工商史料》第 5 輯，1985 年，第 92—

102 頁。

38 吳傳德，《解放前的貴陽市照相行業》，見中國人民政治協商會議貴州省貴陽市委員會文史資料研究委員會編，《貴陽文史資料選輯》第 8 輯，1983 年 6 月，第 115—132 頁。

用，迄今乃盛極一時。關於弧光之發明家，係美國光明工廠，在北平只有同生專門。」[39] (1-4-10)

各地洋行和洋貨店、廣貨店、藥店都是銷售照相器材的主力軍，照相館除了購買自身使用的照相器材，也廣為代賣照相器材。上海南京路中市的寶記照相館在二樓照相，一樓「並代售柯達照相器具，均經詳細選辦，為旅行家、玩習家必需之品。凡向本館購取者，當竭誠招待，指導照法。所有價目一律照市，並代客洗印，穩妥快捷，取值不昂。如向本館購買膠卷者，顯影免費」。[40] 寶記照相館後來還代賣「德國康脫灑（Contessa）手提快鏡」[41]，鏡頭是蔡司（Zeiss）廠所出，以及德國彈簧三腳架等。在 20 世紀二三十年代的上海，僅在南京路，銷售進口照相器材的就有永安公司、先施公司、新新公司、冠龍照相館、王開照相館、中華照相館、兆芳照相館、英明照相館、寶記照相館等十餘家。 (1-4-6)

可以說，在 20 世紀二三十年代以前，中國照相館及攝影愛好者所用的照相器材和藥料絕大部分依賴進口，昂貴的價格給普通消費者帶來了沉重的負擔，也引起了很多有志之士的憂慮：「僅上海一埠，照相材料每年輸入，達五百萬元之巨……則漏卮之大，可為深懼。」[42] 國內民族主義的發展，也導致了不斷掀起的抵制洋貨的運動。1905 年，為了抗議美國的排華法案，在中國主要商埠，特別是華中、華東和華南地區，抵制美貨運動形成高潮。在上海，8 月 19 日，餅業和照相業在江漢公所簽約，共同抵制美貨，協約規定：「俟苟禁改良，再行照常購買。同胞互相查察，如有違背此議者，照所買之物罰一百倍，以充善舉。」[43] 上海照相業主要照相館都簽名參加。1915 年日本逼迫中國簽訂「二十一條」，以及 1919 年青島問題，1931 年日本發動「九一八」事變，都引起了中國大規模抵制日貨的運動。正是一次次抵制洋貨的運動，讓很多愛國志士意識到照相材料國產的重要性，從而在中國民族工業十分薄弱的背景下，進行了一次次照相材料國產化的嘗試。

在照相機生產上，雖然廣東人鄒伯奇早在 1844 年就製作出了一部「攝影器」，但這還不是真正意義上的相機，而是一部用作測繪的儀器。國內不少照相館曾經自己改造或製作木質照相機座架或木質鏡箱，供照相館室內使用，其價格比舶來品更低廉，但鏡頭無一例外都是進口貨。

國產相機探索上，最值得一提的是錢景華的「環象攝影機」。畢業於日本大阪高等工業學校機械科的錢景華，從 1925 年開始，經過 20 個月的苦心鑽研，試製出可轉動一周的「景華環象攝影機」：「裝置各件，頃刻而竣，錢君手開機括，鏡箱漸漸而轉，環繞一周，其機自停。」[44] 當時，國內照相館中，美國柯達公司生產的「沙克梯」轉機已經很流行，錢景華認

39 見《工商新聞》，1934 年第 10 期，第 4 頁。

40 《開幕》，見《申報》，1921 年 8 月 8 日第 1 版。

41 《寶記運到快鏡》，見《申報》，1923 年 6 月 7 日第 17 版。

42 《國內攝影界之重要發明：景華環象攝影機》（附照片），林志鵬識，《天鵬》，1929 年 3 月第 8 期，第 21—23 頁。

43 見《申報》，1905 年 8 月 22 日第 3 版。

44 《國內攝影界之重要發明：景華環象攝影機》（附照片），林志鵬識，《天鵬》，1929 年 3 月第 8 期，第 21—23 頁。

為自己的相機「絕對為娛樂家設想，故第一要件，須體積小而用法簡易」。[45] 景華環象攝影機能夠拍攝「六寸半高，三尺半長之畫片」。[46] 1927 年冬，錢景華第二次製造出六架相機，「不僅娛樂者喜之，營業者亦視為需要品」。[47] 後來，錢景華又做了三次、四次修改，繼續出品。這種相機最大的優勢就是對光簡便，換膠片容易，即使沒有經驗之人，在幾分鐘內，也可拍攝一張。但因以手工生產，成本較高，很難被照相館大規模採用，產品被迫削價出售，最終不得不停產。（1-4-7）

開辦於 1919 年的上海粵昌照相卡紙廠，因為「青島問題抵制日貨，東洋各種輸入貨品斷絕。該廠創辦者熱心愛國思以振興實業，因之檢查中國海關貿易冊知，區區照相用之卡紙每年輸入計達六十餘萬兩。有感於此，故招集同志，創設粵昌照相卡紙公司」。[48] 1922 年 11 月 20 日，粵昌公司遷進新址——上海虹口七浦路，該廠國貨照相卡紙「復營銷南洋群島」[49]，到 1924 年，「貿易達十餘萬兩，年有增加」。[50] 1938 年，為爭取海外市場，粵昌公司在香港紅磡開設分廠，卡紙除了銷往南洋各地，還返銷內地，每年銷售額達到百萬餘元。太平洋戰爭爆發後，香港淪陷，工廠停產。香港光復後，粵昌遷址到深水埔大埔道 166—172 號，「建築新型，規模宏大。專製各款大小美術卡紙，以鷹雄獨立牌為註冊商標。」[51]（1-4-8）

在照相材料的國產化方面，福建泉州人曾竹儀（1915—1957），發明自製照相乾片，為我國國產感光材料的發展作出了開拓性的貢獻。曾竹儀從少年時代便把興趣和精力集中在感光化學上，從 1931 年開始，便開始了感光材料的試製工作，1933 年，自製成功照相材料明膠，這一年，曾竹儀才 18 歲。後經過不斷改進，曾竹儀在 1938 年抗戰的困難時期，成功製作出了我國自己的照相感光片。1939 年 9 月，泉州《閩僑社通訊》第 28 期以《教界青年曾竹儀試製「感光片」成功》為題，報導說：「特將其十年來所研究製造者，繼續提出實驗，疊經改良，已告成功。所用以攝影之影象（像），竟較舶來品之材料更為明顯清晰，各大照相館試用結果，大家稱道。」[52]

後來，曾竹儀開始準備工業批量生產。1941 年，曾竹儀進入福建省研究院工業研究所工作，利用自己製造的設備開始批量生產國產照相底片（玻璃片）和幻燈片。賽璐珞片基普及後，曾竹儀又將玻璃底片改為賽璐珞片。1942 年《西南實業通訊》公佈了曾竹儀乾片製作的詳細方法，並言「此項發明經濟部已予以新型專利五年」[53]。福建省研究院 1943 年 2 月給曾竹儀頒發了證書，並破格晉升其為技士（相當於大學畢業的技師）。在福建省研究院期間，曾竹儀還撰寫了《國產底片研究製作經過及其發展途徑》《照相底片製造全程及全部

---

45 同前註。

46 同前註。

47 同前註。

48 滄浪，《工廠調查：粵昌照相卡紙廠總觀察報告》（附表），見《經濟匯報》，1924 年第 3 卷第 1 期，第 277—281 頁。

49 《粵昌公司昨日遷進新廠》，見《申報》，1922 年 11 月 21 日第 17 版。

50 滄浪，《工廠調查：粵昌照相卡紙廠總觀察報告》（附表），見《經濟匯報》，1924 年第 3 卷第 1 期，第 277—281 頁。

51 舒，《工商訪問：粵昌照相卡紙公司》，見《經濟導報》，1947 年第 38 期，第 23 頁。

52 黃連城，《我國感光化學工業的先驅曾竹儀》，見《中國科技史雜誌》，1984 年第 3 期。

53 《曾竹儀發明自製照像乾片》，見《西南實業通訊》，1942 年第 6 卷第 4 期。

設備圖》《照相材料製造設備》《軟片製造操作規程》《印相紙各種性質及其測定法》《小型照相材料製造廠計劃》和《銀影之色調》等大量專著，並翻譯了山本正夫等人撰寫的《印相紙諧調及一般性質》等外文資料。

抗戰勝利後，曾竹儀於 1946 年到台灣工業研究所工作，繼續收集國內外感光材料的資料，撰寫了《感光材料工業概況》《印相紙製造操作規範》等專論。曾竹儀艱苦的實驗研究，使我國民族感光工業略具雛形。但當時正逢戰亂，抗戰後又趕上美國照相器材大肆傾銷，感光材料國產夢想難以實現。解放後，曾竹儀繼續推動感光材料建廠工作，1952 年，廈門南光照相材料廠（廈門感光化學廠的前身）建成，曾竹儀被聘為技師。1957 年不幸病逝。

在國產照相材料的探索中，另一位值得一提的是上海的化學家陳筱舫。1926 年，畢業於光華大學化學系的陳筱舫，率先投入照相紙工藝技術的研究，經過近 3 年潛心研究，試製成功中國第一代照相感光材料，「國內攝影家及照相業者，莫不延頸相望，盼其早日出貨，以供急需」。[54]1929 年，陳筱舫在上海城區石皮弄內創辦筱舫照相化學工業廠。次年，為擴大生產，遷廠至方濱路貽慶街，自行設計和製作簡易塗布機、推架式晾乾車等專用設備，生產名為「筱舫愛娜愛燈光紙」的相紙，習慣稱為「筱舫紙」。這種以氯化銀為主要感光成分的印相紙，分無光、半光、有光 3 種，反差性能分為 1—4 四個型號，各有其優點：「愛娜愛印像紙分全光、半光多種，用以印各種人物

風景，層次豐富，色澤不退；麗麗美術紙，所曬之照片，陰陽向背，深淡得宜，色彩動人，極有美術意味；佛拉乾片，藥面堅韌均勻，用攝各種照相，光明濃淡，顯然可分；琵琵放大紙，柔軟細潔，永不變色。」[55]1929 年上海特別市第二屆國貨運動會上，發給該廠以新工業品獎狀，以資鼓勵。（1-4-9）

儘管實際上「筱舫紙」與進口的歐美、日本照相紙相比，質量尚有差距，但受到國人支持，「筱舫紙」用戶不斷擴大，先在本埠銷售，後逐漸銷往國內其他城市。隨着製造工藝的改進，後來的「筱舫紙」質量和進口相紙已無差別，且價格便宜，故競爭力漸強。1933 年，陳筱舫向國民政府申請中國照相印相紙生產專利，經實業部批准獲專利權 10 年（1934 年6 月 1 日—1944 年 5 月 31 日）。1936 年，陳筱舫在南京路保安坊 9 號設立辦事處，另僱財會、銷售人員 8 人，月產量達千筒（與進口AGFA 紙同規格）。

1937 年，筱舫廠遭日本侵略軍焚燬。次年初，筱舫廠另覓天津路福綏里 4 號老式里弄房建立臨時廠房，增設空調間，添置軋光機、切紙機等設備，繼續進行生產，還先後在重慶、金華、寧波等地設立辦事處。上海淪陷期間，日貨充斥市場，工廠經營困難，直至抗戰勝利後筱舫廠生產才恢復正常。[56]

總體來講，從「照相法」來說，中國照相館的早期攝影實踐中，幾乎都有涉及，但無疑玻璃濕版、玻璃乾版長期佔據了統治地位，尤其在很多偏遠地區，直到解放後，很多小城

54 《國產照相材料之成功》，見《時事月報》，1930 年第2 卷。

55 同前註。

56 參考摘編自《上海專業誌》，《上海輕工業誌》，第 1 編《行業》，第 18 章《感光材料》，第 1 節《行業沿革》。

鎮的小照相館還在使用玻璃版。早年間，一切照相傢夥，莫不取諸西洋、東洋，後來，各照相館技師或有志之士，積極進行了國產化的探索，雖然還有不成熟的地方，從成本、規模化生產來説，還很難適應當時批量的商業生產，但正是這些探索，為新中國成立後國產相機和國產照相材料的發展奠定了堅實的基礎。

1-5-1　上海蘇三興和上海公泰照相館

佚名，材質、尺寸不詳，1880 年前後。陳申提供。

1-5-3　上海老寶華照相館外景

日本鴨川上海公司，印刷明信片，手工着色，1930 年。作者收藏。
老寶華一樓售賣「改良瓷器」「專辦江西細瓷仿古名瓷」，二樓照相館「精究照相、隨形放大」，照相室外懸掛一幅巨幅
美人頭像作為廣告。

1-5-2　上海麗華照相放大公司外景

上海麗華照相放大公司，蛋白紙基，27×21厘米，1900年前後。作者收藏。

1898年9月4日開張的麗華照相放大公司，位於勞和路與南京路轉角，外牆上寫有經營範圍：「巧拍小像、精放大像、善畫油像」。窗外的廣告招牌上，有售賣的龍華塔等上海風景、建築照片，也有不同尺寸的全身、半身、頭像等肖像陳列，最大的一張肖像為頭像，説明此時上海已經流行各種規格的肖像了。

1-5-5　青島鴻新照相館外景

佚名，銀鹽紙基，13.7×8.7厘米，1930年前後。作者收藏。

1-5-4　威海劉公島兆芳照相館外景

威海劉公島兆芳照相館，銀鹽紙基，10.6×8厘米，1930年前後。作者收藏。

從照相館全英文的招牌來看，兆芳照相館以外僑顧客為主。門口橢圓形招幌標明，還供應各種柯達材料。

另外，除了拍照、放大等照相業務外，右側櫥窗下面的英文顯示，還經營專利藥品以及香水、化妝品等。

1-5-6　青島鴻新照相館商業名片

青島鴻新照相館，印刷品，10×7 厘米，1930 年前後。作者收藏。

名片中標明了鴻新的業務範圍：照片銷售、肖像拍攝、照相愛好者器材、閃光燈、放大、
風景照片、照片複製、鏡框等等。

1-5-8　大連榮昌照相館廣告

大連榮昌照相館，印刷品，19×30 厘
米，1920 年前後。作者收藏。

榮昌照相館內有「五彩佈景、亭台樓閣、
奇花異卉、山林佳景，以及家庭陳列品，
無不應有盡有」。另外，照相館多種經
營，「代磨玻璃門窗字樣、鑲牙補齒」等。

1-5-7　太原瑞星美術照相館晉祠分館

瑞星美術照相館，銀鹽紙基，卡紙 30×22 厘米，照片 19.8×14.5 厘米，1933 年。作者收藏。

1-5-14　哈爾濱街頭的流動照相館

佚名，明信片，1920 年前後，作者收藏。

哈爾濱道里市場，時稱「八雜市」。攝影師支起相機，相機旁擺着各種照片小樣，牆上拉一塊背景布，一個簡易的臨時街頭照相館就搭建而成好了。方便、快速、價格低廉，使得這種照相方式，即使在天寒地凍的北國冰城也有一定市場。

1-5-9　豔芳鑲牙影相放大廣告

汕頭豔芳照相館，印刷品，19×14 厘米，1930 年前後。作者收藏。

廣告中，鑲牙排在了照相之前，可見鑲牙業務在照相館中的比重，從下面說明還可以看出，鑲牙補齒又分為男女二科。照相館還同時經營「炭相、油相、牙相、鉛相、寫相、瓷相」等多種業務。

1-5-10　照相館內的照相

上海摩登照相館，銀鹽紙基，卡紙 16.3×12.6 厘米，照片 10×7.4 厘米，1933 年前後。作者收藏。

1-5-12　上海南京路上的兆芳照相館小樓

佚名，銀鹽紙基，照片明信片，1935 年前後。作者收藏。

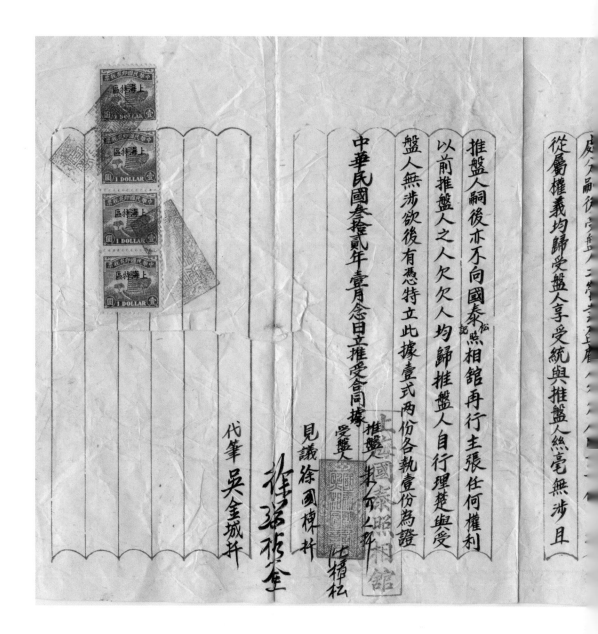

从属权义均归受盘人享受统与推盘人丝毫无涉且

推盘人嗣后亦不向国泰照相馆再行主张任何权利

以前推盘人之人欠欠人均归推盘人自行理楚与受

盘人无涉欲后有凭特立此据壹式两份各执壹份为证

中华民国叁拾贰年壹月念日立推受合同据

代笔 吴金城 刊

见议 徐国栋 刊

受盘人

推盘人 国泰照相馆

立推受合同據　推盤人國泰照相館朱介人（後文簡稱推盤人）受盤人國泰就照相舘沈樟松（後文簡稱受盤人）茲推盤人因無意經營自願將座落南京路五五九至五六一號門牌開設之國泰照相舘全部生財電燈電話裝修店基營業牌號（包括該五五九至五六一全部房屋及統樓面之租賃權）推盤與受盤人另加松記為業雙方言明作價中儲券柒萬捌仟圓整當立本據時受盤人將上項價金全數交付與推盤人牧受

1-5-15　上海國泰照相館「推受合同據」

吳金誠手書，75×21 厘米，1943 年 1 月 20 日。作者收藏。

照相館開辦過程中，業主無心或無力經營時，照相館轉讓就成為不可避免的一個商業操作。這是一份照相館轉讓（時稱「推盤」受盤）的合同原件。推盤人朱介人和受盤人沈樟松共同簽訂，並請兩名見證人簽字，轉讓後改為「國泰松記照相館」。合同上還分別蓋有「國泰照相館」和「國泰松記照相館」的圖章，貼有上海特區印花稅稅票。合同簽訂三天後，1943 年 1 月 23 日，此份合同還公開刊登在上海《申報》第八版上。

1-5-11　營口寶華照相館賀年卡

營口寶華照相館，印刷品，8×14厘米，
1935年前後。作者收藏。
從這張賀卡中的「營業科目」可以看出寶
華照相館經營範圍之廣泛。

1-5-13　北平容豐照相館招幌

佚名，銀鹽紙基，5.7×8.5厘米，1930年前後。作
者收藏。

商業化和專業化
—— 照相館的開辦與定位

清末著名小說家，報人孫玉聲（1862–
1940），是個地道的「上海通」，常混跡梨園、
流連娼門，數十年積累，寫出了晚清著名豔情
小說《海上繁華夢》，展示了一幅逼真肖實的
老上海世俗畫卷。因為孫玉聲本人還尤其愛照
相，對上海照相業熟稔於心，所以《海上繁華
夢》中出現了不少上海照相館的寫實描繪。在
第二十二回，孫玉聲詳細描寫了涂少霞和相好
阿珍去上海致真照相樓拍照的過程，也為我們
還原了清末照相館內方方面面的信息：

二人出門上車，真個把四面的遮風遮下，
路上走過的人，一些影也瞧不出來。兩個人
坐在車中，有說有笑，將要轉彎到大馬路去，
阿珍說：「寶記的照片，果然拍得甚好。我聽
得人說，致真樓有好幾套古裝衣服，拍下來很
是好看，前天見有個姊妹們拍了一張天女散花
圖，真是異樣出色。今天我想拍一張《白水灘》
中的十一郎，或是《八蠟廟》中的王天霸，我
們可要到致真樓去，不知你意下若何？」少霞
笑道：「你喜歡扮十一郎、王天霸麼？這多是
戲班裏頭等武腳色起的，看你不出，倒是個頭
等武功。」阿珍佯怒道：「人家好好與你講話，

你偏指東話西，到底你心上到那一家去？」少
霞道：「致真樓去也好。」遂分付馬伕到致真
樓。

上得樓去，因照相間裏先有個公館裏來
的一男一女，在那裏拍照，必須略等一等。由
賬房裏應酬客人的伙計，領至隔壁一間客位內
坐下，問二人要拍幾寸照片，是時裝、還是古
裝。阿珍道：「時裝也要，古裝也要。你們拿
張仿單，再取幾本裱好的樣照來，我們揀罷。」
那個伙計連連答應，遂到賬桌上去取了一張仿
單，又隨手拿了三本樣照，把樣照交與阿珍，
仿單交與少霞。少霞接來一看，見上寫著：

四寸起碼三張洋一元，多印每張洋三角，
西裝半身四張起碼，每半打洋一元八角，一打
洋三元，取回相底洋五角。六寸半頭一張洋一
元，多印每張洋四角，半身加洋五角，每半打
洋二元半，一打洋五元，取回相底洋一元。八
寸半頭一張洋二元，多印每張洋五角，半身加
洋一元，每半打洋四元，一打七元，取回相底
二元。十二寸頭一張洋三元半，多印每張洋一
元，半身加洋二元，每半打洋七元半，一打洋
十四元，取回相底洋三元。着色人多面議，補
服古裝加半。

次看那着色仿單是：

四寸每張洋一角五分，多一人加五分，古裝大衣加一角。六寸每張洋二角五分，多一人加五分，古裝大衣加一角。八寸洋四角，多一人加一角，古裝大衣加二角。尺二寸每張洋六角，多一人加二角，古裝大衣加三角。

又看那放大價目是：

十八寸每張洋七元，二十四寸每張洋十元，三十寸每張洋十五元，四十寸每張洋二十元，五十寸每張洋三十元，六十寸每張洋三十五元，七十寸每張洋四十元，八十寸每張洋五十元。配架着色另議。

少霞看畢，折小了揣在懷中，去看阿珍手中的樣照，見林黛玉、陸蘭芬、金小寶、張書玉等凡是有名的妓女，沒一個不在其內，也有是時裝的，也有是古裝的，也有西裝、廣裝的，也有是扮戲的。那扮戲的，要算謝湘娥扮的王天霸、范彩霞扮的十一郎這兩張，最是兒女英雄，異常出色。

二人看了一回，阿珍說：「拍兩張時裝的八寸半片，兩張扮十一郎、兩張扮王天霸、兩張西裝半身的六寸半片，另外再拍兩個最小的頭子，鑲在小照殼子裏邊。」又與少霞合拍了兩張八寸半片。少霞因見樣照上，有一個人坐了東洋車拍的，那神氣很是好瞧，遂也照樣拍了兩張六寸半的。計議已定，先前拍照的一男一女，早已拍好去了。兩人遂走到拍照間中，阿珍如法裝扮起來，一張一張的拍畢，次與少霞一同拍了一張坐花醉月圖，少霞又拍了張坐東洋車的。算一算，連着色、配架，一共是二十塊零九角洋錢。先付了十塊洋錢鈔票，約定一禮拜來取，雙雙下樓而去。少霞本來尚要阿珍拍一張在手帕上邊，再拍一張放大三十寸或是四五十寸的。阿珍說：「手帕、瓷器、

團扇、摺扇、牙片上的，多曾在張家花園光繪樓與西尚仁里二惟樓內拍過，還有一方手帕在家，回去取來你看，倘是中意，送你也好。放大的在耀華照過一張四十寸片，麗華、麗芳各照過一張三十寸片，全身半身多有，現在多在家中，將來盡好懸掛，不必拍了。」少霞道：「你的小照好多，昨天怎說沒有？」阿珍道：「小照果然不少，可惜這幾張大的不能送人，小的除了手帕上邊，真沒有了，不是騙你。那手帕上這一張照，我本來也不願意送給人家，除了你，別人休想。」少霞道：「手帕上拍的，可能下水洗擦？」阿珍道：「聽說下水不致褪色，洗卻沒有洗過。」

從上不難看出上海照相館商業化之發達。當時上海灘，以寶記拍照最為有名，而致真照相卻以時裝、古裝等化妝照見長。拍攝不同尺寸，起拍有張數限制，價格也不同，尺寸越大越貴。加印、半身相、取回底片都要收費，穿官服和古裝照相加收一半費用。照片着色尺寸越大越貴，多一人着色則加收一份費用，並且古裝大衣着色也另加收費用。放大照片最大可以到八十英寸，一張收費五十大洋。照相館有上海各名花的時裝、古裝、戲裝、廣裝等化妝樣照，供人參考。照相館提供東洋車等道具供人拍攝，還提供配框服務。拍照先付定金，取相時再補齊尾款。張家花園的光繪樓和西尚仁里的二惟樓照相館，則以製作各種情趣小照片為特色，比如在手帕、瓷器、團扇、摺扇、牙片上印相。耀華照相館擅長放巨幅照片，麗華、麗芳照相館則以半身照出名。（1-5-1, 1-5-2, 1-5-3）

在晚清、民國時期，一家商業經營的照相館，要想取得經營上的成功和持久，需要從

各個方面去努力，比如選址、照相館的設計、器材藥料的採購、技師的招聘、照相風格定位等等。在這之中，照相館櫥窗的設計與展陳也許是取得照相館經營成功的第一步。

以上海來說，上海最早的照相館之一，廣東人羅元佑經營的照相館，在 1860 年之前就已經開業，照相館開始利用官員肖像作為自己招攬顧客的「幌子」。文人王韜在 1859 年 3 月 13 日的日記中記道：「晨同小異、壬叔、若汀入城。往棲雲館，觀畫影。見桂、花二星使之像皆在焉。畫師羅元佑，粵人，曾為前任道台吳健彰司會計。今從四人得授四法畫，影價不甚昂，而眉目清晰，無不酷肖，勝於法人李閣郎多矣。」這裏展陳的「桂、花二星使」，是指 1858 年 6 月與英、法兩國簽訂《天津條約》的清朝欽差大臣，大學士桂良和吏部尚書花沙納二人的肖像。

後來，隨着照相館的繁盛，更多的滬上名花開始步入照相館拍照，她們也成為照相館櫥窗中的主角，朱文炳在清宣統元年（1909）做成《海上竹枝詞》，有一首專門提到了照相館櫥窗中的名花肖像：「照相申江幾十家，門前羅列盡嬌娃。美人一去留真相，付與多情滿路誇。」

同年在北京出版的《京華百二竹枝詞》，也有一首描繪了京師照相館櫥窗的勝景：「明鏡中嵌半身像，門前高掛任人觀；各家都有當行物，花界名流大老官。」作者在註釋中說：「照相盛行，各館林立，門前高掛放大像鏡，或為政界偉人，或為花叢名妓，任人觀覽，以

廣招徠。」[1] 不難看出，除了煙花界，軍政要員、社會名流也成為照相館的新顧客和新的招牌。

進入民國後，尤其到二三十年代，照相館的櫥窗內容也悄然發生着變化，更多淑女名媛、電影明星開始成為主角。在上海，「王開」照相館有這樣一個規矩：凡是上鏡漂亮的，「王開」會送一套照片，同時把樣照放在櫥窗裏展覽。而當時眾多電影導演常通過這些照片來尋找合適的演員，這樣的機遇自然吸引了一大批明星和想成為明星的人。周璇、胡蝶、黎莉莉、阮玲玉、張織雲、陳燕燕、陳雲裳、黃柳霜等上海灘頭光鮮亮麗的電影明星都是在「王開」這家照相館出入的常客，也同時不斷成為櫥窗中的主角。[2]「王開」的櫥窗都是專門請人設計的，每個月都要更換，老闆要親自看過樣照，檢查照片的整修和着色。1942 年，攝影師趙秋堂接任上海中國照相館經理後，因為在攝影藝術上比較合乎社會的潮流，所以，當時許多名門閨秀、舞廳紅星，都以能在中國照相館的櫥窗裏放一張自己的照片為幸事。甚至有些大幫頭、大漢奸如徐朗西、聞蘭亭、林康侯、袁禮敦等也是如此。有的人竟讓其手下人揚言：「只要你們在櫥窗裏擺上某人的照片，我們保證放大十二寸着色相片二百張。」[3]
(1-5-4, 1-5-5, 1-5-6)

在很多中小城市，櫥窗甚至成為照相館之間競爭的比賽場。因為很多人喜歡逢年過節或者是特殊紀念日去照相館合影留念，每逢節假日，各大照相館都會費盡心思，在自己的櫥

1　錢仲聯主編，《清詩紀事》（光緒朝卷、宣統朝卷），第 15397、15398 頁，南京：江蘇古籍出版社，1989 年。

2　范昕，《上海「王開照相館」的前世今生》，見《傳承》，2010 年第 31 期。

3　姚經才、何英生，《馳名京滬的中國照相館》，見中國人民政治協商會議北京市委員會文史資料研究委員會編，《文史資料選編》第 29 輯，北京：北京出版社，1986 年，第 263—274 頁。

窗內擺出最好的照片，圍觀者人山人海，大家聚攏在櫥窗前評頭論足，比攝影展還熱鬧。從早期的名花名妓、梨園倩影、達官貴人，到後來的名媛閨秀、電影明星，以及各種着色照，甚至藝術照，櫥窗成為一個照相館門面和實力的最佳展示，更成為城市的一道風景線。

從櫥窗外進入照相館內，照相館的整體設計和佈置帶給顧客的切身體驗，也是照相館經營成功的關鍵。

《海上繁華夢》提到的上海致真照相館，在 1891 年剛剛開業時，就在《申報》大做廣告：「本樓主人，獨出心裁，巧設山石樹木，曲欄園庭，書齋繡閨，琴棋書畫，零備古裝、旗裝、東西男女洋裝，仙客名媛、僧道劍俠，一應俱全。兼畫西法油相、水相，壽容神像，精工細巧，形容無二，宛然活現，無不暢心。」[4] 致真照相館的博古佈置和鮮明的化妝照定位，吸引了一大批上海的名伶、名花、文人才子去照相館拍照留念。

在廣州，1912 年開業的香港豔芳照相館，由經營銀號的黃躍雲和劉骨泉合資創建，由於資金充裕，照相館規模宏大，首先佈置上就先聲奪人：「舖面寬闊，店堂樓底高達 6 米，兩壁懸掛放大照片。櫃檯後有『通天』取光，下置水池、假石山小景，客廳及影樓在二樓，用大型的玻璃棚拍照，工場、暗室設備齊全。影樓背景有數幅大畫，有室內廳堂景，配以地毯及古老家具。而室外園林景則配以仿製的石檯凳、樹樁等，並以染成綠色的藤絲當作草地。」[5] 豔芳照相，從民國初年創辦，一直經營到今天，成為廣州經營時間最長的照相館。

在北方天津，1931 年 1 月 1 日，鼎章照相館分館在法租界華中路開幕，一名叫秋塵的人，撰寫了一篇《鼎章新館開幕記》的小文，詳細描寫了鼎章內部從第一層一直到第三層的方方面面，一個民國照相館內部構建躍然紙上：

新館為一三層之大樓，一切設備，均別出匠心。窗門均雕細花，作淺灰色。窗中陳列，以黑絨作成墊兒，歷階而上，遠觀之如懸鏡在牆。

樓下遍陳相片，玻璃櫥中，亦均用黑絨作襯，色彩格外顯明。仿女性最新式長方手錶，出該館某君之手，頗精巧也。

二樓為休息室，中置長案，周以軟椅，沙發設牆角，如會議廳。入室甚暖，不見爐，為巨鏡所掩，做一小間隔，几疑為暖氣管。盆花排列，極藝術化。

其化妝室，小而精，即設樓梯口，備女性搽脂抹粉之用也。

自一樓樓梯至三樓口，皆為喜聯賀鏡所掩蔽，本報所贈「形影不離」之賀鏡，即懸休息室之正面。

三樓為攝影室，黑幕白頂，設弧光燈三架，頂上燈凡六七十盞，開視之，光如白晝。面積甚寬敞，足容三四十人。為利用光線，壁色如雪，與二樓之燈紅壁綠者，又覺其雅潔可喜。

4　《今到新法相，致真樓主人啟》，見《申報》，1891 年 11 月 27 日第 4 版。

5　黃容光，《八十春秋倩影長留 —— 廣州豔芳照相館》，見廣州市越秀區政協學習文史委員會編，《越秀文史》第 8 期，2000 年 8 月，第 69—74 頁。

很多中小城市的照相館，也依據自身城市的特點，在佈置上獨具匠心。

在四川成都，廣東人梁笑山先生於清光緒三十年 (1904)，正式開辦了成都第一家照相館 —— 有容照相館，民國後搬入一樓一底的洋房，成為民國早期成都最大規模的照相館。「有容」沒有華麗的櫥窗，外面只有一個古式門洞，上面是「有容」兩個石刻貼金楷書字，每個大字約兩尺，橫排在大門中央之上，但進入有容大門，經過七八米長的公館門道，進入立方形的磚築二門，裏面卻是別有洞天：

二門裏頭的左邊，是一個約有五丈為定方的「壩壩光」(即「日光」或「自然光」)照場。場內周圍佈局的有許多大大小小的假山景，最大的有兩米多高。場左靠邊有株「女貞」，它像把大綠傘，自然而然地起着「遮光罩」的作用。場中還別具匠心地修造了一座古色古香的耀眼亭閣，約有兩三米長，更有七里香擁吻亭頂。在亭閣的楠竹柱上，還刻得有「常依曲棟貪看水，不安回壁怕遮山」的對聯。亭內空間可容四五個人合影留念。這個園庭式的大壩壩光照場，春有茶花和玉蘭爭豔，更有金桂和銀桂撲鼻，秋有各種菊花比美，冬有梅花迎春。一年四季，都有應時盤花、盤果，還有常年青的棕竹和羅漢樹等可供買主隨意選景留念。在這個園庭式的院壩裏，主人為了客人的歡樂，還寵養有能說會唱的鸚哥、八哥和畫眉等，真是鳥語花香逗人醉……[6]

民國初年，梁墨生創辦的揚州第一家照相館「映月軒」，位於多子街 (今甘泉路) 雙桂巷 4 號內，則以幽雅別致為特色：「前後有營業用房兩進，中間有一過道，為充分利用空間和採光，前進與過道均使用玻璃亮棚和水磨石地平。營業房西側為一庭院，築小樓一角，曲折迴廊，窗櫺亭欄，方形魚池，小巧玲瓏。四時花卉，點綴其間，既宜於居住，又可做攝影的背景之用。」[7]

廣東惠州最早的照相館 —— 溫卓卿照相店，約 1910 年開業於惠州府城萬石坊 (位於現中山南路 51 號市醫院門診部)，在 20 世紀 20 年代初成為惠州最大、最高級的一間相店，地上地下共三層，二樓又分前樓、中樓及後樓，是一個完整的照相場地：「前樓是候影室，佈置得古典優雅，通花彩色玻璃屏風間格，置優質酸枝台椅、茶几，牆掛古典名家字畫、江西景德名瓷彩陶，還陳設古董玉器，供顧客欣賞；中樓是影樓，寬 4—5 米，長 12 米，全玻璃瓦面，左邊落地式玻璃窗，以利透光；後樓是水泥平台，專門種花，成為別致的小花園。」[8] 這樣的環境設施在當時惠州來講，是獨一無二、無與倫比的。

到 20 世紀三四十年代，在大中城市中，照相館的設置模式已經基本成熟。一般來說，規模較大的照相館，首先有一個寬敞時髦的「招待室」來接待顧客，室內牆壁的裝飾以輕快明麗為主，力避沉悶及不快的顏色。招待室備有椅、凳、几、桌，或者西式沙發。其次是一個設施完備的攝影室。雖然當時大部分照相

6 吳燕子，《民國時期成都照相館》，根據「有容」照相館後人口述整理，未刊發。

7 慕相中、張慶萍，《揚州老照相館的陳年舊事》，見《揚州晚報》，2011 年 5 月 14 日。

8 溫壽昌、張煥棠，《惠州最早的照相店》，見惠州市惠城區政協文史資料研究委員會編輯，《惠城文史資料》第 16 輯，2000 年，第 27—31 頁。

館還是露天玻璃房子，但一般開始裝置電燈，以為補光之用，有些照相館喜歡使用活動的電燈；也有些攝影師則喜歡用水銀燈光。攝影室的牆壁，一般是淺淡色，尤其以乳白色為合適，儘量追求普通房間的佈置，以使顧客放鬆心理。很多照相館冬天還有取暖的裝置，夏天則有製冷的設備。再次是一個後期工作室，在這裏顯影、定影、裝裱等，需要空氣流通，地板乾燥，避免灰塵與潮濕。[9]

當然，由於中國各地的經濟發展不平衡，照相業水準也是參差不齊，其佈置、運營或有天壤之別。在繁華的上海灘，1923 年 12 月 25 日開幕的中華照相館西號，用四五個月時間進行裝修，內部佈置和一切陳設，甚為奢華宏麗，照相的外廳設有專門的跳舞廳：「其他若辦公房、休息室、暗室、材料室、工作室、各部皆有自裝電話機。拂拭塵灰，悉用電箒，為大理石築成。營業部之櫃檯櫥窗，俱為柚木製成。」[10]而同時期在西北的甘肅蘭州，只有十餘家照相店，最為流行的是在南城樓邊的幾戶流動照相館，被稱為「快像照」。所謂快像，即被攝人坐在那簡易的木製「相機」前，直接用相紙曝光一張半身像，隨即在蒙着黑紅布的「相機」暗室內顯影、定影，再取出濕漉漉的負像，倒貼在「相機」前的木托板上，再對它拍攝一次，這便成了正像。經沖洗後便成了照片，交給顧客。前後不到半小時，故稱作「快像」。主要為一般百姓或學生拍證件照。雖然過於簡陋，但也頗有名聲。[11]（1-5-7, 1-5-14）

正是由於中國照相館發展地域不平衡性，

在早期很多小城市中，由於照相業需求不足，為了生存，很多照相館採取多種經營，有的兼營鑲牙、修錶、修留聲機、刻字，有代賣鐘錶、眼鏡、唱片，還有代賣彩票的，這些都是當時十分新鮮和「洋化」的行當，這也是我們今天看到很多照相館的照片卡紙上，印着「照相鑲牙店」的原因。（1-5-8, 1-5-9）

光緒二十五年（1899）廣東人梁傑臣在蘇州察院場口護龍街（人民路）關帝廟北開設了「興昌照相館」，這家照相館在東吳大學 1918級的畢業紀念刊上刊發的一則廣告中，明確把「照相放大」和「天然鑲牙」並置：

興昌照相放大天然鑲牙敬告

本館開設蘇城觀西曆年矣。照法之靈敏，攝影之得神，修法之精良，光室之寬敞，屢承光顧諸君交相稱譽。蓋光學近日發明，日新月異。本館近復精益求精，洗印良法，各種紙料莫不俱備，以應諸君之雅好焉。而天然牙醫生從美國牙醫生遊學歷有年所，無論牙科奇難各症，均能着手回春。至於鑲牙、鑲眼、鑲鼻，尤擅特長。全口上下磁牙、電器種牙、鑲嵌金牙，莫不自然貼服，宛若天然，與夫拔牙止痛，用藥適宜，應手而下，毫無覺痛。謂予不信，患者試之方信予言之確耳。其餘專運中西馳名藥水，膏丹丸散，罐頭食品，花露水粉，洋廣雜貨，一概俱備，如蒙光顧，格外歡迎。

觀西興昌謹啟　第一百四十八號門牌[12]

9　王瑞龍，《談照相館業》，見《攝影畫報》，1935 年第 11 卷第 39 期，第 2—5 頁。

10《中華館西號今日開幕》，見《申報》，1923 年 12 月 25 日第 17 版。

11　趙清華，《蘭州攝影的變遷》，見《蘭州日報》，2008 年 7 月 4 日。

12　譚金土，《蘇州照相業發展史略述》，未刊發。

一般來説，照相館設在二樓，一樓則是售賣西洋玩意兒的場所。遼寧省遼源市（遼源，時屬遼寧省，現屬吉林省）第一家照相館利豐齋，成立於 1922 年，創始人張孝先，隨着業務的擴大，房屋的拓寬，除主營照相外，「兼營鑲牙、修錶、代賣鐘錶、眼鏡和唱片。後來為興業銀行代賣彩票。利豐齋講究裝潢，瓷磚鋪地、玻璃櫃檯，窗明櫥淨，入之令人心澄目潔」。[13] 福建泉州的「美升照相館」，開設於民國初年，館址在泉州鐘樓腳。創業人盛九昌，既是照相師，又是牙醫師。他從海外學習技術回鄉，同時兼辦牙科業務。[14] 寧夏銀川寶珍照相館的創始人章藏珍，在讓長子章文煥全力經營寶珍照相館的同時，又着眼於鐘錶修理業，與當時銀川市修理鐘錶技師朱建遜協商，將次子章文華送去學習修理鐘錶技術。文華學藝期滿後，在寶珍照相館新樓，附設鐘錶修理部，三子章文傑也學習照相和修錶技術。[15] 在浙江寧波的北侖，民國時有一家叫「積善堂」的照相館，位於新碶老街，主人名叫顧延令，會修鐘錶，會鑲牙齒，照相甚至只是副業。[16] 鑲牙與攝影共處，這對今天處處講「專業」，人人求「藝術」的影樓來説，簡直不可思議。然而，能夠贏利是一切商業的本質，照相館的生存之道決定着一切，這是歷史的事實。（1-5-10, 1-5-11, 1-5-12, 1-5-13）

1932 年，《健而美影刊》發表了葉適筠譯述的一篇文章：《經營照相館的方法》[17]，這篇文章本來是英國著名攝影學者古羅斯沙氏（H. J. Krmishaar），在 1930 年 7 月 15 日英國攝影學會的一篇長篇演説辭，原文題目為《以一個商業管理者的眼光去觀察職業攝影所應採的方法》。古羅斯沙氏站在商家的立場，對於照相館的經營，從調查市場、推銷貨品、廣告宣傳、維繫顧客四大方面，從更深層次的角度，展開了詳細的論述。

古羅斯沙氏所提出的很多照相館拍照理念，即使今天看來也不過時。比如，對攝影師如何抓拍顧客的最自然表情，古羅斯沙氏説：「你自己必須感覺有一種取悦你所要攝取的那人的真誠，並且設法使你這種內心感覺及你對於那人愛慕、尊敬的心理，流露於形色。不可想到她能給你多少代價，或她需要多少張照片，但設法使你對於她發生興趣，好像她是你的妻子，你的母親，你的姊妹，你的女兒一樣。這似乎是太奇特了，但實際上這才是使你獲得優美的面部表現的不二法門。比較用那種呆板的方法請被攝的人『表現一點笑容』，它的效果真不知要高明到幾萬倍。你必須要研究別人，做一個深邃的觀察者，並且 —— 最重要的 —— 你必須要有誠懇的態度。」

在維繫顧客關係上，古羅斯沙氏提出了「十種金律」：

---

13 劉育新，《解放前的遼源照相業》，見中國人民政治協商會議遼源市委員會文史資料委員會編，《遼源文史資料》第四輯（建國前的遼源工商業），1991 年，第 84—99 頁。

14 陳建基，《泉州照相業的開創與發展 —— 兼述羅克照相館》，見中國民主建國會泉州市委員會、泉州市工商業聯合會、政協泉州市委員會文史資料研究委員會合編，《泉州工商史料》第 5 輯，1985 年，第 92—102 頁。

15 趙貴春，《攝影技術的傳入和寶珍照相館的興起》，見中國人民政治協商會議寧夏回族自治區銀川委員會文史資料研究委員會編，《銀川文史資料》第 3 輯，1986 年。

16 張敏，《北侖老式照相館：時空定格歲月定影》，見《北侖往事》，寧波：寧波出版社，2013 年。

17 見《健而美影刊》，1932 年第 1 卷第 3 期，第 25—32 頁。

一、對於所攝的人像照片，要十分美麗，然後要好好修點過，裝裱在美術的紙版上，那麼就會使顧客永遠信仰你的工作。

二、照相的價格是要公道，不要太昂貴，以成本的多少，作一個比例，給一個相當的價格。並且列示各種不同的價格，以便顧客選擇。

三、對於清潔一方面，是要特別注意的。無論玻璃窗、陳列品、招待室、攝影室和修裝室，都要清潔。空氣流通，佈置堂皇，使顧客身臨其中，覺得愉快，引人入勝。

四、你的每個店夥，最好能與顧客接近聯絡，知道顧客的名字。這樣個人接近，就使顧客樂。並且因此使你對於顧客的心理，更能明瞭，知道他們所需求的是屬於哪一類的東西。

五、店主對於每個顧客要特別留心，無論他們進來或向你詢問，你要禮貌看待他們。和藹可親的態度和他們談起話來，鼓起他們興趣的心，漸漸引起他們拍照的念頭。

六、對於做錯的事情，最好不要使顧客知道，立刻想方法去減除錯誤，因為錯誤會減少利益。所以你的店員須受相當的訓練，使他們增加工作的能力，並且減少他們的錯誤。

七、對於顧客的心理要特別留意，當你接近他們的時候，要專心留意去觀察，用甘言好語去迎合他們的心理。

八、當你和顧客相接近，若使顧客問起你的名字，你就告訴，或是用名片互相致意，這樣顧客和你就覺得親熱。

九、顧客所賜顧的東西，無論價值多少，你應該使顧客滿意，使他們下次再來光顧。

十、各方面設備佈置都要十分完美，才會引顧客入勝。

古羅斯沙氏的文章，對照相館的經營，是非常實用的在商言商之道，正如譯述者葉適筠所註釋的：「若使能夠照他的方法去實行，一定會使你容易成功，生意一天興隆過一天，所以當我看過這篇文章的時候，我就覺得是有價值，應當把這篇文章移譯出來，獻給那意欲經營照相館的人，苦無良好的方法和經驗，而能夠使他們得到不少的利益。」

除了借鑒西洋的理論經驗，以及傳統中國商道中笑臉相迎、熱情接待、先煙後茶、和氣生財外，中國各地的照相館，大多數都還在自身不斷摸索實踐中，自發地總結出各種有中國特色的照相館經營之道。

上海耀華照相，從 1905 年 3 月 1 日起，老闆施德之開始把西耀華從原來的專門為華人拍照，改為專拍女照，由女兒執鏡。這樣男女分開，「夫女子照像，以男子為之，則凡欲端正身首，整頓裙褶，皆須男子為之，不便執甚焉。故不如以女子為之得體也」。[18] 這樣的創舉，不僅創女子從事照相館攝影之先例，在男女授受不親的年代，必然受到具有一定社會地位的宦門命婦、閨閣賢淑的歡迎。

1924 年，甬上赫赫有名的望族之後裘珊創辦了寧波「天勝照相器材行」。後來，裘珊把天勝照相館分為上下兩層，普通百姓可以在一層挑選他們喜歡的照片佈景、照相紙張等，二層專門用來接待上層人士。這樣一來，不僅節省了人力，還做到一對一專門服務，大大提

18 《女子照相說》，見《申報》，1905 年 9 月 5 日第 7 版。

高了效率和營業額。「天勝」的職工上班必須穿西裝，營業時要佩戴服務證。在 20 世紀 20 年代中期至 30 年代中期，天勝幾乎成了甬城照相行業的標誌。一年到頭，去天勝拍一張全家福，是很多寧波人家的願望。[19]

在孔孟之鄉山東，1949 年，一家兄弟三人（于連泉、于潤泉和叔伯兄弟于洪泉）湊錢在德州太平街東頭路北，開辦了「兄弟照相館」，1951 年遷至黎明街路東。三兄弟誠懇待人，熱情服務，照相館有兩條不成文的規矩：一是對帶孩子來照相的顧客要滿腔熱情，要有足夠的耐心，比如給小孩子照相，因為孩子容易緊張，不聽擺佈，哭鬧是難免的，而家長因孩子不聽話，急得滿身大汗，甚至又罵又打，也是可以理解的。遇到這種情況，照相師先把手裏的活停下來，賠着笑臉拿玩具哄孩子，端茶遞煙勸大人。待孩子笑了，大人感動而消氣了，再照不遲。二是允許顧客挑毛病，不准對顧客無禮：「凡是來這裏照相的人都希望自己能照出理想的照片，稍不如意，便滿臉不高興，橫挑鼻子豎挑眼，這本屬正常現象。遇到這種情況，我們必須沉住氣，先聽人家把話講完，如果是熟人，對他們說上幾句玩笑話，嘻嘻哈哈地把人家送走。如果是生人，或是故意挑疵兒不大懂禮貌的個別人，這就要看咱們的真功夫。你硬我軟，你說氣話我說客氣話，你挑毛病我不爭辯，你『停火了』，咱們再慢慢地講條件（或修，或重照），絕不准與顧客『頂嘴』『吵架』，更不准惡語傷人，喪失生意人的職業道德。誰違犯了這條，就解僱誰，絕不姑

息遷就。因此，兄弟照相館的職工從來沒有發生過和顧客吵架的事。」[20] 從 1949 年到 1956 年，兄弟照相館在德州同行業中，無論是社會效益，還是經濟效益，都可以說是處於第一位。

總體來說，商業成功的照相館，除了各種經營之道外，最主要的還是要了解顧客的心理，力求滿足顧客對照片的要求。俗語說：「若定（適合）主人意，便是好工夫。」不同顧客，愛好有所不同，要採用不同光線、姿態、神情，不同拍照角度、構圖等去滿足他，業務上才能佔據主動。中國地域廣袤，城市和農村、不同的階層，審美觀點不盡相同，城市認為美的照片，農村可能認為是醜的；知識界認為是美的，其他各界可能並不贊同。適應不同時期的時代潮流、滿足社會各階層的審美需求，拍出的照片才能皆大歡喜。

在 20 世紀二三十年代，中國的照相館，經過近百年的發展，在大中城市中已經普遍初具規模，並且，也因為每一個照相館的地理位置、業主背景的不同，或顧客群體的不同，而形成了各自不同的專業定位。

20 年代初，在上海照相業最為發達的南京路，有兆芳、寶記、心心、競芳、中華、英明、和興、亞細亞、寶發、先施樂園等十幾家照相館，各家照相館內部的佈置、櫥窗的裝潢，以及佈景之優美，都在全國屬於領先水準，但各照相館又有自己的定位：「兆芳與寶記，除各方面營業甚為發達之外，向兼注意於新聞照片，尤為特長。心心雖屬新創，組織上頗富美術意味。競芳營業素甚發達。中華照相

19　林旻，《天勝照相館背後的故事：一次賭氣，成就百年老字號》，見《東南商報》，2014 年 3 月 30 日。

20　于潤泉口述、田金鵬整理，《德州兄弟照相館》，見中

國人民政治協商會議山東省德州市委員會文史資料委員會編，《德州文史》第 11 輯，1994 年，第 150—155 頁。

館主任郭叔良君，留學美國多年，現欲花其生平所學，獻諸社會，故與區君炎廷合力辦理，大加擴充。英明、和興兩館，營業現益發展。亞細亞攝製友邦士女之照片最多，亦係特點。寶發以拍攝最小照片著名，營業亦旺。先施樂園則為樂園中之一種點綴綴，中外遊人翩翩而至，營業之佳自在意料中也。」[21] 在上海之南的福建省城福州市，因為是政府機關和軍隊的駐地，照相館顧客多是軍政界人員和他們的親屬，所以城內照相館內部陳設多是一些時興的道具，背景也比較簡單、素雅，以適應公務人員的心理；南台有碼頭，是商業區，顧客多是商人，南台的照相館內部陳設多是古色古香的道具，背景配畫有亭台樓閣，有的照相館還備有戲衣，以適應往來商人、農民的需要；而在倉山居住有外僑，同時也是學校比較集中的地方，顧客多是知識界人士及外僑，倉山的照相館，內部陳設趨向於西洋化，背景則多為松、竹、梅、花卉的圖案之類，以適應學生和文化界人士的要求。各照相館為着開展業務，發展經營，內部陳設的特色就隨着顧客的喜愛和需要而變化，由此，在福州的照相業中，無形之中分有城、台、倉山三個流派，三個區照相館所拍相片形成了各自的特色。[22]

在北平特別市，30 年代中期，東西南北四城共有照相店 70 多家，各城各家又各分用戶，各有專門的主顧。在南城，石頭胡同的大北照相館為北平市照相業中之佼佼者，大北營業注重伶界及商界。廊房頭條容豐照相館之經

理孔雨亮之子在政界任職，故以軍政界特長。東城的同生照相則以社會上負有盛名交際花譚二小姐為主幹，「營業之大部為其所攬來，故性質特殊專門以軍政界之女眷為盛，形成一貴族階級之留客室，窮酸大則休想越雷池一步也」。[23] 再北的東方照相館，則以學界為主要客戶，該館蓋起了新大樓，可見獲利之多。西城之中國、中原、維納絲、真光等照相館，則係純以學界為目標，營業均不如東南城之繁盛。至於北城的照相業，「則不堪言矣，不但無一家可以找出現代式之配備，即弧光美術種種之技術人材亦復闕如，營業常然趨於不振之一途，有者亦不過少數住戶前往光顧耳」。[24]
(1-5-15)

在中小城市，很多照相館也是各自具有經營特色，形成各自的服務範圍。在江蘇鎮江，抗戰勝利後，舉國歡騰，人心大快，照相行業隨着形勢好轉亦呈現活躍趨勢。不少照相館大事整理，恢復舊觀。同時有不少外地人來鎮創業，大小店家均擴展門面，充實設備和資金，市容為之一新。當時中國照相館的業務對象，多以機關、工廠為主；美光照相館多以商業界、居民為主；寶記和蓬萊照相館多以閨秀、優伶、劇照為主。各有特色，一時頗稱繁榮。[25] 在江西省會南昌，到 1949 年底，照相館達到了 47 家，大型甲級照相館有「鶴記」「真真」「寶光」「美光」四家，各擁有 2—4 個照相台。這幾家照相館地段優越，資金雄厚，設備先進，「鶴記」取信於商界，「真真」往來

21 《南京路之照相業匯誌》，見《申報》，1923 年 2 月 22 日第 17 版。

22 王度，《福州照相的變遷》，見《大眾攝影》，1982 年第 6 期。

23 韓大風，《故都的照像事業》，見《工商新聞》，1934 年第 10 期第 4 頁。

24 同前註。

25 鄭樂生、陳山洪，《鎮江照相業述略》，見中國人民政治協商會議鎮江委員會文史資料研究委員會編，《鎮江文史資料》第 15 輯（工商史料專輯），1989 年，第 172—174 頁。

於軍政界,「寶光」服務於學界,而其他小型丙級照相店有 26 家,以廉價、快速為特色,主要拍攝登記照,為貧民和學生服務。[26] 作為商業化的照相館,為吸引顧客,留住顧客,讓顧客滿意或成為回頭客,需要從各個方面適應或引導顧客的不同需求;而正是因為照相館所處時代、城市、地段等差異,在同業競爭中,又形成了照相館不同的專業化定位。一家照相館的生存和發展,必須在商業化經營和專業化的定位中同時摸準脈搏,才能夠長期營業成功,這也是未來照相館進行各種各樣藝術探索的一個前提條件。

---

26 石鵬、宋海琴,《南昌的照相業》,見《江南都市報》,2014 年 7 月 20 日。

1-6-2　家庭合影

上海耀華照相館，銀鹽紙基，卡紙 24×30 厘米，照片 13.3×17.9 厘米，1900 年前後。作者收藏。

1-6-1 西湖月溪照相店各種價目

杭州同春坊正則印書館代印，32×24 厘米，1930 年前後。王秋杭收藏。
價目表中羅列了照相館經營的各種業務的價格，包括一般拍照、美術拍照、長條風景攝影、化妝照相、夜間照相、
放大風景、上門照相、着色，以及各種紅木盒、楠木盒、取回底片的不同價格。

1-6-3　漢口麗康照相館商業名片

印刷品，11×7.5 厘米，1910 年前後。作者收藏。
除了拍照，麗康還可以放大、藝術沖卷和印製。

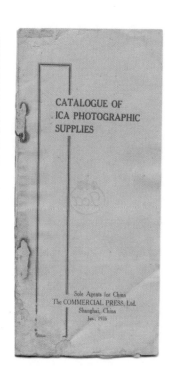

1-6-4　伊卡照相用品目錄

商務印書館出版，9.5×17.2 厘米，1926 年出版。作者收藏。

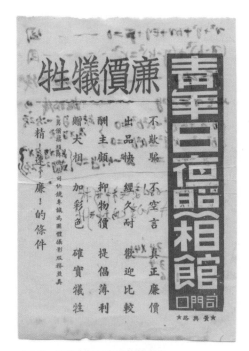

1-6-6　長沙青年日夜照相館廣告

印刷品，19.7×13.8 厘米，1935 年前後。作者收藏。
觀察此廣告，不僅大標題為「廉價犧牲」，其他如「酬
主顧」「抑物價」「提倡薄利」等莫不言明價格優勢。減
價，是照相館最基本的價格策略之一。

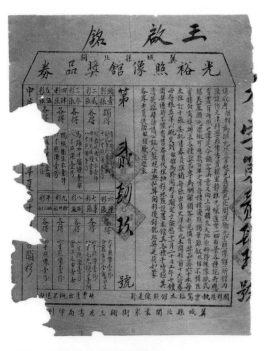

1-6-7　山西翼城縣光裕照像館獎品

翼城縣三友書局印製，19.7×25 厘米，1930 年前後，作者
收藏。
根據獎品券前面說明，該館共備有獎品券「六十本，每本註
定十張等級」，獎品除了綢緞衣料、自行車、洋鬧鐘、衛生衣、
香皂等，幾乎每一個獎項都含有一定規格的照相贈送。

1-6-5　照相業攝影用品價目表

上海美國柯達公司出版，9.3×16.2 厘米，1936 年。作者收藏。

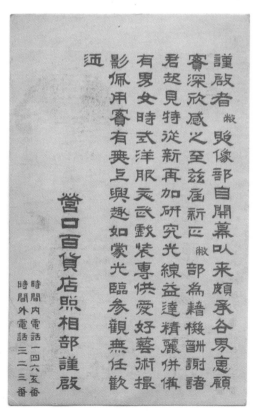

1-6-8　營口百貨照相部新年廣告

8.9×14 厘米，1930 年前後。作者收藏。

為吸引「愛好藝術攝影」的顧客，照相館專門備有「男女時式洋服、文武戲裝」，以擴大市場佔有率。

昂、廉之間

—— 照相館的價格盤點

價格「公道」「相宜」「從廉」「相讓」「減定」「克己」「克氣」「不昂」等，是早期照相館廣告中使用最頻繁的宣傳語。為了吸引更多的顧客步入照相館拍照，強調「工美價宜」「工精價廉」「技必精益求精，價當廉而又廉」，或者「減價傳名」，只不過是商業經營中照相館最基本的價格策略而已。今天，重新審視當年一張照片的消費價目，究竟是昂貴還是廉價，還應當把照相館用品的成本、照相館的人工費用，以及整個社會的消費水準，統一納入盤點，才更具有一個相對論的時代意義。

1845 年，中國第一家商業性的照相館在香港開辦，創辦人喬治・韋斯特在《德臣西報》（*China Mail*）的廣告中，明確標明了拍攝銀版肖像的價格：「單人小照價格 3 美元。合影照片每人另交 2 美元。」[1] 雖然韋斯特的照相館可能只開辦了幾個月的時間，至今也沒有發現其拍攝的肖像存世，也不知多少外僑或港人曾經走進了照相館拍照，韋斯特是大發其財？還是入不敷出？我們都不得而知，但廣告中明確

的標價，不僅凸顯了照相館的商業特性，更成為後來測度照相館普及程度的基本標杆。

價格趨勢

到 19 世紀 60 年代，在廣州、上海等地，外國人開設的照相館已經開始贏利。一開始，因為競爭對手少，照相館甚至可以說是暴利行業。清代文人倪鴻在 1861 年寫成《觀西人以鏡取影歌》中，描繪了一名外國商人在廣州城內開設照相館，用濕版攝影法拍攝肖像的過程，這種不需傳統繪畫就能留住人的容貌的新發明，吸引了大批顧客進館拍照，店主大發橫財，以致「日獲洋錢滿一車」。[2]

很快，隨着競爭的加劇，照相館的價格和利潤開始回歸理性。1862 年就已在上海開業的「森泰像館」，除了向外僑銷售各種風景、戰爭、民俗照片獲取利益外，從 1863 開始，也把目光更多地轉向本地顧客，其在上海第一家商業中文報紙《上海新報》的廣告中，用「價錢甚為公道」[3] 來吸引本地顧客。緊隨其後，

1　《德臣西報》1845 年 3 月 6 日，見（英）泰瑞・貝內特，《中國攝影史：1842—1860》，北京：中國攝影出版社，2011 年，第 11 頁。

2　倪鴻，《小清秘閣詩集》，又見《退遂齋詩抄》，詩名為「照相篇」。

照相價目寸法規條										
擴大照相			白金紙照相							
每一張			一尺五寸	一尺二寸	一尺	八寸	六寸	四寸	三寸	寸法／張數
三尺	二尺	一尺二寸	十八元	八元	七元	五元	三元	二元五毛	一元五毛	每照三張
三十元	十二元	三元	二十二元	十元	九元	七元	四元五毛	三元七毛	二元三毛	六張
一尺五寸	一尺五寸		三十四元	十六元	十四元	十一元	七元五毛	六元	四元	十二張
二十元	七元		二元七毛	一元二毛	一元	八毛	五毛	四毛	三毛	外印每張

北京山本照相館價目表，《順天時報》1907 年 11 月 28 日刊登。

廣東人謝芬在上海開辦的宜昌照相館，也用「價錢相宜」[4] 的廣告來吸引客戶。（1-6-1）

照相業在中國逐漸普及，從清末開始，一直到民國的北洋軍閥時期，中國照相館的材料的購買、照片的拍攝、印製或放大的價格也在不斷變動中，各地照相館在同業的競爭中，通過折扣、奉送等多種形式，上演了一場場價格戰。

一家照相館的開設，首先就是「照相傢夥」，即各種照相器材和藥料的製備。一般來說，在 19 世紀七八十年代，「全副照相傢夥，計照相印箱架三個，照相盒三個，另有黑房藥水及各零件」，全部是英國進口，「算最好傢夥，價銀二百五十兩」。[5] 而同時期，上海南京路十四號的會地理洋行，在專辦照相材料生意的同時，還兼照人像，「連照費及像紙十二張取銀三元」[6]，對比一下開辦照相館的設備成本，可見照相的利潤相當可觀。同時期，上海米價大概為每擔（一百斤）三元[7]，可見當時照相絕非一般普通人家所能承受。

在激烈的價格競爭中，除了通過降低價格為顧客拍攝普通肖像照片外，為了贏得高端顧客，照相館紛紛通過採用新技術，推出電光放大等新舉措，來彌補照相館的利潤。一般來說，「新法電光放大」起價兩元五角到三元不等。[8]

正是因為電光放大的新技術，為擴放大像奠定了物質基礎，很多照相館開始推出放大像專門業務，大像帶來的也是巨大的利潤。1891 年開業的上海致真照相樓，「放二十四寸大像洋八元，再大另議」。而 1890 年和 1892 年，先後開業的上海光繪樓照相館和耀華照相館更是把「放可成丈，坐立如生，鬚眉畢肖」[9] 的大像作為自己照相館的主打產品。尤其是耀華照相館，把「碩大無朋」作為自己的廣告題目，連續在上海《申報》上推出了「大像」的廣告，巨幅照片的價格，同照片的尺寸一樣，令人咂舌：「二十四寸洋六元，三十寸洋八元，四十寸洋十元，五十寸洋二十元，六十寸洋三十元，七十寸洋四十元，八十寸洋五十元。二丈長，丈六闊。」[10] 從 1893 年推出大像，到 1894 年近一年的時間裏，耀華照相館就拍攝了「八十寸者十餘張，一律髮眉畢肖，神氣活動，世之丹青鳴者見之亦當甘拜下風」。[11] 其

3　《森泰照像館》，見《上海新報》，1863 年 3 月 5 日。

4　《宜昌照相》，見《上海新報》，1864 年 5 月 21 日。

5　《照相傢夥出售》，見《申報》，1878 年 3 月 5 日第 7 版。

6　《照相及照相具料出售》，見《申報》，1877 年 5 月 7 日第 6 版。

7　《論舊歲滬市情形》，見《申報》，1878 年 2 月 8 日第 1 版。

8　《申報》1891 年 12 月 15 日第 6 版，《照相廉極》文中，五馬路日成照相館，新法電光放大像（十四寸），價兩元五角；而《申報》1891 年 12 月 19 日第 8 版，《天然照相減價馳名》文中，天然照相館電光放大「起碼三元」。

9　《光繪樓精巧各法影像》，見《申報》，1892 年 2 月 12 日第 6 版。

10　《碩大無朋》，見《申報》，1893 年 8 月 7 日第 11 版。

中隱含的利潤，可想而知。

耀華照相館正是看到了放大像的贏利點，除了照相館拍攝外，還推出翻拍小照、放大像的業務，「半身小照放足原人面目大小，每張計洋六元，且可保百年外分毫不變」。[12] 到1901 年，庚子之變後，由於東南互保，上海雖然維持了和平局面，但市面蕭條，耀華照相館的放大像業務，也不得不大減價：「十二寸每張洋兩元，十六寸每張洋三元，十八寸每張洋四元，二十寸每張洋五元，二十四寸每張洋六元，三十寸每張洋十元，四十寸每張洋十五元，五十寸每張洋二十元，六十寸每張洋二十五元，七十寸每張洋三十元，八十寸每張洋三十五元。」不過，以上價目是指顧客或照相館有玻璃底片的價格，「如無玻璃底另議酌加。放大字畫則照此價取，半着色公道」。[13]

放大像業務也確實給耀華照相館帶來了巨額收益，耀華在 20 世紀初成為上海灘照相業的「四大天王」之一，大像帶來的收益應當是一個極為重要的因素。關於耀華照相館當時的規模和一年的經營收入，我們從 1902 年施德之準備遠行時，刊登在《申報》上的一則《召盤》廣告可以看出端倪：「生財器具約值洋一萬八千元有奇，每年進賬實收現洋三萬元左右，按月房租、人工、零碎支銷洋六百元，紙料照片在外。實欲頂銀三萬五千兩。」[14] (1-6-2, 1-6-3)

1905 年 8 月，耀華照相館又在《申報》上刊登了東西二號新的價目表：「四寸起碼一元三張，添印三角。六寸頭一張一元，添印五

角。八寸頭一張二元，添印七角。尺二頭一張四元，添印一元。以上俱八折，以符價廉物美。放大十八寸五元，廿四寸六元，三十寸十元。」[15] 比較四年前價目，除了部分放大價目微微上漲（十八寸漲一元）外，照相和放大價格基本保持穩定。不僅僅在上海，同樣在北方京師，比較 1907 年山本贊七郎開設的山本照相館的價目表，其拍攝和放大價格與耀華照相館相差無幾。

考量照相館拍攝肖像的價格，另一個可以對比的是當時繪製肖像的潤筆費用。受到傳統習慣的影響，在晚清民國，去畫店繪製肖像和去照相館拍攝照片並存了相當長時間，並且，很多照相館本身也同時經營根據照片繪製大像的業務。1907 年，上海的《時報》曾刊登了畫家馬小眉、狄楚青、陳楚生畫室的潤筆價格，總體來說，繪製肖像，以鉛筆畫最貴，油畫次之，綾絹畫最廉，一張照片的價格和一張同時期手工繪製的油畫，價格相差無幾：

綾絹畫：十二寸八元，十八寸十二元，二十四寸十二元。

油畫：十八寸二十元，二十四寸三十元，三十寸四十元，四十寸五十五元，五十寸六十五元，六十寸七十五元，七十寸八十五元，八十寸一百元。

鉛畫：二十四寸六元，三十寸八元，三十六寸十元，四十寸十八元，五十寸二十五元，六十寸三十元，七十寸四十元，八十寸

11 《大像》，見《申報》，1894 年 7 月 14 日第 8 版。

12 《耀華最精放大各像》，見《申報》，1895 年 4 月 28 日第 7 版。

13 《大減價放大像價目（六月初五日起）》，見《申報》，1901 年 7 月 24 日第 11 版。

14 《召盤》，見《申報》，1902 年 4 月 3 日第 7 版。雖然施德之召盤，但似乎無人接盤，當年 6 月 6 日，耀華又在《申報》開始了廣告刊登。

15 《耀華照相價目錄》，見《申報》，1905 年 8 月 23 日第 14 版。

一百五十元。

衣冠着色加兩成，綴景另議。[17]

從上不難看出，肖像的繪製基本定位在高端人群，最少的花費：一張二十四英寸的鉛畫，也要六元。而同時期，山本照相館十二張三英寸照片才四元五角，一張才平均不到四角，可見，照相館，更能成為廣大老百姓光顧的場所。

晚清時期，一家照相館的人工費用，相比動輒幾百元的「照相傢夥」來說，可以說佔據照相館開銷的很小比例。上海耀華照相館，在1900年前後「同事有二三十人」，當時照相館「每年照像逾半萬之數」[18]，不過，1902年，耀華照相館「房租、人工、零碎支銷洋六百元」[19]，可見人工費用支出之少。當時，上海有專門培養照相人才的「照相學局」，可以專門傳授拍攝「人物、山水、百般花草，西法妙速，七日成手」[20]，收費每位大洋十六元。當然，這樣照相學局的畢業生未必受到照相館多高的待遇，畢竟他們實踐經驗不足。對更多的照相館來說，有經驗的技師更是他們青睞的對象，也是照相館人工最大的開銷。1907年，漢口的麗康照相號準備聘請「精於沖曬師傅一位，每月金由二十元至三十元」，不過，如果「功夫平常，恕不奉復」。[21]晚清時期，照相館數量相對民國來說，還不是很多，同業競爭也不夠白熱化，大部分照相館規模不大，很多照相館都是館主兼攝影師和沖曬師，減少了照相館的人員開支。

進入民國，直至1937年全面抗戰爆發之前，照相館同類照片的價格並沒有太大的變動。上海耀華照相館1922年推出兩個月的大減價：「十八寸放大三元五，念四寸放大五元，三十寸放大七元五角，四寸相三張七角，六寸相二張一元，八寸相二張一元九角，十二寸相二張三元五角。」[22]比較耀華照相館1922年和1905年的價格，整體價格向下微調，但並不是特別明顯。不過，隨着逐年的通脹，從相對價格來說，民國照相館拍照要比晚清便宜許多了，1922年上海的高級白米價格已經上漲到每擔（一百斤）十二元左右[23]，比起晚清三四元的價格要貴了許多。所以對廣大民眾來說，更多人開始有能力承受拍照的價格，照相館的數量也在不斷增加。

同時，隨着各種新型照相器材的發明和投入商業應用，各種規格的手持相機開始流行，一般相機價格也開始下降，「白朗尼鏡箱，價目自三元四角至二十九元止。柯達鏡箱價目自十一元起至二百二十七元止。」[24]在照相館之外，更多的攝影愛好者可以自行購買小型相機，自己拍攝照片了，這無形中給照相館帶來了競爭，因此，投入資金購買一般攝影愛好者無法企及的高級相機，成為各大照相館不得不為之的行為，新機器和新型的照片也給照相館帶來了特別的利潤。

---

16 《京都山本照相館照相價目寸法規條》，見《順天時報》，1907年11月28日。

17 見《時報》，1907年11月5日。

18 《公答狂吠》，見《申報》，1898年8月15日第6版。

19 《召盤》，見《申報》，1902年4月3日第7版。

20 《照相學局招人》，見《申報》，1894年6月23日第7版。

21 《延聘沖曬》，見《時報》，1907年3月19日。

22 《耀華照像館大減價兩月》，見《申報》，1922年6月28日第5版。

23 《米價又漲》，見《申報》，1922年3月2日第15版。

24 《柯達公司大宗貨品運滬》，見《申報》，1923年2月9日第17版。

1918 年，北京的太芳照相館購入「價值壹仟元之照相鏡」，此照相機「乃德國柏林著名鏡廠所鑄，命名噶氏 COERZ CELOR，此鏡之奧妙……可照千數百餘人，照出之相，其細如豆，其大如斗，無不鬚眉畢現，可稱照相鏡中之巨擘」。[25]1919 年，上海寶記照相館也購買了「最大號新式照相機器」，拍攝成「上海碼頭全埠風景，長五十四寸，闊十寸。精美絕倫，為中國空前所未有」，這種長條照片「連裱及裝玻架實價八元五角，長四十寸闊六寸者，實價五元，如欲不裝玻架或不裱價值較廉」。[26]1925 年，北京的光明照相館由美國購來沙克梯大轉機，俗稱「搖頭機」，「能照百餘寸，專備各界喜慶典禮及新年團拜合影大像」[27]，後來，北京多家同業照相館向光明照相館租借此機器照相，以至於光明照相特別登報聲明：「以致本號自用反不敷分備，本號雖有數份之多，無奈每日外照用長條轉鏡者實在佔多數，今後再有欲借本號轉鏡者，實難從命，寶號無論為誰家，均請勿開尊口。」[28]可見當時搖頭機受歡迎的程度。自此，各種城市全景照片，各種學堂畢業照片，以及多人聚會大合影成為照相館的新利潤點。

從 20 世紀 20 年代起，隨着西風東漸，美術照相在各照相館成為時髦，從價格上來說，一般美術照相「較普通相增價雙倍」。[29]北京的太芳照相館為了培養顧客拍美術照相，一開始採取免費贈送「特為用作敝館之事實廣告，商祈各界諸君光臨賜教」。[30]1929 年，上海跑馬廳的匯芳照相館「為普及美術照相起見，特將美術照相之價目特別從廉」，不過，降價後的六英寸照片需要「四元再打七折」，雖然「同時可攝取兩式，於光線姿態上力求美化，務使顧客滿意而後止」，並且，匯芳聲稱，「此項美術照相價目實為滬上最低廉也」[31]，但這種照片遠遠高於同期六英寸普通照片五角一張的價格。

到 1937 年全面抗戰前夕，中國的照相館市場已經基本成熟，此時，隨着美國柯達等大公司全面進入中國市場，照相器材銷售已經遍佈大、中、小城市，價格也保持基本穩定。觀察作者收藏的 1926 年商務印書館出版的德國《伊卡照相用品目錄》，以及 1936 年上海美國柯達公司出版的《照相業攝影用品價目表》，不難看出，照相館所使用的各種照相材料，包括「鏡箱及三足架」「印相器及放大用品」「黏性膠質」「附加鏡及矯正框」「電光照相用品」「暗匣鏡箱背軟片套及抽蓋」「燈光」「鏡頭及鏡頭罩」「各類雜件」「快門」「沖曬用品」「修像用品」「着色用品」「軟片」「乾片」「紙張」「藥品」等已經分門別類，應有盡有。價格從最貴的一整套的搖頭機，「第十號沙克梯搖頭鏡箱：裝華倫薩佛塔士鏡頭，兩盒快門，及開放機關。外附沙克梯齒狀轉輪，沙克梯三足架頭及三足架腳，全套連提箱兩隻」，價格為大洋一千九百二十元；便宜的如「修改照相鉛筆」，一支六元；最便宜的當屬「牛愛斯裝裱護角」，

25 《太芳 1000 元照相鏡》，見《順天時報》，1918 年 3 月 27 日第 6 版。

26 《特出》，見《申報》，1919 年 10 月 4 日第 1 版。

27 《光明照像新正六扣》，見《順天時報》，1925 年 1 月 13 日第 8 版。

28 《招考優等照相技師》，見《順天時報》，1925 年 4 月

16 日第 4 版。

29 《太芳照像新正減價七扣外再奉送特別美術相片一張》，見《順天時報》，1926 年 2 月 26 日第 8 版。

30 同前註。

31 《匯芳美術照相七折》，見《申報》，1929 年 10 月 17 日第 22 版。

分「黑色、灰色、棕色及白色四種，每袋一百隻」，才要「洋三角」。（1-6-4, 1-6-5）

民國時期，因為照相館同業競爭激烈，技術高低就成為一家照相館能否生存和發展的關鍵，照相館的人工費用比晚清時期有所上升，很多照相館真正的師傅都是館主高薪聘請的。應聘的師傅，最重要的是有技術專長，手藝過硬。在湖南長沙，「應聘的師傅稱『客師』，客師任期有長有短，聘金也有高有低，多數是每月三十六塊大洋，最高的每月達四十塊。客師來館後一般是搞專業工種，如照相、暗室、修版等」。[32] 在東北遼源，照相館技師稱為「勞津」，各家相館的「勞津」來源有三：一是本店徒弟滿徒晉為勞津，二是挖同行業的牆角，三是從外地聘請水準高的技工做勞津。「本店徒工出徒後工資每月十五至二十元。若被其他相館『挖去』，工資往往高出二倍……勞津大多是西裝革履，被人呼之先生，是受人敬重的人物。一般照相師月薪五十至六十元，最高者李化坤月薪九十元。」[33] 在貴州省會貴陽，鍾大亨開設的黑白照相館，「從香港聘來了技師溫克明、黃文輝，每人每月工資為大洋五十元，另供膳宿」。[34] 而在當時貴陽「每月的伙食花上三元錢，還吃得相當好」。[35] 可見照相館技師工資水準之高，甚至導致不少攝

影師「自認為職業高尚，也有些清高感」。[36] 在北平，「以攝影師的薪水最高，普通都在四五十元至七八十元之間，所謂名譽好，價錢高者是也，其次就是洗片者，因此項職務，關係材料消耗之多寡，假如每瓶藥水以及其他應用對象按照規定，一百張膠片，洗片者能充下九十張片者，即為第一能手，其待價由三十元至四十元不等，再次，則為寫賬者，每月只不過拿五六元，至多十數元而已」。[37]

相比照相館的攝影師或技師，照相館「其他一切事務，則充由所謂小徒弟者料理」。[38]

照相業學徒工資很低，幾乎可不計入照相館成本，學徒期一般為三年，「第一年每月大洋五角，第二年一塊，第三年兩塊，到學徒期滿正式辦請師酒後才算『參師』，『參師』後要能正式擔任一項工種才能每月拿六塊大洋，工作成績好的，工資還可以高些。但即使成績很好，甚至超過客師，也只能拿到客師約一半的工資，這是不成文的規定」。[39]

1937 年，隨着抗戰的全面爆發，照相業的價格完全被打亂。受到日本人的封鎖，各種照相材料的舶來品來源極其困難，價格飛漲。各種照相器材、材料成為囤積居奇的熱門貨。因為「材料供應極其困難。以至過去的存貨，過期的材料，已經發黴的相紙，玻璃片等等，

32 黃祖德、夏循海、章運軍整理，《相館滄桑話顯容》，見中國人民政治協商會議沙市市委員會文史資料研究委員會編，《沙市文史資料》第 2 輯（工商史料專輯之一），第 228—236 頁。

33 劉育新，《解放前的遼源照相業》，見中國人民政治協商會議遼源市委員會文史資料委員會編，《遼源文史資料》第 4 輯（建國前的遼源工商業），1991 年，第 84—99 頁。

34 吳傳德，《解放前的貴陽市照相行業》，見中國人民政治協商會議貴州省貴陽市委員會文史資料研究委員會編，《貴陽文史資料選輯》第 8 輯，1983 年，第 115—132 頁。

35 龍耀祖，《我所知道的遵義照相業》，見遵義市政協教科文衛體委員會編，遵義民國《工商金融》（遵義文史十四），2008 年，第 143—146 頁。

36 同前註。

37 韓大風，《故都的照像事業》，見《工商新聞》，1934 年第 10 期，第 4 頁。

38 同前註。

39 黃祖德、夏循海、章運軍整理，《相館滄桑話顯容》，見中國人民政治協商會議沙市市委員會文史資料研究委員會編，《沙市文史資料》第 2 輯（工商史料專輯之一），第 228—236 頁。

都千方百計地加以利用，但此類數量極少，完全不能滿足市場的需要」。[40] 當時國統區還有一個供應管道，就是國民黨軍用過期航空片的標賣。從表面看來，這是合法的標價購買。但這類材料，數量較大，又不分散零售，都是一批一次銷售，絕不是一般小本經營者所能購買的。就是有了錢，也得要請客送禮、拉關係、談條件才能到手。由於照相材料的緊缺，價格猛漲，大照相館不但照相業務眾多，在照相材料的囤積上也獲利不少。但較小的照相館和個體戶，很多都由於照相材料的缺乏而斷炊改行，甚至歇業。

在抗日戰爭勝利後，很多大中城市充滿了美國的軍用物資，美國軍用航空片和10×12×100 的蠟背軍用印相紙，大量傾銷到中國市場，照相材料的價格猛跌九成。如當時的印相紙從每筒一千多元，跌為一百元左右。經過八年離散，很多重新團聚的親朋好友相攜去照相館拍攝合影，因此，照相材料下跌，照相館營業額卻大幅上升，照相行業出現了供不應求的黃金時代，利潤增加。其後的解放戰爭中，照相業的發展又一次受到影響。

價格戰

從晚清開始，隨着照相業的逐步普及，在廣州、上海等大沿海城市，照相館越開越多，也使得照相館的門檻慢慢降低，更多的顧客有經濟條件走進照相館。照相館在尋求利潤最大化的過程中，面臨最大的障礙就是同業者的競爭。因此，對相對同質化的產品，價格戰就成為一個無法繞開的話題。（1-6-6）

採取價格折扣是一個最直接的降價方法。每逢照相館開業、中國的傳統節日或者照相館館址遷移重張、開業週年、存貨過多、市場不振等，很多照相館利用「減價招徠」，來「傳名」或聚集人氣、回收貨款。一般來說，減價「八扣」為一般減價，也有「七扣」「六扣」。

1887 年，上海五馬路的日本鈴木照相館，在英租界四馬路樂善堂書房對門開設分館，「照價格外便宜，每位洋二角起碼，以便群賢畢至，早臨為盼」。[41] 開辦近三十年的上海蘇三興照相館，面對市場的激烈競爭，不得不大減價，「以廣招徠。四寸紙相，一張價洋三角」。[42] 另一家照相老字號日成照相樓，因為存貨過多，也推出暫時減價措施，「四寸照用金邊厚紙，光彩鮮明，價洋兩角，五寸相洋三角，以廣招徠」。[43] 正是因為價格的降低，讓更多的民眾走入照相館，照相館營業額大大增加，當時上海一家較大的照相館，一年的經營額可達到紋銀三千兩之巨。[44]1909 年，上海耀華照相館因「市面不振，兼之光珠薪桂，深恐不復見前之臣門如市，故再擬於乙酉年照舊減收五折，工藝則仍精進不已」。[45]1921 年，開業六十年的上海英昌照相館，從五馬路遷至四馬路東首，英昌一直「選科手術本極精研」，強調服務質量，「凡往攝影者，稍不遂意，即為重照三次、四次，均所不計，必使顧客滿意而後已」，不過，它也借遷移和中國農曆新年

---

40 吳傳德，《解放前的貴陽市照相行業》，見中國人民政治協商會議貴州省貴陽市委員會文史資料研究委員會編，《貴陽文史資料選輯》第 8 輯，1983 年，第 115—132 頁。

41 《新設照相分館》，見《申報》，1887 年 2 月 18 日第 5 版。

42 《照相大減價》，見《申報》，1891 年 11 月 14 日第 5 版。

43 《照相廉極》，見《申報》，1891 年 12 月 15 日第 6 版。

44 《照相樓出售》，見《申報》，1890 年 8 月 23 日第 5 版。

45 《大大減價》，見《時報》，1909 年 1 月 16 日。

之際，推出七折優惠，為「六十年來第一度之減價」，結果是「照者趨之若鶩也」。[46] 純粹照相的折扣一般不會很低，而照相館放大業務利潤較高，故有較低的折扣，1928 年，北京大北照相館於「新正大減價，照像八扣，放大像四扣」[47]，可見擴印利潤之高。

不過，在降價戰中，各照相館為了佔領市場份額，有時也形成了不計成本的惡意競爭，這也遭到了很多有識之士，包括照相同業人士的反感。北京容光照相館的館主雷卓霆，面對市場上降價聲一片，在《順天時報》上刊登廣告說：「減價折扣者，貨劣也。本號以藝術精巧，貨高價實，是以不折不扣，惠顧諸君，欲得精良相片者，必不在乎此區區折扣也。」[48] 也有市場觀察人士指出：「減價，贈送，兜拉生意，固為商業之常事，不過高尚之藝術，並非普通商品，實屬不應有此現象，須知同一照相，材料上下相差甚多，工程高低距離亦遠，餘如取巧底片縮小尺寸。處處皆可無形討巧。一言以蔽之，價錢愈低，贈送愈多，而藝術之退步亦必愈甚，諺云『羊毛出在羊身上』，理至明也。」[49] 從 20 世紀 30 年代開始，各地成立的照相同業公會，目的之一，就是協調各家照相館的價格，防止惡性競爭。

隱性降價

降價之外，照相館在特殊時期，還通過額外贈送顧客照片或者小禮品的方式招徠顧客，本質上也是一種隱性降價，這種方式更具人情味，受到顧客的普遍歡迎。

贈送照片，一般來說，照一張送一張，或者免費送一張放大照片，還有的為推廣起見，免費贈送化妝相、美術照相、着色照片等。長沙的蓉光照相館，在開張時，大肆宣傳，以贈送五彩大像（即按原價照四英寸美術像一份，加贈八英寸彩色放大像一張）為號召，「一時全市轟動，顧客蜂擁而來，從早到晚排座等候，兩部大座機，七八個人連續不停地工作，仍照不完，乃一方面委托光華代照，並發售預約票。每天收入光洋一千多元，打破了行業的紀錄」。[50] (1-6-7, 1-6-8)

照相館所贈送的禮品更是五花八門，小到一條毛巾，大到一台文明戲，可以說，招數使盡。上海耀華照相館，從開業開始，不斷採取各種贈送方式招徠顧客，尤其抓住中國傳統新年的照相高峰期，進行派送活動。1894 年新年，顧客每消費「英洋一元者，奉送彩票一張。頭彩得洋五百元，二彩得洋二百元，三彩得洋一百元」。[51] 1897 年新年，「由新正月初一日起，貴客賜顧照像者，每元隨送良濟大藥房頂頂上好香水一罐」。[52] 1902 年 6 月，「士商賜顧者附送頂好肥皂」。[53] 1904 年春節，「於正月初一為始，凡賜顧照相一元者奉送頂好白巾一條，十元十條，聊以報德」。[54] 上海

46 《英昌照相館遷移後之營業》，見《申報》，1921 年 2 月 13 日第 11 版。

47 《大加選中內幕種種》，見《順天時報》，1928 年 2 月 2 日第 8 版。

48 《容光照相》，見《順天時報》，1925 年 2 月 5 日第 4 版。

49 培雯，《一年來的照相業》，見《社會畫報》，1948 年第 2 卷第 1 期，第 19 頁。

50 朱振三，《長沙照相業史話》，見中國人民政治協商會

議湖南省委員會文史資料研究委員會編，《湖南文史資料選輯》第 17 輯，湖南人民出版社，1983 年，第 162 — 170 頁。

51 《隨送彩票》，見《申報》，1894 年 2 月 14 日第 6 版。

52 《敬送香水》，見《申報》，1897 年 2 月 11 日第 6 版。

53 《耀華照像啟》，見《申報》，1902 年 6 月 6 日第 7 版。

54 《奉送洋巾》，見《申報》，1904 年 2 月 24 日第 7 版。

福生照相樓在新開之際，「每款兼贈外國金架壹台，以廣招徠」。[55] 上海二馬路口日華照相公司，抓住學堂放假之際，除了「特別減價放盤，照章對折」外，對來照相館的顧客，「無論城廂內外，一律車錢奉送。如上一打者，另送秋瑾歷史墳墓、西湖全景冊頁一本」。[56]

在北京，照相館贈送的力度更具魄力。1917 年，開業二十多年的山本照相館，所拍照片之號數已達三萬號，「今因酬謝顧客並祝三萬號之起見，准由十月一號起至三十號止，所有駕臨敝館照像或購材料者均行敬送紀念贈彩，是以散佈廣告」，所有照相或購買材料者，購品達到一元以上，即可獲得贈籤一支，並且所有十等抽獎，「並無空票」，這種抽獎的獎品和價值如下：

頭彩一張　三尺鏡框並附本人放大像一份　五十元

二彩二張　二尺五寸鏡框並附本人放大照像一份　每份三十元，共六十元

三彩五張　二尺放大照像一張 每張十二元，共六十元

四彩十張　一尺五寸放大照像一張　每張六元，共六十元

五彩二十張　一尺二寸放大照像一張　每張三元，共六十元

以下到十彩。[57]

1922 年，山本照相館由霞公府遷移至王府井大街，一年之後，「應酬主顧起見」，山本照相館又「不惜巨資，特製美觀團扇數百把，扇面所畫各處風景及十三陵、萬壽山、萬里長城、西陵等，計二百餘種，奉送各界人士。自登報日起駕臨敝館照相者，按價洋計，滿三元者贈送一把，六元贈送二把，由此類推」。[58]

1916 年在西長安街西安飯店對門開業的小彭照相館，為了在競爭中生存，開業兩年後，於 1918 年 10 月推出大贈品，包括贈送一萬張剛剛當選為大總統的徐世昌的肖像，另外，還有「頭等足赤金鐲一付，二等褲緞衣料新式大氅，三等金戒指，四等大鐘，五等衛生衣，六等至十等：各種洋貨金銀器件、香水、香皂、化妝用品」，並且，「如有喜事照相，敬送文明新戲劇一台」[59]，可見贈送力度之大。

1921 年春節時，由溫章文開設的北京廊坊頭條路南太芳照相館和香廠萬明路美芳照相館（美芳還在新世界屋頂花園設立了分館），聯合向市民贈送新世界與城南遊樂園的門票，「凡在敝館照像者，每照六寸像一份，奉贈新世界入門券一張或城南遊藝園入門券一張」。[60] 1925 年，一直不參加照相打折的北京容光照相館，也不得不面對「營業競爭」，自陽曆新年起「照相一份敬贈極精美月份牌一個，薪酬賜顧者之雅意」。[61]

多種盈利

從晚清起，照相館還推出各種化妝照、著色照等，不過，這些都是額外的利潤點，一

55 《新開福生照相樓》，見《申報》，1894 年 9 月 19 日第 4 版。
56 《又是一年》，見《時報》，1908 年 12 月 16 日。
57 《山本照相館三萬號紀念贈彩》，見《順天時報》，1917 年 10 月 2 日。
58 《注意奉贈精巧團扇》，見《順天時報》，1923 年 6 月

7 日第 6 版。
59 《褒獎金牌，小彭照相》，見《順天時報》，1918 年 10 月 22 日第 8 版。
60 《緊告》，見《順天時報》，1921 年 2 月 18 日第 3 版。
61 《容光照相特別廣告》，見《順天時報》，1925 年 1 月 11 日第 4 版。

般都是「戲裝加半，洋裝加倍」。[62] 着色照片基本是按照片上的人頭收費，每多一個人就加收一定費用。另外，很多照相館「半夜照加倍」「出門照相均加兩成」，各種風景照片冊的「紅木盒每隻洋三元、楠木盒每隻洋二元」。[63] 上海南京路拋球場的心心照相館，還專門銷售由德國名廠運來的大批裱相簿，「分綢面、皮面、布面、紙面多種，售價自七角五分至一元六角，式樣精緻，顏色鮮豔」，以滿足「攝影家之需要」。[64] 早期照相館拍攝的玻璃底片一般都是照相館留存，如果顧客需要再次印相或放大，只需報出號碼，交由照相館即可。不過，如果顧客照完相後連底片一塊取走，則「取回底片照加印價算、取回團體底片照正價加倍」。[65] 也有照相館因為底片存儲太多，需要顧客取回的情況，取回底片也不是免費的，上海耀華照相館登廣告說：「如願取回原底者，十二寸洋三角，八寸洋二角，六寸洋一角。須帶照片，以便找尋，過期毀去。」[66]

除了顧客上門拍照，各照相館一直還把銷售各種名人肖像，或者照片冊作為自己額外的收益。1904 年，上海耀華照相館，發售「皇太后御容小像，每張價洋五角。」[67]1917 年，位於北京的廣東太芳照相館，拍攝了梅蘭芳嫦娥奔月、黛玉葬花等喬裝肖像二十餘種銷售，「八寸每張實價現大洋一元，十張八扣，明信片每打三元」。[68] 後來又拍攝了黃潤卿、白牡丹等喬裝肖像數十種，「對茲妙容，令人神往。計八寸每張現大洋壹元，每打十元，四寸六寸均照此定價計算，遠處函購，原班回件不誤」。[69] 也是在 1917 年，張勳復辟後，段祺瑞組織討逆軍進入北京，與張勳的辮子軍激戰，山本照相館「於戰事告終後，即派上等技師前往各處，攝其悲慘之實況，曬成相片，用作紀念，堪稱奇觀。每張取價大洋三毫。又將此等相片縮製銅版印成明信片，每三份十八張，取價大洋五角。每一份六張，取價大洋二角」。[70] 北京同生照相館在 1925 年拍攝了民國大學十週年遊藝會的長條攝影，「每張特價壹元陸角」。[71] 價格是市場的晴雨表。照相業的價格，一方面受到市場供求的影響，而反過來，價格又會影響市場的供求。從晚清到民國，中國照相業的價格，也一直處在不斷變動和調整當中。照相業的價格變動，影響了照相館顧客數量的多寡；而照相館之間的價格競爭，無形中又促進了照相館改良與發展。價格的昂貴或廉價，有地域的差異，有時局的印跡，更是照相館商業屬性最明顯的特徵，與大時代的經濟狀況和文化環境息息相關。價格機制的合理制訂與形成，保證了照相館的利潤空間，推動了照相業在中國的興起和發展，並為國人對照相業的進一步探索提供了基本的物質動力。

62 《自由談》，見《申報》，1919 年 3 月 19 日第 14 版。

63 《西湖月溪照相店各種價目》，1930 年前後，王秋杭收藏。

64 《心心運到裱相簿》，見《申報》，1924 年 4 月 5 日第 19 版。

65 同前註。

66 《招取玻璃底》，見《申報》，1896 年 12 月 8 日第 6 版。

67 《請購御容小像》，見《申報》，1904 年 5 月 15 日第 7 版。

68 《廣東太芳照相，兩週年紀念大減價》，見《順天時報》，1917 年 2 月 11 日第 1 版。

69 《廣東太芳照像大減價廣告》，見《順天時報》，1917 年 3 月 29 日第 8 版。

70 《山本照像館》，見《順天時報》，1917 年 8 月 24 日第 1 版。

71 《同生》，見《順天時報》，1925 年 6 月 2 日第 4 版。

1-7-1 北京前門大街

天津元彰照相號,銀鹽紙基,卡紙 35×28 厘米,照片 26×20.5 厘米,1900 年。作者收藏。
把照相館稱為「照相號」,凸顯了照相館的商業特性。傳統中國商業的經營理念,無形當中也在照相館業
得到了傳承與發展。

1-7-2 家庭合影

上海寶記照相館,銀鹽紙基,卡紙 19.2×14.7 厘米,照片 14.2×9.8 厘米,1920 年前後。作者收藏。

李經邁

Li Ching Mai

1-7-3 李經邁簽名肖像

北京寶記照相館，銀鹽紙基，卡紙 21.5×28 厘米，照片 14.67×19.6 厘米，20 世紀初。作者收藏。

照片卡紙正面有李經邁中英文簽名，卡紙背面有寶記照相館印章。李經邁（1876—1938），安徽合肥東鄉（今肥東）人，李鴻章三子。清光緒三十一年（1905）任出使奧地利大臣。次年授光祿寺卿。三十三年歸國，歷任江蘇、河南、浙江等地按察使。宣統二年（1910）以隨員往日本、歐美考察軍事。辛亥革命後寓居上海，以經商為業。後參與張勳復辟活動，失敗後返回上海。1938 年 6 月逝世。

寫真放大
協昌照像樓
〈津日界租街閘需前胡詩街紅樓〉

1-7-4　男子坐像

天津協昌照相館，銀鹽紙基，卡紙 22×29 厘米，照片 13.7×20.4 厘米，1915 年前後。作者收藏。

1-7-5 結婚紀念攝影

昆明二我軒照相館，銀鹽紙基，卡紙 38×45 厘米，照片 33×39 厘米，1925 年。作者收藏。

1-7-6　雅真照相館外景

廣州香港雅真照相館，蛋白紙基，20×27 厘米，1890 年前後。作者收藏。

1-7-7　男子單人立像

上海鏡中天照相館，銀鹽紙基，名片格式，1908 年前後。作者收藏。

1-7-8　老嫗坐像

蘇州匡廬山館，銀鹽紙基，卡紙 17.4×22.8 厘米，照片 9.9×14 厘米，1924 年 3 月。作者收藏。

卡紙背面有「甲子三月」拍攝時間印章。照相館館名、照片卡紙的裝幀、攝影師紅色鈐印，無不透露出雅致的意蘊。

1-7-9 杜爾伯特蒙古王爺、王妃和日本人合影
漢口渡邊照相館，銀鹽紙基，卡紙 30×40 厘米，照片 21×26.5 厘米，1940 年前後。作者收藏。

1-7-10 家庭合影

上海百樂門攝影社，銀鹽紙基，照片 7×9 厘米，1935 年前後。王秋杭提供。

第七節

從「吉祥」到「海派」
—— 照相館館名裏的風花雪月

傳統的中國「照相館」有多重稱謂，比如「照相樓」「照相舖」「照相號」「照相店」「照相局」「照相寓」「照相場」「照相公司」「像館」「映相館」「寫真館」「影像舖」「攝影室」「攝影社」「攝影工廠」等等。這些統稱之外，作為一種商業經營，業主給照相館起一個別致的名號，則是一個照相館經營成敗的前提。照相館崛起時代，傳媒還不發達，作為一種之前從沒有過的商業形態，要想打開市場，最直接的廣告就是招幌上面的字號、館名。照相館的館名，無意中還折射出人們對攝影術的認知和理解，也一步步透露出照相在社會生活當中從實用到時尚，以至風花雪月的演進史。（1-7-1）

中國傳統商業店舖起名字，首先是重口彩，圖吉利。照相館館名，和其他商舖一樣，常規的起名方式，選用通俗易懂的吉利語成為一個保險的選擇。提到「寶記」，你可能首先會想到享譽上海灘近半個世紀的「寶記」照相館。其實，寶記的創始人歐陽石芝，還在武昌、南京及廣州開設了寶記分支，不論叫照相

館、照相樓還是映相樓，使用的都是「寶記」名號。寶記照相館，開始拍攝傳統肖像，後來獨出心裁，拍攝製作化身照、藍曬照、化裝照、綾絹照、布紙照、玉石照、洋瓷照、象牙照等等。1923 年，寶記少主歐陽慧鏘將自己多年攝影實踐進行總結，出版《攝影指南》一書，成為自學攝影術者必備用書，多次再版，極大推動了攝影術在上海，甚至在中國的發展。寶記照相館稱雄上海灘，可能「寶記」這個朗朗上口、旺財旺運的館名功不可沒。（1-7-2, 1-7-3）

也正是這兩個字，後來還給歐陽石芝帶來了煩惱。原來，全國各地，許多後進照相館都選用了「寶記」字號，計有北京、重慶、阜陽、寧波、鎮江、杭州、福州、南昌、蕪湖等地。北京寶記，1910 年之前就已經在前門外觀音寺路南開業，「專拍各界合影，翻照名人字畫，古玩舊意，放大縮小等藝無不精通，樓房院落宏敞，點綴新奇山景園廳，奇花異草」。[1] 到 1921 年 12 月移址在李鐵拐斜街路南，「建

---

1 《寶記照相館、華洋大藥房》，見《順天時報》，1910 年 7 月 13 日。

築西式樓房」[2]，不僅拍照，寶記還同時經營一家藥店，銷售歐美各種藥品以及化妝品等。當然，他們和上海的寶記毫無關係，當時中國還沒有統一的商標註冊，大家使用這個可人的招牌無可厚非，但很多旅滬人士誤認為和上海寶記有關，以至於歐陽石芝不得不登報廣告，否認自己的分支，這也是中國早期照相業發展史上少有的打假聲明：

聲明

敝館營業自乙丑迄己未，創設三十一年。冒牌影射之家，所在多有。外埠如北京、杭州、寧波、鎮江、川沙、成都，則單用「寶記」二字；本埠如某某兩花園、如滬南某地，或於其店名之下加「寶記」二字，或則含糊取巧，支吾其詞。其甚者，有如南京路、西藏路角門面朝南一家，大書「某某寶記」四大字，諸如此類，皆重金錢而輕道德之所為。雖與我全無關係，緣邇因惠顧諸君，常有詢及此中底蘊，是否分支，有無附股同人等，則應之曰：敝館創設三十一年，絕無分支他處，絕無附股同業。凡百君子幸垂鑒焉。

上海南京路拋球場寶記照像館謹啟[3]

不過，當時並沒有所謂商標保護，最終上演的是一場不了了之的報刊打假。除了寶記，另一個吉利的字眼就是繁榮昌盛之「昌」字。僅從作者收藏各地照相館的照片來看，天津有「恒昌」「鼎昌」「寶昌」「協昌」，上海有「英昌」「華昌」「麗昌」，北京有「玉昌」，武漢有「同昌」，太原、龍口、香港等地，同樣開設有館

名為「華昌」的照相館。其他字眼如「泰」「寶」「福」「美」等，也都不時出現在照相館館名當中。作為一個嶄新的商業模式，照相館積極從傳統生意行當中汲取營養，從館名到經營理念，逐漸打破國內民眾對照相的誤解及阻滯，在香港、廣州、上海、北京，很多照相館一直堅守營業幾十年，成為早期攝影在中國傳播與流布的最中堅力量。（1-7-4）

重口彩，圖吉利之外，名稱與業務的關聯性更是一個字號成功的關鍵。複製自身是攝影最神奇的魅力，照相館拍攝肖像，把現實中的「我」通過一張小小紙片固定下來，從而成為另外一個「我」，「二我」因此成為照相館吸引顧客的最大噱頭。清末和民國，以「二我」直接命名的照相館，據不完全統計，就有北京、溫州、泰州、襄陽、南京、潮州、台灣等不少城市和地區。（1-7-5）

「二我軒」，加一個「軒」字則不僅貼切映照出照相館之特點，更平添了一份中國韻味。

杭州「二我軒」照相館，稱霸錢塘幾十年，和它的館名不無聯繫，後來二我軒甚至把分店開到了競爭激烈的上海，「分館於上海靜安寺路哈同花園對過，規模宏大，陳設富麗，所攝像片，皆切合真美善」。[4] 1904 年，昆明翠湖誕生了雲南第一家照相館，老闆蔣楷，同樣將照相館命名為「二我軒」。民國期間桂林最負盛名的照相館的名號也叫「二我軒」。同樣，在全國各地，還有寧波、貴陽、長沙、南京、遵義等地開辦過館名為「二我軒」的照相館。此城市「二我軒」與彼城市「二我軒」，不同館主，不同合夥人，並不是我們今天習以為

2　《李鐵拐斜街寶記照像，藥房重張大減價》，見《順天時報》，1921 年 12 月 24 日。

3　見《申報》，1919 年 2 月 5 日第 4 版。

4　《杭州二我軒在滬開分館》，見《申報》，1933 年 12 月 17 日第 15 版。

常的連鎖店舖，當時資訊流通不暢，雖然不排除某些老闆故意盜用名店名號之嫌，但無疑，「二我軒」成為當時店主和顧客都認定的一個金字招牌。

照相複製現實，相比原來的繪畫，更準確，更真實。正如當時竹枝詞裏所說：「顯微攝影喚真真，較勝丹青妙入神。」[5] 因此，很多照相館也叫「寫真館」或者「寫真店」，「真」字也被廣泛地應用到照相館的館名當中，成為清末民國照相館名字中選用最多的字之一。

1881 年，湖北人嚴添承在武昌開設了一家照相館，取名「顯真樓」，就是突出照相的實錄寫真之效，後來成為名重武漢三鎮的著名照相館。[6] 北京一地，帶「真」字的照相館就有三家：在農事試驗場開設的「鏡真」照相館，在琉璃廠火神廟開設的「守真」，以及在宣內大街和新世界南開設的「萃真」照相館。上海有「致真」「美真」「萬真」。香港、廣州有連鎖之「雅真」及「寶真」。山西太原最早的照相館叫「摹真」，後來還開辦了一家叫「真光」。全國各地，帶「真」字的照相館還有：廣州灣的「贊真」[7]，嘉定的「美真軒」[8]，泉州開設「真宛然」「雙美真」[9]，貴陽有「真記」，遵義有「真真」，常州的「留真」，張家口的「耀真」及「雲真」，南昌的「真真」，潮州有「真園」「藝真」，中山有「全真」，昆明的「存真」像館，麗水的

「真吾」，濟寧的「天真」，長沙的「真華」，自貢「遺真」，黑龍江的「留真閣」等等，不一而足。當然，還有更直白的，20 世紀初，南京兩家照相館就分別叫「真是我」「就是他」，溫州開設了「真面目」，汕頭還開設了「真美」「真似」「真真似」等字號。 (1-7-6)

萬千期待於一「真」。為了突出照相之「真」，照相館從影像的清晰度、色調、表情的抓拍，後期的修相、裝裱上下足了功夫。照相的真實性，成為吸引顧客最根本之處，「真」字館名也被各店主利用得淋漓盡致。在早期中國人肖像照中，照相館所拍攝的照片，不論數量還是品質，是無人能撼的。很多照相館肖像，最後呈現在顧客面前的，甚至變成了一幅栩栩如生、裝幀華美的珍藏品。

「鬼工拍照妙如神，玉貌傳來竟逼真。技巧不須憑彩筆，霎時現出鏡中人。」這是又一首描繪照相的竹枝詞。[10] 早期的照相機，人們普遍稱之為「照相鏡」，通過照相機的拍攝，人們就像通過鏡子一樣看到了自己，並且還能永遠留下來，或廳堂懸掛，或互贈怡情等，因此還有人稱呼照相機為「魔鏡」，以讚歎它神奇的魅力。 (1-7-7)

早期照相館館名中，「鏡」字也是很常見的一個詞。比如，杭州就有「月鏡軒」「鏡花緣」，北京虎坊橋的「寶鏡」，上海、福州、

5　葛元煦，《滬遊雜記》，上海古籍出版社，1988 年，第 57 頁。

6　周德鈞、朱聲媛，《百年顯真樓》，見《武漢文史資料》編輯部編，《武漢文史資料》2006 年第 12 期（總第 170 期），第 44—47 頁。

7　贊真照相館，開業於 1940 年 8 月 1 日，由康昆祥創辦。原在赤崁中興街 25 號，後遷到中山二路（今「生活」照相院處）。吳顯強，《廣州灣的照相業》，見中國人民政治協商會議湛江市委員會文史資料研究委員會編，《廣州灣》（法國租借地史料專輯，湛江文史史料第 9 輯），1990 年，第 181—185 頁。

8　嘉定早期的照相業始於清光緒年間，其時嘉定鎮匯龍潭西側就出現了照相店舖，以後秋霞圃草堂也開設了美真軒照相館，但時間均不長。見章麗椿，《嘉定的照相業》，新浪「楊柳有葉的博客」，2013 年 2 月 18 日。

9　陳建基，《泉州照相業的開創和發展——兼述羅克照相館》，見中國民主建國會泉州市委員會、泉州市工商業聯合會、政協泉州市委員會文史資料研究委員會合編，《泉州工商史料》第 5 輯，1985 年，第 92—102 頁。

10　顧炳權編著，《上海洋場竹枝詞》，上海書店出版社，1996 年，第 43 頁。

揚州開設「鏡中天」，貴陽的「鏡秋軒」「鏡容軒」，長沙的「鏡蓉室」（後亦易名「鏡中天」），儋州的「鏡容」等等。照相術不僅逼真，而且一目了然、瞬間即成，被譽為鬼斧神工，實不為過。有趣的是，很多大家閨秀早年在照相館拍攝小照後，還把照片卡鑲在一面家用鏡子後面，平常鏡子掛在廳堂，無人時，悄然摘下，既可「對鏡貼花黃」，還可以翻轉後，面對小照，自我賞玩。

隨着照相術的普及，主動登門照相館的客戶，從原來的非富即貴的開明人士、娼妓與優伶，開始向普通百姓轉移。後來，更多文人雅士開始參與照相業，親自導演拍攝各種風雅小照，或直接出資開館營業，自成一派，探索照相的新形式、新方法。正是伴隨着更多知識階層的參與，照相館館名，從早年吸引大眾的直白開始走向追求意蘊的婉約，一批更有儒韻的照相館名開始出現。

民國南京永安商場東面有家照相館，館名「廬山」。「廬山」老闆高華，是個知名的「票友」，曾隨梅蘭芳學藝，同時長於社會交際，被公認為是實力派「追星族」（當時稱「戲迷」），曾自封為「捧曹團」團長。曹，就是曹慧玲，一代名伶，梅蘭芳嫡傳弟子。[11]「廬山」正是借用了那句家喻戶曉的詩句「不識廬山真面目」，引來老老少少趕到「廬山」店裏來認識自己的「真面目」。「廬山」作為照相館館名，至少在淮安、潮州、順德、溫州、長沙等地被

人使用。（1-7-8）

同在文脈底蘊深厚的南京，1940 年還開設有一家裝潢考究的照相館，門樓上是江東周琪（當時南京許多店家的店招都是他題的字）溫厚端莊的題字：「奪天工」。這是老闆在店名上玩了個文字遊戲，以射覆式的謎語隱含一個「巧」字，思路多了一度回轉，便為眾人讚許，顧客盈門。[12]

在湖南岳陽，宣統末年（1911）從武昌「顯真樓」學藝歸來的余松齋和炭精畫師汪繼成合夥開辦「玉壺冰」照相館，其意引自唐朝王昌齡所賦詩句：「寒雨連江夜入吳，平明送客楚山孤，洛陽親友如相問，一片冰心在玉壺。」（《芙蓉樓送辛漸》）照場佈景，時興新穎，引人注目。[13]

河南許昌，由信陽潢川老藝人楊鶴亭先生 1911 年開設悟真照相館，其受佛家弟子指點，追求「朦朧中的醒悟，醒悟中的真實。」[14]遠在內地的四川省蓬溪縣赤城鎮有一家「麗光」照相館，「麗」取自《楚辭·招魂》中「麗而不奇些」，指美好之意，「光」則意為照片光線明暗得當，含此二意，即容顏美麗，容光煥發。[15]

在命名時追求中國傳統意蘊的同時，照相館的照片風格也在發生着不知不覺的演變。從原來追求單純的寫實，開始追求畫面的意境之美，更多的佈景、道具出現在照相場景中，中國的書法題籤也更多地鐫刻在照片上。各類化

11 秦俱西，《老照相館名字「就是他」》，見《金陵晚報》，2007 年 11 月 3 日。

12 同前註。

13 李培天，《岳陽照相業》，見中國人民政治協商會議湖南省岳陽市委員會文史資料研究委員會編，《岳陽文史》第 4 輯，1985 年，第 161—165 頁。

14 王志鵬、李亞琨，《老字號南、北悟真照相館用影像記錄許昌 102 年》，見《許昌晨報》，2014 年 1 月 3 日。

15 張大全、謝繼緒整理，《照像業》，見蓬溪縣商業局商誌編纂小組編，《蓬溪縣商業誌資料》第 28 期，1984 年，油印，第 2—6 頁。

裝照、文人雅集圖等成為照相館力推的業務，一批獨具時代特色的照相館影像開始出現。

照相館館名，還和大時代的脈搏緊緊相連。1925 年 3 月，孫中山先生逝世，全國哀悼，為緬懷偉人和獲得商業效應，浙江寧海人胡玉書將自己的照相館取名「中山照相館」，首創寧海照相業。當地的有錢人得知寧海開辦了照相館，都想來趕一時髦，嘗一新鮮，縣政府和中學有大事，需要攝影時也派人來叫。[16] 抗戰勝利前後，很多地方出現了館名為「華光」的照相館，意為「中華光復」，或是希冀，或示慶祝，山東濟寧稅務街路南由劉克勤開設的華光照相館，就是為紀念抗戰勝利而命名。[17]

日偽時期，很多日本人和朝鮮人，隨着侵略者來到中國開設照相館，館名不可避免地留下了東洋倭氣。遼寧遼源西安縣有兩家外國人開辦的照相館，一家是日本人的赤田照相館，一家是朝鮮人開辦的朝日照相館。[18] 在河南安陽，朝鮮人就在西華門開辦了山本寫真館，日本人在火車站附近開辦了大和、旭、安本三家寫真館，以及兼營沖洗、放大業務的照相材料行東洋行。日軍侵佔太原後，市面混亂，太原市照相館大部分歇業，日本人開設了廣來、小林、谷文、重田、高橋、戰友 6 家照相館，從業人員 30 多人。[19] (1-7-9)

相比中國人開辦的照相館，日本和朝鮮人開辦的照相館價格昂貴，中國人很少光顧。不過，有不少地方強迫中國人到日本人開設的照相館中拍攝「良民證」照片，促進了這些照相館的暫時繁榮。在湖北武漢，創建於 1914 年的品芳照相館，用銀子做了招牌；因為創辦人李炳聲喜歡喝茶，從長年喝茶中品嘗出自然芬芳香味，故取名品芳。漢口淪陷後，品芳照相館停業，被日商霸佔，改為「永清寫真館」，僱用中國人給日商做事。創辦人李炳聲全家跑到黃陵磯避亂，直到 1945 年日本投降。李炳聲才收回了品芳照相館，經過整修，重新開業。[20]

從 20 世紀 30 年代開始，隨着抗戰的爆發和中外交往的進一步加強，在中國人開設的照相館裏，軍官政要頻繁光顧，國際友人劇增，各種美術照、藝術照開始流行，照相館館名則更具時代氣息，如「明星」「影星」「高尚」「時尚」「摩登」等，老百姓稱之為「海派」風格。[21]

天津鼎章照相館分號更名為中華照相館後不久就毀於火災，創始人之一李耀庭先生獲保險公司賠款後，在法租界 24 號路（今長春道）獨資創辦了中國攝影公司[22]，不再使用「照相館」的名字，以顯示其更具國際化的視野和雄心。30 年代，濟南芙蓉街開設了「同生弧光美術攝影公司」，實行 24 小時營業。[23]「在南京新街口北面中山路上一號門面的『南

16 薛家栓，《張幻光和民國時期的照相業》，見《今日寧海》，2014 年 3 月 31 日。

17 王治宇，《濟寧照相行業簡史》，見山東省濟寧市市中區政協編，《文史資料》第 10 輯，1997 年，第 290—292 頁。

18 劉育新，《解放前的遼源照相業》，見中國人民政治協商會議遼源市委員會文史資料委員會編，《遼源文史資料》第 4 輯（建國前的遼源工商業），1991 年，第 84—99 頁。

19 蘭台，《舊時的太原照相業》，見《太原晚報》，2012 年 12 月 15 日。

20 塗德深，《品芳百年品味芬芳》，見《武漢文史資料》2005 年第 11 期（總第 157 期），第 45—46 頁。

21 秦俋酉，《老照相館名字「就是他」》，見《金陵晚報》，2007 年 11 月 3 日。

22 李耀庭，《鼎章——天津歷史最久的照相館》，見中國人民政治協商會議天津市委員會、南開區委員會文史資料委員會合編，《天津老城記憶》，天津人民出版社出版，1997 年，第 157—161 頁。

23 邵明紅，《老照相館漸行漸遠的記憶》，見《濟南日報》，2012 年 8 月 31 日。

京新聞圖片社』，乍一看以為是政府或社團機構，其實也經營攝影業務。而新街口東面，中山東路延齡巷口的『國際攝影圖片社』更具氣勢，三層高的門樓上一幅美女影像，長髮飄拂如長旗蔽空。」[24] 在上海，在抗戰的大後方貴陽、昆明等地，湧現出「派拉蒙」「雷電華」「美都」「萬國」「百樂門」「維也納」等一批具有國際範兒館名的照相館。[25] (1-7-10)

館名的國際範兒，伴隨着照相館拍攝風格的多變和西化。傳統照相館中繁縟的道具不再被頻繁使用，女影星、女藝人、名門閨秀、女學生則成為照相館的新客戶，更多的顧客開始嘗試明星半身像、大頭照，攝影師更注重照片的整體美感和氣韻，各種美術攝影也風行一時，照相從原來的實用記錄功能，轉向文人雅玩後，又一次走向大眾的摩登和時尚。

從吉祥的「寶記」老號，一語破的的「二我」「顯真」，到意蘊雋永的「廬山」「麗光」，海派風格的「派拉蒙」「維也納」等，照相館館名裏的風花雪月，映照出的是攝影術一步步介入中國人的生活，並不斷被我們接受和改變的歷史。不過，一個有意義的名號，還只是照相館經營成功的第一步，中國照相業的進一步發展和探索，還需要從多個方面努力，任務艱巨而漫長。

24 秦佴西，《老照相館名字「就是他」》，見《金陵晚報》，2007 年 11 月 3 日。

25 吳傳德，《解放前的貴陽市照相行業》，見中國人民政治協商會議貴州省貴陽市委員會文史資料研究委員會編，《貴陽文史資料選輯》第 8 輯，1983 年，第 115－132 頁。

第二章

本土化探索之路

吉生
氏沈
曾慰　曾明　曾培　清標　曾怡　曾安

志賢　慶賢　明賢
苗清光緒朝助服收賜藍頂花翎

瑞全繼配夏氏

裕全　珍全
玉全　瑞全　貴全

雪棠及德配沈氏

全珍叔配張氏

靜卿德配朱氏

湘帆德配沈氏

2-1-1 《吳興沈氏奉教宗譜》封面及圖版四幅

道林紙，33.5×26 厘米，沈宰熙作序並纂修，上海商務印書館代印，1917 年。作者收藏。

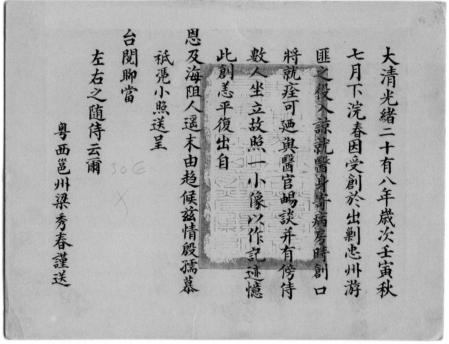

2-1-11　梁秀春與醫官及侍衛合影

諒山鄧炳南影相，銀鹽紙基，卡紙 22×16.5 厘米，照片 16×11 厘米，1902 年 7 月。作者收藏。

梁秀春（圖中躺者），時任「大清國幫辦廣西邊防毅新全軍營務處兼辦峙馬對汛事」，照片贈送給「大法國駐防北寧省六花官、代理河內全權大臣七花官邊」。背後題跋交代了拍攝小像的原因，主要是為紀念病後痊癒，題跋上還加蓋了邊防印，印文為：幫辦毅新各營營務處兼廣西前營關防。

2-1-2　葉景呂 62 幅肖像圖集

福州各個照相館，銀鹽紙基，大部分為櫥櫃格式，部分圖像經過剪裁，1907—
1968 年。作者收藏。

2-1-3　安厝趙振龍夫婦靈前攝影

陝西韓城喬家珍照相館，銀鹽紙基，卡紙 19.5×15 厘米，照片 12×9 厘米，1936 年農曆十一月廿七。作者收藏。

2-1-12　林輔臣全家合影

上海耀華照相館，銀鹽紙基，櫥櫃照片，1905 年。作者收藏。

林輔臣原名叫保羅・斯普林加德，比利時人。1865 年作為比利時天主教神父的隨從來到中國。1881 年由李鴻章任命為首任肅州（今酒泉市）稅務司，人稱「林大人」，為甘肅近代工業的開辦作出巨大貢獻。林輔臣在肅州做官期間，還調撥醫生施藥救病，因此頗得肅州百姓好感。林輔臣娶了一位中國妻子，並生有 3 兒 9 女。此照應為林輔臣 1905 年返回比利時前在上海拍攝，照片背景不再是照相館的佈置，懸掛的各種條幅，標明了林輔臣一生的業績，很像中國傳統肖像畫上的像贊。

2-1-4 胡鳳虁肖像

上海捷元照相館，銀鹽紙基，櫥櫃格式，1914 年前拍攝。作者收藏。

這張「藝術照」，是主人胡鳳虁贈送給仲霖如弟的肖像，在照片背面，有胡鳳虁的題籤，上面的文字很有意思，不僅交代了胡鳳虁本人的簡歷，還有其曾祖、祖父、父母、繼母、胞弟，以及子女的情況，很像一個簡寫本的家譜。雖然落款依然為「紀念」，此時照片的實際功能已經變為「留念」之用。

2-1-5 家庭合影照

無錫老寶華照相館，銀鹽紙基，卡紙 14.5×22.5 厘米，照片 9.2×13.7 厘米，1924 年 5 月 18 日。作者收藏。

這是一張普通的三人合影，但卡紙背後的文字，有男主人的親筆題詞，交代了照相的背景：陰曆三月初二是自己三十歲生日；又趕上清明節，「倍覺愉快」；三月初五又從外地返回無錫。因此，為紀念三個時刻，攜妻帶子赴照相館「攝影紀念」。

2-1-7　共慶周甲壽圖

福州明星日夜照相館，銀鹽紙基，85×18厘米，1933年。作者收藏。

此圖為民國二十二年癸酉歲，福州十五位年登六十歲的老人，共慶周甲之壽，並與家人合影留念，男女老少共一百一十五人。合影上方，約佔畫面五分之一的文字，是由其中兩位壽星合作 —— 吳無悔撰文，陳息樓書寫。文中用宋代文彥博（潞國公）與同甲者共慶生日的故事，演為一篇序文，暢抒歡情。文字中列壽星姓名，並展望將來長壽的歡樂。其文字辭采典雅，書寫水準亦佳。（此照片考證感謝易學研究大家、福建師大張善文教授，上述文字為張教授提供，稍作改動。）

2-1-6　上海持志大學丁卯級畢業照及局部

上海王開照相樓，銀鹽紙基，63×51厘米，1927年。作者收藏。

2-1-8 青樓女子合影

漢口麗康照相館，銀鹽紙基，櫥櫃格式，1900 年前後。作者收藏。
照片中兩位同樣服飾和頭型的青樓女子坐在中西合璧式樣的藤製
情人椅上，另一位姑娘則中間站立，露出散淡之態。

2-1-9 女子和男子明星照兩張

上海青鳥照相館，銀鹽紙基，卡紙 30×40 厘米，照片 24×29 厘
米，1930 年前後。作者收藏。
這是一對夫妻拍攝的「明星照」，從取景、構圖、用光上，模仿當
時流行的明星肖像，普通民眾從視覺上得到心理滿足。

2-1-10 慈禧太后肖像

裕勳齡，銀鹽紙基，14×20厘米，1903年。作者收藏。

2-1-13　蔣介石戎裝照

南京光華照相館，銀鹽紙基，28×21 厘米，1940 年代。華辰 2012 年秋季拍賣會《影像》Lot 1081。

照片為蔣介石贈予匹茲堡安良工商會，卡紙上有「蔣中正」手寫題記及鈐印，照片上有光華照相的鋼印。

從「實用」到「時尚」
—— 照相館功能的演進

照相術在 1839 年公之於世的時候，正是西方工業化發展到一定程度，宗教人士和貴族的權利與影響減弱，大量中產階級興起，並開始積極追求自我肯定的轉折期。正如接受過大量美學教育的貴族階層喜歡古典肖像畫一樣，伴隨着社會的商品化和世俗化，中產階級迅速接受和喜歡上了照相術製造的這種更逼真、更便宜、更易理解的圖像。攝影術正式公佈一年後，1840 年，美國人亞歷山大・沃爾科特（Alexander S. Wolcott）和約翰・約翰遜（John Johnson）就合夥在紐約開設了世界上第一家商業照相館。[1] 利用照相館這個可以流水和批量生產照片的場所，攝影開始廣泛介入大眾的生活。

在中國，攝影術傳入之前，留住自我形象的辦法就是繪製一張肖像畫。囿於觀念和花費，明中葉之前，能夠擁有一張肖像畫的人，不是王公貴族、達官貴人，就是名儒雅士、高僧大德。從明末到清末攝影術傳入之前，隨着

城市中手工業和國內、國際商業貿易開始發達，一個新的市民階層誕生，他們同樣迫切需要自我確認和肯定，照相術的傳入及照相館的遍地開花，以快速、廉價、逼真的特性契合了這個新興階層的心理需求。照相館的開設者，通過不同的營銷手段，一步步推動着照相館業務發展，從「實用」逐步走向「時尚」，照相館功能漸次演進，也譜寫了一曲大眾文化生活豐富多彩的變遷史。

神像時代

攝影剛剛傳入時，拍攝一張照片，作為逝後的拜祭、瞻仰的功能，和傳統肖像畫還沒有完全分家，「第一個時代是神像」[2]，即類似家族祭祀使用的祖宗像的紀念功能，因為「照相能夠傳出真實形容，於是見重於當時。因為他們是專以留下容貌為主的，而且大部分是老年人，留，有為死後給畫匠做藍本，免得肖像絲毫不肖」。[3] 所以，此時的照相館，為吸引顧

---

1 （美）內奧米・羅森布拉姆，《世界攝影史》（第 4 版），北京：中國攝影出版社，2012 年，第 41 頁。

2 壽明齋，《光社的展覽會》，見《京報副刊》，1925 年

10 月，288 號。

3 同前註。

客，強調的就是照片的酷肖——「眉目清楚，衣褶分明」[4]、「揮毫點染，惟妙惟肖」[5]、「無不絲毫畢現，雅致傳神」[6]。照相館肖像，追求影像的清晰度成為最基本的前提。

與祖宗像的功能相同，族譜作為記載家族或宗族家世淵源、傳承世系和宗族事蹟的典章文獻，同樣具有慎終追遠、尋本思源、敦宗睦族、凝集血親、光前裕後、規範倫理的教化功能。攝影術傳入後，照片也開始應用到族譜的編撰中，成為文字之外的一種新形式的家族記憶。

作者收藏了一本編製於民國六年（1917）的《吳興沈氏奉教宗譜》(2-1-1)，吳興即現在的浙江湖州，宗譜編者是上海徐家匯大修院的司鐸沈宰熙。這支沈氏族人因為前七代世祖開始信奉耶穌教，世代相襲，與外國人有了較多的接觸，後人在上海興辦海運業務，成為大戶，並在徐家匯一帶建有「沈家花園」。在編製族譜的過程中，他們區別於傳統的使用文字編撰的方法，大部分改用本族先代與世人拍攝的照片——包括個人或集體肖像、世族活動、家族興聚、家園風景等，照片格式規整，人物表情莊重，絕大多數照片為照相館風格。整個宗譜，除 17 頁內容為文字外，其餘 41 頁選用了不同尺寸的 104 幅照片，佔整冊宗譜的 70%，開創了中國用照片編輯宗譜的先例。

在《吳興沈氏奉教宗譜》的「小引」中，曾特別要求徵集照片，以備以後再編宗譜之用：「凡有闔門或個人小照、婚葬及種種大會攝影，是為修譜處所歡迎，可寄送一份於修譜處留存，用備下次付印玻璃版藉作紀念。惟若

能兼註各人名字及攝影年期更為合式。小照尺寸以英十寸闊、十二寸長為最大，小者不限尺寸。寄下小照備印者，設能將玻璃底片（即反像）一併交下者為最便。」

到 20 世紀 20 年代，照片的祖宗畫類的紀念功能依然得到照相館的強化：「人生數十歲，至多亦不過百歲。百歲之後，魂去影沒，無復可見矣。照相者，所以傳影於後世也，使人生數十歲或百歲後，復得想像其人。則魂魄隨去，而音容不忘，此所以照相之推廣而日盛一日也。」[7] 最早期照相館的攝影審美，全面移植肖像畫中的全身、正面、平光等範式，正是由早期照片紀念功能所影響和決定的，並為後來中國照相館審美發展產生了深遠的影響。

從「紀念」到「留念」 (2-1-11)

隨着攝影術技術的發展和人們對照相認知的轉變，以及照相參與者的廣泛增加，照片從其最初拜祭、瞻仰等紀念功能，也開始向生者之間相互留念的功能轉化。只有這樣，照相館顧客群才能大量增加，各照相館也通過不同渠道，廣泛散播平常百姓也可走入照相館拍照的理念，上海耀華照相館甚至登報勸說大家「務須照相」：

古云：處世若大夢。又曰：世無百歲人。故人生世上，無論為父為母，為夫為婦，為子為弟，隨時皆宜照一小像。譬若出外營求，父子不相見，有此像可慰生離之悲苦。如不幸短命，亦何至如鄭莊公之絕地相見哉。故照像之事，所費無幾，所益甚大。舉世之人，咸宜照

4 《恒昌照相館》，見《天津時報》，1888 年 6 月 21 日。
5 《寶記照像》，見《申報》，1889 年 9 月 3 日第 5 版。
6 《恒昌照相樓》，見《國聞報》，1898 年 10 月 16 日。
7 《兆芳照相，精美絕倫》，見《戲雜誌》，1922 年第 3 期。

一像傳留，洵不易之道也……

　　仕商賜顧請任上洋拋球場東首亨達利對門耀華照相號不誤。[8]

　　從這則廣告宣言中不難看出，留念這時已經成為到照相館拍照的最主要目的。挑選一個有紀念意義的日子，如逢年過節、添丁彌月、生日壽辰、訂婚結婚甚至喪事葬禮等，去拍攝一張照片，可以作為一種永久的個人和家族記憶，「慈母、嚴父、嬌妻、弱子以及他鄉至交、自己聲容，也可以隨時攝入以為紀念、以資比較」。[9] 今天看來，這些林林總總普通人的肖像，也構建了一個民族的家國記憶。

　　福建人葉景呂，每年選一個特別的日子，走入當地照相館，拍攝一幅肖像，從 1907 年開始，一直持續到 1968 年，連續 62 年[10]，「用這些照片，他編製一部跨越了大清國、中華民國與毛澤東時代的中華人民共和國個人影像自傳，不，個人影像傳奇 (2-1-2)。至少到目前為止我們不曾發現，在歷史上曾經有第二個人有這麼一種耐心與熱情，以一種嚴肅的、端正的方式，借助攝影這個方式來書寫一個個體生命的漫長歷程」。[11] 在福建、廣東一些中小城市，因為華僑多，所以人們去海外發展之前，回鄉探親，「照全家福也是相館裏重要的一項業務」。[12] 這些照片，從此成為連結世界各地親人之間的一個紐帶，「天涯故舊，咸可郵知

其音容；海角嚴慈，亦可親承其色笑」。[13]

　　在北方很多地區，喪事也是一個常常拍照紀念的重大活動，「當時富豪之家重視喪照，超過喜照。凡有老太爺老太太仙逝，必請道長唸經，高僧超度，走金橋銀橋，搭棚宴客，照相是必不可少的」。[14] 一場場葬禮的定格，成為生者與逝者之間永恆的連接。(2-1-3)

　　雖然個人照和家族照依舊是此時拍照的主要模式，照片的流轉也局限在家族之內，但這種照相館肖像，不僅成為個人人生關鍵節點或家族傳承過程中的真實記錄，也成為父子之情、夫妻恩愛、家族和睦以及兄弟情誼的明證。對無力承擔依然昂貴的肖像畫的新興富裕階層來說，正是今天我們看來或許有些木訥、有些呆滯的一幀幀古董肖像，讓當時的人們終於第一次找到了自我描寫、自我證明、自我欣賞的機會，拍攝照片也成為個人表露、傳遞感情的新興方式。依靠照片，每個人建立了自己、家庭及親朋的記事錄。通過一幀幀真實而長久可見的影像，一個普通人、一個尋常家族也找到了自己的存在。照片所引發的人們表達、寄托思想與感情的嶄新方式，必然對今後的社會生活產生重要影響。(2-1-4)

合影時代

　　正是因為照相從「紀念」到「留念」功能的全面轉變，照相的實用功能很快擴大，開始

8　《勸世人務須照相説》，見《申報》，1897 年 10 月 7 日第 7 版。

9　舒新城，《攝影初步‧起信》，中華書局，1929 年。

10　仝冰雪編著，《一站一坐一生：一個中國人 62 年的影像誌》，上海社會科學院出版社，2010 年。

11　顧錚，《野史未嘗無作者，鏡箱相對作端人 —— 觀看「端人」葉景呂》，見仝冰雪編著，《一站一坐一生：一個中國人 62 年的影像誌》，上海社會科學院出版社，2010 年，第 240 頁。

12　黃文學，《大方照相館》，見《南方都市報》，2009 年 8 月 28 日。

13　《脱影奇觀》一書的廣告，見《萬國公報》1878 年第 512 期，第 20—21 頁。

14　劉育新，《解放前的遼源照相業》，見中國人民政治協商會議遼源市委員會文史資料委員會編，《遼源文史資料》第 4 輯（建國前的遼源工商業），1991 年，第 84—99 頁。

從個人、家族照擴展到社會生活中。照相館的肖像拍攝也開始步入「第二個時代」，即「合歡圖」[15]或稱之為合影時代。1919年7月9日，《申報》刊登了一則位於上海「英大馬路中望平街對過」英明照相館的廣告，詳細列舉了各種照相，尤其是大合影照在社會生活中的作用：

> 親戚故舊聯絡情愫，請來照相；商學旅行留別紀念，請來照相；家庭團聚五世同堂，請來照相；學堂開課團體誌盛，請來照相；男女訂婚交換小影，請來照相；工藝出品保留成績，請來照相；各種團體開幕誌盛，請來照相；閨閣妝飾一時新，請來照相；知己訂交互相餽贈，請來照相；推廣物產編輯樣本，請來照相；商店開張門面誌盛，請來照相；個人娛樂易地改觀，請來照相；各界投考預備攝影，請來照相。（2-1-12, 2-1-5）

合影照，讓照相館拍攝開始突破個人和家族的小圈子。合影拍攝者之間的連帶性，與呈現的團體性，創造出一幀幀超越家族的社會關係圖譜。通過照片，一個人可以實證個人和群體關係，還可以確認自己的社會角色。各種各樣的合影照，無限擴大了照相館的顧客範圍，極大地促進了照相館的發展，各照相館針對這種龐大的市場需求，開始推出不同的措施來搶佔市場。

學界合影是當時照相館最為看重的團體業務之一。這不僅因為學校往往班級數量眾多，合影照至少每人一張，其總量相當龐大；並且，每年都有一批新的學子畢業，這種業務是可持續的大買賣，因此，首先成為各家照相館看重的業務。上海二馬路口日華照相公司，在1908年12月，推出《又是一年》的廣告，專門吸引學界合影：「蒙紳商學界諸君照顧，現值學堂年假將近，本館特別減價放盤，照章對折，如蒙照顧，無論城廂內外，一律車錢奉送，如上一打者另送秋瑾歷史墳墓、西湖全景冊頁一本。」[16]（2-1-6, 2-1-7）

除了各地每年一次的學界合影業務，其他各種社會集會，甚至軍政活動的合影照，基本都是由各照相館承擔下來，北京的同生、天津的鼎章、上海的王開、南京的中華、福州的明星等照相館，都成為本地合影照拍攝執牛耳者。一般來說，這種合影照片，除了參加者每人一張外，照相館還主動提供給報館，以新聞事件之記錄的由頭刊登，以擴大照相館的知名度。

從個人照片到合影照、闔家歡等，變化的不僅僅是照片上的人數，照相館的背景和道具也因此開始變革。很多「闔家歡」類照片，正是仿效了傳統中國肖像畫中為生者所繪的「行樂圖」「雅集圖」等充滿山水、園林背景的範式，「雖然還是各各正坐，相互間毫無關係，與個人的神像無異，然而已知選擇背景了，正廳的前面，兩張龍旗的底下等等左右對稱的以外，樹的旁邊，假山的前面，已漸漸地有調和之言了，到了學校的遠足會與旅行團的攝取風景，已大有進步了」。[17]由於顧客們不斷提高的需求，照相館道具和背景日益豐富，拍攝方式也日益多樣化，這一切，都為照相館拍攝從

15　壽明齋，《光社的展覽會》，見《京報副刊》，1925年10月，288號。

16　見《時報》，1908年12月16日。

17　壽明齋，《光社的展覽會》，見《京報副刊》1925年10月，288號。

「實用」到「時尚」的演進奠定了基礎。

時尚之變

「明鏡中嵌半身像，門前高掛任人觀。各家都有當行物，花界名流大老官。」[18] 這是一首描繪宣統年間京師照相館林立盛況的竹枝詞，詞後附註說：「照像盛行，各館林立。門前高掛放大像鏡，或為政界偉人，或為花叢名妓，任人觀覽，以廣招徠。」妓女、政客肖像成為照相館招幌，今天看來，也許令人覺得不可思議，但在清末民國初期，照相術剛剛傳入各地時，這兩類顧客，尤其是倡優界的名妓、名伶，不僅成為照相館最重要的顧客群之一，也正是她們敢嘗風氣之先的參與，引領照相業跳出了單純的實用功能，更多地演變為一種時尚之風。（2-1-8）

青樓麗人選擇春秋佳日，聯袂去照相館拍照，最初是為以所拍小照饋贈交好客人，是一種絕佳的實用廣告。上海《圖畫日報》曾刊登過一幅「妓女贈客小照之用」的圖畫，正如其圖片說明所指出的：「自泰西攝影法盛行後，妓女莫不攝有小影，而尤好以所攝小影贈客。跡其用意，蓋客獲此小影之後，必時時展玩，可增無限愛情之故。」[19] 這種小照，可以「鑲鏡子，供書案，掛牆頭，鉤起萬千情緒思悠悠」。[20] 上海的蘇三興、耀華、張園等照相館，都曾拍攝大量青樓佳麗照片。為了吸引這個龐大的顧客群，各個照相館，不僅從服裝、化妝上下功夫，而且從背景佈置、裝幀製作、價格優惠上，各顯其能。拍攝過程中，攝影師還精心設計，任意擺拍，尋找最佳的角度，並

抓取她們最為嬌癡、嫵媚的瞬間。

照片印好後，除了贈送「情郎」的小照，照相館還可以把照片懸掛於櫥窗供眾人觀覽，或陳列於櫃檯，進行商業銷售。在照相館賺取利潤的同時，那些名妓、名伶的知名度也在社會上大大增加。近代出版業崛起後，更有不少「名花」照片，不斷出現在報紙、雜誌的封面或插頁中，從而得到更廣泛的大眾傳播。正如晚清「上海女人的裝束又惟上海妓女之『馬首是瞻』」一樣，「風尚所趨，良家婦女無不尤而效之」。[21] 更多的名門閨秀、社會名流開始步入照相館。此時，去照相館拍照，除了可以實現自我欣賞，家族及同道、同仁的交互流轉外，更有機會得到社會的認知和認可，許多閨秀名媛的照片被雜誌刊登後，開始成為萬眾追逐的「大眾情人」，這無疑使拍攝者得到了極大的心理滿足。照相的功能從此步出了單純實用的小圈子，開始成為社會生活中的時尚標杆。

明星照

隨着大眾出版業的日益發達，尤其是 20 世紀 20 年代中國電影業的勃興，大量電影明星、歌星走入照相館，更進一步帶動了照相功能轉變的時尚之風。

上海的滬江照相館就以拍攝明星見長，為報紙、畫報、刊物提供了大量明星照片。1935 年，上海的《歌星畫報》為優待各界讀者，特別印製了讀者意外贈券，「贈送海上名大歌星如白虹、黎明健、周璇、徐健、汪曼傑等均能親筆簽名，並加題上款之原底照片一萬幀」，這些照片，都是滬江照相館用美術硬卡

---

18 錢仲聯主編，《清詩紀事》（光緒朝卷、宣統朝卷），江蘇古籍出版社，1989 年，第 15397 頁。

19 《圖畫日報》138 號，第 7 頁。

20 同前註。

21 張謬子，《情影中之裝束觀》，見《禮拜六》，1921 年第 130 期，第 5 頁。

紙精印，「異常活潑，保證滿意」。[22] 1936年元旦，周璇、徐健、周潔三位明星，每人在滬江照相館印製了二百張照片，「預備新年送給愛護她們的先生小姐們」。[23]

上海電影明星胡蝶的前夫林雪懷，在與胡蝶解除婚約後，於1931年9月15日在上海開辦了雪懷照相室。開幕當天，號稱上海「四大金剛」之一的女明星楊耐梅首先跑去拍照，「雪懷替她拍了二張八寸的照片，耐梅很讚成他佈置幽雅，器具精良」。[24] 後來，阮玲玉等女明星也相繼到雪懷照相室拍攝。上海的《影戲生活》雜誌和雪懷照相室約定，「凡是明星的照片，首先供給本刊發表」。[25]

各種精心拍攝的電影明星照陸續刊登在各種出版物上，引起了大眾新一輪的追星照相熱潮，明星們照相時的服裝、髮型、燈光，照相時使用的道具等，都成為中國都市新風尚，也成為普通百姓效仿的目標。去照相館拍攝一張「明星照」成為新時尚，「照像者進門時先將面部仔細審查一番，以求近似的典型。等合適的明星型選好之後，便由該攝影師詳加指導，耳、目、口、鼻、眉應作何種姿態均用手確切擺好。照過之後修版功夫至少要一星期，然後着色，放大；拿出之後，精彩萬分，自不待言」。[26] 除了電影明星、歌星外，照相館拍攝了大量閨秀、名媛、女學生、運動員、畫家等明星樣式的肖像照，女性的優雅、摩登、知性，男性的富足、紳士、高貴，都成為民國明星照拍攝的標杆，在各個照相館攝影師及後期整修師們的共同努力下，一張張真、假「明星照」，不僅建構了一批別樣的民國國民肖像，從此也成為中國都市大眾文化中不可或缺的流行風潮。(2-1-9)

政治也時尚

清末民初，在中國社會、政治、經濟、文化全面走向近代化之際，照相館與政治人物開始親密合作。照相館櫥窗懸掛各級官界大佬的「玉照」，雖有趨炎附勢之嫌，但照相館無疑是為了擴大影響，招徠生意；而各級政客則想利用照相館這個商業平台，進行自我宣傳，以擴大自己的聲名。這一幀幀精心修飾的官服、禮服照片，也開始引領時代風潮，成為推動政治時代化和時尚化的催化劑。

1844年，第一次「鴉片戰爭」後不久，法國人于勒·埃及爾來到中國，第一次為清朝權貴——兩廣總督耆英拍攝了肖像，耆英也順應時代外交之禮儀，分贈給四國官員「小照」，這開啟了中國權貴人物與攝影術交集的大幕。第二次「鴉片戰爭」期間，兩廣總督葉名琛，欽差大臣桂良、花沙納，兩江總督何桂清，全權欽差大臣、恭親王奕訢等一批高官都曾拍攝過肖像，恭親王第一次面對照相機時「臉色死灰……擔心這個機器隨時可以奪去他的性命」。[27] 這些基本是完全被動拍攝的肖像，「夷人照鏡為圖」的目的，是為了「以寄國主」。[28]

22 《上海老西門唐家灣社發行之歌星畫報》，見《申報》，1935年12月3日第19版。

23 《餘音》，見《申報》，1936年1月1日第35版。

24 《雪懷照相室開幕盛況開末拉》，見《影戲生活》，1931年第1卷第41期，第32—33頁。

25 同前註。

26 霍然，《談照像》，見《三六九畫報》，1943年第21卷18期，第10頁。

27 格蘭特日記，Henry Knollys, Incidents in the China War of 1860 compiled from the Journals of General Sir Hope Grant, Edinburgh, 1875，pp.209-210。中文摘自（英）泰瑞·貝內特，《中國攝影史：1842—1860》，中國攝影出版社，2011年，第151頁。

28 清官員殷兆鏞《自訂年譜》，見吳群，《中國攝影發展歷程》，新華出版社，1986年，第32頁。

後來，雖然不少照片還成為在西方本土的暢銷商品，但真正帶給這些大清權貴們的，只不過是一個屈辱的記憶而已。自 19 世紀 60 年代後，隨着中國照相館的崛起，權貴們的攝影才開始變被動為主動，從上到下，迅速跳出了照相的紀念和留念等實用功能，使照片成為近代外交和官場的風尚之一。贈送給外賓或同僚照片，不僅標誌着外交禮儀與國際接軌，也成為政客籠絡人心、深化感情的一種手段。

　　奕譞是清代宮廷最早主動嘗試攝影的官員之一。1863 年，24 歲的醇郡王於京城神機營拍攝了一張肖像，並親自題詩一首[29]，表達了對照相術的肯定。1886 年，奕譞奉慈禧太后懿旨，巡視天津、大沽及旅順、煙台等處的北洋海防，天津梁時泰照相館為奕譞拍攝了多幅肖像，受到了醇親王 400 兩白銀的賞賜。[30] 同年，醇親王還邀請梁時泰來到京城，為醇親王及家人、醇王府府邸的花園——「適園」拍攝了大量照片，並由梁時泰照相館製作成照片貼冊，作為珍貴私人贈品，贈送給外國貴賓。[31] 李鴻章曾為這本相冊作五言詩一首：

歸來撫鏡畫，咫尺羅瀛壺。
未必米家幀，有此肖妙俱。
忽憶咸陽帝，虎視營八區。
北原列宮觀，盡寫六國圖。

又聞古神人，山海為杯盂。
五城十二樓，現影在斯須。
便欲跨五洲，萬里凌飛鵬。
王會開明堂，仙籍通清都。
須彌納芥子，取喻今豈誣。
謝傅杯一邱，鄭侯訪五湖。
功名愧昔賢，此志同不渝。
東路期岸巾，北門猶建矜。
平泉未有莊，石淙行就蕪。
驃騎不為家，敢謂憂匈奴。
南望淮山深，慨然念故墟。[32]

　　身為晚清第一重臣，洋務運動的主要倡導者之一，李鴻章在詩中雖然借題發揮，但不難看出他對照相功用的欣賞態度。李鴻章本人，也是把攝影術作為外交應用的積極倡導者之一。他不僅應允約翰·湯姆遜等外國攝影師的上門拍攝，1879 年，李鴻章還主動招來在上海開照相館的梁時泰，在天津衙署拍攝肖像，並讓梁時泰為來天津訪問的美國卸任總統格蘭特拍攝照片。1896 年春，李鴻章在訪問歐美之前，逗留上海半月左右，上海的光繪樓照相館應召到他的行轅，拍攝照片多幀[33]，這些照片成為李鴻章出訪中重要的外交贈品。上至英國前首相格蘭斯頓，下至美國賓館裏普通的執事人員，都曾收到李鴻章贈送的「小影」[34]，

29　劉北汜、徐啟憲主編，《故宮珍藏人物照片薈萃》，紫禁城出版社，1994 年，第 53 頁。

30　《醇親王巡閱北洋海防日記》，原件係墨筆抄錄在三十二開的紅色暨格毛邊紙上，共 90 頁，中國社會科學院近代史研究所藏。見中國社會科學院近代史研究所近代史資料編輯組編，《近代史資料》，1982 年第 1 期，中國社會科學院出版社，第 15 頁。

31　華盛頓國會圖書館藏有一本照片冊，《醇親王奕譞及北京王府風貌》，包括 60 張蛋白紙基的照片，含 6 張

奕譞生活照。照片冊封面有「天津梁時泰照像館寓杏花邨」字樣，此相冊是 1888 年 7 月 16 日由輪船招商局官員贈送給巴克太太（Mrs. Barker）的。

32　李鴻章，《上年蒙賜洋法照影適園分景畫冊》，見《李鴻章全集》，時代文藝出版社，1998 年，第 7419 頁。

33　《懋賞勸工》，見《申報》，1896 年 7 月 31 日第 7 版。

34　李鴻章贈送照片記載，刊於蔡爾康、林樂知編譯，《李鴻章歷聘歐美記》，湖南人民出版社，1982 年。

此時的照相，也成為中國外交緊隨國際風尚，融入世界大舞台的積極嘗試。

庚子之變後，清政府為了維護苟延殘喘的統治，改善朝廷的形象，開始做出向西方交好的姿態。光緒二十八年（1902），俄國沙皇尼古拉二世和皇后將一幅八英寸着色全家照片，命駐華公使贈送給慈禧皇太后和光緒皇帝，慈禧太后看到了攝影的方便快捷和神情酷肖，也意識到了照片在樹立個人形象上的良好效應，原來認為攝影術冒犯龍顏、有失體統的觀念開始改變 (2-1-10)。從 1903 年開始，前駐日本、法國公使裕庚之子裕勳齡進宮，開始為慈禧太后拍攝照片，有獨照，有合影，有坐像，也有立像。這些照片，除了自娛自樂的目的，很多照片上方都標有「大清國當今聖母皇太后萬歲萬歲萬萬歲」或「大清國當今慈禧端佑康頤昭豫莊誠壽恭欽獻崇熙聖母皇太后」字樣，並蓋有太后的玉璽。不難看出，兩種照片題款內外有別，這都是為了將來公之於眾的準備。1904 年，正值慈禧太后「七旬萬壽」，外務部會辦大臣那桐於日記中記載了皇太后向五國君主、總統及駐華公使贈送照片一事，由外務部辦理，儀式極為隆重：

早進內，皇太后、皇上升皇極殿，奧、美、德、俄、比公使呈遞賀萬壽國書，賞桐飯吃，已刻禮畢。皇太后贈五國國主、五國公使照相各一張，用黃亭，由內務府送至外務部，

桐同聯侍郎送至五館。桐復進內覆命，申正歸。[35]

1905 年，皇太后還邀請北京的山本贊七郎「恭照皇太后御容」[36]，當年 5 月，上海耀華照相館開始商業銷售慈禧的各種肖像：「當今皇太后御容小像，每張價洋五角，欲購者寄信上海耀華照相不誤。」[37] 這些照片是為了「專贈各國公使夫人者」。[38] 正是在高層政治人物的帶動下，照相開始在清朝權貴中得到普遍的認可。

進入民國後，中西交往進一步擴大，民國軍政要員，則不僅順應世界潮流把自己的肖像廣泛應用於外交場合，就是同僚之間，上級對下級也大興贈送照片之風，照片相贈，可以擴大自己的影響，籠絡人心。此時，照片又成為政壇生活中的一副時尚道具。

北洋時期，北京的山本、同生、容光等照相館都是總統要求「晉府拍像」的常客，1916 年 8 月 23 日，北京三家照相館太芳、容光和容生，同時「奉黎大總統命，晉府照像」。[39] 可以說，這是一次樹立新任大總統黎元洪新形象的影像推介會。單單容光照相館，一次就接到了大總統府肖像訂單「一千二百餘張」[40]，可見當時贈送照片需求數量之巨。張勳復辟，黎元洪下野，避居天津。此時，贈送照片仍然是黎元洪聯絡各方社會人士不可或缺的手段，1918 年和 1919 年，天津鼎章照相館的李耀庭

35　北京市檔案館編，《那桐日記》（上冊），新華出版社，2006 年，第 518 頁。

36　《山本照相館》，見《順天時報》，1906 年 2 月 14 日。

37　《請購御容小像》，1904 年 5 月 15 日第 7 版。

38　《皇太后皇后瑾妃真照相》，1904 年 6 月 20 日第 4 版。

39　見《順天時報》，1916 年 8 月 31 日第 4 版。

40　見《順天時報》，1916 年 9 月 2 日第 4 版。

先後兩次受邀，赴黎元洪寓所拍攝。1922 年，第二次直奉戰爭後，曹錕、吳佩孚派王承斌請黎元洪回京復任大總統，黎元洪臨行前，囑咐手下將 1919 年拍攝的 12 英寸半身相，「每次洗 500 張（合 650 元），共洗了十多次」[41]，用做官場贈送。

國民黨政府、軍隊最高統帥蔣介石更是深諳照片贈送風氣之後的政治意義。1926 年，蔣介石派邵力子赴上海遊説報界奇才陳布雷為己所用，為表達自己的誠意，托人將親筆簽名的戎裝照片轉贈陳布雷。陳布雷深受感動，不久即投效蔣介石，加入國民黨，成為蔣介石的「御用」筆桿子。可以説，蔣介石用一張「玉照」招攬了陳布雷。(2-1-13)

蔣介石還把自己的各種「玉照」廣泛贈送給國民黨各級要員、黃埔軍校的故舊、學生等，以便最廣泛地拉攏和擴充自己的勢力。1929 年新年，作為國民政府主席的蔣介石，把自己拍攝的一幀「軍裝半身，不戴冠，高八英寸，寬五英寸半」[42] 的照片，製成銅版照片，贈全國軍隊將士。右方上角印「某某同志惠存」，左方下角印「蔣中正贈」手書字樣，並於署名之下，加蓋陽文「蔣中正印」篆字朱色印

章。凡得蔣總司令贈此照片者，可於「同志」之上，自填名字，裝入鏡框，懸之壁間，作為紀念。1928 年底印成後，分發各師，而由各師分發各旅、各團、各營、各連。故各師師長、旅長、團長、營長、連長，以及師、旅、團、營各部官佐，都得到這樣的照片一幀。

1946 年 10 月，在蔣介石 60 歲大壽之前，蔣介石的「御用」照相館——南京光華照相館接到一筆大業務，蔣介石把 1943 年拍攝的一張大元帥戎裝照，要求照相館着色加洗，「洗了很多張，都是拿卡車來運的」[43]，這些照片運回去以後，都分發到了國民黨的各部隊。此時，解放戰爭已經打響，國民黨軍憑藉其兵力和裝備上的絕對優勢，準備向晉冀魯豫、晉察冀、華東、東北、中原等各解放區發動全面進攻，蔣介石以本人「玉照」來獎贈國民黨軍官，以激勵他們為自己賣命。

照相功能從「實用」到「時尚」的演變，與中國近代化發展幾乎同步。晚清以來，萌發於自強運動的「中體西用」[44]，至維新運動後開始進一步加強，20 世紀初的「醉心歐化」[45] 和 30 年代極端的「全盤西化」[46] 風潮，都成為推動西方攝影術在中國成為時尚符號的原動力。

41 李耀庭，《鼎章——天津歷史最久的照相館》，見中國人民政治協商會議天津市委員會、南開區委員會文史資料委員會合編，《天津老城記憶》，天津人民出版社出版，1997 年，第 157—161 頁。

42 骨子，《蔣主席贈照記》，見《申報》，1929 年 1 月 13 日第 22 版。

43 根據南京光華照相館攝影師王貴遜的女兒王明回憶，記者白雁，見《現代快報》，2009 年 6 月 2 日。

44 「中學為體，西學為用」是洋務派的指導思想，張之洞在其著作《勸學篇》中全面論述了這一思想。張之洞為了調和統治階級頑固派和改良派之間的矛盾，系統地總結了自己的洋務實踐，把前輩的思想歸納為「中學為體，西學為用」這樣一個口號，成為洋務派的思想武器。

45 劉玲玲，《辛亥革命時期的「醉心歐化」和「保存國粹」》，見《文學界》(理論版)，2012 年第 5 期。

46 張太原，《20 世紀 30 年代的「全盤西化」思潮》，見《學術研究》，2001 年第 12 期。

照相的「實用」功能，使得大量的個人、家庭的肖像得以拍攝和保藏，從而成為一個家族，甚至一個民族的珍貴記憶。而其功能的「時尚」演變，互贈照片，讓大量珍貴肖像能夠跨越小家，成為全社會可以分享的公共記憶。照相館印製的大量明星、權貴肖像的商業銷售及在大眾出版物刊登，在普及攝影術的同時，其所代表的時尚品位和審美情調，也引領了大眾社會生活走向近代化的嬗變；中國照相館的攝影審美，也必將從自覺的濫觴，一步步邁入流變之路。

2-2-1　男子全身肖像

北京寶記照相館，卡紙 21.2×28 厘米，照片
14.5×19.5 厘米，1910 年前後。作者收藏。

2-2-4　男子坐像

漢口鴻圖閣照相館，卡紙照片 21.3×27.3 厘米，1910 年前後。
作者收藏。
照片中，有幕布、花几、盆花、痰盂、茶杯、洋鐘、水煙袋等
大量背景、道具，照相館追求繁縟的佈陳圖式，成為當時吸引顧
客的一個主要方式。

2-2-2　男子正面立像

上海鏡中天照相館，卡紙 13.5×18.5 厘米，照片 10×14 厘
米，1906 年。作者收藏。

2-2-3　男子肖像兩張

上海耀華照相館，左為中國人，卡紙 17.6×25.3 厘米，照片 13.8×19.7 厘米，1905 年前後。右為外國士兵，櫥櫃格式，1905 年前後。作者收藏。

同一家照相館，差不多同一時期的照片。雖然館主施德之主張陰陽浮凸，但觀察兩張照片，中國人依然採用的是平光，而外國人則是明顯的左側光。這完全是不同的傳統文化習俗和視覺審美習慣使然，很難一時改變。

2-2-5 商務印書館同仁旅行團合影

上海三民芳記照相館，銀鹽紙基，卡紙 37×30 厘米，照片 26×20 厘米，1932 年前後。私人收藏。
照片拍攝於杭州靈隱寺，依托高低錯落的山石，商務印書館員工們，或站、或坐、或倚、或靠，與大自然
有機地融為一體。

2-2-6 「雅集圖」

香港美璋照相館，蛋白紙基，19.5×13.5 厘米，1880 年前後。作者收藏。
此照為擺拍的外銷商品，還被製作成明信片廣泛對外銷售。不但僱用模特的氣質與表現主題不符，整個構
圖也無甚美感，顯得擁擠和匠氣。

2-2-15　六君子合影

上海寶記照相館，銀鹽紙基，卡紙 30×25 厘米，照片 20×15 厘米，1912 年 5 月。作者收藏。
照片背後卡上有「壬子五月」字樣。照片拍攝時，民國肇始，剛剛剪去辮髮的六君子相約照相館，突破
傳統的中規中矩、莊重嚴肅的拍攝模式，或站、或坐、或倚，姿態各異；或持扇、或拈花、或叉腰，
一派風雅閒適之態。

2-2-7　三兄弟合影

杭州二我軒照相館，銀鹽紙基，卡紙 18×14 厘米，照片 14×10 厘米，1906 年。作者收藏。
在依托中西合璧的道具營造的照相館內，三兄弟或端坐，或側立，或扶欄，每人手持一把團扇，一副
文人雅士之派。

2-2-8　劉許淑珍肖像

廣州阿芳照相館，銀鹽紙基，卡紙 20×30 厘米，照片
10×15 厘米，1934 年。作者收藏。

照片為美術攝影，雖依然是全身照，但非完全正面照，
繁縟的背景和道具全無。依靠燈光，在背景上呈現不同
明暗色塊，人物面部光線柔和。此照由劉許淑珍於中華
民國國慶日（10 月 10 日）簽贈「芭總領事官夫人」。

2-2-9　女博士肖像

北京大北照相館，銀鹽紙基，卡紙 9.31×14.5 厘米，
照片 5.7×8.6 厘米，1935 年之前。作者收藏。

這是在德國留學的中國留學生 Bau Kien Tsing 的簽贈
照片。照片為當時美術照相法拍攝，沒有實物背景，
只有光線打出的色塊，人物姿勢自然，表情冷凝婉約。

2-2-11 上海美專師生出遊合影

杭州月溪照相館，銀鹽紙基，22.7×90.6 厘米，20 世紀 30 年代。華辰 2012 年春季拍賣會《影像》Lot 1008。
照片為上海美專校長劉海粟（中立者）帶領該校師生遊覽西湖時的留影。照片中人物大多衣着摩登，神情銳利，並且每個人姿態各異，或坐或站，或正或側，或插兜或垂手，甚至有學生爬到樹上，展示了上海美專一直秉承的銳意創新、桀驁不馴的氣質。

2-2-10 胡蝶肖像

上海滬江照相館，銀鹽紙基，照片明信片，1930 年前後。作者收藏。
滬江當時以拍攝各種明星照見長，照片中的當紅影星胡蝶刻意擺出一種迥異於傳統中國審美的正面、端莊的姿勢，呈現出一派現代風情。

2-2-14 夏佩珍肖像

上海滬江照相館，銀鹽紙基，調藍色，照片明信片，1930 年前後。作者收藏。
夏佩珍（1908—1975），1923 年在上海一電影學校學習，在《火燒紅蓮寺》中主演崑崙派女俠甘聯珠，一炮打響，紅遍全國，就此成為第一位武俠女明星。當時與胡蝶、宣景琳等齊名。照片通過暗房調藍的特殊手段，充分表現了這位武俠女星溫婉、怡靜的另一面。

2-2-12　旗人家庭合影

北京容光照相館，銀鹽紙基，卡紙
30×23.5 厘米，照片 19×13 厘米，
1920 年前後。作者收藏。

中國攝影公司

2-2-13　王占元家女眷合影

天津中國攝影公司，銀鹽紙基，卡紙及
封套 20×30 厘米，照片 13×18 厘米，
1933 年前後。作者收藏。
照片中幾位年齡不同的女子，沒有人故
意微笑，但整體表情自然、內斂，又充
滿大氣和陽光。

從「衣冠大像」到「美術攝影」

—— 照相館審美的濫觴與流變

　　攝影作為一種視覺藝術形式，發源於西方，帶着深深的西方文化的烙印。當這種藝術形式傳入中國後，與中國人積澱了幾千年的視覺經驗開始碰撞、互動、融合，一種中國特質的攝影審美開始濫觴與流變。這在中國早期照相館的攝影實踐中表現最為明顯，正因為不同學養的照相師和形形色色的顧客群共同參與協作，譜寫了一曲獨特的照相館時代的攝影變奏曲，從而對中國傳統視覺經驗格局，乃至近代視覺文化的發生與發展產生了根本性的影響。

　　攝影術發明之際，其發源地歐洲正在工業化的社會已經為接納攝影做好了充分準備。從文藝復興開始，更逼真描繪現實世界的繪畫作品開始為世俗化的社會所接受，15 世紀的畫家還發明了光學儀器——「鏡箱」，以更精確地呈現物體和人物的外貌及空間關係，16 世紀出現的科學研究之風進一步激發並推動了視覺藝術領域的寫實手法，到 19 世紀初期，歐洲繪畫的表現方式趨於自然主義轉變，

藝術與科學的結合越來越緊密，能夠準確表現自然的攝影術的出現可以說是水到渠成。

　　反觀攝影術傳入之前的中國，人們積累了幾千年的視覺經驗，總體上都是農業文明的產物。「重文輕物、重精神理性而輕物質感性乃是其主流審美傾向，這主要是以社會上流群體士大夫文人的人生理想和思維表意方式為基礎而建立起來的。」[1] 其趣味的核心着重於精神意念性的達意抒情，而非物質感官性的視覺享受。攝影術傳入之前，先行一步進入的西方寫實油畫，開始帶給中國人不一樣的視覺體驗，但這個體驗僅僅局限在教民、皇室和貴族、廣州、香港等專業從事外銷油畫生產的畫工群體中。廣大民眾的二維視覺經驗依然停留在「筆墨之妙」造就的傳統中國繪畫中。當攝影術伴隨着西方列強的槍炮來到東方的時候，沒有相伴的攝影圖冊，更沒有攝影美學的教科書，艦船上裝載的就是照相的器械和藥料。第一批中國人學會攝影術，並在本土開辦照相館後，面對的是一個未知的審美探索空間。

1　董春曉，《清末民初攝影術傳入對傳統視覺經驗及其趣味的影響》，見《浙江海洋學院學報》第 28 卷第 2　　期，2011 年。

最初的照相館開設，大部分是畫舖的畫師轉行之作。此時，中國傳統人物畫的創作正處於歷史的低潮時期，而民間畫師們所從事的肖像繪畫，隨着城市中手工業和國內、國際商業貿易開始發達，新的市民階層誕生，開始出現蓬勃發展之勢。攝影術的強勢傳入，以及更快、更廉、更肖的「寫真」人像的特性，憑空遏制了畫像業的發展勢頭，甚至畫舖開始出現生存危機。因此，最先一批創辦照相館的，是一批不得不面對現實以求安身立命的畫師們，中國攝影審美的濫觴毫無疑問地從畫師對攝影術的理解中邁開了蹣跚的第一步。

「自從照相術輸入中國以來，第一個時代是神像」。[2] 這批「神像」，其實就是今天所說的「祖宗像」的代稱，很多是老年人到照相館拍攝的，期望百年之後，作為祖宗畫的替代品被子孫紀念，或者作為畫師作畫像之藍本。[3] 如歐美攝影室開辦者最初從古典寫實繪畫中汲取營養一樣，移植傳統的肖像畫範式自然是中國照相館師傅和顧客們不二的選擇。[4]

中國的肖像畫，歷史最早可以上溯到商、周時期，經過六朝開啟配景肖像、隋唐五代確立基本法則、宋代開始作為獨立畫科出現、元代寫就第一部完整肖像畫專著、明代探索寫意性與寫實性結合等幾個關鍵的發展時期，到晚清攝影術傳入時，其功能正從原來廟堂的「成教化、助人倫」，向平民家堂的紀念性轉變。大量祖宗和先賢畫像懸掛在私宅中，甚至開始出現僅供欣賞、娛樂的生者寫實風格肖像。肖像畫的對象也從原來的王公貴族、達官貴人、高僧大德、名儒雅士向正在興起的市民階層蔓延。在這樣的背景下，轉行的畫師們正式開始了照相館的商業運營，從而開啟了一個與肖像畫一脈相承的中國照相館肖像時代。

全身像 (2-2-1)

早期照相館拍攝的照片中，具有紀念功能的單人肖像一統天下，不論是站像還是坐像，全身肖像又佔據了絕對統治地位。在中國民間禁忌中，很多人覺得半身照像「腰斬」，大頭照則像「砍頭」，所以儘量避免；還有些照相館老師傅戲言：「因為照相價格比較高，老百姓覺得同樣的價格照半身像太吃虧，所以都選擇全身像。」[5] 當然，更深層次的原因，可追溯到當時肖像畫的程式中。

在教化或紀念性功能的傳統的肖像畫中，帝后賢臣或祖宗畫像，基本都是端坐或站立的全身像，男子多穿象徵社會地位的朝服衣冠，婦女幾乎均穿戴命婦的鳳冠禮服，因此又得「衣冠像」之名。在這類肖像中，主要是憑藉祖先的容貌，完成後人對祖先的思念及崇敬之情。不過，這裏祖先的容貌，並不完全是客觀寫實描繪，更多的是根據一定的「圖式」和「矯正」來進行美化的，以期在最後的形式上達到整個家族的預期和解讀需要。而人物的穿戴，則更多的是「衣冠補景」，男人需要幾品大員的補子，女人需要幾品命婦霞帔，完全根據後人的需要而定，可以向上越級，不算僭越。一個平民百姓，照樣可以把肖像繪成文官，還有人把肖像背景畫成巍峨的宮殿建築群或多寶

2　壽明齋，《光社的展覽會》，見《京報副刊》，1925 年 10 月，288 號。

3　同前註。

4　同前註。

5　王志鵬、李亞琨，《老字號南、北悟真照相館用影像記錄許昌 102 年》，見《許昌晨報》，2014 年 1 月 3 日。

格，給後代的心理增添了幾分家族的自信和自豪。[6]

因此，明清肖像畫中，不論容貌還是衣冠，更多的是寄托和象徵的意義。圖像中衣冠鞋履、頭飾配飾，甚至座椅、地毯、背景等都是一種象徵，一種尊崇，萬萬不可隨意去掉任何一部分。攝影術傳入後，實用是照相館拍攝肖像的最主要功能：父母離去，可以憑藉小照追思，兒女遠遊，父母又可以照片相念。照片是肖像畫更逼真、更廉價的替代品，其紀念意義與肖像畫一脈相承，人們不僅想通過拍照留下自己的容貌，為拍照專門換上的衣冠、鞋履等同樣希望進入留影的範圍，全身照當仁不讓地成為攝影術傳入初期照相館拍攝肖像的基本準則。

正面像（2-2-2）

早期照相館的紀念肖像，一定是拍攝正面肖像，人的雙耳要同時露出，臉的兩側要對稱。當時很多外國人認為是因為中國人的面相不適合側面照，因為「鼻樑低，嘴唇太厚，腦後勾平坦，顴骨高，四分之三側面照也不容易拍攝」。[7]其實，這完全是憑空臆想，追溯中國人喜歡拍攝正面照的原因，同樣可以在前文所述的中國肖像畫的程式中找到答案。

正面像，古人稱十分面像。中國的肖像畫並非全是十分面像，萬曆年間《三才圖會·像法》將人像的全正面到背側面分成一分像至十分像十種，另加完全背面像共十一式。[8]中國肖像畫創作，實際上經歷了一個從側面到斜側面，最後才是正面描繪的探索過程。現存最早的真人肖像畫作品分析，長沙戰國帛畫《人物禦龍圖》、馬王堆一號西漢墓帛畫女主人肖像，都是採取側影描繪。馬王堆三號墓帛畫男主人肖像，採取了四分之三側面描繪。[9]中國畫家也充分認識到「不帶側必難相肖」（《芥舟學畫編·傳神人物》），但肖像畫功能的不斷演變，終於在明清時期形成了正面肖像佔絕對統治地位的肖像範式。

明代之前，肖像畫很少見到全正面肖像，根據美國伯克利加州大學訪問教授蔡星儀的研究，「肖像畫技法發展到明代，表現面部五嶽凹凸形狀之技法才有重大突破，在二維平面空間表現三維立體感的技法已完全掌握並普及開來」。[10]技法的問題克服後，從帝王到平民百姓的祖先像都開始流行正面肖像，並以此作為崇拜性、紀念性之標準肖像。

明代周履靖在《天形道貌》中說：「唯畫神佛，欲其威儀莊嚴，尊重矜敬之理，故多用正像，蓋取其端嚴之意故也。」同樣，肖像畫中

6 澳門藝術博物館製作，《像應神全——明清人物肖像畫學術研討會論文集》，2011年9月出版，第88頁。

7 《伊薩克·泰勒·何德蘭論攝影在中國的發展情況》，見（英）泰瑞·貝內特，《中國攝影史：中國攝影師1844—1879》，中國攝影出版社，2014年，第330頁。

8 《三才圖會》人事四卷，成文出版社，1970年，第29—30頁。中國肖像畫各種稱謂，整身：即畫全身的肖像，或稱「冠鞋像」。花整：坐着的全身肖像。雲身：半身。意謂下半身為雲霧所遮。雲整：直立或有動作的全身像。大首：只畫頭像。壽相：畫老人像。福樣：畫婦女像。家慶圖：畫一家老小合影，或稱「闔家歡」。行樂圖：畫子孫繞膝的，或與朋友對酒吟詩

等。喜神：一般指去世的祖先畫像。代圖：畫三五代祖先於一幅者。揭帛：給死者畫遺像，即照着死者的遺容畫像。追影：或稱「追容」，根據死者生前的特徵，而追寫的畫像。衣冠像：畫人像衣冠楚楚，幾與人等身，多加貼金，製作富麗，專供節日祭祀所用，也稱「記眼」。張道一，《中國肖像畫漫談》，見《漢聲》雜誌第63、64期。

9 楊新，《傳神寫照 惟妙惟肖：明清肖像畫概論》，上海科學技術出版社，2008年。

10 澳門藝術博物館製作，《像應神全——明清人物肖像畫學術研討會論文集》，2011年，第54頁。

的祖宗畫，一般都懸掛於自己的家廟、影堂正中，接受着子子孫孫的祭祀膜拜，如果硬是將頭偏向一邊，會是甚麼感覺？正面肖像不僅端莊，而且顯得莊嚴肅穆，他的目光正對着來祭祀的後人，還會特別增加親和力，其直視的角度與眾多宗教偶像一樣，甚至可以與觀者進行心靈的交流。

同樣，一張照片在照相館完成後，或懸掛、擺放在廳堂，或持贈親朋好友，或者收入櫃匣之中，逢年過節拿出自我賞玩，或給家人或同族人賞觀。正面肖像，是對觀者或受者的尊重，自我欣賞時，又是「二我」之間的直接對話。

平光像 (2-2-3)

中國早期照相館在利用日光拍攝時，一般是選用散射光，以避免高反差，防止出現「陰陽」臉，或者在臉上出現局部陰影。這樣的平光照曾經飽受約翰・湯姆遜那樣的西方來華攝影師的詬病[11]，主要是因為他們對中國文化的無知和誤解而造成。

正如西方講究使用陰陽光影來造型一樣，中國人對「陰陽」也並不陌生，只不過，它是一個中國古代的哲學概念，「人們用陰陽解釋萬物化生，凡天地、日月、晝夜、男女以致腹臟、氣血皆分陰陽，由陰陽而乾坤。他們相互對立卻又互相交感和制約，以推動事物的發生和變化」。[12] 在這種觀念的影響下，不論畫像還是照相，人們不希望「陰陽」同時出現在自己的面目上，以避免造成不和諧的衝突。所以中國人最忌諱強調一側光線，造成半黑半白的「陰陽臉」，這從中國常用的貶稱「陰陽怪氣」「不陰不陽」「兩面派」中也可以看出端倪。

上海的耀華照相館，因為創辦人施德之特殊的海外文化背景，在創辦照相館之初，曾專門在《申報》宣揚西方肖像拍攝理念，批評中國傳統肖像中的平光現象：「世人論相，貴白而不貴黑，不知黑為陰，白為陽，陽非陰不顯，白非黑不浮，故骨骼高低，鬚眉隱現，以及精神之流動，層次之深微，比藉黑以施其巧；倘白太多，則像與紙平，焉能浮凸？試觀西人各畫，全講光陰，其所以惟妙惟肖，非徒曰傳神，阿堵而已。」[13] 不過，這種陰陽浮凸的肖像，當時畢竟不符合大部分中國人審美心理，所以，縱觀此時耀華拍攝的中國人肖像，很少能夠做到真正的黑白分明，平光像依然是照相館主流。

早期的照相館，一般建在二層或三層的玻璃屋中。攝影場地加上布擋來調光，一層白色的，一層藍色的，用一根長竹竿來撥動布幔調節光線，哪兒光太強，先用白的遮，遮不住，又用藍的擋，這樣平光拍攝出的照片，柔和明朗，影調統一，深受顧客歡迎。相比沿海地區，在中國很多邊遠小城的照相館，漫射平光的影響更大。照相館拍照完成後，一個很重要的工作，就是「塗紅」，通過給底片塗抹紅汞，來減少拍攝時因光線不勻而使臉上出現的陰影，以使印製出來的肖像光線柔和平勻。

11 《約翰・湯姆遜論香港攝影師》，原文刊載於《英國攝影雜誌》(British Journal of Photography) 第 19 卷，1872 年 11 月 29 日，第 656—658 頁，以及 1872 年 12 月 13 日，第 569、591—592 頁。譯文見（英）泰瑞・貝內特，《中國攝影史：中國攝影師 1844—1879》，中國攝影出版社，2014 年，第 325—327 頁。

12 《中國民間肖像畫》，見《漢聲雜誌》第 63、64 期，第 59 頁。

13 《照相説》，見《申報》，1896 年 3 月 22 日第 7 版。

圖式像

攝影術發明初期，曝光時間從幾分鐘到幾秒鐘，技術的局限，使得初期照相館想盡辦法讓顧客在拍攝過程中保持靜止，輔助拍攝的道具應運而生，比如頭部固定器、可以倚靠的桌椅等。不過，在歐美，固有的視覺經驗是突出拍攝對象的個性，尊崇自然而不雕琢，因此，鮮見攝影室刻意追求館內的繁縟佈置。隨着照相術在中國的發展和普及，此時照相館中，從最早的個人「神像」，轉而開始出現大量群體合影，「要遠行的人與家人老幼合照；朋友相得，一結拜弟兄者合照；新年團聚，眾親朋友合照」。[14] 這種類似傳統肖像畫中「闔家歡」「家慶圖」「雅集圖」等類的肖像，自然開始借鑒群體肖像畫中的配景功能，從而形成了道具、背景及人物三者一體的圖式肖像風格。（2-2-4）

「最初照像差不多都是按『行樂圖』『全家福』的筆法去擺姿勢。茶几，椅子，蓋碗，一套書，還有一本開着卷放在上面。手托水煙袋，或執團扇或開的摺扇，覆在胸前。衣服一定是骨力嶄新，褶痕縱橫宛然，大沙雁一般，充分表現牢不可破的老譜兒。」[15] 這是描寫中國早期照相館的一段小文，攝影術傳入之前，正是具有實用和賞玩功能「行樂圖」「家慶圖」「雅集圖」「感舊圖」等肖像畫全面興起的新時代。相比傳統的紀念性、崇拜性的朝服像、官服像，畫像主人可以按照不同的理想或志趣裝扮自己，配上不同的背景，紀實的同時，更是

抒情言志。手工業和商業的發展，平民階層擴大，失意的士人與市民階層互相滲透融合，文人理想大量進入肖像畫領域，從「庸夫俗子」[16] 到宮苑帝王，開始大量繪製這類肖像。俗文化和雅文化的界限在縮小，並開始互相匯融，大眾視覺經驗經歷了一次新的洗禮，無形當中給剛剛興起的照相館的視覺構建提供了現成的參考圖版。

照相館時期的「雅集圖」類肖像畫，突破了明代以前的繪畫構思，形成新的程式。總體來說，重視整個畫面的佈局，不突出人物，強調情節、雅意或者歡樂的氣氛，充分展現了居家園林化、生活儒雅化的人文追求 (2-2-5)。照相館興起後，這類圖像成為文人雅士立等可取的現實夢想。《申報》曾多次刊登文人雅士在上海徐園、張園、愚園遊覽聚會，並邀請照相館拍照的報導。開設於徐園內的悦來容照相樓就把園景照相作為招徠客人的最主要的手段：「有亭台樓閣、樹石花卉，以及文房寶玩、書畫琴棋，無不具備。」[17] 顧客來到園中拍攝時，每個人可以隨心所欲地擺出各種姿勢，「或臨池而垂釣，或倚石而閒吟，或藉蒼苔以對弈，或就綠陰以眠琴，各有愜心之處，盡可隨意揀擇」。[18] 這種被攝者之間互有距離，姿態各異，同時又互有應和的造型方式，不僅充分體現了雅士們超凡脱俗的文人情懷，更成為中國後來照相館群體合影的高級範式。

但是對於絕大多數開設於室內的照相館來說，照相館的顧客拍攝的還是紀念意義的單

14　壽明齋，《光社的展覽會》，見《京報副刊》，1925 年 10 月，288 號。

15　甲峰，《春明漫譚：照像》，見《三六九畫報》，1942 年 13 卷第 3 期，第 26 頁。

16　「古無小照，起於漢武梁祠畫古賢烈女像，而今則庸

夫俗子皆有一行樂圖矣。」袁枚，《隨園詩話》（上）卷 7，人民文學出版社，1960 年，第 231 頁。

17　《悦來容園景照相》，見《申報》，1887 年 12 月 4 日第 6 版。

18　同前註。

人肖像，或者一般意義的合影照片，並且受到空間和光線的限制，要想追求同樣的儒化和風雅，技術上幾乎是不可能的。作者曾收藏到一張香港美璋照相館拍攝的所謂室內「雅集圖」合影，照片中琴棋書畫俱全，人物擁擠在照相館的狹窄空間內，整個照片構圖和人物姿態表情，一看就是照相館臨時僱用模特所拍攝，並作為商品銷售給外國遊客的，沒有絲毫的風流和雅意。（2-2-6）

對眾多照相館的室內攝影來說，雅集圖範式最大的影響就是照相館道具和背景的普遍使用。通過道具的佈置和照相館背景變換，可以實現室內照相一定程度的儒化和風雅。几、花、椅、凳、琴、棋、書、畫、鐘、傘等道具，以及庭園、樹木、花鳥、竹石等背景逐步出現在照相館的肖像攝影中，每個道具和背景都有一定的寓意，有的代表學問，有的代表時尚，有的代表洋派。這樣模仿家院、廳堂、園林等生活場景的刻意佈置，讓畫面在視覺上更加豐富，同時滿足了普通拍攝者追求風雅的心理訴求。直到20世紀三四十年代，照相館的各種背景仍然受到廣大民眾的歡迎：「攝影事業中之佈景，為最重要之點，苟佈景精美新穎。猶如牡丹綠葉，相互扶助，牡丹雖好，全賴綠葉扶助。人之面相姿態雖麗，全依精美之佈景相襯托，於是攝得之影，可以盡善盡美矣！」[19] 人物、道具、背景三位並重的架構成為早期中國照相館的肖像基本圖式。（2-2-7, 2-2-15）

可以說，全身像、正面像、平光像、圖式像成為中國照相館審美濫觴時期最重要的四個法則，而歐美同時期照相館則側重以光影、造型來呈現人物的個性，中外最初的攝影審美產生都是對傳統藝術觀念的傳承。在沿海口岸城市，從攝影術傳入一直到19世紀末，照相館基本遵循這些法則攝製肖像。在一些內陸邊遠小城市，由於經濟文化發展的限制和資訊的閉塞，直到20世紀三四十年代，照相館風格還一直沒有改觀。

美術照相的興起

當歷史跨入20世紀後，中國進入了一個轉型和過渡時期。在辛亥鼎革、軍閥割據、列強欺侮、日本侵華等動盪巨變之中，尤為令人注目的是，這個時期西方文化對中國社會的影響，乃至西方人士參與中國生活的程度，都是史無前例的。更多留洋歸國的專業人士開始開設照相館，國外各種照片冊、畫冊也不斷運來中國進行商業銷售，照相館開設者和顧客的眼界不斷拓寬。對新秩序的憧憬、新文化運動啟蒙，以及轟轟烈烈的洋派和新潮，使得各路觀念和各色理想紛紛打開禁閉之門，社會各界，尤其是女影星、女藝人、名門閨秀、女學生、軍政要員和文化巨匠也開始參與，極大豐富了照相館的客戶群體。

正是在此大變局的影響下，拍照從最初的記錄性的實用功能，開始向時尚轉變，照相術也開始被認為是藝術之一。照相館濫觴時期的基本審美範式，逐步被打破。在大中城市的照相館中，美術照相全面興起。在燈光運用、背景道具、人物造型等一系列變化中，以「精英攝影」為代表的民國「雅集圖」造型範式開始確立，一個深層次的莊重、內斂、隱逸的中

---

19 《雪懷照相室之三美》，見《申報》，1932年6月4日第21版。

國照相館表情範式也開始形成。（2-2-8）

「照相為藝術之一，所照之相，應有美術觀念，具美術化，此乃理之當也。」[20]20 世紀 20 年代起，隨着東西文化交流的發展和國內新文化運動的興起，照相業追求美術化、藝術化逐步成為共識：「照相器是機械的，雖有精粗之判，而可以改換。技師是活動的，不可拘於成法而不變，必須心靈意會，刻刻以研究藝術為本懷，以能美術化照相為樂事，則工作之興趣可增，營業之發達可期，而照相人多滿意之好感矣。此之謂職業的藝術化，幸業是業者之存見於此也。」[71]傳統照相館的範式開始受到挑戰，甚至成為人們的不屑：「椅必旁几，几上必有茗杯之屬，而尤必供盆花，几下蹲狗兔二三，或捉之膝上，此而外，則山石數迭，疏木幾枝，不知其果為園，柳為室也。而求得像者，坐必端莊，置兩手於膝，身不敢稍敧側。於是像像皆成木偶。」[22]為了迎合社會對美術照相的需求，各照相館首先從燈光、造型、佈景等形式上進行全面改革和探索。

1926 年 2 月 6 日，北京同生照相館在王府井大街南口路東開設同生美術照相部，全面推出美術照相業務。相比以前依靠自然光拍攝「日光循一定之軌道，升降有常，以有限制之日光。每苦不能應美術攝影之需要」[23]。同生美術照相推出最新式的弧光美術攝影法：「根據光學原理，特備各種最新式之器械，以發射種種之光線。對於上下左右方向，可以隨意調

發，射力可以自由縮放，能如照相諸君所欲。光線集於何點，黑白施於何處，而色容柔麗，過化存神，尤巨湧美術觀感。」[24]正是燈光攝影的多樣化，使得同生開華北美術攝影之先河，緊隨其後，北京的大北、長安、山本等照相館都專門推出美術照相。（2-2-9）

在上海，從 1923 年起，寶記照相館就推出了「最新歐美式之美術電光照相」，到 1926 年，寶記照相館「另闢優雅美術攝影室，專攝美術照相，並由德國定來美術照相電燈多盞」。[25]留美學生郭叔良與區炎廷合作創辦的中華照相館西號，從一開始「拍照玻璃棚之裝置，及攝影機之設配，均表現美術之觀念」。[26]雪懷照相室也認為，照相業「尤需賴摩登化與美術化，得以使顧客之滿意」。[27]寶德、心心、萬象等上海的照相館都把美術照相作為自己的業務主打，帶動了上海灘美術照相的空前繁榮。（2-2-10）

從電光運用開始的美術照相，解決了照相館陰天、夜晚拍攝的技術瓶頸，因為燈光可以「隨意增減」[28]，還可以隨意移動、變換，因此，原來拍攝過程中的單一的平光運用得到了徹底改善，「陰陽光」「三角光」「半逆光」「全逆光」等各式各樣燈光造型手段開始進入照相館中，人物立體感和面部的質感得到呈現。依托光線的變化，高調、低調照片也出現在普通人拍攝的肖像照中。當然，照相館這種燈光的變化，在藝術上是成功的，但一開始並不能適

20 陸振玉，《照相一得》，見《申報》，1926 年 12 月 19 日第 22 版。

21 同前註。

22 《卡爾生照相館開幕》，見《申報》，1927 年 5 月 10 日第 17 版。

23 見《順天時報》，1926 年 2 月 6 日第 1 版。

24 見《順天時報》，1926 年 2 月 6 日第 1 版。

25 《寶記照相館》，見《申報》，1926 年 6 月 27 日第 24 版。

26 《中華館西號今日開幕》，見《申報》，1923 年 12 月 25 日第 17 版。

27 《雪懷照相室》，見《申報》，1932 年 5 月 14 日第 21 版。

28 《寶記照相館新遷廉價啟事》，見《申報》，1931 年 3 月 25 日第 4 版。

應全部顧客的欣賞習慣，很多照相館為了滿足顧客的要求，仍然採用順光，但巧妙地加入了輪廓光，尤其是加入了從人背後而來的一束輪廓光，這樣拍出的人物照片，光線既柔和又有立體感。

正是由於豐富的光線造型的運用，此時的照相館中，各種背景、道具已經不再重要。去掉了佈景，多了「佈置」。這種佈置，是對拍攝人物的姿勢有機安排。原來「『正其衣冠，尊其瞻視』，彷彿塑神像似的」[29]全身、正面照片不再被大多數顧客認同，更多的頭像、胸像開始流行，照相館根據人「面形之大小方圓，身體之長短肥瘦，若何之人，應若何攝法，一人有一人之集美點 (精彩點)」，不再「拘於成法。或正攝，或側攝，或仰攝，或俯攝，須隨人之集美點為轉移者也」。[30]尤其在電影明星、時尚名媛的照片帶動下，拍攝各種「姿勢像」開始成為時髦，照相館「把閨秀淑女的芳影，攝得不同的姿勢，把它順序掛起來，小的照片就平放櫥內，把各種大小不同照片的格式，給一個名稱，在名稱之下示明價格，使人家選擇他們所欲攝那一種的照片是合宜的。這樣就使人有了把握進去拍他所欲拍的照片」。[31]1942 年從攝影師升任上海中國照相館經理的趙秋堂「安排姿態素以變化多端著稱。一個人物他可以拍出幾十種姿勢、光線、表情不同的照片來」。[32]

在美術照相的追求過程中，很多照相館在常年的積累和探索中，形成了一脈相承的藝術風格，特別是一些老字號、有品牌的照相館，更加會堅持自己的藝術原則，以至於從照片的風格中，就能推斷出是哪家照相館的出品，這在上海幾家有名的照相館，就表現明顯：

王開照相館——以多燈照明 (俗稱大光)，模擬自然光中陰天散射光為特點。照相光線柔和均勻，層次分明，無明顯生硬的投影；人物姿勢端正大方。團體照排列整齊。上下左右光線統一。這種用光方法，「王開」延續了達四五十年。

中國照相館——照片的特色是格調明朗，講究形象美化、背景淡雅，光線柔和悅目，整修細膩光潔，著色明快豔麗。

人民照相館——原為俄國人喬奇・奧傑根創設的「喬奇」照相館。解放前賣給顧雲明。改名為「喬士」照相館。公私合營後遷至淮海中路。該店特色，影調富於變化，擅長拍攝高、低調照片，格調高雅。低調照片，濃郁有力；高調照片，淡雅文靜。

上海照相館——前身為萬象總館，由朱天民於 1941 年創辦，同時還有復興路與天潼路兩家分店，以兒童攝影聞名全國。照相題材新穎多變，光型偏側面光，光效鮮明，除證件照外，都是以放代印，層次豐富，立體感強。[33]

民國造型範式

在美術照相個性造型的追求下，尤其值得特別一提的是，照相館拍攝的「雅集圖」式合

29　王小隱 (京報記者)，《關於照像》，見《北洋畫報》，1927 年 11 月 16 日。

30　陸振玉，《照相一得》，見《申報》，1926 年 12 月 19 日第 22 版。

31　葉適筠，《照相館的窗飾》，見《攝影週刊》，1933 年第 1 卷第 3 期，第 2 頁。

32　姚經才、何英生，《馳名京滬的中國照相館》，見中國人民政治協商會議北京市委員會文史資料研究委員會編，《文史資料選編》第 29 輯，北京出版社，1986 年，第 263—274 頁。

33　上海攝影家協會、上海大學文學院編，《上海攝影史》，上海人民美術出版社，1992 年，第 191 頁。

影肖像，在民國時期形成了獨特的造型範式。19 世紀末 20 世紀初，隨着商業化和城市化的迅速發展，原來中國「士農工商」的四民觀念發生了變化，在照相館最繁盛的沿海開放城市中，「士」和「商」的地位開始發生逆轉，商人地位上升，士人地位下降，同時，由於有錢人可以通過「捐監」躋身士人行列，士人為了生存也流行從商之風，一時，士商開始合流。[34] 同時，隨着近代各種新式學堂的開辦，以及電影、劇院等文化產業的發展，一批新型「精英人士」開始形成，包括很多集古代典雅和現代時髦於一身的才女名媛，這批新崛起的「精英人士」階層極大豐富了照相館的客戶群，民國「雅集圖」造型也開始向着更大眾、更世俗的範式發展。（2-2-11, 2-2-14）

此時照相館「雅集圖」式合影肖像，不再僅僅局限於飲酒娛樂、吟詩作畫主題，大家遊園旅行、好友聚會、開幕紀念等都可以隨時拍攝合影。而圖像的範式，也不再拘泥於刻意的琴棋書畫的表演，更多是集中在了每個人不同的姿態和表情。或正襟危坐，或垂手而立，或身體前傾，或稍稍後仰，或表情肅然，或頷首含笑，每個人巧妙地依托相鄰的背景，把諸多變化有機地呈現在同一個畫面中。並且拍攝者之間拉開一定距離，突破了傳統群體肖像的呆板和壓抑之感，畫面中流動着自由和個性氣息。

民國表情塑造

美術照相的流行，照相館的審美焦點，從形式的變化開始，進一步轉向關注照相人物造型中更深層次的東西。（2-2-12, 2-2-13）

古羅馬哲學家西塞羅說：「世間一切，盡在臉上。」中國古語也說「相由心生」。傳統中國相術中，通過人臉就可以解讀出一個人的旦夕禍福，這一切都說明了圖像中表情的重要性。

攝影術剛剛傳入時，囿於技術的限制，曝光時間太長，照相館拍攝首先是保證照片的清晰度，人物表情的抓拍屈居次要地位，從美學的角度看，出現了許多面無表情的「呆照」。這種現象不僅出現在中國，西方早期大量拍攝的銀版、錫版、玻璃版等硬版照片，以及早期蛋白照片的肖像，基本也屬於「呆照」類型，這是時代條件使然，無可厚非。晚清中國照相館人物、道具、背景三位並重的圖式肖像，擴充了整個照片的資訊含量，分散了審美興趣點，無形中成為化解「呆照」之死板的一種方式。隨着攝影技術的發展，照相館拍照時間大大縮短，為攝影師抓拍提供了可能，同時為創造照相館裏的中國氣質提供了成熟的土壤。

「半身照相宜莊嚴，全身照相宜嫻雅。坐照宜沉靜，立照宜□適。」[35] 考量照相館肖像的表情選擇與塑造，我們不得不再次追溯到中國傳統視覺經驗中。以儒、釋、道為代表的中國哲學，主張「仁」與「禮」，在此基礎上又發展出了「隱」「藏」「愚」等人生觀念，正是在此觀念的影響下，中國幾千年的人物畫，尤其是肖像畫中，畫面中的人物表情，常常表現出與畫面環境不相符合的冷漠與淡然，即無表情狀

---

34 參考李長莉，《晚清上海社會的變遷——生活與倫理的近代化》，天津人民出版社，2002 年。

35 朱天石，《照相話》，見《申報》，1921 年 12 月 7 日第 18 版。

態[36]，這種超越了日常的喜怒哀樂，超越了客觀自然的「天人合一」的繪畫技法，成為中國人物畫獨特的藝術原則和審美標準之一。

當這種主觀意識的精神構建遭遇攝影術時，關聯着幾千年的文化沉澱和哲學精髓的審美原則，同樣被自然移植過來。在照相機前，人臉上的一切表情將無法隱匿，對照相館的攝影師來說，你只能選擇；對顧客來說，你只有表現。對比同時期西方影像中鮮明的喜、怒、哀、樂的人物塑造，「無表情狀態」的莊重，還有內斂、隱逸等精神追求成為中國照相館攝影師和顧客的共同選擇，也成為中國照相館人物塑造的基本準則。

這時，傳統照相館的「照相」隨着美術的追求和外拍、風景攝影的多樣化，更多地被稱作「攝影」，兩字之變，意味着照相館藝術追求的提高。1929 年的華社第三次攝影展在上海浙江路小花園南首時報館照相室舉行，上海的中華、兆芳、英明、亞細亞、寶德、寶記、千代等照相館，還有商務、先施之照相部等積極響應，與復旦、同濟、光華、暨南、交通各大學之攝影研究會及上海攝影學會一同參展。[37]

這時，在大城市中，「精英攝影」，尤其是其中「名媛攝影」的興起，在古朝士子氣和儒家遺風的延續和堅守中，更多的西方現代文化觀念開始融入新的肖像範式：莊重中多了一份大氣，內斂中隱含着陽光，隱逸中又透着入世的思考，攝影的個性特質在民國時期得到了空前加強。玉樹臨風的「民國先生」、雍容優雅的「民國女人」和正氣凜然的「民國軍人」成為照相館舞台上的新標杆，並成為眾多民眾仿效的對象。隨着這些生動逼肖的圖像在大眾報刊上的廣泛傳播，在上海等大城市，傳統生活中富有精神內涵的視覺經驗開始逐漸瓦解，直觀、「俗趣」的照相館攝影文化開始佔據文化傳播的主導地位，中國傳統的視覺經驗經歷了一次史無前例的重新改造，這也標誌着中國特色的照相館攝影審美基本形成。

從「衣冠大像」到「美術照相」，中國特色的照相館審美與流變，自有它偉大而獨立的藝術價值。中國傳統的視覺觀念，與舶來攝影術的本體特徵，本來就存在某種程度上的先天錯位，二者之間，無所謂誰對誰錯，更不應該區別為高低貴賤，或者簡單地割裂為「匠氣」和「藝術」。中國傳統視覺審美中，還有「曠邈幽深的意境，虛實相生的空靈，悠然生動的氣韻」[38] 等一系列獨特的藝術精華，完全可以在和攝影術的融合中得到更多的展現和更好的張揚，「必須能把我們自己的個性，能把我們中國人特有的情趣與音調，藉着鏡箱充分地表現出來，使我們的出品，於世界別國人的作品之外另成一種氣息」。[39] 中國照相館的從業者們，已經開始了孜孜求索，在滿足顧客審美要求的同時，追求「職業的藝術化」[40] 逐漸成為共識，這必將為照相館攝影帶來更多元化的形式和發展空間。

---

36 楊曉剛，《中國傳統人物畫的無表情狀態》，山東師範大學 2007 年度學位論文。

37 《華社影展第一日記》，見《申報》，1929 年 12 月 7 日第 15 版。

38 韓鴻，《繪畫傳統與影像素養：對傳統視覺觀念的反

思》，見《電影藝術》2007 年第 6 期。

39 劉半農，《北平光社年鑑》（第 2 集）序，1928 年。

40 陸振玉，《照相一得》，見《申報》，1926 年 12 月 19 日第 22 版。

2-3-1　男子單人坐像

上海三興照相館，蛋白紙基，名片格
式，1872 年前後。作者收藏。
照片中，雖然男子旁邊有桌子，背後
有椅子，但從構圖和最後的呈現來
看，這些物件主要起到支撐作用，還
不是作為畫面構成不可或缺的部分。

2-3-2　女子單人肖像

上海日成照相館，蛋白紙基，名片格
式，1880 年前後。作者收藏。
照片中的紅木花几，上面的花瓶、假
花，以及几上的書、茶杯等都已經成
為照相館例行的道具，此時普遍使用。

2-3-4 父女肖像

北京富華照相館，銀鹽紙基，卡紙 14.5×23 厘米，照片 9.2×13.7 厘米，1915 年前後。作者收藏。

照片中，雖然傳統道具仍然佔據主角，但鄉村風格背景已經佔據整個畫面，與前景成為一個有機整體。

2-3-3 女子單人肖像

廣州黎鏞映相寫真，銀鹽紙基，卡紙 16.7×20.8 厘米，照片 9.5×13.9 厘米，1910 年前後。作者收藏。

一直到 20 世紀二三十年代，這樣一几、一花、一杯的道具還在照相館普遍使用，這張照片中，還有水煙袋等傳統中式道具，不過，西洋鐘錶也已經出現其中。

2-3-5 家庭合影

福州二妙軒，銀鹽紙基，卡紙 30×23.8 厘米，照片 19.8×14 厘米，1920 年前後。作者收藏。

道具中，西洋羅馬柱和中式紅木桌、玻璃鏡桌屏共存，中西混雜的風格逐漸成為時尚。

2-3-6　王澤寬三兄弟合影

天津鼎章照相館，銀鹽紙基，卡紙 28.2×23.2 厘米，照片 19.3×14.2 厘米，1920 年前後。作者收藏。
照片中，身着西裝的兩兄弟坐在西式沙發上，身着中式服裝的王澤寬也端坐在西式但丁椅上，背景也為
純粹西式風格。

2-3-11　四君子圖

天津明山照相館，銀鹽紙基，卡紙 30×24 厘米，照片 20×14 厘米，1930 年前後。作者收藏。
照片中的四君子每人依附一件道具，或讀書、或寫字、或打電話、或閱報紙。中西合璧的道具、背景，
成為當時照相館吸引顧客的重要手段。

2-3-7　兩男子合影

天津劉捷三照相館，銀鹽紙基，卡紙 14.5×22 厘米，照片 9.4×13.8 厘米，1930 年前後。作者收藏。

在 20 世紀二三十年代，很多照相館回歸傳統，道具、背景純粹中式風格。

2-3-8 王占元之子王澤寬家庭合影

天津中國照相公司，銀鹽紙基，卡紙、封套 32×29 厘米，照片 27.2×25.1 厘米， 1935 年前後。作者收藏。

照片中背景全無，幾件簡單道具不再凸顯，僅僅作為座椅或支撐使用。每個人物的不同姿勢和淡然的表情成為特點。

2-3-9　王占元之子王澤寬家庭合影

天津鼎章照相館，銀鹽紙基，卡紙、封套 30×35 厘米，照片 22.8×28.1 厘米，1935 年前後。作者收藏。

同一時期拍攝的合影，具有裝飾主義風格的照相館道具凸顯，人物與道具融為一體，與早年人和道具分離的情況形成鮮明對比。

2-3-10 中央國術館館長張之江肖像

南京中華照相館，銀鹽紙基，8.55×13.6 厘米（照片帶白邊），1936 年。作者收藏。
隨着美術照相的流行，照相館的背景、道具不再重要，人物姿勢的佈置、神韻的抓拍、光線
的運用，成為新的追求。照片上有張之江英文題簽，為 1936 年率領中央國術館參加柏林奧
運會時贈送外國友人的照片。
張之江（1882—1969），字紫玟，號子茳，別號天行，教名保羅，河北鹽山人，西北軍將領，
中國國術主要倡導人。曾任察哈爾都統西北邊防督辦、代理國民軍總司令、國民政府禁煙委
員會主席。後任中央國術館館長。1936 年選拔武術隊參加第十屆奧運會。

中國風與西洋範兒

—— 照相館道具與背景的混搭與演進

照相

　　啟者，本號照相比眾不同，格外清明，倘貴客光顧者，請至三馬路口認明本招牌，庶不有誤，其價格外公道，特此佈告。

三興主人啟

　　這是上海《申報》創刊第二天[1]刊登的一則廣告，也是《申報》刊登的第一條照相館廣告。從廣告中不難看出，「格外清明」和「價格公道」是這時照相館的兩個主要賣點。此時，照相術傳入中國還不到 30 年的時間[2]，在開放的口岸城市，19 世紀 70 年代，中國的照相館也剛剛步入第一個繁榮期。

　　作為近代科學技術的產物，此時攝影的審美功能還只是剛剛萌芽，人們的注意力還只是在其技術特性上「神情畢肖，無毫髮之差」[3]，「坐立如生，鬚眉畢肖」[4]，「玲瓏清楚，黑白分明」[5]，「快如閃電，格外全神」[6]，「情景逼真，誠丹青描摹之捷法也」[7]等等，都是人們對攝影術的讚譽，照相館中，後來人們熟知的道具與背景還處在一個無足輕重的地位。在 19 世紀 80 年代之前的中國照相館廣告中，照相準確、便捷、廉價的特性佔據了宣傳語的主導地位，照相館僅有的道具，比如一把椅子或一張桌子等，更多的是作為減少照相時人物移動的支撐用具，還沒有納入構圖審美的範疇。(2-3-1, 2-3-2)

　　照相館在中國逐漸普及，肖像照片在很大程度上替代了「丹青描摹」的傳統肖像畫。隨着攝影技術的進一步發展和照相業競爭的加劇，大家開始從關注照相術本身的魔力，轉而關注照片的圖樣和審美。中國肖像畫中通過裝束、道具、環境等來襯托人物的內在精神，並使作品富有文人畫氣息的範式開始移植

1　見《申報》，1872 年 5 月 2 日第 7 版。

2　1844 年，法國人于勒・埃及爾在澳門、廣州拍攝了中國第一批留存至今的肖像，詳見中國文學藝術基金會、巴黎中國文化中心主編，《前塵影事：于勒・埃及爾最早的中國影像》，中國建築工業出版社，2012 年。

3　《照相法》，見《申報》，1876 年 2 月 22 日第 3 版。

4　《光繪樓精巧各法影像》，見《申報》，1892 年 2 月 12 日第 6 版。

5　《巧現真模》，見《申報》，1876 年 12 月 19 日第 5 版。

6　《新法照相》，見《申報》，1884 年 2 月 2 日第 6 版。

7　《香港新到照相》，見《申報》，1876 年 5 月 29 日第 6 版。

到照相館拍攝中，人們開始逐漸重視道具和背景的使用，一個人物、道具、背景三位並重的「圖式」肖像悄然發軔。

照相館拍攝的圖式類肖像，從最初純粹確認身份的紀念意義，逐步開始成為完善自我、宣傳自我，甚至構建和提升所屬階層的重要手段。因此，拍攝過程中，道具的選擇、背景的佈置，以及其他氣氛的烘托，無一不具有了社會意義。遍佈中國城鄉的照相館，從此成為一個最集中反映國民內心嚮往的場所。出入照相館，不僅是留影，也是一種別樣生活的虛擬體驗。一件件道具，一幕幕背景，從中可以管窺出不同時代拍照者的心理期待和趣味追求，也折射出照相館中「中國風」和「西洋範兒」混搭與演進的歷史。

風雅

悅來容園景照相

本館寓老闆北徐園內，所照之相，興迥眾別。因有亭台樓閣、樹石花卉，以及文房寶玩、書畫琴棋，無不具備。或臨池而垂釣，或倚石而閒吟，或藉蒼苔以對弈，或就綠陰以眠琴，各有愜心之處，盡可隨意揀擇……

悅來容啟

這是 1887 年 12 月 4 日《申報》上刊登的上海悅來容園景照相的廣告。距離《申報》刊登第一條照相館的廣告只過去了十幾年時間，中國的照相館發展即將迎來 19 世紀末的第二個發展高峰。此時的廣告中，原來攝影技術特性的強調已不見蹤影，此時的園景肖像照片中，因為「亭台樓閣」「文房寶玩」等道具、背景的引入，其圖式變得豐富起來，「臨池垂釣」「倚石閒吟」「蒼苔對弈」「綠陰眠琴」等傳統文人雅士的風範，大大擴展了原來室內照相館單調的肖像範式。除徐園外，上海其他著名私家園林，如愚園、張園、大花園等，都有照相館入駐，其獨特的園景攝影，巧妙利用天然的道具和背景，吸引了大批文人雅士，他們呼朋喚友，賞花、品茗，再拍攝小像，成就了照相館攝影史上一段風雅佳話。

對更多的室內照相館，為了營造一個同樣風雅的環境，也仿效「雅集圖」「行樂圖」「家慶圖」的構思[8]，摸索形成了一個程式化的佈局：「其所攝照佈局，皆有成法：椅必旁几，几上必有茗杯之屬，而尤必供盆花，几下蹲狗兔二三，或捉之膝上，此而外，則山石數迭，疏木幾枝……」[9] 一花、一几、一杯、一椅，以及山石、木枝等，淡雅、素潔的背景和道具，成為早期室內照相館肖像照片構圖的重要特徵。這種配置了文人雅士生活化的道具和背景的圖式肖像，不僅可以烘托出拍攝者的感情和性格，更迎合了眾多普通攝影者的風雅追求。

最早期照相館的客戶，除了為自己老去準備「神像」的拍攝者，大多具有開放的觀念，很多是洋商、外交人員或開明士紳等社會上層人士，他們本身深受中國傳統文化的浸染，傳統簡約、清雅的繪畫視覺經驗，使得他們追求東方式的精神境界成為必然。1904 年，天津新開設的恒昌泰照相樓，「製備花卉、樹木、

---

8 甲峰，《春明漫譚：照像》，見《三六九畫報》，1942 年 13 卷第 3 期，第 26 頁。

9 《卡爾生照相館開幕》，見《申報》，1927 年 5 月 10 日第 17 版。

飛禽、走獸、鶴鹿、桐椿、花船、遊景，各國男女衣服、戲衣、花籃、竹竿，琴棋書畫、笙管笛簫、狩獵鷹狗、山石亭景、磁片五金、竹木手絹等件專候，俟照像者使用」。[10] 可見早期照相館道具、背景之豐富多變。仔細觀察早年的肖像照片，查詢早期照相館廣告，不難發現，照相館的道具和背景受西方影響還很小，更多的是傳統中國文化的理性顯現，尤其是文人雅士的生活用具，以及構造出的生活圖景佔了絕對的主導地位。

照相館中，拍攝者一般端坐在中式座椅上，座椅或者紫檀木或者酸枝木，一側的花几或爐案上，或擺放茗杯，或盆花，或書卷，或水煙袋。男子一般持摺扇，女人則握手絹。背景或花草山石，或曲檻園亭，或書齋繡閣。照相館地面上一般鋪有各種花色地毯。照相館的簡約的道具和背景不僅充分滿足了社會上層人士的風雅追求，對很多普通的拍照者來說，在一系列道具和佈景的襯托下，拍攝出的肖像，也會顯得「佈景雅宜」[11] 或者「清雅無比」[12]。正是在這種不自覺追求風雅的過程中，更多的拍攝者在照相館找到了或者說提升了另一個自我。依靠一張張肖像，許多普通人也逐步確立自己在家族或社會中的認知和地位，中國攝影本土視覺經驗上的自我構建也從此邁開了第一步。

洋化

照相術在中國的傳播，伴隨着中國被迫對外開放的進程。西方的物質文明和精神文明，伴隨着槍炮和貿易，一步步來到中國。中西文化得以進一步接觸、交流和融通，中國人對西方文化的態度，也從最初的不屑到認同，最後到很多人豔羨。在上海、廣州、天津等大城市，19 世紀末 20 世紀初期，五光十色的洋貨開始進入老百姓的日常生活，購買和使用洋貨，已經成為人們炫新好奇、爭逐新潮、競相效仿的時尚。照相館自然不甘落後，各種洋貨道具被引進照相館中，洋化也成為此時照相館道具和背景的最大變革。

照相館內，西洋自鳴鐘代替花瓶和假花開始出現在花几或爐案上；男子手中的摺扇，有的被文明棍、洋傘或眼鏡所替代；地上擺放的盆花，改換成了洋瓷痰盂；座椅也從太師椅、官帽椅變成了西洋靠背椅或者貴妃皮榻；花几、爐案也開始出現了更多的西洋元素，或者被覆蓋上有流蘇或印度圖案的檯布。古典羅馬圓柱、巴羅克風格的帷幔，還有更加昂貴的印度或波斯地毯都已出現。

為體現室內園景的特點，許多照相館從西洋進口獅子、麋鹿、虎豹、洋犬等鮮活道具。[13] 這時的照相館佈景，也大多直接從外洋引進，上海的耀華照相館、麗芳照相館等多次在報紙刊登廣告，銷售外洋「景底」[14]，這些摩登的景底，大都是西方田園風格的鄉村小景，也有西洋風格的園林。

此時照相館的客戶群，從早期的精英人士逐步向大眾普及。更多的民眾並沒有去外洋體驗的機會，照相館洋化的道具和背景，無疑帶給普通大眾一個奇妙的心理體驗，成為中產

---

10 《新開恒昌泰照相樓》，見《大公報》，1902 年 11 月 20 日。

11 《天然氏照像》，見《申報》，1890 年 11 月 17 日第 10 版。

12 《豐泰照相館 京都第一》，見《申報》，1894 年 8 月 15 日第 6 版。

13 《奉送一張》，見《申報》1895 年 11 月 26 日第 7 版。

14 指照相佈景。

階級追求時尚生活的理想坐標，其所拍攝的肖像，也成為一個炫耀的資本。（2-3-3, 2-3-4, 2-3-5, 2-3-6）

回歸

從 20 世紀初開始，隨着國內國外政治形勢的一系列變化，中國人對洋貨的態度也有了微妙的變化。1905 年為了反抗美國虐待華工和限制華工入境，上海、廣州、長沙、漢口、天津等城市爆發了抵制美貨的愛國運動，上海二十多家主要照相館，只有一家沒有簽約參加抵制美貨。[15]1915 年日本提出「對華二十一條」、1919 年「五四運動」爆發，又曾引發兩次大規模的「抵制日貨」運動。從 1914 年開始的第一次世界大戰，持續四年之久，造成市場上進口照相藥料奇貴。這些政治經濟因素影響了國內民眾對洋貨的態度，此後，是民國「黃金十年」（1927—1937）的穩定發展期，照相藥料的國產化呼聲日盛。正是在這樣的大背景下，隨着中國美術的發展和民族工業的崛起，此時的道具佈景，外洋進口日益減少，更多地改由本地繪製，風格模式更向傳統回歸。（2-3-7, 2-3-11）

我國第一位戲曲舞台美術家張幸光，1904 年在上海華美藥房經營照相佈景，他看到不少西洋佈景畫為照相館所用，後來開始自己畫適合中國國情的佈景，受到了很多照相館的歡迎。1911 年，上海土山灣培養出來的畫家周湘創辦了背景畫傳習所，一部分人專門從事照相館攝影背景畫的油畫創作，為中國未來背景畫的發展奠定了人才基礎。

從 20 年代初開始，上海廣西路渭水坊的中西美術公司，開始用油畫批量繪製照相背景，其經理兼主任陳曉啼，還發明了用西洋油畫寫生法，將中國風景繪成照相背景，「如各地名勝風景、花園、房屋、海岸、山野、遊艇、飛機、汽車等，畫法精細，色美質堅，駕舶來品之上，本外埠各照相館多採用之」。[16]

1923 年，上海英明照相館派王秩忠到北京攝影，共拍攝頤和園、天壇、湯山等名勝古蹟八十多種，特聘畫師在北京畫成十多幅背景，供上海喜歡北京風景的拍照者，「聽憑前往拍照者之採擇。是項風景寫真，正與實地無異」。[17]一時應接不暇。杭州西湖十景，其他山水名勝、亭園池樹等傳統中國意蘊的背景也都成為大部分顧客的首選。

1926 年 6 月 15 日，在上海棋盤街三茅閣橋二十一號開業的藝海佈景公司，一時稱雄上海灘。藝海由徐泉清、何寄塵、葉逸亭、楊炳文四人創辦，特聘留學外洋佈景專家擔任繪務主任，並聘請西洋畫家，繪成各種底布背景，「連工料，每方尺價目二角以至二角五分，可謂便宜絕倫」，一張高一百十英寸，寬一百四十英寸，連工連料，只售十八元二角。藝海公司可以為各照相館提供多種形式的背景布：「或由貴館自攝外景，或房景底片，托由本公司照樣定畫，或向本公司索取樣子，選購現成畫好之背景，或將用舊之品攝就，托本公司照樣繪製新貨，均無不可。又如牆頭廣告，托本公司特製布底油畫，加用木櫃，尤便

15 《餅業照相業會議抵制美約》，見《申報》，1905 年 8 月 22 日第 3 版。

16 《油畫照相背景之新制》，見《申報》，1924 年 4 月 15

日第 19 版。

17 《照相館新添京華名勝之背景》，見《申報》，1923 年 3 月 23 日第 17 版。

移動遷徙，非如油漆牆頭，一成不變。」[18] 上海的先施公司、英明照相館、千代洋行、粵昌卡紙公司、利明公司等，以及杭州二我軒、安慶雲芳照相等都積極經銷藝海的照相館背景。

此後，中國照相館背景的製作公司進入大發展期，1927 年 5 月上海英租界北京路貴州路轉角，三多美術佈景公司開張，除了專繪各種油畫照相背景外，還專門製作各種本地特色的照相館道具，「欄桿、假山、石筍、草地等件，無不應有盡有」。[19] 1928 年，上海天然美術佈景公司則宣佈：「材料完全國貨，顏色歷久不退。」[20]

一般來說，規模較小的照相館有一套佈景，大相館兩三套，上海中華照相館置有十多個佈景，輪換使用，滿足了不同顧客的需求。

現代

歷史步入 20 世紀後，西方科學技術進一步發展，自行車、汽車、火車、電燈、電話也隨着暢通的通商管道源源流入中國，「洋人多巧」人所共知。支持廣興機器，以富民強國，也日益發展成為民眾的主流觀念，這種觀念也極大影響了照相館道具和佈景的發展。早期照相館中，純粹來自家園佈置的風雅道具，開始讓位給更時髦的現代工業產品，甚至西方藝術中的現代思潮也開始影響到中國的照相館。同時，更多中國人繪製的布景運用在照相館中，照相館的佈景也在全面洋化和回歸傳統後，發展出華洋混雜的主體風格。

1914 年，北京同生照相館的主人譚景堂從外洋買來全套飛艇畫景，「所拍之像與所坐一飛艇真贋莫辨，若出天然，如履雲霧之中，而現廬山真面目」。[21] 中國古代傳說中就有木鳶可以升天，這更多的是人們的嚮往，而西方飛艇當時已經能夠自由升空，坐在這樣的佈景中，拍攝一張空中旋轉的肖像，滿足了很多國人的「飛天」夢想。

1919 年，廣東人在北京新開設的美芳照相館在廣告中宣稱：「佈景有花園、亭台、樓閣、飛船、電車、電船。」[22] 當時北京很少人能夠乘坐飛船、電車、電船，這一切在照相館中出現，讓普通顧客有了一次「體驗」現代文明的機會，並留影為證。1924 年，上海競芳照相館又添加了新佈景：「一幅為海船景，有極大之公司船一隻，乘風破浪於大海之中，海中景況，若燈塔、孤山、帆船等，無不羅列。攝者得站立其側，恍同渡大洋時之狀況。」[23] 對被大河文明浸潤了幾千年的東方古國來說，此時，照相館能以大海及其景況吸引顧客，不得不說是觀念的更新，時代的邁進。

正因為國際、國內形勢的變化，20 世紀二三十年代，很多留學歐美的青年才俊開始大批回國任職，照相館業主中，也有不少曾經遊學歐美再回鄉創業的洋派人物，中西影像藝術觀念之間的距離逐漸縮小，流行於歐美的新裝飾主義、構成主義等藝術風潮，通過頻繁的中西交往和交流，也開始影響大城市的照相館。

為了迎合新的知識階層，以及照相館新

---

18 《各埠照相館注意》，見《申報》，1926 年 10 月 11 日第 8 版。

19 《上海英租界北京路貴州路轉角三多美術佈景公司新張廣告》，見《申報》，1927 年 9 月 6 日第 1 版。

20 《全國照相館注意，天然美術佈景公司啟》，見《申報》，1928 年 4 月 27 日第 13 版。

21 《同生照像館》，見《順天時報》，1914 年 3 月 27 日。

22 《香廠粵商美芳照相》，見《順天時報》，1919 年 12 月 29 日第 1 版。

23 《競芳又添新佈景》，見《申報》，1924 年 3 月 21 日第 21 版。

崛起的顧客群，如電影明星、名媛閨閣、軍政要員的需求，美術照相開始在照相館風行。1926 年夏天，上海寶記照相館另闢一個美術室專攝美術照相，並由德國訂購美術照相電燈多盞。[24] 上海中華照相館主任郭叔良，留學美國多年，還是英國皇家照相會會員，「一切陳設，均有美術觀念，自新屋開幕以來，尤注重美術照相，故新正以來前往攝影者甚多云」。[25] 是年，北京的同生照相館，也專門設置了美術照相部，採用最新式的弧光美術攝影法拍照，開華北地區照相館美術攝影之先河，「以發射種種之光線。對於上下左右方向，可以隨意調發，射力可以自由縮放，能如照相諸君所欲。光線集於何點，黑白施於何處，而色容柔麗，過化存神，尤巨湧美術觀感」。[26] 美術照相注重燈光和造型，簡化甚至完全摒棄了道具和背景，一時成為各大小照相館的摩登追求，中國的照相業也走入了一個新的發展階段。(2-3-8, 2-3-9, 2-3-10)

「中國風」和「西洋範兒」碰撞、交互與融合，最後在現代美術觀念的影響下，唱響了照相館道具和背景終結的輓歌，為未來照相館攝影步入現代化做好了準備。雖然後來中國政治經濟的一系列劇變徹底改變了這個進程，但那一幀幀充滿時代感的圖式肖像，帶給了一個人或一個家庭對攝影術的最初認知，其範式甚至影響了照相館時代肖像畫繪畫風格的改變。

---

24 《寶記照相館另闢優雅美術攝影室》，見《申報》，1926 年 6 月 27 日第 24 版。

25 《美術照相之研究》，見《申報》，1924 年 4 月 19 日第 21 版。

26 「同生美術照相部，陽曆二月六號開幕，在王府井大街南口路東，採用最新式的弧光美術攝影法，代客沖曬軟片（沖片免費），兼售照相器具材料。」見《順天時報》，1926 年 2 月 6 日第 1 版。

2-4-1　女童肖像

香港雅真陸昌洋畫影相館，象牙上油彩繪製，畫像 14.5×18.5 厘米，1870 年前後。作者收藏。

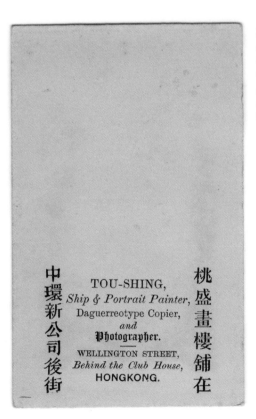

2-4-2　香港桃盛畫樓照片卡紙

名片格式，1860 年前後。作者收藏。
從卡紙文字上可以看出，桃盛畫樓經
營船舶及肖像繪畫、銀版照片複製以
及照相拍攝業務，照相排在所有業務
之末。此時，攝影術剛剛興起，尚不
能撼動畫像業之地位。

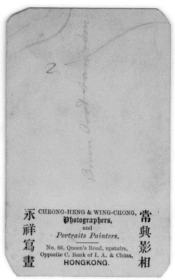

2-4-3　兩男子肖像

常興影相、永詳寫畫，蛋白紙基
1880 年前後。作者收藏。

照相館卡紙背面，照相和繪畫此時依
然共存於照相館中，甚至是兩個商號
名字分開，很有可能各自獨立核算，
但照相業務已經排在了畫像業務之
前。

2-4-4 照片畫像

佚名，銀鹽紙基，炭筆描繪，45.5×60 厘米，1920 年前後。作者收藏。照相館仕照片拍攝完成後，先在照相紙上放大，等顯影出人物輪廓後，迅速定影，再用炭筆在頭髮、眉毛、服飾上仔細描繪，以突出質感，也提高了黑白對比度。

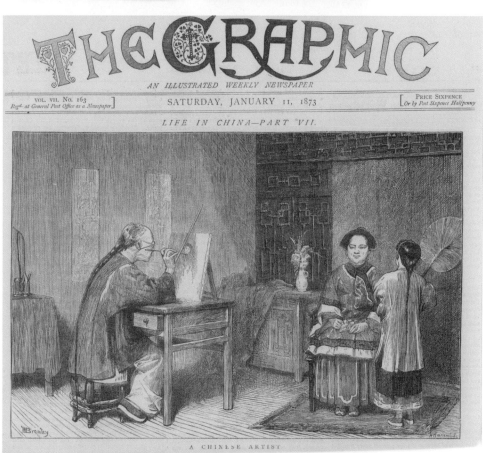

2-4-5 中國女子畫像圖

刊登於 1873 年 1 月 11 日的英國《畫報》（*THE GRAPHIC*），22.5×15 厘米。作者收藏。
圖中女子穿戴入時，一旁還有丫鬟給扇扇子，可見這種畫像非外銷畫像，是特地請畫師來家中繪製，以供家庭內部展陳的肖像。

2-4-6　高堂大人肖像

雲南昆明是我軒，畫心 75×110 厘米，紙本油彩，1910 年前後。作者收藏。

這是寫實風格的清末手繪肖像，地板、背景、道具完全是當時照相館的風格。當時此類畫像，有根據拍攝的黑白照片所繪，也有根據真人繪製。從肖像的逼真程度和衣服的圖案、紋理細膩繪製來看，此像應為根據真人模特所繪。畫像右下角有粘貼上的燙金畫館商標「滇省是我軒」。

2-4-7 母子溫情圖

羊城大新聯安號吳露生，絹本油彩，原配酸枝木畫框，畫心 48×65 厘米，
1905 年前後。作者收藏。

畫面構圖與陳設模仿當時照相館。將西畫明暗對比、光影調和及中國畫的題跋
和印章等技巧完美地結合在一起。人物表情自然、細膩、生動、傳神，把母親
的嫻淑、端莊和兒子的稚氣、聰穎刻畫得惟妙惟肖、栩栩如生，使作品充滿了
藝術感染力。

畫家吳露生，廣東南海人，自幼學畫，功底深厚。曾隨康有為等廣東同鄉參加
「百日維新」運動，後被清政府抄家緝拿，流亡法國，從此學習、研究西洋油畫，
幾年後，回到廣州以賣畫為生。

2-4-8　夫婦畫像

佚名畫家，水彩紙本裝裱，畫心 59.5×84 厘米，1920 年
前後。作者收藏。

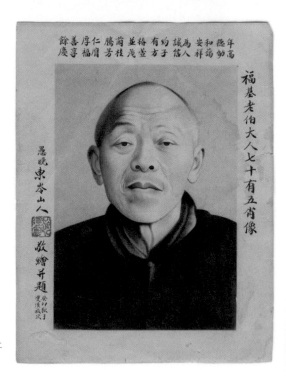

2-4-10　福基老伯大人肖像

東岑山人繪並題，炭精畫，30×25 厘米，1903 年。作者收藏。
此像為畫家東岑山人居杭州雙溪時所繪。時值福基老伯 75 歲，上
面有畫家所題像贊，左側還有畫家落款及鈐印。

2-4-9　肖像畫玻璃九宮格

上海大聯工藝社出品，11.6×14.9 厘米，1930 年前後，作者收藏。

九宮格盒子內標有九宮格的特點和使用方法，當時很多炭精畫畫師採用九宮格，根據照片繪製畫像。

2-4-11　夫婦肖像

佚名，淡彩炭精畫，35×50 厘米，1930 年前後。作者收藏。
此炭精像從廣州購得，炭精畫像繪製深受當時流行的美術照
相風潮之影響，背景繪以色塊光影，人物施以淡彩，比純粹黑白
二色顯得生動、親和。

2-4-12　父親大人七十八歲肖像

漢口江西振華瓷像館，39×26 厘米，1937 年
9 月。作者收藏。

小照與大容

—— 照相館裏攝影與繪畫的交織

照相館，又名照像館。在古代，「小照」是人們對活人畫像的稱呼，而逝去的人（包括神佛祖先）的畫像叫「像」或者「影像」。攝影術傳入後，人們稱為活人拍攝的影像為「小照」或者「照片」，逝者的畫像為「像片」或「小像」。統稱時，「照」與「像」這兩個名詞互文而合為「照像」，是指所有圖像。[1] 當時的畫室或照相（像）館中，照相與畫像二業，也確實共存共生了相當長時期，正是由於照相館內攝影和繪畫的相互交織與碰撞，直接影響了中國攝影審美的濫觴，重構了中國肖像畫風格的近代演變史。(2-4-5)

1844 年冬，中國第一批影像的拍攝者，法國人于勒・埃及爾，在廣州同文街 16 號——中國著名的外銷畫家關喬昌的畫室，與關喬昌進行了一次特殊禮物交換：埃及爾贈給關喬昌一張為他拍攝的銀版肖像照片，八天後，關喬昌則把根據照片繪製在象牙上的一張細密畫送給了埃及爾，這可能是繪畫和攝影在中國大地上的第一次正式交集。這次交集中的銀版照片，帶給中國畫師一個全新的視覺體驗，隨着攝影術逐漸傳入東土，一個新的視覺時代正式到來。

畫師成為照相師

照相館在中國的興起，其「丹青描摹之捷法」[2] 的特性壓制了畫像業的發展，促進了最早一批畫師轉型為照相師。在廣州、香港等地，原來盛極一時的外銷油畫、水彩通草畫，被大批派遣到中國的外國戰地攝影師、商業攝影師拍攝的更加鮮活逼真的照片代替；傳統中國人為先人繪製的祖宗像，或者自我娛樂的「闔家歡」肖像畫，很多也被照相所替代。畫館業務大量萎縮，大量畫像從業者為生活所迫，轉向照相業。比如香港的畫師周森峰、張老秋、謝芬三人，預知到未來攝影術的發展潛力，從西人處學習攝影，在畫店增設照相業務，後來，三人分開，在香港、廣州、福州、

1　參考李岩，《「攝影」淺考——考釋「攝影」暨相關詞語在漢語中的發展和流變》，南京師範大學碩士學位論文。

2　上海宜昌照相樓廣告。《香港新到照相》，見《申報》，1876 年 5 月 29 日第 6 版。

第二章　本土化探索之路　175

上海等地陸續開設「宜昌」照相館，成就一段「宜昌」照相連鎖之佳話。[3]

在內地很多地方同樣如此。1881 年（光緒七年）前後，在武昌黃鶴樓創設「顯真樓照相」的嚴添承，原來是畫肖像的畫家，當地稱為「丹青描容」。他看見一位經營照相館的日本人，不僅收入可觀，而且所攝照片真實動人，就利用自己和那位日本人都是信奉「福音教」的教友關係，促進交往，並以教日人畫中國畫為交換條件，向他學習照相技術，後來開設了顯真樓照相館。[4] 江蘇淮安陶氏家族以繪畫寫真為業，世代家襲，已傳至第二十六代。為迎合人們對照相的消費需求，陶氏二十六代陶子波，去上海一家德國人營業的照相館學習照相技術，學成歸來後，購置了全套德國照相器材，在淮安河下王鬥神巷陶家老宅，開設「天真照相館」，成為淮安最早開設的照相館之一，營業後便顧客盈門。[5] 到 20 世紀初，照相受到的歡迎程度甚至可以説已經超過畫像，「畫像佳矣，然終不足以比照相。畫像祇貌合，照相則神合矣。古人稱畫工之妙，一則曰栩栩欲活，再則曰盈盈欲下，實皆逾分之譽，唯照相當之無愧耳。且今之作美女畫者，喜以顏色奪天然之美，反不及照相中之女郎，亂頭粗服動人憐矣」。[6]

照相和畫像共存共生

畫師學會攝影術，開辦照相館後，照相館裏，畫像業務並沒有消失。一是因為很多顧客受傳統觀念的阻滯，還不能接受攝影術，仍然有畫像的需求；二是當時還是直接印相，沒有照片放大技術，並且只能印製黑白肖像，當顧客有大像需求，或者需要彩色肖像時，照相館畫師或者給照片手工着色，或進行照片的「手工放大」，即根據小照繪製大的畫像。照相館照相和畫像業務的並存，既增加了照相館的收入，又滿足了不同顧客的需求，無形中擴大了攝影術的影響力。

1874 年 10 月，在上海東棋盤街，即廣東路開業的同興照相樓，「專做照相及畫像，法格外清明，價錢甚為公道」。[7]1880 年 2 月，在上海三洋涇橋北塊亨達利洋行對面開設的生昌照相舖，除了照相外，把照相館畫像的種類明確、豐富了：「油像、牙像以及各色等像，以傳授西法，比眾格外清明，價甚相廉。」[8] 1892 年 1 月 30 日正式營業的上海耀華照相館，在各種照相業務之外，還專門聘請「奧京回華著名畫師相助」，為顧客繪製油畫像或水彩像，「凡繪皆精」[9]。1902 年 11 月在天津開設的恒昌泰照相樓，不僅從上海「聘請頭等點板照法」，還同時「油畫大像喜容」[10]。1926 年，北京的太芳照像館，從香港請來油畫大家，專門在照相館從事「精繪人物寫生，放大着油色，風景山水各種大畫」，並且，顧客如果「有遠年失色之照片，亦可追真」[11]。在很多小城市，到 20 世紀 40 年代，甚至新中國成

3　宜昌照相館變遷，詳見本書第一章《從「斌椿出洋」到「廣東效應」——照相館在中國的認知和傳播》。

4　張崇明，《江城百年照相史話》，見《武漢春秋》，1983 年第 3 期，第 20—22 頁。

5　章來福，《老淮安照相館的那些事兒》，見《淮海晚報》，2013 年 8 月 4 日。

6　朱天石，《照相話》，見《申報》，1921 年 11 月 19 日第 18 版。

7　見《申報》，1874 年 10 月 16 日第 6 版。

8　見《申報》，1880 年 2 月 2 日第 6 版。

9　見《時報》，1908 年 10 月 11 日。

10　《新開恒昌泰照相樓》，見《大公報》，1902 年 11 月 20 日。

11　《本館請香港油畫大家》，見《順天時報》，1926 年 11 月 9 日第 8 版。

立後，很多照相館還是照相和畫像業務並存。
（2-4-2, 2-4-3）

相比照片，雖然「巧奪天工，然皆藥水電光所成，年久不無退脫之憾」，而「墨水描像與書寫字畫無異，即傳留後世，可垂永久，不至有退脫之虞，無論遠年」。[12] 除了在照相館內部，可以同時開展照相與畫像業務之外，很多專業畫師，在照相館之外，自設畫店，也開展根據小照片來繪製大像的業務。1880 年 8 月 24 日，上海《申報》第 5 版上，刊登了一則《畫士告白》的廣告，這名畫家寓居虹口羅生藥房內，不僅「向善西法畫像」，上海的「輪船招商總局、有利銀行、麥加利、天祥等行，均有本主人畫稿」，還可以攜一張小照來，「便能放寬展大，隨意指教，無弗精妙入微也」。1921 年，留學歐美的畫家宋季庠，在北京觀音寺街賓宴華樓內樓上開設畫店，採用西法，用「毛筆墨繪大像」，還可以「彩畫軍服、禮服，無不逼肖如真」，並且，宋季庠還在畫店內開設「圖畫傳習科」，教人「繪影」[13]。宋季庠潤格費用如下：

半身：二十四寸洋八元；四十寸洋十八元。
全身：四十寸洋二十元，七十寸洋五十元。
禮服油畫、着色朝服、佈景另議。[14]

1926 年，廣東的肖像油畫家陳藝舫來到上海，他任職於上海靶子場藝術大學，「素專研究西畫，對於油繪肖像一項，尤為專精」，

他所繪畫像以三十英寸起碼，每幅自三十二元至若干元不等。由於「求繪者踵相接聞」，他決定「臘月十五日停止收件，明年索繪者，照原價增加什一」。[15]

除了為本地客戶繪製大像外，在廣州、香港、上海等對外貿易繁盛的城市，在照相館內，根據小照片為來華的外國人繪製大的油畫像，成為一個新興又賺錢的買賣，很多外籍水手、客商把家人的小照片帶來，請照相館的中國畫師繪製油畫小像，或者大尺寸的油畫肖像，價格比西方便宜很多，因此業務盛極一時。（2-4-1）

肖像畫影響下的攝影術

攝影術在西方發明後，其對於繪畫原始紀實功能的侵犯，曾經引起西方繪畫業的一次危機，大量畫師失業。但繪畫並沒有消亡，而是開展了一場自我救贖，在觀念和意識方面尋找新出路，從而在藝術道路上更上了一個台階；而攝影術迅速取代了寫實性肖像畫的社會功能，成為再現世界的主要媒介。不過，對中國來說，照相館的普及速度遠遠落後於歐美，傳統繪畫的視覺經驗和影響力，一直籠罩在攝影術的發展過程中，也給照相館攝影帶來了深遠的影響。

1. 照相館肖像的開啟

傳統中國肖像畫的種類多種多樣：最為重要的就是已去世的先祖畫像，稱「祖宗像」，俗稱「買太公」或「記眼」，又稱「衣冠像」，供

---

12 《宋季庠墨繪大像潤格》，見《順天時報》，1924 年 12 月 27 日第 5 版。

13 《宋季庠畫像》，見《順天時報》，1921 年 6 月 4 日第 1 版。

14 《宋季庠墨繪大像潤格》，見《順天時報》，1924 年 12 月 27 日第 5 版。

15 《肖像油畫家到滬》，見《申報》，1926 年 1 月 6 日第 18 版。

於家中廳堂以寄追思緬懷之情，及逢年節時祭祀之用；替剛逝之人繪像，稱為「追影」或「揭帛」，俗稱「畫喜神」；給活人畫像，稱為「生像」，因示吉祥，也稱「壽相」，也是以備去世後祭祀使用；表現閤家歡聚或家庭成員的群體肖像可稱「家慶圖」；展現一定娛樂生活情景的家庭群像則稱「行樂圖」；還有一些肖像畫則以歷史名人為題材，表達出對他們的景仰和歌頌之情。

中國長期以來沿襲了一種不成文的習慣，也可以說影像禁忌，即不為生者畫像，[16] 因此，總體來說，祖宗像或追影佔據了傳統肖像畫的絕大部分，只有少數文人雅士或皇族貴胄會間或繪製「家慶圖」「行樂圖」之類肖像。明中葉以前，給生者繪製觀賞性或者娛樂性的個人肖像，可以說鳳毛麟角。

從明末開始，隨着城市中手工業和晚清國內、國際商業貿易的發展，新的市民階層誕生，他們同樣迫切需要自我確認和肯定。同時，隨着兩次鴉片戰爭的慘敗，中國文化的優越心理被逐漸擊破，向西方學習的風氣日益養成。從明代中葉開始的西風東漸，到攝影術傳入前，中國的民間肖像畫，尤其是在廣東、上海沿海地區，畫風有了西方繪畫影響的痕跡，明暗、陰陽、焦點透視的技法，也已經為部分中國畫家所掌握。但整體來看，中國繪畫作品仍然沒能放棄傳統中國肖像畫的畫法，畫面的平面裝飾性仍然較為明顯，從作品的起稿、構思、陰陽虛實，到人物的五官、鬚髮、服飾和神情動態的處理，凸顯出與西方繪畫不同的追求。

相比畫館更多地為先人追影，照相館的客戶群則是為生者拍照，但最開始也有不少拍照者，是為將來逝去後畫像做準備。後來，很多開明人士開始加入照相館顧客群，但紀念性依然是照相的基本功用。傳統中國肖像畫中全身、正面、平光的範式被嫁接到照相館肖像中，「家慶圖」「行樂圖」等給剛剛興起的照相館的視覺構建提供了現成的參考圖版，人物、道具、背景三位並重的中國照相館肖像基本圖式形成。[17]

2. 繪畫的模仿

在傳統繪畫視覺經驗的巨大慣性影響下，有許多照相館，為了追求和繪畫同樣的風雅，還在照片的材質、裝幀上刻意模仿繪畫。

晚清時期，西湖邊有個水鏡軒照相館，依托左公祠、文瀾閣、平湖秋月、俞樓各景，顧客可以「傍水依石，隨人所欲，風台月榭，有目皆知」，最後把照片印製在絹綃上，並裝裱成「行樂圖」的樣子，「裝潢攜帶，或可效少文之臥遊，未始非雅人深致也」[18]。

上海寶記照相館的老闆歐陽石芝，是康有為弟子，性喜交遊，一般文人雅士多喜歡去他那裏拍照，歐陽石芝創造性地把照片印在白綾之上，再裝裱到鏡框中，時任《申報》執行總編輯的何桂笙（高昌寒食生），看到後拍案叫絕，於是題詞其上：「買絲止合繡平原，韋布如何妄自尊。多謝三毫添頰上，好從鏡裏認詩魂。」[19] 歐陽石芝還從詩人李白《春夜宴從弟桃花園序》中受到啟發，製成了用中國畫畫紙印相法，「或作橫披，或繪回屏，或繪冊頁，

---

16 「古人認為，生前畫像是一件危險的事情，敵人可以借助畫像來對自己進行攻擊。」鄭岩，《古人的標準像》，見《文物天地》，2001 年，第 56 頁。

17 詳情參見本書第三章第二節：《從「衣冠大像」到「美術攝影」——照相館審美的濫觴與流變》。

18 見《申報》，1889 年 6 月 12 日第 6 版。

19 《自題綾照》，見《申報》，1889 年 10 月 8 日第 4 版。

中堂、手卷均可補圖，詎不令雅士佳人增文房之慧眼乎？」[20] 另外，寶記照相館還能在五金、木器、瓷器、玉石、雅扇等物品上，曬出人物山水，光豔奪目。

3.「畫」照片

攝影術從黑白照片肇始。然而，很多中國人認為黑白照片不吉利，或者，人們從心裏也期望看到五彩斑斕的世界原貌，所以，不少照相館開始給黑白照片着色，就是用不同的畫筆在照片上進行二次創作，栩栩如生的着色照片擴大了照相館的顧客群。照片着色，本來就是那些轉行而來的畫師們的特長，與照相術的有機結合，給照相館帶來了新的氣象。照片着色在中國照相館中持續了很長的時間。[21] (2-4-6, 2-4-7)

另外，為了彌補照片黑白層次的不足，很多照相館在印製肖像時，還以照片打底，直接在攝影作品上進行再創作。一般來說，是在照片顯影時，輪廓剛剛出現，便進行定影，等晾乾後，再用炭筆或其他彩筆，一筆筆勾勒人的膚色、頭髮的質感、眼球的光亮，可以說，這比照相館普通的整修更進一步。由於顧客希望肖像作品更加逼真，同時又希望攝影作品更具有藝術性，這種繪畫和攝影結合體的出現，滿足了大家深層次的心理需求。(2-4-4)

照相館肖像畫的形成

在傳統繪畫的視覺經驗影響照相館發展的同時，照相館的普及，也改變着畫師們的視覺經驗和觀看方式。中國延續了幾千年的肖像畫，在西方油畫侵入後，曾經經歷了第一次趨向寫實風格的轉變。攝影術傳入之初，與之相抗衡的傳統中國肖像畫逐漸式微，而更加逼真的攝影術，再一次擴展了肖像畫的教化與紀念功能，同時，肖像畫顧客群體的變化、繪畫介質、繪畫風格上的變化又為傳統肖像畫開闢了新路，一個特殊的照相館肖像畫風格開始形成。

1. 畫像顧客的變化

攝影術傳入之前的中國畫店──「影像舖」[22] 中，為活人畫像的比例很小，主要業務在「每年到秋後，各畫像社就忙於畫神像，又稱喜神，這是中等以上人家，過年祭祖時要掛在廳堂上的」。[23] 這些喜神像，都是已經故去的先祖或家人，也就是人們通常所說的「祖宗像」。在廣州、香港等地，畫店還繪製大量外銷油畫或通草畫，其中雖然也不乏中國官員、買辦商人和仕女的肖像，但彼時，就像早期外國攝影師拍攝的中國照片一樣，肖像畫的消費者主要是西方人，畫像主人只是被擺佈或僱用的模特而已，繪製的目的，更多地是滿足了西方對中國的臆想和窺探。

從明末到清末攝影術傳入之前，隨着中國城市中手工業和國內、國際商業貿易的發達，一個新的市民階層興起，他們迫切需要自我確認和肯定，照相術的傳入，以其快速、廉價、逼肖的特性契合了這個新興階層的心理需求，大量普通人的肖像開始在照相館誕生。與之

---

20 《寶記自製中國畫畫紙印相法》，見《申報》，1892 年 2 月 29 日第 4 版。

21 詳情參見本書第三章第六節：《畫「彩照」── 照相館的着色藝術》。

22 英文為 Portrait Painter，見《燕都商榜圖》，彩色手繪本，北平中國畫會出版，1931 年。

23 過補白口述、過炳泉整理，《解放前無錫的畫像業》，見無錫市政協文史委員會編，《江蘇無錫文史資料選輯》（總第 19 輯），1990 年，第 127 頁。

相伴，畫店或照相館，也從一開始為先人大量繪製祖宗像、壽像，慢慢轉為更多地為健在的高堂、家人，甚至自己畫像。尤其是達官貴人之家，升遷、祝壽、慶生等重要的家族節慶，到照相館或畫店，繪製一幅肖像用於紀念逐漸流行。可以說，照相館繪製的這類肖像畫，是「我想畫」「為我而畫」的中國本土照相館的「照相畫」[24]，與先前單純外銷的肖像畫定位形成了鮮明對比。

2. 肖像畫介質的變遷

傳統中國肖像畫，主要以水墨或工筆為表現形式。隨着攝影術及照相館的普及，照相館肖像畫的繪畫語言開始突破傳統，出現了許多新的藝術形式，其中，油畫、水彩畫、炭精畫和瓷板畫為四種最主要的民間表現形式。

油畫和水彩畫：西方油畫和水彩畫早在明代萬曆年間，就由傳教士帶入中國。首先在宮廷得到傳播，被廣泛地作為宮廷裝飾藝術，中外畫家也開始直接為皇帝、親王、重臣、有功將士等畫像；後來，西畫在南方口岸城市進一步發展，主要是由中國畫師通過臨摹歐洲的銅版畫，製作成油畫，再返銷歐美。也有中國畫師模仿西法，為外國來華的航海家或商人繪製寫生肖像。但總體來說，在攝影術傳入之前，中國普通民眾和西畫還沒有多少真正的交集。

隨着攝影術的傳入和照相館在南方口岸的大量出現，原來盛極一時的外銷通草畫迅速被來華攝影師拍攝的照片所替代，大量失業的

畫師轉行為攝影師，或者進入照相館，從事根據照片描摹放大肖像的業務。因為價格的優勢，一開始，更多外國海員及旅遊者，把自己家人的小照片帶到中國，複製成大的油畫肖像，再運回國內。所以，開放口岸早期照相館印製的照片商標上，多標有「肖像畫家」或「油畫真容」[25]的字樣。很快，照相館的油畫、水彩畫繪製或根據照片進行西法放大被更多中國顧客接受，相比傳統中國水墨、工筆肖像，油畫和水彩肖像不僅「朝夜晦冥，陰陽反正，不少差池」[26]，而且保存時間更長，更適合家庭長期觀瞻和傳承。

炭精畫：也叫「炭畫」「炭像」「炭筆畫」或「擦筆肖像畫」。攝影術傳入後，先人去世，繪製一張大的寫實油畫或水彩大像，「宣紙神像高的每軸要十石米，一般也在五石米左右」[27]，其費用不是一般普通民眾所能承受。同時，攝影術帶給人們的寫實視覺經驗，大大影響了人們對祖宗像「形似」的心理預期。原來畫師流水作業，甚至讓後人自己選擇「雲身」、衣冠的方式，已經變得不被接受。在很多地區，也有以懸掛先人的照片替代祖宗像，但因為氣候潮濕，常年公開懸掛的先人照片容易褪色、殘損。正是在多種因素的影響下，在中國民間，從 19 世紀末開始，一種以碳粉塗擦明暗凹凸的炭精畫在中國民間流行開來。(2-4-10)

炭精畫的創作一般以小照片為藍本進行放大，逼真的效果正如黑白照片。繪畫時，畫師先通過「九宮格」打格子，等比例放大，精

24 湘客，《觀四馬路源昌鏡架號光影中國名勝畫記》，見《申報》，1911 年 8 月 26 日第 18 版。

25 廈門瑞生 & 宜芳照相館廣告：「本樓在鼓浪嶼龍頭大街開張，照相並油畫真容，光顧者價銀相宜。」見查爾斯．沃森所藏照片冊（1918 年），美國康奈爾大學卡爾．A．克羅赫善本及手稿部收藏。

26 湘客，《觀四馬路源昌鏡架號光影中國名勝畫記》，見《申報》，1911 年 8 月 26 日第 18 版。

27 過補白口述、過炳泉整理，《解放前無錫的畫像業》，見無錫市政協文史委員會編，《江蘇無錫文史資料選輯》（總第 19 輯），1990 年，第 127 頁。

確描繪出人像的整體輪廓；然後用鉛筆勾線，畫出五官輪廓；最後再用毛筆蘸着炭精粉一層層填塗。（2-4-9）

相對油畫、水彩大像的繪製，炭精畫簡單易學，作畫材料簡單，因此，炭精畫的價格要低很多，更多普通百姓可以承受。和一般用小照片複製放大，或者小底片放大相比，炭精畫具有更大的優勢：小照片放大會失真、顆粒變粗，而炭精畫則很逼真；殘破、變色、模糊的照片，經畫師繪製並進行藝術加工，可以畫出一張理想的人像來；還可以用移動的方法，從一張多人照上摘下其中一個人畫成單人像，或者把幾張單人像合畫在一張紙上，看上去就像合影一樣。[28]

一張小小的照片，經過炭精畫師的妙筆，不但尺幅大大增加，適合家庭的展陳，而且，炭精畫還能表現明暗變化，遠近層次，使畫面具有相當的立體感和縱深感，其黑白層次甚至也可以超過照片，大大增加了人物的質感和逼真性。另外，炭精獨特的材質，可以保證畫作至少百年不褪色。畫師用炭精畫好後，還可以再用水彩顏料着色，創造出更精彩的淡彩炭精畫。（2-4-11）

時至今日，在中國很多中小城市，仍然有少量炭精畫畫室存在。不過，大部分來畫像的顧客，都是那些上了年紀，有懷舊情懷的人，偶爾也有趕「時髦」的年輕人光顧。畫室主人基本都是七八十歲的老者，在逼仄的空間裏，一筆一筆小心翼翼地皴擦着，對抗着現代社會

的時尚，對抗着數碼攝影、PS 等日新月異的技術，成為一個城市鮮活歷史的最後堅守者。[29]

瓷板肖像畫：俗稱「瓷像」，是一種直接在純白素瓷板（經過高溫燒製成的白釉瓷板）上繪畫的瓷製藝術品。製作時採用特別的瓷用顏料，以乳香油和樟腦油調色，經高溫烘燒而成，這種瓷上作畫方式，體現了繪畫藝術與燒瓷工藝的巧妙結合。紀實風格的瓷板肖像，正是在攝影術進入中國後，與中國傳統繪畫、陶瓷藝術有機結合而產生的。

瓷板肖像畫最早出現於清末的江西。1910 年，江西瓷業公司在鄱陽縣饒州瓷廠內附設一所陶業專門學校——中國陶業學堂。這所學校採用新式教學方法，聘請從日本、美國留學歸來的青年教師傳授素描、油畫、雕塑等西方藝術。正是在攝影技術和西方寫實繪畫的影響下，人們可以從容地根據照片製作瓷板畫。1911 年，學堂裏工於書畫的老師鄧碧珊，將歐陽詢發明的九宮格定位法用於瓷繪，將照片放大移植到瓷板上，開始瓷板寫實肖像畫的探索。兩年後，鄧碧珊來到景德鎮，將他的瓷上肖像畫技法傳於另一位瓷繪大家王琦。王琦則將瓷上肖像畫技巧進一步豐富，成為瓷上肖像畫的代表人物之一。在創作過程中，他借鑒西畫的造型手法，充分發揮瓷板的特性，刻畫細膩、逼真、生動，王琦慢慢摸索出讓瓷上人物顯得立體、真實的技巧。（2-4-12）

瓷板肖像畫，以「色料堅強，經久不變，雖經烈日嚴霜，亦不退色」[30] 的特點，很快受

---

28 參考《炭精畫像技術》，印刷本，作者收藏。

29 《漢聲》雜誌曾採訪了遍及中國十五處的炭精畫畫室。《中國民間各地肖像畫師調查記》，見《漢聲》雜誌第

63、64 期，1994 年 3、4 月出版。

30 《長炎畫室新闢江西瓷版畫像》，見《申報》，1928 年 7 月 28 日第 24 版。

到普通民眾的歡迎。更多具有繪畫于藝的民間藝人，看到了瓷上肖像畫的商機，紛紛效仿，瓷板畫室也從江西、湖南等地向外輻射。1928 年，金長炎在上海山東路望平街二六七號的長炎畫室，「專繪墨、炭肖像及水彩着色，已歷有年」，鑒於「江西瓷版畫像，為我國著名出品之一，而提倡者寥寥。為發揚國產起見」，長炎畫室專門闢出瓷板畫像一間，專繪各種瓷板肖像，並且「莫不栩栩如生，呼之慾出」[31]。民國瓷板肖像畫家吳康於 20 世紀 30 年代，還發明了彩色新瓷板肖像畫，從而使肖像畫步入一個新的時代，使肖像畫更加美觀。[32]

3. 照相館肖像畫的風格

傳統中國肖像畫，基本是中國工筆畫和水墨畫相結合的表現手段。清末攝影術傳入後，一開始，照相館同時「兼畫西法油相、水相、壽容神像」[33]，「西法」是照相館強調的特色之一。有的照相館還兼「寄售洋畫……大小洋畫數千張……其中山水、人物、飛禽、走獸，各式齊備，精妙無比，頗堪悅目」。[34] 照相館內，在照相術和西方寫實油畫、中國傳統肖像畫技法的多重影響下，中國的照相館肖像畫獨特風格開始形成。

很多出自照相館的肖像畫作，尤其是油畫或水彩畫，一眼看去，實在是無法辨認究竟是照片還是繪畫，其逼真性令人歎為觀止。究其原因，一方面，這類肖像畫已經基本告別了傳統寫真術中摹繪的方法，被繪者或端坐在照

相館內，或提供給畫師一張小照作為範本，這種讓畫師直接對人或照片寫生的方法，大大提高了肖像畫的「形似」度，這些畫像看起來「精工細巧，形容無二，宛然活現，無不暢心」。[35]

畫師們往往還把照相館內豐富的道具，比如，座椅、花几、茶碗、花瓶、花卉等一筆不落地繪製在肖像中，但和同時期照片相比，肖像畫中一般不再繪製背景，從而形成人物與道具二者並重，並強調整體的均衡與雅意。不論站像還是坐像，油畫和水彩肖像畫基本是全身像、正面像。這種構圖風格，又區別於中國傳統神像中一般只有座椅的簡單佈局，也不同於西方寫真中單一突出人物個性的藝術風格。

另一方面，畫師和攝影師同時共事於照相館屋簷下，甚至很多人還是集畫師和攝影師的技術於一身，在照相術帶來的具象視覺經驗得到越來越多顧客追捧的時候，純粹的單線平塗和白描為主的傳統肖像畫手法弱化，大家開始注重借鑒西方肖像畫法中的明暗對比、透視、色彩冷暖等藝術手法。不過，傳統視覺經驗依然在各個方面影響着這種「借鑒」：在人物面部的描繪上，區別於西方純粹依靠明暗關係，晚明曾鯨開創的「波臣派」的「墨骨法」得到進一步傳承，面部描繪在線條的基礎上，一般是通過烘染凹凸，突出立體效果；在人物衣冠的繪畫上，則吸收了傳統肖像畫中的江南派畫法，先用淡墨線勾勒，再用粉彩或油彩層層渲染；在道具的繪製上，甚至借鑒了中國工筆

---

31 同前註。

32 雷毅，《論清末民國新彩瓷肖像畫藝術特色與時代內涵》，見《大江週刊‧論壇》，2012 年 5 月。

33 《今到新法照相致真樓主人啟》，見《申報》，1891 年

11 月 27 日第 4 版。

34 見《申報》，1893 年 3 月 4 日第 10 版。

35 《今到新法照相致真樓主人啟》，見《申報》，1891 年 11 月 27 日第 4 版。

畫精謹細膩的筆法，加之光影的簡單運用，更加栩栩如生。

　　中國傳統的肖像畫風，不但直接影響了中國照相館審美的濫觴與流變，還一度引起照相館對傳統繪畫的跟隨與模仿；同時，攝影術天然的紀實屬性，以及隨之而來的西方繪畫寫實風格，又深深作用於照相館的肖像畫創作，形成了一個中國肖像畫特有的價值體系和藝術範疇。攝影與繪畫相互交織，在中國特定的歷史文化語境下，經歷了一系列盛衰與演變，在其影響下，照相館攝影師開始了與繪畫相關聯的各種藝術探索，為未來中國照相館的發展開闢了新的空間。

2-5-1 女子化妝肖像

上海寶記照相館，銀鹽紙基，櫥櫃格式，1914 年前後。作
者收藏。

這是一張典型的化妝後拍攝的肖像，女子的眉毛、頭髮，
都經過特別的化妝處理。

2-5-2　整修前和整修後半身結婚照

上海有德照相館，銀鹽紙基，卡紙 23.2×18.6 厘米，照片
14.6×10 厘米，1934 年前後。作者收藏。

整修前的照片，沒有卡紙，上面蓋着藍色印章：「此係樣子，
尚未修改」。對比整修後的照片，一是背景黑白不均變為整體
白色；二是人物的亮度得到提升，臉部光線更加柔和，明暗對
比弱化；三是一些細小部位，比如新郎頭上一撮立起的頭髮被
整修去除，顯得更加整潔。

2-5-3　整修前和整修後全身結婚照

上海有德照相館，銀鹽紙基，卡紙 16.85×24 厘米，照片 10.3×14.3 厘米，1934 年前後。作者收藏。

整修前的照片，上面蓋着藍色印章：「此係樣子，尚未修改」。對比整修後的照片，一是背景的整體亮度得到提升，並且幕布和其他背景圖案色調變得一致；二是從光紙變為布紋紙，人物圖像更加柔和，似乎經過柔光處理；三是新郎的頭髮同樣得到整修，顯得更加整潔。

2-5-4　整修前後新娘照對比

上海良友照相館，銀鹽紙基，10.2×7厘米，完成照是9.8×7厘米，1939年前後。作者收藏。
整修前的照片上蓋有良友照相館的藍色印章，上書「此係樣子」。對比整修前後的照片，新娘的臉部變得瘦長，更符合中國人「瓜子臉」的傳統審美標準。

2-5-5　整修前的男子肖像

上海摩登照相館，銀鹽紙基，8.8×6
厘米，1933年前後。作者收藏。
照片背面有藍色印章：「此樣尚未修
改」。男子姿態模仿當時的電影明星，
但修改前的照片，不論從光線造型，
還是畫面飽和度，都與明星照有一定
距離。

改頭換面

—— 照相館化妝與整修的唯美與濫用

「一位德國攝影師發明了第一種修整負片的技術。他製作的同一張肖像的兩個版本 —— 一張經過修整，另一張未經過修整 —— 在一八五五年巴黎舉辦的世界博覽會上震驚觀眾（這是第二次世界博覽會，也是第一次有攝影展的世界博覽會）。相機會說謊的消息使拍照更受歡迎。」[1]

這是蘇珊·桑塔格《論攝影》中提到的故事。正如桑塔格所指出，攝影史可以概括為兩種不同迫切需要之間的鬥爭，一是美化，它源自美術；一是講真話，它源自科學、19 世紀文學及當時獨立新聞主義的專業。對中國人來說，雖然攝影一開始被認為是「技術之末」[2]，但其能夠美化的特性也成為攝影普及的一大助力。照相館純粹的商業特性，更決定了其需要滿足和迎合顧客的需求，從而導致了照相館追求唯美，甚至造成「改頭換面」的泛濫。

傳統中國美學中，人們歷來對人體審美高度重視，儒家的雅正，道家的清逸，佛家的超絕，都深深影響了中華民族對於理想美的塑造。綿延數千年的中國傳統占相術，以人的面貌、五官、骨骼、氣色、體態、手紋等，推測和品評人的吉凶禍福、貴賤夭壽，更進一步強化了人們對人體審美的重視和希冀。在人體審美最核心的容貌美中，相術以「陰陽五行」為綱，認為面部的鼻額、眉眼、嘴、顴等基本組合，其結構的平衡與和諧是「五官端正」容貌美的條件，又以鼻中軸的左右五官、顴頰平衡對稱，為容貌美的基本圖式。

照相術發明之前，作為記錄人體面貌的唯一二維視覺存在 —— 中國傳統肖像畫的創作，就受到了來自相學理論的影響。元代中國第一部完整的肖像畫專著《寫像秘訣》中，起首就明確提到了相學與肖像畫的關係：「凡寫像須通曉相法。」傳統人物畫中的程式化造型，就集中體現了不同時期相術中對人本身的審美要求，如中國仕女畫中的標準形象：絲髮小眼、櫻桃小嘴、胸平體豐、骨節不露，便是依據了相面術中的鑒人標準[3]；傳統相術中關於男子富貴標準之相的口訣「天庭飽滿、地閣

---

1 蘇珊·桑塔格著，黃燦然譯，《論攝影》，上海譯文出版社，2008 年，第 88 頁。

2 見《萬國公報》，1878 年第 512 期，第 20—21 頁。

3 尚新周，《相術和中國人物畫造型關係探微》，見《美術界》，2013 年 4 期。

方圓、兩耳垂肩、濃眉大眼、鼻直口方」等更是肖像畫家遵循的描繪準則。正因為各肖像畫家熟諳各類相圖表現，才形成了肖像畫中竭力描繪吉相，而儘量規避凶相的統一風格。

攝影術傳入後，在照相館肖像的攝製中，攝影師和顧客自然而然地試圖遵從中國傳統的審美規範，但攝影術的技術特性完全不同於肖像畫的創作。傳統肖像畫可以從立意、起稿、渲染等一系列繪製技法中契合相術的賢愚、壽夭、貴賤等人倫之鑒，擺脫了單純「逼肖其行」的肖似性，而更具有象徵性、示意性和程式化、理想化的性質。[4] 而攝影術最本質的特性就是它逼真再現世界的能力，但拍攝、印製過程中的一系列人工參與，同樣可以在這種逼真再現中「揚美隱陋」[5]，從而獲得人們期待的理想肖像。中國譯述出版的第一部攝影業務圖書專著《脫影奇觀》的廣告中，就明確表述照相術再造容顏之功效：「夫貌之妍媸，固非人力所能轉移。而照則不然，瘢麻滿面者，可以調停其間，掩其醜態，增其豐神，頓令惡人化為西子，而仍不失本來面目也。」[6] 商業性的照相館，如何在經營中「揚美隱陋」，最大限度地滿足顧客需求，是擺在攝影師面前一個嚴峻並決定照相館存亡的嚴肅課題。

化妝 (2-5-1)

正因為人們想在照片上記錄自己最美的一面，每個顧客去照相館拍照前，總是精心打扮一番，比如男子穿上新衣、新鞋，戴上新帽，梳理好自己的頭髮，女子則更是塗唇描眉、略施粉黛。精心的打扮和化妝，確實能讓照片增色不少。清末的照相館，為了使人臉去除陰影達到平光效果，往往在拍攝前給顧客臉上撲白粉。英國攝影師約翰·湯姆遜在參觀香港阿紅照相時，疑惑於樣片中過於白皙的臉部，阿紅說：「拍照時我在人臉上都撲了粉。」[7] 不過，到民國時期，「在三四年的現代，拚個命塗白了白粉拍照像的人恐怕是很少的了」。[8] 當時不少大眾報紙雜誌，也常刊登指導女子拍照臉部化妝的專門文章：

第一步，在拍照前請大膽地拭去你臉上的白粉吧。用冷霜 (Cold Cream) 很仔細地揩去臉的汙垢，然後輕輕地拍上少量的白粉，至於胭脂是不該過於濃厚的；因為紅的顏色，在照片上是變成灰黑色的，你愈搽得濃厚，愈見灰黑了。鼻子不很高的人，可以在鼻管的兩旁加些胭紅。眉毛和眼睛之間，可加量多塗冷霜。畫眉之後，如果塗些凡士霜，則更見美麗。嘴唇上請勿直接塗口紅。先把冷霜平均地塗搨後，再塗上較深色的嘴唇。並且臨拍的時候，請勿忘掉用舌尖潤濕嘴唇，這樣就唇上發現美麗的光澤。眼簾上請勿加眼黑 (Eye Shadow)，因為這或許損害你高尚的品格。最重要的一點，就是當面鏡頭時，眼睛的表情是最影響其結果的。這可以平時對著鏡子窺察了你的表情美，以期得到最美滿的效果。[9]

4　周永良，《論傳統肖像畫的肖似性及其得失》，見《文化藝術研究》，2010 年 3 卷 4 期。

5　肖小蘭，《上海：1949—1999 照相館人像攝影藝術》，見《藝術中國》，2012 年 1 月 31 日。

6　見《萬國公報》，1878 年第 512 期，第 20—21 頁。

7　《約翰·湯姆遜論香港攝影師》，見《英國攝影雜誌》第 19 卷，1872 年 11 月 29 日，第 656—658 頁，以及 1872 年 12 月 13 日，第 569 頁、第 591—592 頁。

8　陳紫娟，《照像時的化妝術》，見《婦人畫報》，1934 年第 23 期，第 20 頁。

9　同前註。

針對照相館照片，中國女子表情呆板或死板地模仿外國明星表情、姿態的現象，《良友》雜誌專門刊登了《秘訣公開：怎樣把你拍成更美麗的照像》文章[10]，配圖上海大同和光藝照相館拍攝的女子肖像，從髮型、搽粉、畫眉、服裝、飾品等多方面指導女子照相館的拍照技巧，並且特別注意到，要根據東方人和西方人臉部不同特點，因地制宜，以拍出自己的個性美，把各部分的缺點聰明地掩飾之：

拍照時的髮型，則平時慣燙的型式為宜。如果喜歡拍新穎的，那把它經過相當日期的改作，覺得它很配合了你的臉，而不像臨時從美容院借來的，才可以上鏡頭了。至於從美容院或理髮店匆忙地直接奔到照相館的事情，可謂最大的錯誤。請至少等候一兩天，把髮的燙紋稍成自然些的時候再上鏡頭吧。

搽粉的多寡也有很顯著的影響。如果你搽了多量的白粉，你臉上的線條就要變為生硬，而並把你美麗的臉成為平面的牆頭了。拍照前，請大膽地拭去你臉上的粉末，並用冷霜很仔細地揩去臉上的汙垢，然後輕輕地拍上少許白粉。顏色若使用淡黃色的，則有更好的效果。

畫眉時最要留意的就是把你的眉毛不可畫得過於濃厚或淡薄。眉根較濃，到了眉尾漸漸地淡下去，不過畫得過長的眉是不很高尚的。眉畫成後，眉與眼之間可稱量地塗上冷霜。眼簾上請勿用眼墨。東方人的眼睛原是較西方人為深黑，若再效西人而塗眼墨於眼簾，那真是笑話了。拍普通的照片，絕不是拍電影或在戲壇上做戲啊。

此外鼻子較低的人，可以在鼻上多拍粉末，鼻管兩旁多塗些頰紅，並切勿拍橫面的照片。同這理由一樣，顴骨很高的人，在那高起的地方少塗白粉為宜。眼睛較小的，拍時把眼睛稍向右上或左上看着，可使你的眼睛拍成較大些。嘴唇過大的，請勿張開嘴唇，或呈着笑臉。至於嘴唇過厚的，那不可滿唇塗口紅。

再，服裝上有幾點要請你注意的地方，衣服的花紋大，往往比小的好看些，但顏色之鮮明與否，倒沒有多大影響。厚的衣料，不宜穿。過於緊小，或過於寬大的那更是不相宜了。領圈請勿用過於高大而硬直的，因為這要使你頸部的肌肉勾緊，影響你臉部的表情至大。耳鐲，首飾等附屬品不宜多戴，這不但把你照片上的中心美被這些東西破壞，並且人家或許要認你為了附屬品的陳列而拍照的了。

各個照相館正是看到了「化妝」可以美化人物形象的效果，有條件的照相館開始重視化妝在照相中的作用。上面提到的《良友》雜誌，刊登了上海光藝照相館樣片，其照相館主人彭望軾曾留日學習攝影多年，號稱「上海惟一之藝術照相館」，照相館專門「設有化裝處」，「文藝家如胡適之博士、徐志摩、劉海粟諸先生，名媛如唐瑛、陸小曼、張蕊英女士等，均在該館攝影」。[11] 1925 年 12 月 26 日開幕的上海迎芳照相館，為法國留學生王雪橋等創辦，「內部攝影間及化裝室，皆仿自西式，佈置幽雅，規模壯麗」。[12]

---

10 張建文，《秘訣公開：怎樣把你拍成更美麗的照像》，見《良友》，1935 年第 101 期第 14 頁。

11 黃梅生，《介紹光藝照相館》，見《上海婦女慰勞會劇藝特刊》，1927 年特刊，第 6 頁。

12 《迎芳照相館今日開幕》，見《申報》，1925 年 12 月 26 日第 18 版。

不過，隨着照相館競爭的加劇，在純粹迎合顧客的唯美追求中，照相館化妝也有泛濫的趨勢，在上海等照相業極度發達的城市，這樣以追求商業利益為最高原則的化妝泛濫也引起了很多有識之士的反感。

上海的《小説世界》刊登過沈禹鍾的一篇《攝影者》文章，專門諷刺當時照相館過度化妝的情況，文章以一家虛構的「無真」照相館為由頭，説每當有主顧來攝影：「必定先引導到化裝房裏去預備，從頭至腳都由他們館裏的執事人代為整飾，即使衣服上的摺疊痕，偶然有梢微的不合式，也須把他整頓到盡善盡美的地步為止。這化裝房裏關於化裝應用的東西，一切都完備，只要主顧説得出名目，斷不會缺乏一件的，即使有人赤裸着身體走進去，也可以裝得十分體面，他們有了這樣完善的化裝房，加以執事人優美的手術，映出照像來，自然要高人一等了。」在這樣的照相館中，最後映照出的照片「和本來的面目，仔細認看，到底有些失真，最容易見的，便是面上本來滿擔着痘斑，或是雀斑的人，而照像上卻並沒映出來，和面如冠玉的沒有分別」。[13]

民國時期的《論語》雜誌也曾刊登一篇《開照相館記》的諷刺文章[14]，講的是三個朋友準備開設一間「全市最摩登、最時代尖端化的照像館」，取名「真真」，照相館廣告中，除了有汽車免費接送顧客、女攝影大師專替新青年們拍攝文藝化、戲劇化、詩意化的照片，以及替人拍生活電影、特設旅行攝影師隨顧客

旅行拍照外，最為重要的一點是「聘有化裝專家，專門代客化妝，老能變幼，鄉女變摩登，蠢漢變紳士，有意想不到之妙」，這樣的廣告刊登後竟然轟動全市，連報上也認為是一條好新聞。表現了作者對當時照相館過度化妝的嘲諷。

整修

今天的攝影人，也許不太使用「整修」這個詞，正如我們今天熟悉的 PS，或者説醫學界所説的「整容」，早期的照相館，顧客化妝完成後，從正式拍照到相片洗印完工，一般要經過拍攝、沖洗、修版、洗像、修像五道工序，一張照片才算最終完成。修版和修像統稱為整修，不僅糾正彌補了拍攝或印製照片過程的技術缺憾，更是為了總體美化照片，從而滿足了人們愛美的心理需求。（2-5-2, 2-5-3, 2-5-4）

整修，也叫點相（即修版）。[15] 一般照相館整修的流程有三個，前兩個都是修底版，之一是「塗紅」，就是通過用毛筆在顯影完成的底版上塗抹紅汞，以消除人面部的陰影，「洗就之底片，如嫌曬出面色太黑，可將底片之藥面，以毛筆將面部塗透清水，復以最明淨之淡洋紅水，勻塗於面部透明處，乾後再以清水塗之使勻，則曬出之片，面色即白。此法較鉛筆雖易，然亦非熟手不辦，蓋難在染色均勻，須深淺得宜耳」。[16] 清末時，很多顧客不喜歡臉上有陰影，通過「塗紅」，令面部更白淨，受到很多顧客的歡迎；二是用鉛筆或刮刀，直接

13 沈禹鍾，《攝影者》，見《小説世界》，1923 年第 4 卷第 13 期。

14 吳越，《開照相館記》，見《論語》，1947 年第 127 期，第 28—33 頁。

15 劉育新，《解放前的遼源照相業》，見中國人民政治協商會議遼源市委員會文史資料委員會編，《遼源文史資料》第 4 輯（建國前的遼源工商業），1991 年，第 84—99 頁。

16 蓉軒，《攝影術》（三），見《申報》，1917 年 7 月 13 日第 14 版。

修除臉上或衣服上的雜點、皺紋等,「以洗成之底片,待乾後,於人面上薄搽松節油少許,映於鏡面上,使回光照透花紋。以削之最尖細之軟鉛筆,於人面透明處,輕加細點,務使均密。凡鉛筆所點之處,曬出即成白色,如所點不當,則面相變成浮腫,或生麻孔,故非熟練手術者,不如不修為妥」。[17] 刮刀修整,與鉛筆不同,鉛筆修壞,可以擦掉重修,但刮刀修版就不能二次重修,刮掉藥膜更無法挽救。[18] 經過印製、顯影、定影後,第三步是最後修像,照片(特別是放大的照片)有花點,白的部分要用墨塗黑,黑的花點要由刀輕輕刮去,處理完之後,不留一絲痕跡,修好的照片裝入紙袋交付櫃檯。

舊時照一張相的週期為七天,就是為後期整修留下足夠時間,並且,當時照相館最後呈現出的照片水準高下,很大程度上依賴整修水準,修底版的師傅叫修底師,修相片的師傅稱為修像師,當時整修師的工資和地位,僅次於照相師傅。很多中小城市的照相館,都從北京、上海等大城市聘請專業的整修師,以提高顧客的滿意度。安陽最早的照相館之一——怡芳照相館,專門從北京聘請來了修相技師,經過怡芳照相館技師修出來的照片,「女人眉清目秀,男人氣宇軒昂,很受大家歡迎」。[19] 石家莊石門照相館從北平聘來技師崔雁臣,崔熱愛照相工作,苦心鑽研,「精於修版技術,

其筆鋒瀟灑,活潤無隙」[20],石門照相館在解放前一直生意興隆。創辦於 1945 年的揚州鏡中天照相館,技師欒鳳岐攝影、沖底、曬片、著色等工序,無一不精。後來為毛主席修標準照的陳石林,當年就在揚州鏡中天照相館工作,欒鳳岐就是他的啟蒙師傅。[21]

完全以顧客滿意為中心的照相館商業攝影,也有整修濫用的情況,正如劉半農所說:「我們也不能完全冤枉照相館;照相館中人,也未必一致願意這樣做。無如他們是營業的;既要營業,就不得不聽社會的使喚。」[22] 最開始,有的顧客一隻眼睛殘疾了,她要求在照片上改正常,還有一位顧客牙齒不整齊,要求在照片上整齊牙齒,照相館只得照辦,但要另外加錢才行。後來發展到可以通過整修,改變臉型的胖瘦、長圓,眼睛、鼻子、嘴巴的大小、正斜,顴骨的高低,及眼窩的深淺。有的照片「明明臉上有一個痣。修了去!因為修板的人瞧着這個痣不順眼,『我這些日子瘦了,照出來怕不是樣兒。』掌櫃的說了:『不要緊,給你修胖點兒』。你瞧,這是照『像』呢,還是照『不像』呢?還有,照例預備下陸克空框眼鏡,有的人平常一輩子不戴眼鏡,而照像時可得戴上,讓人一瞧就不認識是誰。多高!」[23] 照相館整修的濫用,在民眾眼中,認為照像師有「奪天地造化之功,如果你對你自己的面貌不十分滿意,他一定可以給你設法彌補。他可以

17 同前註。

18 遼寧省服務業公司整編,《照像業技術經驗彙編》,1956 年。

19 根據怡芳照相館創辦人李子俊之子李宗翰老人 2007 年口述,《一位世紀老人的照相情結》,見《安陽的照相業》,2007 年 12 月 18 日,童童的回憶,新浪博客。

20 馮式陶口述,郭風梧整理,《石門照相館瑣憶》,見中國人民政治協商會議石家莊市委員會文史資料委員會編,《石家莊文史資料》第八輯(工商史料專輯),1988 年,第 153—158 頁。

21 慕相中、張慶萍,《揚州老照相館的陳年舊事》,見《揚州晚報》,2011 年 5 月 14 日。

22 《談影》,見劉半農,《半農談影》,上海開明書店,1927 年。

23 章飛,《小品‧隨筆》:《照像》,見《沙漠畫報》,1939 年第 2 卷第 19 期,第 14 頁。

把你的照片收拾得恰如你理想那樣的美，雖然不一定像誰」。[24] 這種整修，雖然「精到萬分，確有改頭換面之力」[25]，但已經脫離照相本來的目的。

20世紀三四十年代，還流行去照相館模仿拍攝電影明星照：「其法，於照像者進門時，先將面部仔細審查一番，以求近似的典型。等合適的明星型選好之後，便由該攝影師詳加指導，耳、目、口、鼻、眉應作何種姿態均用手確切擺好。照過之後修板功夫至少要一禮拜，然後着色，放大；拿出之後，精采萬分，自不待言，便是任何人見了都可以說出這和某電影明星非常相像，而同時非常像你，其像你的『非常』程度普通總覺像電影明星的為少一點。」[26] 上海王開照相館以拍攝明星照出名，他們為了讓照片上的明星光彩照人，王開「還善於運用特殊程式，比如在底片上用鉛筆或毛筆將眼睛修大一些，將翹了的衣領整平」。[27] (2-5-5)

清末、民國時期的照相館，化妝與整修，最初是為了彌補個人的生理弱點，或者補救照相過程中底版和照片的瑕疵。適當的化妝與整修，滿足了很多人對理想容貌的期許，「不知多少男女因此而得圓滿，實在功德無量。所以大家不免都喜歡照像，尤其是在未婚之時，都喜歡自己的照片，比照鏡子時顧影自憐還要舒服」，[28] 這對推動照相館在中國的發展起到了積極的作用。不過，化妝與整修，最後發展到「改頭換面」的過度濫用，甚至可以叫「公然篡改」，也是當時很多有識之士所沒有預料到的。這裏有照相館不得不滿足顧客要求的客觀原因，也有照相館在激烈競爭中倫理底線的喪失。今天，當我們重新審視清末、民國那一幀幀「完美無瑕」的照相館肖像時，也許應當少一些驚歎，多一份冷靜與洞察，才能更接近歷史的真實與真相。

24 霍然，《談照像》，見《三六九畫報》，1943 年第 21 卷第 18 期，第 10 頁。

25 同前註。

26 同前註。

27 范昕，《上海「王開照相館」的前世今生》，見《傳承》，2010 年第 31 期。

28 霍然，《談照像》，見《三六九畫報》，1943 年第 21 卷第 18 期，第 10 頁。

2-6-1 女子坐像

上海森泰照相館，蛋白紙基，手工着色，20×25.5 厘米，1870 年前後。作者收藏。

此照片應當是照相館僱用模特所拍攝，目的是為展現女子的頭飾和服裝，照片是一種外銷商品。

2-6-3　頤和園全景圖

北京太芳照相館（傳），銀鹽紙基，工着色，175×15 厘米，1930
年前後。作者收藏。

2-6-2　勾欄美人小照

上海蘇三興照相館，蛋白紙
基，手工着色，名片格式，
1870 年前後。作者收藏。

2-6-4　女子半身像

濟南容真照相館，銀鹽紙基，手工着色，卡紙 10×17 厘
米，照片 6×9 厘米，1930 年前後。作者收藏。

2-6-5　關紫蘭肖像

王開照相館，銀鹽紙基，手工着色，13.7×19.2 厘米，
1930 年 2 月 13 日。選自華辰 2008 秋季拍賣會《影像》
Lot0046。

關紫蘭係中國 20 世紀 30 年代重要的女畫家。照片經過
精緻的手工着色，顯出關氏婉約、內斂、高雅的神韻。

2-6-6　湖畔夕照

舒新城，銀鹽紙基，手工着色，20×24 厘米，1930 年冬。作者收藏。

舒新城（1893—1960），湖南漵浦人，出版家、教育家、攝影家。早年業
餘愛好攝影，先後出版過《晨曦》《美的西湖》《美術照相習作集》《西湖百景》
等攝影作品集，以及攝影理論技法著作《攝影初步》，豐子愷稱他為「美術
照相家」。

2-6-7　八里莊寶塔

北京阿東照相館，銀鹽紙基，手工着色，26×39 厘米，20 世紀 30 年代。作者收藏。

2-6-8　女子持扇圖

廣州容芳映相，銀鹽紙基，手工着色，卡紙 22×30 厘米，照片 15×20 厘米，原框，1910 年前後。作者收藏。

廣州的照相館，不僅照相館館名普遍採用燙金製作，在這張照片的着色過程中，耳環、手鐲、衣服的花紋等都由金箔點綴，凸顯嶺南風格。

2-6-11　女子和孩童合影

佚名照相館，銀鹽紙基，卡紙 14×18.5 厘米，手工着色，照片 9.5×13.5 厘米，1930 年前後。作者收藏。
和一般照片手工着色不同，照相館對這張照片的卡紙進行了着色。不同花卉着不同顏色的水色，從而使黑
白照片有了一種別樣的味道，這種嘗試在早期照相館中不多見。

2-6-9　韓大臣飾《長阪坡》之趙雲

北京大生照相館，銀鹽紙基，手工着色，19.8×13.8 厘米，20 世紀 30 年代。華辰 2012 年春季拍賣會《影像》Lot 0918。

2-6-10 男子坐像

太原摹真照相館，蛋白紙基，手工着色，卡紙 20×28 厘米，照片
15×21 厘米，1910 年前後。作者收藏。

畫「彩照」

—— 照相館的着色藝術

攝影術發明後，西方國家不少人依舊覺得手工繪製的彩色肖像畫要優於純粹黑白二色的攝影肖像，因此攝影作品在印製完成後，「往往會使用水彩顏料、油畫顏料或者蠟筆來着色」。[1] 早在 1842 年，英國人理查·貝爾德發明了為照片着色的技術[2]，並申請了專利保護。很快，世界各地比較好的照相館幾乎都採用了這種着色技術。

攝影術傳入之前的中國肖像畫，尤其是具有紀念性質的祖宗像，鮮見純粹黑白影像，工筆重彩佔據了絕對主導的地位，這和中國傳統的民間禁忌有直接關聯。中國人認為白色、黑色為凶色，黑白兩色都與死人的事相關聯，或者能令人想起陰間的勾魂鬼 —— 黑無常、白無常，所以白色、黑色都容易使人聯想到凶禍喪葬等不祥之事，唯恐大不吉利。[3]

故攝影術流行後，中國的許多照相館，也開始順應顧客要求，為黑白照片進行手工着色。在很多地方，尤其是中小城市和鄉鎮，受到了人們的歡迎，「要使一張黑白照片有美麗的色彩，只有用人工把顏色渲染上去，這是一種近乎繪畫的技術，但比較繪畫要容易得多，因為片上已有着黑白的畫面，只須細心耐性地依照景物所需要和應有的顏色，一層一層描繪上去，到適當的濃淡度為止」。[4] 中國早期照相館很多攝影師是畫師轉行，畫「彩照」，對他們來說是老本行，並且，這種「迫不得已」的人為創作，從某種程度上說反而增加了照片的藝術魅力。

隨着照相館在中國的建立，照片着色的理念很快深入照相館。1862 年在上海開業的森泰照相館，一年後就在《航務商業日報》上刊發廣告，題目就是「着色照片」：

桑德斯敬稟滬上公眾：近日行將拍攝人像小照，栩栩如生，乃最新穎之藝術傑作。另備上海、日本所拍之全景照，人像照等等，樣片數以百計，敬候品鑒。理查飯店旁，上海。

---

1 （美）內奧米·羅森布拉姆，《世界攝影史》第 4 版，北京：中國攝影出版社，2012 年，第 60 頁。
2 同前註，第 43、47 頁。
3 任騁，《中國民間禁忌》，山東人民出版社，2011 年。
4 王月白，《照相着色》，見《中國攝影》，1946 年第 13 期。

1863 年 5 月 17 日。[5]

這應當是中國境內第一家提供手工着色的照相館，不過，當時森泰照相館的顧客大部分是外僑，中國人的着色照片也是照相館僱用模特拍攝，當作商品銷售給外國客戶的。(2-6-1)

1872 年 12 月 31 日，開業不久的上海蘇三興照相館在《申報》廣告中，提到自己的照片「着色鮮豔」，這是最早提到照片着色的中國人開辦的照相館之一：

啟者，本號照相係西人傳授，其法精工，且於用料加金水銀水等貴物，勿惜工本，蓋欲圖久遠故，着色鮮豔，日後亦不退色，其價公道，如欲意者請賜光顧可也。

三馬路口 蘇三興啟[6]

蘇三興以拍攝名伶妓女的照片而著名，手工着色後更是媚態可掬。清人李默庵在其《申江雜詠——照相樓》一詩中描繪過這類照片：「顯微攝影喚真真，較勝丹青妙入神，客為探春爭購取，要憑圖畫訪佳人。」[7]1873 年刊刻的中國第一部攝影譯著《脫影奇觀》中，曾專門講到《油色繪事之法》：「觀之，類如善手畫出，不似照出之影也。」(2-6-2)

1889 年 5 月 18 日，上海吳萃和照相館在《申報》上，把「着色相片」作為廣告標題：「代

為着色。描摹畢肖，色澤新鮮，定價劃一。」[8]後來上海張園開設的柳風閣照相館、耀華照相樓等，都專門提供照片着色服務。北京的廣東天華照相館，把「西法奇巧着色」作為吸引顧客的廣告手段之一。[9]照相館把大幅的着色相片陳列在櫥窗中，或名媛仕女，或伶界名優，或王公大臣，廣為宣傳，招徠顧客。

進入民國後，照相着色工藝進一步發展，尤其是以柯達為首的歐美及日本公司大舉進入中國，各種着色顏料出現在市場上，照相館着色也更加方便、快捷，業務也更加興盛。

北京的容光照相館發明了一種放大相加油色，「與本人所穿、膚色分毫不差。如軍服加色，更加美麗，所有肩章、勳章之色均能與原樣無異」。[10]而北京太芳照像館則從香港聘請油畫大家「精繪人物寫生，放大着油色，風景山水各種大畫。有遠年失色之照片，亦可追真，且價甚相宜」。[11]1922 年在上海開業的中華滬江攝影樓「對於着色照相尤為能手」，創辦人姚貴源還發明了「金銀色照相，異常特色。金者，輝煌燦爛；銀者，潔白可觀，眉目仍纖微畢露，與尋常之相片無異」。[12]

大眾也表現出對着色照相的熱愛，很多影迷搜集電影明星照片，成為一件嗜好，而搜集着色照片，尤為普遍，「近之如京滬杭京津，遠之如川貴甘陝粵桂等地，每年由影迷服務社總銷彩色照數近七千五百萬幀，雖然歸功於影迷

5 1863 年 5 月 26 日廣告，《着色照片》。見（英）泰瑞·貝內特，《中國攝影史：西方攝影師 1861—1879》，北京：中國攝影出版社，2013 年，第 90 頁。

6 《照相》，見《申報》，1872 年 12 月 31 日第 6 版。

7 葛元煦，《滬遊雜記》，上海書店出版社，2006 年，第 231 頁。

8 《吳萃和照相館：考究着色相片》，見《申報》，1889 年 5 月 18 日第 5 版。

9 《廣東天華照像》，見《順天時報》，1917 年 2 月 11 日第 1 版。

10 《容光照相：放大減收七》，見《順天時報》，1918 年 7 月 6 日第 8 版。

11 《本館請香港油畫大家》，見《順天時報》，1926 年 11 月 9 日第 8 版。

12 《金銀色照相之新發明》，見《申報》，1923 年 8 月 20 日第 17 版。

服務社聘請專家着色，色彩無不鮮豔奪目，但究竟還是大眾嗜好有色照相的緣故」。[13] (2-6-3)

照相着色不僅讓黑白照片成為彩色，還可以在着色的過程中對人進行美化，人們對着色的癡迷甚至超過了新發明的彩色攝影，在上海，曾經有「洞庭山人葉君，曾一度在小花園，發明五色彩照相，可照原穿衣服攝成，無須攝後着色」，但是，「無如其藝雖精、往攝者以反不若着色之從心所欲，可以增其美麗，乃致生涯不能發展，未幾即行收閉」。[14] 在很多小城鎮的照相館，除攝影以外，暗房、整修、着色等成為照相館不可或缺的三大工種，如果照相館不提供着色服務，很快會會關門大吉。

照片着色可分三種：油彩、水色和鉛筆。油彩和水色為最普遍。對今天的很多人來說，大家覺得照片着色是一件很神秘的事，從技術的角度來說，照片着色還是不難學會的。下面通過刊登在 1946 年第 13 期《中國攝影》的一篇《照相着色》文章，介紹一下流行於照相館的三種着色方法：

油彩和用具 —— 油色一盒（各大照相材料行皆有售），脫脂棉花，牙籤，二三寸長的小木棒（夏天冰棒上的也好），松節油，白玻璃一方。

着法 —— 先將棉花剪成小條，搓捲在牙籤上。四五支，小木棒上也用棉花條捲三四根，將照片詳細觀察一下，需用幾種顏色，視需要顏料的多少，將各油色也依其多少而摻少許在白玻璃上，後用已捲棉花的牙籤，先着細小部分的顏色，如人像的眉眼口等，蘸油色在

照相上輕輕揩擦，至平勻為止，大部分地方，可用小木棒，再大的部分，如天空及背景布幕等，可以一小圈棉花蘸色揩擦，但須細心徐徐揩抹勻和，心急難有美滿成績也。

照片因本身已分黑白明暗，故在着色時可不必顧慮濃淡層次，如嫌油彩太厚時，可稍加松節油。着色進行時，不必太拘謹地留出照片四周的白邊，待全部着好後，用棉花揩拭，即能恢復其白邊。

水彩和用具 —— 水彩着色簿一本（照相材料行有售），清水盂，梅花碟，大小淨毛筆三四支，脫脂棉花。

着法 —— 先用棉花蘸清水，輕揩照片全面，俟稍乾，用濕毛筆在着色簿中蘸取需要的顏色，入梅花碟，開始須從極淡着起，因水色是一種透明性的染料，落紙即不易洗去，必須由淡而濃，至適當顯明為止，不可性急，或認為不滿意時，可浸入清水中二三小時，顏色完全退去，再行重着。

鉛筆和用具 —— 鉛筆着色，不需其他用具，棉花一小塊已足，向照相材料行購各色透明顏色鉛筆，照鉛筆畫方法，漸漸繪上，也由淡漸濃，必要時可用棉花揩拭使較勻，俟全片着就透入清水中以極快手法拖過，甩乾晾燥。[15]

油彩和水彩着色，顏色最多，效果也好，一般大中城市中的照相館，因為原料購買容易，採用較多。對很多偏遠的中小城鎮來說，不少照相館只要購買一套柯達着色鉛筆，就可開展業務。這樣的着色筆每套有顏色筆七支（計藍、綠、赭、淡紅、淡黃、深紅、深黃各

13 文奇（講述）、夏朋（記錄），《照相着色講話》，見《青青電影》，1945 年第 6 期，第 14 頁。

14 佩珍，《照相館之今昔觀》，見《攝影畫報》（上海），

1935 年第 11 卷第 30 期，第 29—30 頁。

15 王月白，《照相着色》，見《中國攝影》，1946 年第 13 期。

一支），着色藥水一瓶，擦筆三支，脫脂棉一撮，合裝一匣，詳細着色方法如下：

着色時的手續：先取脫脂棉一小塊，蘸瓶中藥水少許，塗擦照片表面普遍，但勿過多。將顏色筆在照片上輕擦，顏色即能着上。且各色可在照片上調合，用鬆散的毛織物一小塊勻和之：藍與黃相合得綠色；紅與黃相合得橙色或肉色；藍與紅相合，得紫色。倘覺顏色着錯，可用一小塊毛織物，蘸瓶中藥水少許擦去之。故初習着色時用這種着色鉛筆最妙。照片着色既畢，乾燥後，顏色即牢着照上，永久不退。[16]

着色的顏料，可以購買成品，不方便的地區，或者市場因為戰爭或災禍斷貨時，也可以去洋、廣雜貨店，購買顏料自製。準備着色的照片，最好是印曬（或放大）在無光細面紙上，有光紙很難着色，粗面紙雖易着，但結果不及細面紙美觀。照片的內容，與着色的難易程度也大有關係。一般普遍認為：簡單的風景，着色最易；人像着色最難。下面是當時人們列出的照片種類，依着色工藝由易到難順序排。

一、簡單的風景

二、海濱景象

三、瀑布風景

四、靜物

五、多數人合照

六、夕照

七、鳥獸

八、雪景

九、室內景物

十、人像[17]

照相着色水準的高低，和着色師的技術和審美，以及當地的文化背景有很大關係，中國不同地區的照相館，着色水準也出現了明顯差異，形成了以上海、杭州、蘇州為代表的「海派」，以廣東、武漢為代表的「嶺南派」，以及以山西為代表的「晉派」等不同的着色風格。

從森泰、蘇三興，到耀華、寶記照相館，上海的照相館着色歷史源遠流長。20世紀20年代，陸子文開設的品芳照相館，以拍攝放大着色京劇劇照著稱。不過，直到三四十年代，以王開照相館為代表，「海派」的手工着色工藝才達到了頂峰。王開照相館拍攝了大量當紅明星的照片，印製完成後進行手工着色，它講究光影的自然銜接、和諧過渡，追求油畫效果，充滿了藝術性，經過修版師和着色師加工的明星照，成為那個年代的時尚樣本，為我們留下了一個時代的海上光影。[18] (2-6-4, 2-6-5)

「海派」着色風格，對中國的照相業影響深遠。王開的學徒吳建屏，1937年在上海創辦了中國照相館，着色照相依然是這家照相館的看家本領，1939年，他利用上海滬光電影院首映電影明星陳雲裳和梅熹合演的古裝劇《木蘭從軍》的機會，隨票贈送印有相館字號的陳雲裳照片，顧客在指定時間可持自己手中的陳雲裳照片，同照相館陳列櫥窗內的照片相對照，如果姿勢全部吻合，就可得一張十二英寸着色相片。免費贈送，讓中國照相館的知名度大大增加。1956年，中國照相館遷到北京

---

16 《照相着色法》，見《柯達雜誌》，1936年第5期。
17 同前註。

18 范昕，《上海「王開照相館」的前世今生》，見《傳承》，2010年第31期。

後，人們看到照相館櫥窗陳列的着色照片，紛紛專程參觀，中國照相館為此還辦了油彩着色培訓班，培養上油彩的技工，使華北照相業的着色水準明顯提高。[19]

在上海，照片着色不僅是照相館的專利，民國時期，還有很多自由攝影家也加入研究着色藝術行列。辭書編纂大師舒新城，一生興趣廣泛，攝影就是其中之一 (2-6-6)，而杭州西湖更是他最鍾情的拍攝對象。1929 年，舒新城出版了《西湖百景》，1931 年，舒新城與徐悲鴻合作，出版《美的西湖》畫冊。給單張西湖照片着色，是舒新城在出版之餘最喜歡琢磨的事情之一。1914 年就開始從事攝影的郭錫麒（1895—1976），潛心研究照相着色技術，被稱為「最擅長設色」的攝影家之一，他 1929 年參加中華攝影學社，是「華社的健將之一」。照相着色當時還得到了美術界追捧。1919 年和 1920 年在蘇州舉辦的第一屆和第二屆美術畫賽會，照相着色和「國粹、油色、水彩、鋼筆、鉛筆、木炭、蠟畫、漆畫、焦畫、刺繡等畫」[20] 並列展場，觀者肩摩踵接。同時，照片着色成了民眾「普遍的癖好」[21]，上海在 1945 年 5 月曾經專門舉辦了一次《電影明星照片着色競賽》，讓大家給明星照片上「五彩」顏色，幾千名愛好者參與了比賽，十名選手獲獎，所有參與者獲得一張電影演員利青雲的簽名照片，極大推動了照片着色在上海的普及。[22]

在廣東，嶺南文化特質中的開放風氣和實利重商文化傾向，深深影響了照相館的着色風格。嶺南地區商業發達，以金錢為貴，很多達官貴人崇尚金碧輝煌，其營建的祠堂和豪宅，無不以金漆木雕裝飾，以體現富貴之感，這種風氣也自然影響到了照相館審美。早年廣州照相館的照片背板上，很多館名商標都是燙金印製，而「嶺南派」照片着色風格，同樣追求整個畫面的富麗和洋派，着色時還在人體的相關部位直接點撒金箔、銀箔，以增加整個畫面的華貴感 (2-6-8)。還有的着色師，讓整個畫面呈現淡黃色為主體的貴色，這本是皇家和權貴人士的專用色，也令人聯想到金子的顏色，體現了尊貴之意。 (2-6-11)

相比嶺南風格的富麗和洋派，北方的照相館則是另外一種情形。雖然北京「太芳」「天華」「容光」等照相館仍然是廣東人經營，但北京政界、軍界、學界等主要顧客群似乎對照片着色並不鍾愛。觀察早年北京的照相館遺留的影像，人像着色照片少之又少，除了技術的原因，其他緣由值得進一步探討。20 世紀二三十年代，倒是德國人哈同夫婦開辦的阿東照相館，印製了不少北京風景着色照片，作為旅遊商品銷售給外僑，因為有著名攝影師海達•莫理循的加盟，阿東照相館的着色水準一度達到了相當高度 (2-6-7)。同時，位於南池子的北平美麗照相館，也曾製作大量北京風景手工着色照片，作為旅遊紀念品大量銷售。 (2-6-9)

在內陸地區，尤其是山西為代表的「晉派」照相館，着色方式和上海、廣東等城市區別很大，因為照相館從業者技術和審美水準的

19 姚經才、何英生，《馳名京滬的中國照相館》，見中國人民政治協商會議北京市委員會文史資料研究委員會編，《文史資料選編》第 29 輯，北京出版社，1986 年，第 263—274 頁。

20 《蘇州美術畫會續誌》，見《申報》，1919 年 1 月 4 日

第 7 版。

21 《電影明星照片着色競賽》，見《青青電影》，1945 年第 5 期，第 22 頁。

22 《照片着色競賽揭曉》，見《青青電影》，1945 年第 7 期，第 9 頁。

限制，照片着色呈現明顯的匠氣 (2-6-10)。最主要的原因是着色者用水彩或油彩顏料把原有照片層次全部覆蓋後，沒有再把層次擦出來，把光線找出來，即「找光」或者叫「擦光」不到家。最後，着色和原來的照片層次脫離，不透亮，不立體，不真實，原來照片的層次看不到了，整個照片顯得紅、悶、花、跳，這樣的着色，影響了照片的藝術價值。[23]

照片着色在中國各個地區發展很不均衡，以上海為例，起初都為水彩着色，20 世紀 30 年代初始有油彩着色，60 年代油彩着色取代水彩着色。[24] 但在中國內陸地區，直到六七十年代，水彩着色在小城鎮照相館中仍然使用。其實，早在 1907 年，法國盧米埃兄弟就發明了真正意義上的全彩感光底片，20 世紀 30 年代，柯達公司和矮克發公司分別推出了彩色卷片，有些攝影愛好者曾用天然彩色片拍攝風光、靜物照片，發表在《良友》等畫報上，但是，並沒有在照相館中應用。直到 20 世紀 80 年代，很多照相館還在進行手工着色。中國很多家庭中所謂的「彩照」，差不多都是那個年代的着色師一筆筆描繪出來的。那一幀幀像畫一樣的照片，充滿了古拙，甚至是誇張，定格了許多人生命中的第一個彩色記憶。

23 吳壬麟、黃日華著，《照片着色技術》，照像技藝編輯部內部資料，1981 年，第 35 頁。

24 見《上海通誌》第 19 卷《商業服務業》，第 10 章《飲食服務業》第 8 節，《照相行業》，上海人民出版社，2005 年。

2-7-1 明代古裝圖

上海耀華照相館，銀鹽紙基，10×14 厘米，1904 年前後。作者收藏。

元彰照相樓
舖在天津北城根官銀號西首

2-7-2 女子古裝圖

天津元彰照相館，銀鹽紙基，櫥櫃格式，1900 年前後。作者
收藏。

女子身着漢服，寬袖大襟右衽。束髮為髻，髮簪為漢唐之前式
樣。

2-7-3　女子洋裝與孩童水兵服圖

上海寶記照相館，銀鹽紙基，手工着色，櫥櫃格式，1900 年前後。作者收藏。

2-7-4　女子洋裝圖

廣州黎鏞映相寫真，銀鹽紙基，手工着色，卡紙 17×21 厘米，照片 10×14 厘米，1910 年前後。作者收藏。

2-7-5　化裝道士圖

上海公泰照相館，蛋白紙基，手工着色，名片格式，1880年前後。作者收藏。

2-7-6　化裝僧人圖

上海悦容樓，蛋白紙基，名片格式，1880年前後。作者收藏。

從人物的氣度、照相所擺出的姿態來看，與真正的僧侶有相當的距離。卡紙背面寫有「支那僧」三字，可見，這樣的照片，還被照相館作為商品銷售。

◀影攝之子男裝西飾冬小孟伶坤名▶

Meng Shiao-Tung, a well-known actress photographed
as a gentleman with foreign dress.

2-7-7　名坤伶孟小冬飾西裝男子之攝影

佚名，刊載於《北洋畫報》1928 年第 4 卷第 157 期。

孟小冬（1907—1977），女，北平宛平（今北京）人，梨園世家出身，是早年京劇優秀的女老生。人稱「冬皇」的孟小冬，是京劇著名老生余叔岩的弟子，余派的優秀傳人之一。她的扮相威武、神氣，唱腔端嚴厚重，坤生略無雌聲。

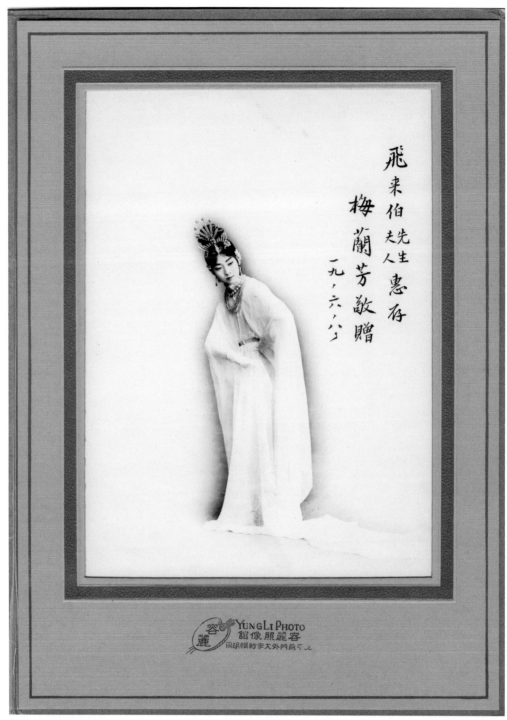

2-7-8　梅蘭芳戲裝照

北京容麗照相館，銀鹽紙基，卡紙封套 28×20 厘米，照片 19×14 厘米，1930 年。作者收藏。

此照片為 1930 年梅蘭芳訪美時，贈予美國好萊塢著名演員范朋克夫婦的禮物，照片上有梅蘭芳親筆題簽：飛來伯（對范朋克的譯音 —— 作者註）先生、夫人惠存。梅蘭芳敬贈。一九，六，八（民國十九年，即 1930 年 —— 作者註）

2-7-9　票友戲裝照

北京大北照相館，銀鹽紙基，照片 20×14 厘米，1926 年前後。作者收藏。

2-7-10　化身照 —— 求己圖

上海耀華照相館，印刷明信片，1904 年。作者收藏。

2-7-11　化身照 ——二我圖

佚名照相館，銀鹽紙基，卡紙 15×20 厘米，照片 10×14 厘米，1930 年前後。作者收藏。

2-7-12　化身照 —— 分身圖

天津中華照相館，銀鹽紙基，15×13 厘米，1935 年前後。作者收藏。

2-7-13　全體照一

上海容新照相館，銀鹽紙基，卡紙 10×14 厘米，照片
6×9 厘米，1912 年前後。作者收藏。

2-7-14　全體照二

上海耀華照相館，銀鹽紙基，手工着色，櫥櫃格式，
1905 年前後。作者收藏。

娛樂與風雅

—— 照相館裏的拍照遊戲

照相館拍照最主要的目的就是留影寫真紀念，當顧客首次見識到照片的生動逼肖後，如何才能吸引他們不斷回到照相館拍照呢？隨着攝影技術的發展和競爭的加劇，照相館攝影師開始探索不同拍攝方式，尤其是吸引有錢、有閒階層的方式，化裝照、化身照、變換照、全體照等一系列拍照遊戲的流行，不僅大大增加了照相館的顧客群，同時，拍照也開始脫離了單純的實用和時尚功能，成為一種娛樂，一種風雅。

化裝照

千百年來，在宗法文化背景下，中國的服飾一直具有昭名分、辨等威、別貴賤的作用。從明朝中後期開始，隨着資本主義的萌芽和晚清中國近代化的轉型，中國古典服制的桎梏開始鬆動。明、清為祖先繪製的肖像畫中，男人的官服補子，女人的命婦霞帔，已完全可以根據後人的需要而定，可以向上越級，不算僭越。開埠以降，西風東漸，上海、廣州等大城市，實際生活中更是貴賤顛倒、尊卑失序，作為禮俗制度重要表現形式的輿服制度失去了其嚴肅性，僭越違制之風盛行。這種風氣迅速蔓延到剛剛傳入的攝影業，在照相館中，穿上不同的服裝，化裝成各種身份的社會「角色」，按照一定圖式或情節攝成照片，逐漸成為一種風雅遊戲，在朝野蔚然成風。拍攝「化裝照」的過程，是一種別樣的虛擬生活體驗，立此存照後，固化了人們對轉換生活角色的希冀和想像，從而成為一種永久的影像心理慰藉。

1. 古裝（2-7-1, 2-7-2）

「耀華照相：新增古裝及泰西、日本、滿漢男女衣服，一律鮮明隨客所好，分文不加。」[1] 這是上海耀華照相館 1894 年增加化裝照相的廣告。「古裝照」，成為一般照相館中首選的「化裝照」。時光無法倒流，穿越時空回到前朝，是每個人的夢想，「古裝照」讓這種白日夢在照片中暫時成為現實。

上海、北京等照相館中，在 19 世紀末 20 世紀初，都推出了古裝照相。為了讓背景、道

---

1 《耀華照相》，見《申報》，1894 年 5 月 4 日第 6 版。

具與古裝照和諧，上海致真照相館「並巧造中華款式一切博古器皿⋯⋯四季草木，石山花鳥，古玩陳設」。[2] 上海柳風閣照相館則把照相館開到張園中，利用古典園景，配合古裝照相。[3] 古裝照相很快便流行於上海各照相館，成為照相館吸引顧客的最新方式。上海徐園悅來容照相館強調古裝照要「精神流露，如入畫圖」，有別家照相仿照他們的古裝相，但「形似而意不同，此唯知畫意者，知之不能盡述也」。[4] 北京的太芳照相館，館主溫章文 1900 年曾在上海接盤「大方」照相館[5]，不久來北京創業，1919 年，太芳在香廠萬民路新建六樓六底照相樓房，特地從上海購來古裝及禮服等，成為北京最早開始古裝照相的照相館之一。[6]

古裝照相中，女顧客或扮作「天女散花」，身着窈窕修長的百褶式大明朝長裙，把滿滿春意帶到人間；或扮作「黛玉葬花」，感花傷己，自憐自哀。還可以選擇長衣大袖的仕女服裝，回歸古代漢服的精緻，或髮簪絕美，或梳妝魅惑。男子則「寬衣博帶」，或化作魏晉風流名士，體會「竹林七賢」肆意酣暢的灑脫感受。人生的悲喜劇，可以在照相館裏瞬間自由選擇。

2. 洋裝（2-7-3, 2-7-4）

泰西洋裝也是中國照相館中化裝照的不二之選。清末民初，在沿海等照相館發達的大城市中，社會生活洋化成風。但對一般老百姓來說，日常生活中也許負擔不起，或者沒有機會着洋裝、吃番菜，但在照相館中，男士可以身着西裝，盡情體驗紳士情結，而女子着各色禮服，或是維多利亞時代古典高貴的蛋糕裙，或是法蘭西柔軟飄逸的雪紡高腰長裙，這上下連屬式裙裝，令習慣了上衣下裳的中國女子感到新奇，也帶來了別樣的韻致。上海致真照相是最早推出洋裝照相的照相館。後來，寶記、耀華等照相館也相繼推出泰西服裝的化裝照相業務，上海也成為照相館洋裝照相的大本營，後來陸續向內地傳播。

除了西洋時裝，日本的東洋宮裝也開始在照相館流行。晚清中國對日本的態度發生了很大的變化，甲午海戰後，「蕞爾小邦」的日本打敗了「泱泱大國」的大清朝，在舉國上下引起了極大的震撼，讓中國人重新認識日本，並以此為契機，改變了以前鄙視的態度，掀起了一場學習日本的熱潮，留日學生激增。為了吸引這些有日本情結的顧客，上海寶記照相館在 1891 年推出古裝仕女照相的同時，「新造西洋時裝，東洋宮裝，豔麗可人」。[7] 泰西裝、東洋裝同時在照相館爭奇鬥豔，成為一道亮麗風景。上海南京路的心心照相館，在 1925 年新增電光攝影設備之後，館主徐小麟和畫家張光宇一起，邀請留日歸來的郭沫若、成仿吾、王道源、李尊庸等文藝界人士和《申報》記者，身着北歐服（指日本服裝——作者註），體驗化裝照相的魅力，「取面部左右俱有充分之光線」[8]，攝半身影數幀。

3. 喬裝（2-7-5, 2-7-6）

通過喬裝，暫時轉換自己的社會角色，是

2　見《申報》，1891 年 8 月 22 日第 5 版。

3　見《申報》，1891 年 10 月 11 日第 5 版。

4　《徐園悅來容照相館》，見《申報》，1892 年 1 月 26 日第 6 版。

5　《盤店聲明》，見《申報》1900 年 1 月 17 日第 7 版。

6　見《順天時報》，1919 年 12 月 29 日第 1 版。

7　《寶記考究照相》，見《申報》，1891 年 12 月 1 日第 4 版。

8　鵑，《心心照相館攝影記》，見《申報》，1925 年 9 月 14 日第 19 版。

照相館吸引顧客的手段之一。普通人希望扮作「仙客名媛，僧道劍俠」[9]；而一些名士則更嚮往普通人的生活。沈太侔在《東華瑣錄》中談到晚清的名流雅士都酷愛化裝照相：「曾見一像，為寶香士、寶似蘭、徐梅村、盛伯希，男妝女妝，僧伽羽客，狀態不一。有梳如意髻，河山象服者，有圓結作時裝，雙翹弓彎者，聞其中之僧道裝束者，初亦欲作女妝，總未如法，因改為方外，此片紙至今尚存。」[10]知名畫家、後來成為中國第一代電影明星的錢化佛，曾拍攝扮作窮漢老翁的化裝照，「尤酷肖，使置其數照於一處而細辨之，苟非知者，決勿遽認其為一人也」。[11]

整體來說，清末民間最流行的喬裝照是化裝成「四民」——漁（翁）、樵（夫）、耕（夫）、讀（書人）拍的照。[12]一代京劇名伶譚鑫培，也曾裝扮成漁翁模樣（不是戲裝照），拍攝了一幅別致的喬裝像，著名學者梁啟超還為照片題詩一首：「四海一人譚鑫培，聲名卅載轟如雷，如今老矣偶玩世，尚有俊響吹梁埃。菰雨蘆風晚來急，五湖身處寄煙笠，何限人向買絲人，枉向場中費歌泣。」[13]光緒、慈禧去世後，清末重臣袁世凱被開缺回籍養痾，為表明自己準備退隱林泉，他特地從天津請了一位照相館師傅來洹上村，為自己和兄長袁世廉拍攝「蓑笠垂釣圖」喬裝照，並將照片送上海《東方雜誌》登載，以麻痹朝野，韜光養晦，靜待時機。此時的拍照遊戲，還成了政治鬥爭的工具。

從譚鑫培的單人照片到袁世凱兄弟雙人化裝圖，喬裝照後來出現了帶有一定情節的群體照。北京隆福寺廟西鴻記照相館的老闆楊遠山，為人偶儻，最喜交遊。因此，上自王公大臣，下至三教九流，無不與他熟悉。根據崇彝的《道咸以來的朝野雜記》記載，八旗中頗有名氣的趙爾震、趙爾巽、趙爾豐與寶傑、寶梁、寶菜等兄弟在盛伯希祭酒的花園中攜妓喝酒，召楊遠山照相，楊慫惠各兄弟三人拍攝了「狎客群居」的化裝照，「或作僧裝、道裝、伎裝、伶裝，至有着衣冠作敗類狀者」。[14]這本是為逗笑取樂拍照遊戲，不想後來卻惹出了事端。數年後，幾兄弟都入了仕途，在召見放差、走馬上任之前，被宮內太監以此照片為要挾，索要「重資」，成為中國自有照相技術以來第一樁化裝照被敲詐案。

4. 易裝 (2-7-7)

中國禮制中，最講究的是男女有別。女扮男裝或者男扮女裝都被看作是有悖禮法的行為。照相術傳入後，男女易裝，轉換性別，去照相館拍攝照片，也成為有閒階層風雅遊戲之一。「弁而釵者，釵而弁者（指男扮女裝，和女扮男裝——作者註），往往見之於照片中，苟非熟識，遽難辨認。因此錯中之錯，事所恆有，然亦佳話也。」[15]此時的易裝遊戲，已經脫離了傳統性別倒錯「易裝癖」的惡俗趣味。男扮女裝被看作是狂狷名士的風度，女扮男裝，則充分表現了女性意識的崛起，追求個

---

9 《今到新法照相致真樓主人啟》，見《申報》，1891 年 11 月 27 日第 4 版。

10 沈太侔，《東華瑣錄》，1928 年 10 月，見《話夢集 春明夢錄 東華瑣錄》，北京古籍出版社，1995 年，第 190—191 頁。

11 朱天石，《照相話》，見《申報》，1921 年 11 月 12 日第 18 版。

12 吳群，《早期流行的「畫身相」和「化裝相」》，見《中國攝影發展歷程》，新華出版社，1986 年，第 142 頁。

13 同前註

14 崇彝，《道咸以來的朝野雜記》，北京古籍出版社，1982 年，第 39 頁。

15 朱天石，《照相話》，見《申報》，1921 年 11 月 12 日第 18 版。

性解放、男女平等的思想意識。[16]

晚清照相館拍攝的「易裝」照，女扮男裝佔據了主要部分，從倡優兩界開始發端，《清稗類鈔》中就有針對上海妓女女扮男裝的描述：「又有戴西式之獵帽，披西式之大衣者，皆泰西男子所服者也，徒步而行，雜稠人中，幾不辨其為女矣。」[17]這種裝扮，不過是一時娛樂遊戲之作，但她們得風氣之先且「敢為天下先」的勇氣，逐漸為其他女性群體的着裝起到示範效應。一張張摩登「易裝」照的傳播，後來也成為思想開放的名媛仕女仿效的目標，女扮男裝，甚至成為婦女界追求平等，追求解放的標誌。鑒湖女俠秋瑾，在中國和日本的照相館中，分別拍攝了中式服裝、西服及和服的三張「易裝」照，還寫了《自題小照・男裝》：「儼然在望此何人？俠骨前身悔寄身。過世形骸原是幻，未來景界卻疑真。相逢恨晚情應集，仰屋嗟時氣益振。他日見余舊時友，為言今已掃浮塵。」詩作表達了她要告別閨房生活，從此為民族的復興而大展宏圖的豪邁氣質。

5. 戲裝 (2-7-8, 2-7-9)

戲裝照則是從專業梨園名角開始的。走紅的戲曲演員，被照相館請上門來，拍照後把放大的「戲裝照」高懸門前櫥窗裏，以廣招徠。那時普通人不願將照片拿出來做幌子，戲曲演員則相反，需要這種不花錢的廣告宣傳。[18]北京的容豐照相館，館主孔雨亭非常喜愛京劇，因此結交了很多梨園界的朋友。他在照相館設立了戲裝部，不惜重金購進全套生、旦、淨、丑的戲裝行頭和道具，並高薪聘請了化妝師和服裝師，專門為京劇名家和戲迷、票友們拍攝戲裝劇照。1917年，北京太芳照相館邀請名伶梅蘭芳前往照相館拍攝，有「嫦娥奔月、黛玉葬花等化妝肖像數十種，對茲妙容，令人神往，早已暢銷中外。近又新照晴雯撕扇、木蘭從軍等各種戲裝肖像，種類繁多，不及細載，共有七十餘種，均皆極盡佳妙」。[19]第二年，太芳照相館又拍攝了程硯秋化妝像，和梅蘭芳的照片一起公開銷售「有數十種，每張一元，每打十元」。[20]

有了名伶、名角的廣告和示範效應，更多的票友和普通人也加入了拍攝「戲裝照」的行列。天津馬家口的同生照相館，與一個藏有全套戲箱的票友合作，為普通顧客拍攝戲裝照，攝影時還代為化妝，指點姿勢，「一般愛美戲劇家，固不妨穿戴整齊，留張『戲象』，即戲戀已深尚不能唱者，亦不妨裝扮起來，來張無聲『電影』(同生照像皆用電光之謂也)，現已開始，往拍者已大有其人，想喜歡哼哼幾句者，必皆樂聞此消息也」。[21]北京大北照相館的館主趙燕臣，本人就很喜歡票戲，他與京劇名演員馬富祿、馬連良、孟小冬、譚富英等人很有交往，他意識到戲裝照的巨大市場後，派人四處收買舊戲裝，更注意收集天橋小戲園子裏那些嗓子唱「倒了倉」的演員們的便宜貨，「人家沒法兒用了的戲裝，他仨瓜倆棗就買了回來，老生、小生、青衣、花臉，啥角色都有，洗洗涮涮，拾掇拾掇就進了他的化裝

16 鮑震培，《真實與想像——中國古代易裝文化的嬗變與文學表現》，見《南開學報》，2001年第2期。

17 徐珂編撰，《滬妓之服飾》，見《清稗類鈔》，中華書局，1986年，第13冊6166頁。

18 陳申，《早期中國的戲曲照及收藏》，見《經濟參考報》，2012年4月13日。

19 《太芳照像減價廣告》，見《順天時報》，1917年10月2日第1版。

20 《太芳照像：放大減價七扣》，見《順天時報》，1918年11月17日第8版。

21 《戲劇與照像》，見《北洋畫報》，1931年第15卷第702期。

室」。[22] 因為大北位於前門石頭胡同，緊鄰北京的風月中心，周圍八大胡同的「姑娘們」都樂意讓趙燕臣這個名票來拍戲裝照，趙燕臣對顧客的一眉一眼兒，一舉手一投足，都能給以恰當的建議或者指導，大北照相也因為戲裝照出了名，發了財。

照相館戲裝照拍攝，追求「大概以神情逼肖，合於戲情為上」[23]，一般背景就是簡單的白布，很少刻意搭建舞台景觀，也偶爾會在室外園景拍攝，很多照片還會後期手工着色。雖然這樣的戲裝照失去了演出時的氣氛，背景與劇情也或有不搭配的現象，但在照相機還不能抓拍真實舞台劇的年代，「戲裝照」不僅給我們留下了各個梨園名家的真實倩影，也通過影像，讓廣大戲曲愛好者圓夢舞台。

民國時期，為了增加印相的多樣性，北京的太芳、同生、天華等照相館還推出過紅色、綠色等特別樣式的印相紙，上海匯芳照相館，使用這種綠色印相紙，專門製作了「綠化裝照片」，上海《申報》「霓裳新話」專欄曾登載了作者野驢的文章，説他的朋友仲謀，「自匯芳照相館，挾綠化裝照片出，上一路電車。頭等車中，先有一人在焉，見綠小影，驚為絕色，匆匆問仲謀姓名住址而別。次日寄至仲謀處，詠綠化裝小影七律一章，詩云：月樣丰姿玉樣光，何勞敷粉説何郎。澄波膩雪誇三豔，散麝開蓮競十香。水佩風裳留倩影，雲鬟霧鬢鬥新妝。嫩芽萌綠堪珍護，好待他年壓眾芳。署名顧伯良，亦投贈什中一段韻史也」。[24]

清末民初照相館的化裝照也呈現出了不同地域特徵。商業中心廣州、上海，更流行古裝、洋裝、易裝等肖像，而作為中國的文化、政治和軍事中心的北京及鄰近的天津等地照相館，除了戲裝外，還特別提供旗服、陸軍大禮服、燕尾大禮服、警官大禮服、學生服、博士禮服等，以滿足本地顧客的不同需求。

化身照 (2-7-10, 2-7-11, 2-7-12)

1907 年出版的《實用映相學》中有專文論述「化身」照：「同是一紙，同是一人，竟有數個影像，是名為化身相，天下事莫有奇巧於此者矣。」[25]「化身照」非中國獨創，這種拍照遊戲英文叫作「Trick Photo」，曾廣泛流行於 19 世紀的西方照相館中。不過，中國傳統繪畫中，也有「畫中畫」與「二我圖」之類的文人雅趣之作，中國的誌怪小説集《神仙傳》及古典名著《西遊記》中，都曾有以一身份出幾身，幾十身，乃至無窮盡身的記載，但這不過是神話傳説而已。照相術傳入後，這種民間渴望終於借助照片成為現實，化身照也開始成為很多「名士風流」和「雅人」的風雅之舉。[26]

《實用映相學》中介紹了採取左右遮擋底片法，在一張底片上，一人拍攝兩像的原理，「而其人之裝束，與夫坐、立、眠、跪，變幻離奇，前後各異，無不如意矣」。[27] 上海寶記照相館，開業沒多久，就推出「身外有身照相等法，聊以伸雅懷」[28]，它的廣州分店，也可以「映化身圖本，一身化出三身，怪怪奇奇，

22 愈奇，《大北照相館發家史》，見《北京紀事》，2006 年第 7 期。

23 朱天石，《照相話》，見《申報》，1921 年 11 月 12 日第 18 版。

24 見《申報》，1921 年 1 月 7 日第 14 版。

25 周耀光編著，《實用映相學》，1911 年再版，粵東編

譯公司發行，第 75 頁。作者收藏。

26 關於「名士風流」和「雅人」，詳見魯迅，《論照相之類》，見《語絲》週刊第 9 期，1925 年 1 月 12 日。

27 周耀光編著，《實用映相學》，1911 年再版，粵東編譯公司發行，第 77 頁。作者收藏。

28 《寶記考究照相》，見《申報》，1891 年 12 月 1 日第 4 版。

令人莫測」。[29] 天津的恒昌厚照像館，當時就「專影一人兩像至四像」。[30]1917 年 7 月 16 日《申報》第 14 版上，也專門刊載了「孤之」譯著的《化身照相法》，介紹了通過遮擋的方式，可以使一人在乾片拍攝四像、六像、八像的方法。後來，拍攝化身照的輔助工具也發明出來，比如供拍攝化身照使用的反光鏡，「凡人若將大鏡二枚，院角豎立，以己身當兩鏡中間，向鏡以照，相鏡由身後照之，則一人可現五影，即背立者一人，半面側立者二人，面露四分之三而立者二人」。[31] 作者收藏的一本上海柯達公司於 1936 年印製的《照相業攝影用品價目表》內，就有供應「一人五像反光鏡」，售價大洋「九十三元六角」。有了專門儀器，拍攝就更加便捷了。

照相館的化身照有各種各樣的類型。魯迅先生幼時在家鄉所見：「較為通行的是先將自己照下兩張，服飾態度各不同，然後合照為一張，兩個自己即或如賓主，或如主僕，名曰『二我圖』。但設若一個自己傲然地坐着，一個自己卑劣可憐地，向了坐着的那一個自己跪着的時候，名色便又兩樣了：『求己圖』。」[32]「二我圖」還可細分，一人穿同一套服裝的二我圖佔據了絕大多數，也有換裝拍攝的情況，甚至有改變臉部化妝的二我圖。最常見的「二我」圖姿勢是一人站一人坐，可稱為「賓主圖」或者「主僕圖」；一人坐一人跪在地上，可稱為魯迅先生所說的「求己圖」。還有上面提到的化身照，利用一面特殊反光鏡拍攝的「分身照」，就是在一張照片上，同時從不同的角度，呈現一個人多幅肖像。另外，還有借助其他道具拍攝的「隱匿照」，比如「一作持杯獨酌狀，而一則匿身酒瓶中，服裝姿勢，既不類身材之大小，尤絕殊照，成頗不劣。驟視不僅難辨為化身，且不易見瓶中之一我」。[33]

普通照相一定追求照片和真人相似，而技藝高超的化身照，則一定希望化身的照片和本人不像：「蓋身離貌合，依然是一副面目，不難一辨而知者，便無餘味，必也。迷離撲朔，令人啞謎兒難猜，或亦按圖索驥，圖窮而匕首始現，此不可不知化裝術也。」[34] 正是因為拍攝時可以變化多端，觀賞時又妙趣橫生，化身照一出現在照相館中，就受到了顧客的歡迎。武漢民初《漢口竹枝詞》就有一首專門提到了照相館的化身照：「形影何須辨真假，鏡中人即意中人。近來始悟分身法，一笑拈花證妙因。」上海寶記照相館及其廣州的分館，在 1891 年就已流行了化身照：「庚年春月，所制身外有身照相等法，聊以伸雅懷。且以公同好，至今常掛人齒類也。刻已間有效尤者，以此愈知斯法之尚矣。」[35] 一直到 20 世紀三四十年代，甚至新中國成立後，內地很多照相館還在拍攝不同的化身照肖像。

變幻照

變幻照是指人體鳥首一類的照片，或是

---

29 《新法映相》，見《中西日報》，1892 年 5 月 21 日《寶記映相樓》。

30 《英商恒昌厚照像館》，見《直報》，1901 年 2 月 22 日第 8 版。

31 警眾，《照相學之進步》，見《申報》，1914 年 8 月 9 日第 14 版。

32 《論照相之類》，見《語絲》週刊第 9 期，1925 年 1 月

12 日。

33 陳家慶，《麗湘閣雜掇》，見《申報》，1921 年 12 月 14 日第 18 版。

34 朱天石，《照相話》，見《申報》，1921 年 11 月 12 日第 18 版。

35 《寶記考究照相》，見《申報》，1891 年 12 月 1 日第 4 版。

人身鳥首，或是人首獸身。或者一張照片上，兩個大小不同比例同一拍攝對象等等，變幻照拍攝方式與化身照基本相同，照相師可隨心所欲安排佈置。

第一種拍攝是用鏡頭蓋變幻法。即用紙製的鏡頭蓋，剪去其三分之一，「如果被攝者先立於左方，那末將剪去缺口之處向右，以攝右方之景，然後被攝者掉到左方，即將剪去的缺口向左，而攝左方之景，不過鏡箱不可稍有移動，露光也不得差別，否則便痕跡顯露了」。[36]

不過，這種拍攝，鏡頭的光圈「對於剪去的缺口極有關係，須準確不能有差。因此要注意對光之法了。對光玻璃上如現缺口的痕跡，這便是光圈太小或缺口太小的緣故；對光玻璃上若現太光亮，這便是光圈或缺口的太大」。[37]

還有一種方法叫作粘貼照片法，即將照片剪下粘貼於另一張之上，再次拍攝。這種製作方法，「極須精細，剪下的照片，大小自然不能與原影稍有差異。邊緣更須用沙紙打磨光滑，紙邊的白色用鉛筆塗黑，決不能容其有些微反射光線。貼於另一照片上，也須伏貼平安，而後復攝再印，即成」。[38]

如果照相師技術高超，暗房工作人員技術嫻熟，可以再運用其他的技巧，各種不同的新奇配合，能拍攝出千變萬化的照片來。

全體照（2-7-13, 2-7-14）

受到中國傳統肖像畫的影響，早期中國照相館喜歡拍攝全身、正面肖像，正如早年香港的中國攝影師阿紅（A-Hung）對英國攝影師約翰・湯姆遜所說：「這樣他們的朋友在遠處觀看照片時就能看到他們的雙眼和雙耳，這樣才能體現一個人的全部容貌。」湯姆遜後來還打趣地跟阿紅說：「如果為了展示一個人的全貌，你為甚麼不把人的後背和辮子也照一張，貼在正面照片的後面呢？」阿紅也絲毫沒有示弱，回應說：「好建議，我考慮考慮！」[39]這一問一答中，折射出人們對照相館記錄性肖像的一個深層次的三維需求，正因為照片是二維圖像，要想在一張照片的二維空間裏，同時展示出人的前後左右，是十分困難的一件事。一般來說，只有從不同的角度拍攝和分別印製，才能看到「三維」的各個側面。

為了實現這個「三維」效果，最簡單的辦法，是通過一面鏡子，在照相者正面入畫同時，鏡子中的反射可以把人的背部攝入鏡中。德貞在《脫影奇觀》一書中，就有一節專門的《照鏡影之法》論述：「若照影時背後置一大穿衣鏡，其人影照出，而前後俱見。又有照其人影於穿衣鏡中，蓋鏡中之影左衽，返照於聚影匣中，而影則正。」很多照相館，除了「備有各種布影、桌凳、假山、假花、假草、各新式衣帽，及鮮花草等」，還專門備有「站鏡」[40]，以備照相者應用，照出人身前後之像。清末民初，很多仁人志士在剪髮易服之前，去照相館留影一幀，站在鏡子前，背後長辮垂地，以為不堪回首之紀念。

36 人生，《攝化身照與變幻照》，見《攝影畫報》，1935年第 11 卷第 37 期，第 8—9 頁。

37 同前註。

38 同前註。

39 《約翰・湯姆遜論香港攝影師》，原文刊載於《英國攝影雜誌》第 19 卷，1872 年 11 月 29 日，第 656—658 頁，以及 1872 年 12 月 13 日，第 569 頁，第 591—592 頁。

40 《經濟調查：（六）開封照相業概況》，見《河南統計月報》，1935 年 1 卷第 7 期，第 116—117 頁。

1897 年，上海的耀華照相館在《申報》上推出了一個《照相新法》的廣告：「小號耀華新法照相，能見人之前後左右全體。賜顧者請嘗試之。拋球場東首亨達利對門耀華啟。」[41] 那麼，這種能夠「見人之前後左右全體」的更高級的全體照到底是如何拍攝的呢？

原來，這是利用兩面鏡子的反射人工創作出的「三維」效果，拍攝者或站或坐於鏡前，攝影師從一定角度拍攝，則圖中女子絢麗多姿的冠飾、額飾、髮飾、耳飾、髮型等被全方位展現出來。這種照片，還被耀華照相館印製成明信片，大量發行，可見當時受歡迎的程度。

化裝照、化身照、變幻照、全體照等照相館拍照遊戲，契合了清末民初大中城市中消閒觀念的變化。這其中，有閒人雅士純粹的嬉戲玩樂，也有普通民眾改變命運的渴望，還有仁人志士對現實不滿的抗爭。在照相館創造出的虛擬世界裏，參與者體會到的不僅僅是風雅的誘惑，各種遊戲中社會角色或自我形象的暫時轉換，讓人們看到了另一個自我，這種心理的慰藉和滿足，也許才是照相館拍照遊戲的最大魅力。照相館內一系列拍照遊戲的設計與擺拍，也為將來攝影師走出照相館，進一步參與社會生活，奠定了技術和心理的雙重準備。

41　見《申報》，1897 年 5 月 26 日第 6 版。

第三章 社會關聯與互動

3-1-1　北京阿東照相館內景

佚名，銀鹽紙基，14×8.5厘米，1930年前後。作者收藏。

與很多本地照相館展陳的大量肖像相比，從阿東照相館的佈置中，不難看出，對外僑銷售各種北京特色照片是其主業，包括
北京的城牆、城門、風景、民俗、人物等，很多照片配有原框，大小尺寸不一。

3-1-2　北京十三陵神道石像生

托馬斯·查爾德，蛋白紙基，24×18厘米，1877年前後。作者收藏。

在西方人眼裏，十三陵風景散發的是浪漫神秘的氣息，從而成為來北京的攝影師必然拍攝的地點之一；而
在很多中國人眼裏，陵寢更多代表晦氣和凶險，一般人唯恐避之不及。

3-1-3　承德避暑山莊過水涼亭

京都萃芳照相館，銀鹽紙基，卡紙 26×20 厘米，照片 21×15 厘米，1910 年前後。作者收藏。

三個涼亭位居畫面中心，採用側光拍攝，充滿立體感，但並不突兀。前景大面積荷花鋪陳，後景遠山透迤，左上面還隱約透出棒槌峰的英姿，整個畫面平靜、祥和。

3-1-4　平湖秋月

杭州二我軒照相館，銀鹽紙基，卡紙 31×24 厘米，照片 17×13 厘米，1920 年前後。作者收藏。

3-1-5 西湖風景

杭州二我軒照相館，照片冊 28.5×18.5 厘米。裏面貼有《巴拿馬
萬國賽會最優等金牌》廣告，11.5×10 厘米，照片 19.5×14 厘
米，銀鹽紙基。1915 年之前拍攝，1920 年前後印製。作者收藏。

3-1-6　煙台全圖

煙台星壽照相館，銀鹽紙基，卡紙 35×24 厘米，照片 27.5×14.2 厘米，1920 年前後。作者收藏。

3-1-7　天下第一關

天津元彰照相館，銀鹽紙基，卡紙 35×28 厘米，照片 26×21 厘米，1900 年。作者收藏。

山海關最早的圖像之一，天津元彰曾經專門開闢「集體和建築攝影」業務。照片重在表現山海關全景，入畫的人物、動物作為襯托，使得整個畫面脫離了歷史遺址的嚴肅考證感，而充滿了溫情和輕鬆。

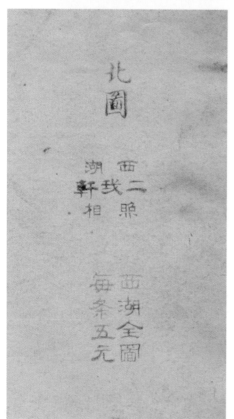

3-1-8 杭州西湖全圖，北圖

杭州二我軒照相館，銀鹽紙基，120×25 厘米，20 世紀 20 年代。作者收藏。
此圖是自寶石山向南拍攝的西湖全景，寶俶塔、白堤、小瀛洲、蘇堤以及遠
處的雷峰塔等景物清晰可見。照片背面有藍色印章，「西湖全圖，每條五元」。

3-1-9　天津水災紀念全圖

天津鼎章照相館，照相冊 25.5×18.8 厘米，內頁印刷照片 15.5×11 厘米。1917 年。作者收藏。

此圖冊前面有劉孟揚撰寫的中英文弁言，100 面圖版，以及 5 面 10 幅附圖。

3-1-10 民國第六屆全國運動會女子排球、男子跨欄、女子籃球、男子排球比賽
上海王開照相館，銀鹽紙基，14×9 厘米，1935 年。作者收藏。

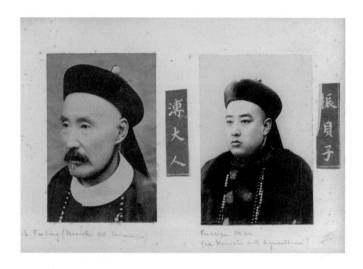

3-1-11　博覽園景圖照片冊

北京鏡真照相館，銀鹽紙基，大部分櫥櫃格式，共 64 張，1909 年。作者收藏。

3-1-12　鎮江江天禪寺外景

鎮江蓬萊照相館，銀鹽紙基，卡紙 40×33
厘米，照片 27×21 厘米，1928 年前後。
作者收藏。

照片為雪後拍攝，地與天同為白色，突出
了禪寺的建築群。慈壽塔突兀於金山之
巔，形成了「山被寺裹，塔拔山高」的意
境。卡紙右下角，蓬萊照相館字號下面，
寫有「樓台亭閣園林竹石」，表明了照相館
從事風景攝影的項目。

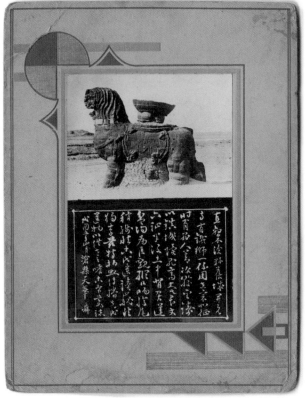

3-1-14　直隸滄縣鐵獅子

滄縣天華照相館，銀鹽紙基，卡紙 20×30
厘米，照片 13×19 厘米，1916 年。作者
收藏。

照片下面文字交代了鐵獅子的位置、歷
史、特色，以及拍攝鐵獅子之目的。這種
一半圖片，一半文字的構圖方式，使得整
個畫面成為一個有機的整體。

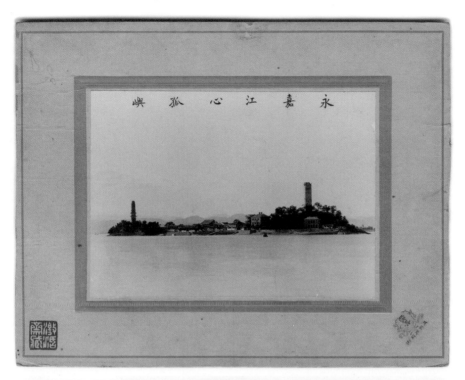

3-1-13 溫州永嘉江心嶼二圖

上圖為溫州愛吾照相館拍攝，銀鹽紙基，卡紙 30×23 厘米，照片 20×14 厘米，1924 年前後；下圖為阿查理拍攝（傳），蛋白紙基，25×20 厘米，1877 年前後。作者收藏。

兩張江心嶼圖，拍攝時間相差近五十年，拍攝者一中一外。拍攝目的不同：本地照相館將照片裝框或銀架後，以贈親友，或供書窗清玩。整個畫面有些許剪影效果，加上「孤嶼」二字，更加意蘊叢生；而阿查理的照片粘貼在照片冊中，作為異域旅行紀念，構圖上專門突出前景，整個畫面更加清晰，紀實效果濃烈。

「照像」之外
—— 照相館風景與紀事照片的拍攝

照相（像）館，當然「照像」為第一主業，這裏的「像」，主要是指人的肖像，包括單人照、合影照。同時，照相館從事的是一種商業經營，通過拍攝其他照片為照相館帶來額外收益，也成為很多照相館的副業。在照相館的副業經營中，風景攝影和紀事照片的主動或應邀拍攝，是很多大中規模照相館的兩個最主要的額外利潤點。正是在商業利益的驅動中，中國照相館風景與紀事照片的拍攝，為我們留下了一張張、一冊冊具有歷史價值的別樣影像，從中可以管窺風景與紀事照片，在傳統文化的影響下，如何在中國形成新的視覺模式，並改變了中國人觀看的歷史。

早期照相館的風景紀事照片拍攝

儘管風景攝影不是早期照相館的主業，但為了生存，照相館從一開始並不排斥跳出照相館進行外拍。1866 年，從香港遷移到上海的日成照相樓，除了擅長拍攝「人物」外，還拍攝「樓房、屋宇、船隻、山水、樹木」。[1] 正因為日成擅長外出拍攝，1876 年 7 月，中國第一條辦理營業的鐵路 —— 上海至吳淞的淞滬鐵路上海至江灣段通車，日成照相樓受上海《申報》之邀，「照上海至吳淞火輪車影像，以便裝潢寄發各埠。訂於此次禮拜拍照，即明日念五日五點鐘，本店攜帶照相機器，前赴停頓火車處照印。惟肖物圖形，尤須點綴，故敢請紳商士庶屆時來前，俾同照人，庶形景更得熱鬧，想有雅興者定惠然肯來也，特此預佈」。[2] 一個月後，日成照相館就開始出售《火車輪圖》，「俾婦女童孩，以及遠處人，未經見有火車者，共得傳觀。一如身親其境，當亦所心許而亟欲觀之也。惟裝褙殊費工夫，現准於七月初一日，先在本埠發賣，每張洋銀一角正一，俟裝褙齊全，再當另出告白，寄往外埠耳」。[3] 可以說，日成照相樓拍攝的火車輪圖，是中國照相館受邀拍攝紀事照片最早的例證之一。(3-1-1)

1　《日成照相樓》，見《上海新報》，1866 年 2 月 8 日。

2　《拍照火輪車》，見《申報》，1876 年 7 月 15 日第 5 版。

3　《火輪車圖出售》，見《申報》，1876 年 8 月 17 日第 5 版。

此時，更多的照相館還拍攝本地風景照片，不過，主要是為了銷售給外國僑民。在上海河南路開張的公泰照相樓，除拍攝人像外，還「備中國人像及風景出售」[4]，公泰照相館以拼接的方式，拍攝了多種上海外灘早年的全景照片，在上海的外僑似乎很喜歡公泰的作品，1877 年 10 月，《〈北華捷報〉最高法庭和領事公報》刊發了一則告白，提到《字林西報》和《北華捷報》曾將公泰照相館拍攝的外灘照片呈於英國女王御覽。[5] 其他如福州的同興照相館、廣州的繽綸、香港的華芳照相館等，在 19 世紀中後期都曾製作銷售過不少風景照片貼冊，購買的客戶幾乎都是外僑。到 19 世紀末，只有極少數中國照相館有專為本地顧客拍攝的「西湖、禹陵、蘭亭古蹟名勝各圖出售」。[6]

總體來說，相比照相館中大批量的人像照片的拍攝，早期照相館拍攝的風景照少之又少，這與早年來華的外國商業攝影師、戰地記者、傳教或外交人員，大量攝取中國的風景民俗照片形成鮮明對比，其中原因，主要有二：

1. 照相技術普及程度和價格的限制

受到中國整體經濟發展水準的限制，早期照相術的傳播主要集中在幾個開放口岸城市，並且，因為一切照相用具都是舶來品，價格不菲，外出拍攝風景照片尤其不易。

1877 年，由中國學者徐壽與英國人傅蘭雅合作翻譯的攝影專業書籍《照相略法》中說：「照山水之難處，器料多而重，又必用暗房，攜摯非易，故創便法，將器與料全安於箱內，以輕小之車載之。業已試過黑布暗帳四五

種，常用以照合影像者，長二尺高闊各一尺，容積雖小，已足為各種暗房之事，惟敷漆則在外為之。又有一器，能照山水之片，長十二寸闊十寸。此器亦當鏡箱之用，易於裝拆，遇有勝景，不過五分時而齊備。現在肆中所售好山水之片俱為濕法所照。」[7] 可見，當時雖有風景照片可以攝製，但對照相館來說，因為每張照片成本很高，本地顧客基本是沒有能力購買純風景照片的。並且，一般人也沒有興趣去購買身邊的景象。如果沒有足夠的顧客定製，或者銷售需求，一般照相館是沒有信心去拍攝大量的風景照片待售的。

2. 中外客戶對待風景或紀事照片的迥異態度

19 世紀中葉，攝影術在西方公佈之際，西方社會正處於因工業革命導致的大規模城市化進程中。1851 年英國的城市化水準就超過 50%，率先進入成熟的城市化階段。法國、德國、加拿大等國家相繼啟動了城市化進程。19 世紀 40 年代到 20 世紀 50 年代，第二次產業革命在美、德、法等主要資本主義國家興起，重工業取代紡織等輕工業而成為主導產業。在這一時期，西方國家的城市化進程明顯加速，發達國家的城市化水準從 1850 年的 11.4% 上升到 1950 年的 52.1%。1950 年，英國達到 79% 的城市化水準，其他西方國家在此階段皆成功地實現了高度的城市化。

伴隨着城市化的進程，正如蘇珊·桑塔格在《論攝影》中所說：「相機開始複製世界的時候，也正是人類的風景開始以令人眩暈的速

4　J. R. Black, ed., *The Far East, new series*, vol.2, no.1, January 1877，見（英）泰瑞·貝內特，《中國攝影史：中國攝影師 1844—1879》，中國攝影出版社，2014 年，第 137 頁。

5　《中國攝影史：中國攝影師 1844—1879》，第 144 頁。

6　《天然照相》，見《申報》，1894 年 2 月 26 日第 6 版。

7　最初於《格致彙編》1877 年秋、冬季兩季連載，1887 年在上海出版單行本。

度發生變化之際：當無數的生物生活方式和社會生活形式在極短的時間內逐漸被摧毀的時候，一種裝置應運而生，記錄正在消失的事物。」[8]「生活在工業化社會裏的每個人，都不得不逐漸放棄過去。」[9] 變化越快，對記憶的渴望越強烈，所以「被剝奪了過去的人，似乎是最熱情的拍照者」。[10] 進入工業化後，正是因為城市化的進程，人們開始大規模測量、記錄地面上，甚至天空中一切的自然存在，試圖通過文字和攝影圖片保留和記錄純粹的自然之美，並且，對本國甚至異域的流行文化和風俗，也以史無前例的熱忱去記錄和關注，以弘揚國家認知感和民族自豪感，這也直接促進了人類地理學和民族學的大發展。

攝影術誕生後，西方各國家和私人機構贊助人，開始派遣大量商業攝影師赴世界各地，拍攝異域風景民俗。那些嶙峋的山地、峽谷、叢林等以純自然風光為主題的攝影，古堡、城牆、街衢等迅速變化的城市景觀，以及遊人罕至的文化遺蹟、歷史廢墟等，在城市人的眼中，變得充滿了浪漫主義色彩，喚起人們的懷舊情結。早期來華的瑞士人皮埃爾·羅西耶拍攝的廣東地區影像，約翰·湯姆遜拍攝的中國各地照片[11]，就是典型代表。由於照片的大量商業出版和銷售，這批保存至今的中國商業影像，成為我們地理學和民族學的重要參考。當時很多來中國的外國客商，則通過直接

購買收集中國的風景攝影作品來豐富他們個性化的中國記憶，這也成為本地照相館製作大量外銷中國風景相冊的最重要的內在動力。

反觀中國，從鴉片戰爭到新中國成立初期，廣州、福州、上海、青島、天津等一批新型的工商業城市開始形成，撫順、唐山、焦作、大冶、萍鄉、玉門等一批依托礦業的工業城市，以及蚌埠、石家莊、長辛店、鄭州、衡陽、浦口等新興鐵路交通樞紐城市也得到了迅速發展，但因為受制於以自然經濟佔主導地位的經濟結構的限制，以及城市發展對外國資本的依附性，到新中國成立前，我國城市化率僅為 17.6%。[12] 旅居中國的美國社會學奠基人羅斯，在 1911 年出版的書中，描繪當時的「中國具有歐洲中世紀時代的種種特徵。所有城市都有圍牆，時至今日，這些圍牆和城門仍完好無損，並有效發揮着作用」。[13] 北京歷經四百餘年的古城池，直到 1949 年，總體佈局依然保持完整，大部分城樓、箭樓也保持完好。

正是因為遲滯的現代化、城市化發展，在攝影術傳入後的晚清和民國時期，國人對身邊隨處可見的古城景觀和自然風光並沒有產生多少浪漫情懷，甚至根據傳統的中國禁忌，外國攝影師普遍喜愛的明代十三陵、圓明園廢墟這樣的歷史遺蹟，中國人還覺得十分不吉利，這與同時期西方人普遍對歷史遺蹟的浪漫和朝聖情懷形成了鮮明對比。 (3-1-2)

8 （美）蘇珊·桑塔格，《論攝影》，上海譯文出版社，2012 年，第 14 頁。

9 同前註。

10 同前註。

11 約翰·湯姆遜拍攝的中國影像參見全冰雪撰文《人類的湯姆遜》，見中華世紀壇世界藝術館編著，《晚清

碎影：湯姆遜眼中的中國》，中國攝影出版社，2009 年，第 8—13 頁。

12 孟祥林，《中國特色的城市化：歷史變遷、影響因素及道路選擇》，見《中國發展》，2007 年第 3 期。

13 （美）E. A. 羅斯著，《變化中的中國人》，時事出版社，1998 年，第 3 頁。

風景攝影的興起 (3-1-3)

　　隨着西風東漸和國內旅遊業的逐步興起，購買異地風景照片開始慢慢進入中國人的生活。1907 年，周耀光編著的《實用映相學》中，曾歸納了攝影的五項功能效益，第一便是「隨處攝影收羅天下名勝之景，匯為卷冊……可以消閒，可以遣悶，可以開眼界，可以廣心思」。[14] 不少照相館，正是看到旅遊帶來的新商機，開始了風景照片的拍攝：「春季旅行者雖多，惟往往以公務不能如願，故特派人往杭州、蘇州、無錫、北京等埠，攝取著名風景，俾人採購，猶如身歷其境。並將本埠之各處風景、市況，亦攝有多張，俾來滬旅行者之購取，以作紀念云。」[15] 清末民初，越來越多的照相館為了迎合市場需求，銷售「各色風景畫片」[16]，成為一項新的業務。

　　「上有天堂，下有蘇杭」，應該是在中國流傳最廣的風土民諺了，以此來形容蘇州、杭州的美麗、繁榮與富庶。杭州西湖是中國著名的旅遊勝地之一，「西湖之勝，甲於天下。物華風景，別非人間。以故文人學士，往往遊歷其中，流連忘返，自古已然」。[17] 自清朝末期至中華人民共和國成立前，滬杭、杭甬、浙贛等鐵路線以及杭州至上海、南京、寧波等地的公路相繼建成，便利的交通條件促進了杭州旅遊的發展。除傳統的香客外，上海、南京等地遊客以及歐美、日本等國的遊客也日漸增多。《杭州市政府十週年紀念特刊》曾記載，在民國十九至二十五年（1930—1936），外地人到訪杭州累計為 32845 人。

　　大量的旅遊者來訪，直接促進了關於西湖風景照片的拍攝，「遊春歸後，之最可留紀念者，厥惟照相。故杭州各名勝之地，莫不有照相館」。[18] 可以不誇張地説，不論是散頁照片，還是照片冊，或者全景照，西湖是晚清民國時期，被照相館拍攝和存留照片最多的風景名勝：「未來西湖者，享臥遊之樂事；既來西湖者，作案頭之清玩。以之饋贈，亦屬相宜。」[19]

　　1899 年，上海《申報》刊登了一篇《湖山增色》的文章，介紹了西湖鳳林寺之側龐公祠內，開設了「水鏡軒」照相館，「一日本人專工其事，如所照左公祠、文瀾閣、平湖秋月、俞樓各景，莫不清奇。傍水依石，隨人所欲，風台月榭，有目皆知。更能照於絹綃，裱作行樂圖者，則又歎畫工之不及遠矣……倘宦遊是邦者，盡以所照勝跡，裝潢攜帶，或可效少文之臥遊，未始非雅人深致也」。[20]

　　除了水鏡軒照相館外，杭州其他照相館，都開始把拍攝和銷售西湖的照片作為自己的盈利手段。到 19 世紀 20 年代，杭州留芳、顧影、月溪、活佛、英華、二我軒、就是我、鏡花緣等八家照相館最為著名，「留芳館主余喆賢，曾任事於滬之柯達公司，故其內部之一切佈置，盡照柯達方法。顧影經理滿劍清，自幼從事於照相業，經驗甚豐。其他若月溪、活佛、英華，照相亦佳。二我軒以風景片擅長。

14　周耀光編著，《實用映相學》，致用學社發行，1911 年再版，第 40 頁。作者收藏。

15　《著名風景等片之攝製》，見《申報》，1923 年 4 月 5 日第 17 版。

16　《英明照相館擴設分館》，見《申報》1923 年 3 月 9 日第 17 版。

17　《湖山增色》，見《申報》，1889 年 6 月 12 日第 6 版。

18　《杭州照相事業之滬聞》，見《申報》，1924 年 3 月 4 日第 21 版。

19　《貴品美術咪紙照片》，見《申報》，1931 年 5 月 21 日第 5 版。

20　同前註。

就是我、鏡花緣，距離西湖較遠，其營業亦足，佔據一方」。[21] 其中，杭州「二我軒」照相館可以說是製作銷售西湖照片最多的照相館，不僅製作了各種風格的西湖風景系列散片，還拍攝製作了不同規格的「西湖各景」照片冊，1910 年，二我軒的西湖照片冊在南京的「南洋勸業會」上，獲得「欽定」的金牌獎，還在 1915 年美國巴拿馬世博會上獲得「最優等金牌」獎。杭州寶記照相館，1931 年也出版了袖珍西湖美術風景，「用貴品咪紙影洗，全套六十種，計六十張。包括西湖之一切，並附裝成美麗紙盒」，[22] 每套售價大洋一元。不僅杭州的照相館，上海的寶記、英明等都把西湖的照片作為自己銷售的最重要的風景照。上海的南京路、勞合路口競芳照相館，還把「櫥窗中陳列杭州各種風景放大片，廉價出售，懸諸廳堂，甚為美觀，且均可連架出售，故更便利云」。[23] 從中可見杭州風景的受歡迎程度。（3-1-4, 3-1-5）

到 20 世紀二三十年代，「若北京之頤和園與天壇等，杭州之西湖各處名勝古蹟，海寧之潮，蘇州、無錫、嘉定等處之各種風景」，[24] 成為最具代表性的中國風景名勝及古蹟，上海的寶記照相館在廣告中說：「西人最為歡迎……受西人之定購者，每日亦有十餘起之多。」但廣告中最後說「華人益可想見也」[25]，可見當時照相館對風景照片的內銷有很強的

信心了。上海南京路望平街英明照相館攝影部的王秩忠，平時就十分注重風景照片的拍攝，1922 年，他「親往北京各處遊歷，攝得風景片甚夥，頗為清雅。王君現甫自長江回滬，又攝得風景片多種，內有九江牯嶺之勝景，尤足寓目云」。[26] 英明照相館除了銷售王秩忠拍攝的北京各處名勝「若頤和園、天壇、宮殿、湯山等處約計八十餘種」[27] 照片外，還把拍攝得最好的照片，聘請畫師在京畫成背景布，運回上海，這樣上海的居民可以去照相館以此背景拍照，「是項風景寫真，正與實地無異，故一般愛慕京景而前往拍照者，該館大有應接不暇之勢云」。[28]

此時，親朋好友互贈風景照片開始成為風氣。1925 年，上海麗昌照相館的經理梁君澤，赴北京，攝取名勝照片數百種，「取景優美，光線合度」，回滬後，挑選「佳者映曬匯為一集，以備各界購作饋贈之用」。[29] 每年冬至，上海麗昌照相館還把拍攝的國內名勝照片，製作成「冬至卡片」，「繫以顏色絲線，綴以吉利語……用上等紙料……以備中西士女之購用」。[30] 這種卡片，更提高了風景照片在大眾中的普及度和認知度。

中國其他風景名勝地，也有照相館依托當地特殊的地理位置，給旅遊者拍攝留影，形成以風景為主、人物為輔的風光人物留念照片。（3-1-6）

21 《杭州照相事業之滬聞》，見《申報》，1924 年 3 月 4 日第 21 版。

22 《貴品美術咪紙照片》，見《申報》，1931 年 5 月 21 日第 5 版。

23 《競芳攝售風景片》，見《申報》，1923 年 6 月 24 日第 18 版。

24 《寶記風景片之暢銷》，見《申報》，1923 年 2 月 24 日第 21 版。

25 同前註。

26 《英明新攝風景照片》，見《申報》，1923 年 6 月 23 日第 17 版。

27 《照相館新添京華名勝之背景》，見《申報》，1923 年 3 月 23 日第 17 版。

28 同前註。

29 《麗昌照相館新攝北地名勝》，見《申報》，1925 年 11 月 24 日第 18 版。

30 《名勝冬至片發售》，見《申報》，1925 年 12 月 2 日第 18 版。

在武昌黃鶴樓舊址奧略樓附近，1881年，湖北人嚴添承從一家日本照相館學會照相術後，開設了顯真樓照相館，「其實不過一照相攤子，照相館沒有室內照場，只能在室外拍攝風景照」。[31] 顯真樓同時還拍攝風景相片出售，這樣已經能夠支撐照相館的運營了。後來，顯真樓擴充了室內的玻璃棚照場，新增加了室內照相業務。1946 年，顯真樓還攝製了一套《武漢風光》照片，內容有古奧略樓、國立武漢大學、武昌蛇山、漢陽兵工廠、襄河口、漢口中山公園、江漢關等，保存了武漢風貌。

在湖南岳陽，1927 年，湖北鄂城葛店人吳新庭利用岳陽樓特有的自然風景，在「三醉亭」開了一個「天然」照相館，「設備雖簡陋，但來往遊覽的達官貴人、士兵、墨客、騷人，留影者多」。[32]

在北京，1897 年由山本贊七郎開設的山本照相館，一直把拍攝銷售各種北京及周邊的風景攝影作為一項重要業務。1899 年，山本贊七郎首次出版《北京名勝》畫冊，收錄風景照片 36 張，後來，又於 1901 年、1906 年、1909 年再版，並擴充了照片冊內容。民國前，這些照片冊的購買客戶主要是外僑。進入民國後，在山本照相館的本地廣告中，除了肖像拍攝外，開始出現「北京各種名勝風景照片，及裱像各種冊頁，繪色名信片，精巧大小，鏡框無不俱備」。[33] 根據魯迅的記載，1923 年 7 月 3 日魯迅與周作人一同到北京的山本照相館，

「買雲岡石窟佛像寫真十四枚，又正定本佛像寫真三枚，共六元八角」。1927 年，山本照相館開始銷售「各處風景相片」。[34]

到 20 世紀 20 年代前後，拍攝全景照片的轉機（俗稱「搖頭機」）開始被各照相館使用，廣州珠江全景、西湖全景、上海外灘、北京頤和園全景等，為各地照相館拍攝和銷售。此時的全景照片，不僅被旅遊者個人購買留念，而且公共裝飾功能凸顯，「各界辦公室、會客廳，用以裝潢點綴，尤覺堂皇華麗也」。[35] 寶記照相館銷售的上海碼頭全埠風景「長五十四寸，闊十寸者，連裱及裝玻架，實價八元五角；長四十寸，闊六寸者，實價五元。如欲不裝玻架，或不裱，價值較廉」。[36] (3-1-7, 3-1-8)

紀事照片冊的製作

在照相網目銅版印刷技術普及以前，照相館除了主動攝製風景照片銷售來增加收入外，也有少部分照相館主動或受邀進行新聞、時事照片的拍攝，之後或編輯成原版照片貼冊，或印製成珂羅版相冊，廣泛向社會出售，為照相館帶來的額外利潤，擴大了照相館的知名度，客觀上也為我們留下了中國社會各個方面的片斷境況。

災情影像可能是各地照相館拍攝的反映社會時事最多的紀事照片之一，這類紀事照片大都為受邀拍攝。每當災情發生後，各地紅十字會為了籌賑事宜，一般會委託照相館拍攝災情照片，以希望「諸大善士，見此巨災照片，

31 周德鈞、朱聲媛，《百年顯真樓》，見《武漢文史資料》，2006 年第 12 期（總第 170 期），第 44—47 頁。
32 李培天，《岳陽照相業》，見中國人民政治協商會議湖南省岳陽市委員會文史資料研究委員會編，《岳陽文史》第 4 輯，1985 年，第 161—165 頁。
33 《山本照相館》，見《順天時報》，1914 年 9 月 30 日。
34 《山本廣告》，見《順天時報》，1927 年 5 月 28 日第 8 版。
35 《特出》，見《申報》，1919 年 10 月 4 日第 1 版。
36 同前註。

定能大發慈悲，同起解囊慨助也」。[37]

1917 年，天津發生水災，鼎章照相館及時拍攝了一套《天津水災紀念全圖》，通過珂羅版印製成冊。[38]1939 年 7 月天津再次洪水成災，情狀淒慘，中華照相館的老闆李耀庭每天乘木船去受災地區，用照相機將災情逐一拍攝下來，還詳細記錄拍照地點。事後，他選取一百多張影像印成珂羅版相片，裝訂成冊，共印 1000 餘冊，另複印珂羅版明信片 10000 張發售，不僅留下了珍貴史料，所得利潤還彌補照相館因水災所受損失而有餘。[39] (3-1-9)

1922 年 8 月，汕頭因颱風引起「八二風災」，「此次汕頭颱風為數十年來未有之大災，民居所遭之慘情，非筆墨所能形容」，上海的紅十字會為籌賑事宜，「特派兆芳照相館員二人至災地，攝取災情照片二十餘種，現已印出」。[40]正是因為災情影像的傳播，上海不少潮汕人社團踴躍捐助，在賑災中發揮了重要作用。出身自廣東南海，當時旅居上海的康有為，在《申報》上刊登廣告，義賣親筆書法，很快就訂購一空。于右任、朱念祖和楊白氏也義賣助賑。

1931 年仲夏，持續近兩月之久的大雨令武漢三鎮「頓成澤國」，尤以漢口為甚，整個被浸「水中數尺至丈餘」。武漢真光照相館特地拍攝發行了一本水災原版照片貼冊集，再現了江漢關、特三區江岸、匯豐銀行、聖約翰堂、中華郵政局、中華青年會、漢口市政府、協和醫院等數十處被江水淹沒地域的實景，成為當時漢口災情最真切的記錄。

除了災情照片，其他老百姓關注的新聞事件開始逐漸被各個照相館關注，各照相館館主試圖通過拍攝製作照片冊，來滿足顧客的新聞需求，同時自己得到利潤。

1925 年 3 月，孫中山病逝，舉國震驚。北京廊坊頭條的太芳照像館，拍攝了「孫公喪儀，由協和醫院至社稷壇，以至碧雲寺全景相片，業已出版，價廉出售，遠處函購，原班回件」。[41]上海的王開照相館老闆王熾開通過關係，也派出攝影師前往北京，再跟隨為中山陵選址的人們到達南京，然後再回上海，拍攝了廣大人民群眾為一代偉人送葬的歷史性場面。王熾開將這些珍貴照片加上「王開攝影」的落款，洗印多份，除了商業銷售，還分送各地知名人士與中高層軍政人員，擴大王開照相館的影響。[42] (3-1-10)

1927 年，遠東運動會在上海舉行選拔賽，運動會舉辦方以招標方式招商承包拍攝運動會各項賽事。王開照相館不惜代價投標，獲得了這次運動會上所有比賽的攝影權。王開派出技術最好的攝影師，組成四個攝影小組，搶拍了許多精彩的比賽場景，並趕在當天晚上沖洗出來，及時地計費提供給各家報社。當時上海各報社大都沒有專職攝影記者，而市民卻十分關注遠東運動會的資訊，尤其是賽場上的實況鏡頭，因此各大報社競相向「王開」購買每

37 《兆芳新攝汕頭災情照片》，見《申報》，1922 年 8 月 31 日第 15 版。

38 《天津市同方國際二○一二年秋季藝術品拍賣會·古籍善本專場》圖錄，第 151 號。

39 陸宏慈，《蘭桂齊芳的照相館 —— 鼎章與中國》，見中國人民政治協商會議天津市委員會文史資料委員會合編，《津門老字號》，百花文藝出版社，1992 年，第

220—225 頁。

40 《兆芳新攝汕頭災情照片》，見《申報》，1922 年 8 月 31 日第 15 版。

41 《太芳照像廣告》，見《順天時報》，1925 年 4 月 7 日第 5 版。

42 范昕，《上海「王開照相館」的前世今生》，見《傳承》，2010 年第 31 期。

天的競賽新聞照片。「王開」的照片價格開得不高，但有附帶條件，就是在刊登的每幅照片下都要註明「上海王開照相館攝」字樣。由於遠東運動會是當時上海大小各報每天必登的頭條新聞，因而「王開」所拍的照片每天都在上海各報的顯要位置亮相，連外省市的報紙也紛紛轉載，這使得王開照相館在全國亮出了招牌。

1926 年 5 月到 8 月，北洋的直、魯、奉聯軍與馮玉祥的國民軍展開南口大戰，北京榮光照相館派人拍攝，10 月份推出《南口戰地影片》「有數十種之多，現已出版此項影片，於軍事上有莫大研究之價值。凡國內有志研究軍學者宜速購置是幸。」[43]

清末民初時，照相館的社會地位還不高，照相成本卻很高，如果純粹出於商業目的，一般來說，照相館是沒有多少能力和動力去新聞現場拍攝純粹的紀事照片來銷售的。1909年，天津東馬路「福升」照相館，由於未經「審批」而主動拍攝慈禧的「奉安大典」，攝影師尹紹耕等四人，被視為「冒犯」而遭拘捕並被判監禁十年，直隸總督端方也因間接責任而被革職。不過，隨着社會的發展，紀事照片冊需求卻開始大量增加，比如各省行政長官或部院大臣呈遞皇上的奏摺，有時需要以照片作為文字的補充材料和形象佐證，有些還需要作為政府檔案收存。一些重大的中外合作工程項目，完成後需要拍照並作為禮品贈送外國合作方。當時，中國幾乎還沒有獨立的商業攝影師，因此，大部分紀事照片冊都需要邀請各地的照相館參與拍攝製作，製作完成後，除按質按量交

給定製方外，也有少量照片貼冊可由照相館自由銷售，雖然，有些照片冊成品上甚至沒有照相館的名字。

光緒三十二年（1906），大清農工商部為推廣農業，奏請將樂善園及附近的廣善寺、慧安寺劃為農事試驗場，並附設動物園一所，光緒三十四年（1908）開始對外開放。1909 年，設在場內的鏡真照相館拍攝了一組試驗場的照片，並製作了照片貼冊《博覽園景圖》，收錄了試驗場創辦團隊各個大人的肖像六張，農事實驗場會場地圖照片一張，試驗場大門、接待室、漢瓦橋、薈芳軒、颺風堂、咖啡廳、八方亭、來遠樓、暢觀樓、噴水獅等各式園內建築三十二張，以及動物園內各種動物照片二十六張。每張照片旁邊，還貼有說明標籤，成為農事試驗場和中國近代最早動物園的珍貴影像記錄。這套照片應當是應農事試驗場官方邀請所拍攝，製作完成後，作為官方贈送各界之禮品。(3-1-11)

清末時期，還有不少反映國內工廠新式機器裝備的攝影集，用以向清政府匯報各地興辦洋務中軍械工業建設的情況。廣州羊城十八甫黎鏞照相館拍攝製作了《廣東製造軍械廠各廠機器圖》，分訂為彈廠、槍廠、場屋全圖三冊，封面一角印有「羊城十八甫黎鏞攝影」的兩行小字。[44] 北洋時期，照相館與政府的合作再上一個台階，北洋政府多次主動招呼北京的照相館拍攝。

1917 年 10 月 10 日的「國慶日」，代理大總統馮國璋在北京南苑檢閱部隊，北京的同生照相館「蒙招往南苑等處拍照，計攝得十二寸

---

43 《南口戰地影片出版》，見《順天時報》，1926 年 10 月 21 日第 6 版。

44 故宮博物院藏。

像片一百餘份之多，並皆佳妙精巧異常，即日出版。如蒙光顧希即駕臨小號是盼，或遠購函商郵寄甚妥」。[45]1923 年，北京同生照相館使用轉機「所攝之『兩院臨時會』相片即日出版，玲瓏浮凸、活活傳神，倘蒙惠臨一觀，極表歡迎」。[46]1925 年，北京的光明照相樓拍攝了「臨時參政院開會典禮」和「國憲起草委員會開會典禮」的合影照片，「現已出版，諸君欲購者，特別減價，以表歡迎，特此廣告」。[47]1926 年 6 月，張作霖、吳佩孚在北京會晤，聯合起來組建北京政府，6 月 28 日「在懷仁堂大宴，行紀念攝影典禮」，北京容豐照相館「秉承國務院命，獨家經理拍照，謬承諸公稱獎，光色明美，裝潢新異，繼經各界函電索購者，絡繹不絕」。後來，容豐照相館又重複印製多張，以滿足市場需求。

照相館風景攝影及紀事照片的特色 (3-1-12)

早期照相館風景和紀事照片大多由外國人拍攝，如傳教士、外交人員、旅行者及商業攝影師。這些外國人拍攝的中國風景、民俗和紀事照片，有的是為了記錄異域風情留作永久的旅行紀念，有的是為了帶回家鄉給親朋好友展示遙遠東方的神秘與未知，還有的是受贊助人派遣帶回本國進行系統的商業發行和銷售。拍攝之目的，和中國本地民眾沒有甚麼交集。而中國照相館拍攝的此類照片，主要面向本國消費者，正如上面提到的，可能是喜歡異地風光或收集時事圖片的個人鑒藏者，或者是為了裝潢點綴「各界辦公室、會客廳」[48]的公司或

家庭，還有是為了向上級匯報或留作政府檔案的官方客戶。正是因為這類照片的本土屬性，不論從裝幀還是風格上，儘量本土化成為照相館的最主要追求。

從裝幀上來說，單幀的風景或紀事照片，一般曬印或放大的尺寸較大，很多照片都是十英寸以上，長條風景或全景照片很多尺寸都超過一米，以便擺放在公共場合觀賞。照片一般都黏貼在硬卡紙上，一是為了保證照片的平整，可以擺放在特定場合，直接觀賞；二是為了裝飾，看起來更加美觀。卡紙上印有照相館的名字，而風景名勝的名字、拍攝時間等則直接在照片上標明。很多照片還可以後期配備「相架」，即鏡框，既避免照片受汙、受潮等，欣賞起來也更具裝飾性。

照相館出品的照片冊的裝幀，則受到中國傳統書畫冊頁形制的影響，一般左右開版，每頁照片上方或下方，或者在照片內標註有本頁影像的內容名稱。杭州二我軒出品的《西湖風景》，甚至每張照片前會有一頁單獨印製的中英文說明。照片冊最前面一般有整個照片冊的說明，有的還留有 1—2 頁空白，供購買者題詞之用。不少照相館還為照片冊定製紅木、紫檀木等高檔木盒承裝，提升為一種可贈送親朋好友的禮品。(3-1-13, 3-1-14)

一般來說，照相館風光或紀事照片的拍攝，主要側重風景的全貌、建築的全景、社會歷史事件的整體風貌或大的場景，極少拍攝特寫場景，這樣的影像裝飾性強，並適合群體性賞玩。正因如此，從拍攝風格來說，清晰、規

45 《廣東同生照相館國慶紀念秋操像片出版》，見《順天時報》，1917 年 10 月 20 日第 4 版。

46 《同生照相謹啟：議員諸公公鑒》，見《順天時報》，

1923 年 10 月 31 日第 1 版。

47 見《順天時報》，1925 年 8 月 30 日第 1 版。

48 《特出》，見《申報》，1919 年 10 月 4 日第 1 版。

整、典雅成為大多數中國照相館拍攝風景和紀事照片的主動追求。相比同期外國人隨機地抓拍記錄，或者以地理學或民族學為目的事無巨細、分門別類的擺拍，中國照相館的作品，因為多數是作為裝飾品懸掛在客廳或辦公室內，或者作為家庭珍藏、官方檔案，因此不再僅僅單純地強調記錄和紀實，清晰、規整、典雅的畫面中，還追求一份意境和美感，以更多地引起觀者的品評、遐思和聯想。

照相館風景與紀事照片的拍攝，拓展了照相館的業務範圍，在肖像拍攝的「照像」之外，為我們忠實地記錄了逝去的城市景觀、美麗的山河舊影、多姿的民俗風情，以及雲波詭譎的時代變遷。這種記錄更多是以中國人的視角，為中國人而進行的視覺呈現，具有本土屬性。依靠風景與紀事照片的拍攝，照相館攝影師更廣泛地參與到社會生活中，開啟了與大時代互動的大門。傳統照相館的命運，也更多地與時局的變遷緊密相連，開始走向一個不確定的未來。

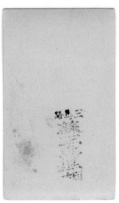

3-2-1　李鴻章肖像

約翰·湯姆遜，曾刊載於《中國和中國人影像》第四卷。
此照片為上海蘇三興照相館印製，蛋白紙基，名片格式，
1870—1872 年。作者收藏。

3-2-2 李鴻章肖像

梁時泰，蛋白紙基，手工着色，22×28 厘米，1879 年 5 月 17 日。作者收藏。

照片上的題款為：李伯相真像，光緒四年歲次己卯暮春閏三月念七日，時在津門，照於本衙西花廳。梁時泰敬照並誌。

3-2-3　李鴻章與美國前總統格蘭特合影

梁時泰，銀鹽紙基，24×30 厘米，1879 年拍攝，1894 年後印製。華辰 2015 年春季拍賣會《影像》Lot 0143。
照片右下角有攝影師梁時泰的簽名。左下角有照片印製者，美國攝影師、照片收集者弗蘭克・喬治・卡朋特（Frank George Carpent
的簽名。

3-2-4 外國女子

天津時泰照相館，銀鹽紙基，櫥櫃格式， 1885 年前後。作者收藏。

從畫面中可見，這應當是天津時泰照相館上門服務，實景拍攝的肖像。照片下部有英文「SEE TAY」（時泰）和「TIENTSIN」（天津）標識。

3-2-5　醇親王、李鴻章、善慶合影

梁時泰，蛋白紙基，20.6×26.1 厘米，1886 年。選自華辰 2010 秋季拍賣會《影像》Lot 0858。
從左至右依次為都統善慶、醇親王奕譞、直隸總督北洋大臣李鴻章。

3-2-6　李鴻章、李翰章兄弟合影

上海光繪樓照相館，銀鹽紙基，19.4×25.2 厘米，1896 年。華辰 2009 年秋季拍賣會《影像》Lot 0978。

3-2-7　醇親王載灃與德國總領事、領事館隨員及上海官員合影

上海耀華照相館（傳），銀鹽紙基，27.8×20 厘米，1901 年。作者收藏。

仲和公使

黎元洪贈

3-2-8　黎元洪簽名肖像

北京容光照相館，銀鹽紙基，照片 20×27 厘米，1916 年。臧偉強收藏供圖。

3-2-9　徐世昌肖像

北京同生照相館，銀鹽紙基，卡紙 24×31 厘米，照片 14×20 厘米，1916 年。臧偉強收藏供圖。

3-2-10　北洋總統府大禮官黃開文肖像

北京容光照相館，封面、卡紙 20×30 厘米，照片 11.1×19.4 厘米，1917 年前後。作者收藏。

3-2-11　何應欽簽名肖像

南京光華照相館，銀鹽紙基，卡紙 28×34 厘米，照片 17.7×23 厘米，20 世紀 30 年代。私人收藏。

3-2-12　蔣介石為漢口啟新照相館題詞

選自《戲世界月刊》，1935 年第 1 卷第 2 期第 56 頁。

第二節

利用與反利用

—— 照相館與權貴關係之解

中國自古以來就有重本抑末的政策，歷來經商者排位於「士農工商」之末。晚清和民國時期，照相業一般歸入手工業或商業，並且，攝影又被認為是「技術之末」[1]。

明清以來，隨着商品經濟的發展和商品流通領域的擴大，社會上開始出現了「恤商、厚商」[2]的思潮。照相業因為是具有相當技術含量的行當，對很多人來說，還帶些神秘的色彩，如果照相館經營規模很大，或者蓋起小樓，普通民眾對照相從業人員會高看一眼，甚至照相館老闆和師傅會「成為世面上受人尊敬的人物」[3]。不過，相比早期照相業中非富即貴的顧客來說，照相館館主或照相館工作人員還是處於弱勢地位，因此，如果照相館能夠有機會為社會上的權勢人物拍照，對很多照相館來說，「實為感激無極矣」[4]。

在沒有專門官方攝影機構的年代，權臣、顯貴有時會利用照相館拍攝的肖像進行自我宣傳、政治公關。照相館也會不失時機地把權貴的肖像作為本館技術、實力甚至社會地位的公關展示。照相館和權貴之間，互相依靠，互相影響，從而上演了一場利用和反利用的大戲。

中國第一位拍攝照片的權臣應當是清兩廣總督兼五口通商大臣耆英。1844年，耆英在澳門與法國使臣拉萼尼談判簽約時，法國使團中的貿易代表于勒·埃及爾為耆英拍攝了銀版肖像，耆英根據西方禮儀，把自己的「小照」分贈給外國官員，這也應當是中國權貴的肖像首次在中西交往中的外交應用。

晚清著名學者王韜，在咸豐九年（1859）三月十三日記中，描述了羅元佑在上海開設照相館一事，那時的照相館，已經知道利用權貴的肖像為自己裝點門面：「晨同小異、壬叔、若汀入城。往棲雲館，觀畫影。見桂、花二星使之像皆在焉。」[5]這裏所說的桂、花二星使，

1　摘自《脱影奇觀》一書廣告，見《萬國公報》1878年第512期，第20—21頁。

2　陳學文，《明中葉以來「士農工商」四民觀的演化 —— 明清恤商厚商思潮探析》，見《天中學刊》2011年第2期。

3　劉育新，《解放前的遼源照相業》，見中國人民政治協商會議遼源市委員會文史資料委員編會，《遼源文史

資料》第4輯（建國前的遼源工商業），1991年，第84—99頁。

4　《山本照相館》，見《順天時報》，1909年5月12日。

5　王韜，《蘅華館日記》（稿本），見《清代日記匯抄》，上海人民出版社，1982年。

係指咸豐八年（1858）十月，與英法兩國簽訂《天津條約》的清朝欽差大臣，大學士桂良和吏部尚書花沙納。可見，從 19 世紀 50 年代開始，不但照相館開始為朝廷大臣拍攝肖像，並且權貴的照片已被照相館作為商品廣告陳列了。並且，很多照相館也把銷售權貴的照片作為自己照相館擴大影響力，甚至營業收入的一種重要方式。作者收藏了一張上海蘇三興照相館印製的李鴻章的肖像，這張肖像本是 1870—1872 年間英國攝影家約翰·湯姆遜拍攝，最後不知何因，變成了蘇三興堂而皇之的商品，可見照相館對權貴影像追逐的迫切。（3-2-1）

　　説起照相館和權貴廣泛而深入的交往，最值得一提的就是時泰照相館。1870 年前後，廣東人梁時泰首先在香港建立了以自己名字命名的時泰照相館。[6] 可能因為香港照相業的激烈競爭，1876 年梁時泰北上，到上海謀求更好的發展。在 1876 年 5 月 29 日《申報》刊登的廣告中，除了提到自己「向設香港已歷多年，得西人秘授，盡斯業之精微，巧照石片、牙片、絹片，而情景逼真，誠丹青描摹之捷法也」之外，梁時泰還特別提到「倘蒙官商賜顧，價目格外公道」，梁時泰看中的「官商」界之中的「官」，確實不同於一般照相館專門強調的商界、學界、工界，以及命婦、封君、名媛、淑女等顧客群，正是因為與官界大佬的良好關係，時泰照相館在中國早期攝影史上留下了濃重的一筆。

梁時泰成功拍攝李鴻章和格蘭特的肖像，是時泰照相館打開晚清權貴之門的第一步。1879 年，攜妻周遊世界的美國卸任總統格蘭特來到中國訪問，先到香港、上海，後來到天津，再上北京，返程時再訪天津。格蘭特的天津之行，是訪問中國的重頭戲，因為晚清重臣、時任直隸總督並兼任北洋大臣的李鴻章，準備與格蘭特多次會面。為了迎接格蘭特的來訪，直隸總督府在各個方面都做好了準備，對通曉洋務的李中堂來説，照相也是必不可少的環節。可能正是因為時泰照相館在上海灘迅速建立起的聲望，引起了直隸總督府的注意，邀梁時泰來到天津，準備拍攝格蘭特在天津的活動。

　　1879 年 5 月 17 日，梁時泰在李鴻章衙署西花廳，利用李鴻章的「下澣」[7] 假期，為李鴻章拍攝了一張單人肖像，可以説，這是為拍攝李鴻章與格蘭特會晤進行的預熱，這張肖像也是中國攝影師為李鴻章拍攝的最早的肖像，日後也成了李鴻章肖像中最具代表性的作品之一，被李鴻章當作贈品，廣泛應用在國內外官場或外交界。梁時泰也頗具廣告意識，在這幅印製多張並廣泛銷售的照片上，他還寫上至少兩種不同的款識[8]，交代拍攝時間、地點，並署上自己的名字。但是照片上的時間「光緒四年歲次己卯暮春閏三月念七日」應當為誤記，因為己卯年和閏三月都在光緒五年，即 1879 年。（3-2-2, 3-2-3）

6　梁時泰照相館最早的廣告見於 1871 年 10 月 2 日的《香港廣告報》（Daily Advertiser），位於皇后大道 26 號樓上。見（英）泰瑞·貝內特，《中國攝影史：中國攝影師 1844—1879》，中國攝影出版社，2014 年，第 107 頁。

7　古代官員每 10 天休息一天，成為「旬休」。分為上旬、中旬、下旬，當時叫作「上澣、中澣、下澣」。「澣」

同「浣」，也是洗頭洗身的意思。

8　除了圖示的照片上的款識，同一種照片還有一種款識為：「光緒四年歲次己卯暮春閏三月下澣照於本院公餘處，寓津杏花村梁時泰敬識」，此照片洛杉磯蓋蒂研究所有收藏。見郭傑偉、范德珍編著，《丹青和影像：早期中國攝影》，香港大學出版社、蓋蒂研究所，2012 年，第 126 頁。

1879 年 5 月 27 日，格蘭特從上海到達天津。[9] 在天津，梁時泰至少兩次為李鴻章和格蘭特拍攝了合影。一次是在李鴻章的天津官邸，在歡迎格蘭特招待會結束後，「二人坐下合影，李鴻章大人以此照紀念格蘭特將軍到訪」。[10] 第二次是在天津「河北吳楚公所」[11]，李鴻章為格蘭特來訪舉辦的正式午宴上，「進餐時，攝影師也為我們拍攝了照片。總督與將軍大人還在小茶桌左右合影留念，將軍一側有一歐洲人站立，總督一側也有中方隨從陪同」。[12] 關於這次午宴時梁時泰的攝影，當時《申報》報導中也有提及：「談畢，主賓各盡歡而散，即在庭中拍印小像，總統與爵相並坐中西，各員環列左右。奏技者姓梁名科。拍印既成，就升炮送客。」[13] 這裏面還透露出「奏技者」，即攝影師的一個重要資訊，梁時泰名科，時泰應當是他的字。

1879 年，在梁時泰為李鴻章及格蘭特拍攝照片時，從李鴻章個人肖像上的款識中「寓津杏花邨，梁時泰敬識」來看，當時梁時泰的上海的照相館似乎仍然在營業，他只是臨時受邀來津拍攝。2014 年 eBay 上拍賣過一張李鴻章和格蘭特的合影照片，照片背面貼有上海時泰照相館的商標籤即「在上海洋四馬路」，可見照片是在上海時泰照相館印製的。同樣在 2014 年 11 月 25 日，美國斯旺拍賣行（Swann Auction Galleries）也曾拍賣同樣一張李鴻章和

格蘭特的合影（Lot54），上面有梁時泰在底片上的手書：上海，1879。所以，由此判斷，1879 年時，梁時泰的天津照相館似乎還沒有正式建立。不過，這次為李鴻章和格蘭特的成功拍攝，讓梁時泰意識到了自己在天津發展的巨大優勢和潛力，很快，他的經營重心迅速北移，在天津建立了梁時泰照相館。為李鴻章和格蘭特拍攝的肖像，不僅成為天津梁時泰照相館重要的銷售商品，也成為梁時泰照相水準和社會地位的重要標誌。

七年之後，梁時泰在天津又有了一次和更高層權勢人物結交的機會。光緒十二年四月（1886 年 5 月），主持海軍衙門的醇親王奕譞奉慈禧太后懿旨，巡視天津、大沽及旅順、煙台等處的北洋海防。在天津，已和直隸總督府建立良好關係的梁時泰，又得到舉薦，多日跟隨醇親王視察，從不同角度拍攝了北洋艦隊的建制、規模、官兵等情況，並多次給醇親王奕譞近距離拍照。「先是到水師營務處時，曾飭照相人梁時泰照相一次。至上快馬，船經新關並招商局，顧問善軍憲一切地方情形，軍憲一一回明，又照相一次。遂開至大沽換海晏船赴旅順矣。」[14] 醇親王視察成功完成後，在從天津返回北京前，「奉王札諭……賞照相粵人梁時泰等銀四百兩」，當時，醇親王「每兵賞銀四兩」[15]，而給梁時泰等人的賞賜達兵丁百倍之多，可見，醇親王對這次拍攝的滿意和重

9 《美前總統抵津情形》，見《申報》，1879 年 6 月 3 日第 1 版。

10 J. F. Pachard, *Grant's Tour around the World, 1880*, pp712-14. 引自（英）泰瑞・貝內特，《中國攝影史：中國攝影師 1844—1879》，中國攝影出版社，2014 年，第 258 頁。

11 《美總統在津續聞》，見《申報》，1879 年 6 月 8 日第 3 版。

12 J. F. Pachard, *Grant's Tour around the World, 1880*, pp 712-14. 引自《中國攝影史：中國攝影師 1844—

1879》，第 258 頁。

13 《美總統在津續聞》，見《申報》，1879 年 6 月 8 日第 3 版。

14 《邸節行程》，見《申報》，1886 年 5 月 23 日第 1 版。

15 《醇親王巡閱北洋海防日記》，原件係墨筆抄錄在三十二開的紅色豎格毛邊紙上，共 90 頁，中國社會科學院近代史研究所藏。見中國社會科學院近代史研究所近代史資料編輯組編，《近代史資料》1982 年第 1 期，中國社會科學院出版社，第 15 頁。

視。（3-2-4）

　　也正是因為此次結識醇親王，天津梁時泰照相館銷售的照片中又添加了重量級的內容，而梁時泰也從此和京城權貴建立了直接的關係。同年，梁時泰應邀進京，為醇親王及其家人、醇親王的府邸拍攝了大量照片。這些照片不僅成為「宮廷認可的官方記錄」[16]，還曾被「寓杏花邨」的天津「梁時泰照像館」，製作成「私人發行」的像冊，作為特別貴重的禮品由李鴻章創辦的輪船招商局贈送給外國貴賓。[17] 這次拍攝的醇親王的生活照，也被梁時泰大量印製，當作商品銷售，使得普通民眾得以窺見重門深鎖的王府生活。（3-2-5）

　　另一家為李中堂拍攝大量肖像的照相館就是上海的光繪樓照相。1890 年 8 月 20 日，光繪樓在上海四馬路東首開張，「房宇寬敞，鋪置雅麗，所照人物、山水、房屋、內外，均有專鏡，且用藥料、裱紙均係西國極品，而金水、銀水尤為加重，故能耐久不退，與眾不同」。[18]1896 年春，頭頂「欽差頭等出使大臣、太子太傅、文華殿大學士、一等肅毅伯」等虛職的李鴻章在訪問歐美之前，停留上海半月左右，聽說光繪樓「攝影精妙」，因此「令至行轅影照闔家歡、對坐、獨立、放大，諸相均能鬚眉畢現，丰采如生」。[19]李鴻章與兄長李瀚章家族合影、李鴻章多幅家人合影，即為光繪樓所拍攝，這些照片成為李鴻章出訪中重要的外交禮品。（3-2-6）

看到照片後，李鴻章「喜其手法靈妙，特製金牌，贈之其牌，一面鐫一『賞』字，一面鑄『鏡無蓄影』四字」。[20]「鏡無蓄影」四字來自西晉文學家陸機所寫《演連珠》第三十五篇：「鏡無蓄影，故觸形則照。」是「應而不藏」「不設於形」的意思，李中堂以此來褒獎光繪樓之攝影，這在當時的上海灘引起巨大轟動。《申報》頭版報導，並認為「中國自與泰西通商，朝廷核定寶星等次，以贈西官。至於中外商人，從未有賞牌之舉」，這次贈獎牌給光繪樓照相館，「蓋亦仿效西法之一端也」。[21] 7 月 30 日，光繪樓收到「赤金賞牌一面，係飭名匠所製」後，也抓住這個難得機會，連夜送去《申報》館廣告：「蒙此珍賞，自當精益求精，以答寵恩並酬惠顧諸君子雅愛。茲將賞牌縮印登報，可見本樓影法精良，迴異別家，實非虛語也。」[22]

　　上海耀華照相館是 20 世紀初期上海照相業的「四大天王」之一，名人效應也是老闆施德之尤其看重的廣告理念。其在 1903 年《申報》廣告中，反覆提及「凡各國王子、官紳、統兵大帥之光顧者，皆有賞寶」。[23]此前，1901 年醇親王載灃赴德「謝罪」之前和回國後，都曾經停上海，1902 年，鎮國公載振代表清廷赴英國參加愛德華七世加冕禮之前，也曾在上海停留，耀華照相館都被委託「照大、小各像，極蒙稱讚，推為海上巨擘」。[24]施德之也在《申報》刊登廣告，宣稱「與別家照像

16　郭傑偉、范德珍，《洋鏡頭裏晚清攝影的藝術與科學》，見《丹青和影像：早期中國攝影》，第 34 頁。

17　華盛頓國會圖書館藏有一本照片冊，《醇親王奕譞及北京王府風貌》，包括六十張蛋白紙基照片，含六張奕譞生活照。照片冊封面有「天津梁時泰照像館寓杏花邨」字樣，此相冊是 1888 年 7 月 16 日由輪船招商局官員贈送給巴克太太（Mrs. Barker）的。

18　《光繪樓精巧各法影像》，見《申報》，1890 年 9 月 28

日第 8 版。

19　《懋賞勸工》，見《申報》，1896 年 7 月 31 日第 7 版。

20　《鏡無蓄影》，見《申報》，1896 年 7 月 17 日第 1 版。

21　同前註。

22　《懋賞勸工》，見《申報》，1896 年 7 月 31 日第 7 版。

23　《照像者看》，見《申報》，1903 年 8 月 28 日第 7 版。

24　《照像者看》，見《申報》，1903 年 8 月 28 日第 7 版。

判若天淵，辱承獎飾，益求精研」。從這條廣告中也不難看出，當時很多權勢人物蒞滬，都會有多家照相館參與拍攝。（3-2-7）

1904 年 5 月 15 日，耀華照相館還在上海灘最先銷售勳齡為慈禧拍攝的各種肖像：「當今皇太后御容小像，每張價洋五角，欲購者寄信上海耀華照相不誤。」[25] 這些照片是為了「專贈各國公使夫人者」[26]，經宮廷默認，各照相館複製銷售。直到 6 月 20 日，首開上海褙印精品之先河的有正書局才開始銷售「皇太后、皇后、瑾妃真照相」，比耀華照相館晚了一個多月。

到 1906 年，耀華照相館又陸續為蒙古親王、兩江總督周馥（周玉帥）、出國考察政治的尚其亨（尚大臣）暨各隨員、駐滬各欽差等拍攝過肖像，不過，除了能夠銷售這些大員的肖像，這些拍照資訊無一例外地被施德之使用到照相館的宣傳中，「更承嘉譽，足見本館名實無虛」，一句「富貴偕來」[27] 的廣告標題，把大員們變成了照相館的活廣告。

在都城北京，山本照相館可以說是和當時北京官場走得最近的照相館。山本不僅把照相館開在與紫禁城近在咫尺的霞公府，與王公大臣的廣泛交際也成為一家日本照相館打開北京市場大門的金鑰匙。

1905 年，山本照相館「恭照皇太后御容」[28]，成為唯一一家給慈禧拍攝照片的照相館。

1909 年，「蒙攝政王傳喚，惟恭照之像，幸蒙攝政王嘉許賞讚，敝館實為感激無極矣」。[29] 正是因為和京城王公大臣的良好關係，1910 年 2 月，清朝陸軍大臣載濤赴日、美、英、法、德、意、奧、俄八國考察陸軍，出京前，「曾率同隨使諸員，由霞公府山本照像館承辦電光寫真，用新法精製相片，以作紀念，並備為出洋酬贈之品」，照片上，「軍職人員，自副都統，以至軍校，則按照三等九級之制，全着軍服。至文職出身者，其裝束，則係用官服」。[30] 這些照片，不僅是照相館影響力的標誌，也成為山本照相館重要的銷售商品，為照相館賺來了不菲的利潤。

在中國早期的紀事照片冊中，上海同生照相館拍攝的滬寧鐵路、蘇杭鐵路及京張鐵路的照片集，都為大家所熟知，尤其是《京張路工攝影》集，具有強烈的紀實性和新聞性，成為中國人自己興建鐵路的珍貴記錄。在 1910 年 4 月 16 號《申報》上，出現了一則上海同生照相館的廣告，因為 1909 年成功拍攝京張鐵路的照片冊，同生照相館主人譚景棠，被京張鐵路的總工程司詹天佑給予「精工速肖」四字獎牌一枚，並且特別允許「另曬全路照片出售」，得到這個合法授權後，同生照相館大做廣告：「如有欲覓勝跡者，請速臨購取，價值面議，格外公道。」[31]

進入民國後，隨着西風東漸和民智漸開，政府官員對影像在內政外交中的作用愈加看重。1916 年，袁世凱帝制失敗亡故後，7 月 7 日，黎元洪繼任大總統，北洋政府國務院恢復

25 《請購御容小像》，見《申報》，1904 年 5 月 15 日第 7 版。
26 《皇太后皇后瑾妃真照相》，1904 年 6 月 20 日第 4 版。
27 《富貴偕來》，見《申報》，1906 年 1 月 19 日第 7 版。
28 《山本照相館》，見《順天時報》，1906 年 2 月 14 日。
29 《山本照相館》，見《順天時報》，1909 年 5 月 12 日。
30 《濤貝勒出京紀事》，見《申報》，1910 年 3 月 24 日第 4 版。
31 《精工速肖》，見《申報》，1910 年 4 月 16 日第 7 版。

舊約法，這一年，北京的照相業也迎來了和北洋政府合作的蜜月期。7月29日，山本照相館廣告中稱「蒙黎大總統之命晉府拍像，敝館光彩莫過焉」[32]；8月1日，參眾兩院在北京復會，名稱為國會第二次常會，容光照相館拍攝了「參眾兩院開會」，並於《順天時報》上刊登廣告，「特此減價，以表歡迎」[33]，同生照相館也拍攝了這次大會，推出各種尺寸放大照片，「有三十寸者，有五十寸者，更有大至八十寸者，材料工作，堪稱美備，鏡框相架，隨時配便」。[34]

1916年8月23日，北京三家照相館——太芳、容光和容生——同時「奉黎大總統命，晉府照像」。對照相業來說，這是一次真正的照相技術「比武」大賽；對總統府來說，則是一次樹立新任大總統形象的影像推介會。其中，太芳照相館共拍攝黎元洪大總統「全身、半身、禮服、戎裝共十七種，俱用十二寸片」，太芳照相館深蒙黎元洪大總統「嘉獎，並蒙賜獎匾『妙術通神』四字」[35]，拍攝一星期後，太芳老闆溫章文就推出廣告，開始售賣大總統照片：「容貌端嚴，精神奕奕，固是元首天賦，亦傳真者之工良也。凡我同袍，請臨敝館瞻仰風采為盼。」[36] 同生照相館也在廣告中說，大總統肖像的「軍、禮各服，俱已印就」[37]，顧客可以自由瞻觀、購買。不過，這次照相比武最大的贏家應該是容光照相館，一是它在廣告

中聲稱「小號所照最佳，荷蒙大總統誇獎」，最重要的是接到了總統府的大額訂單：「已先定一千二百餘張，足見小號工精術美，非他家所及。」[38] (3-2-8)

照相館齊聚總統府「比武」後，北京政府的很多重大活動都可以有本地照相館參與拍攝，並且無一例外地被照相館公開銷售。1916年10月10日是袁世凱去世後的第一個「雙十節」，黎元洪以共和重建之名，在南苑「大閱軍操」。北京同生和容光照相館，在10月16日就推出《大總統閱操相片》銷售[39]，同生照相館「計攝得十二寸像片一百餘份之多，並皆佳妙精巧異常」[40]，除了同城可以上門購買，外地還可以「函商郵寄」。1917年2月，黎元洪「大總統親臨陸軍大學校舉行畢業式照相數種」，又被太芳照相館大加銷售。

1917年7月張勳復辟失敗後，北京政府再次更迭。黎元洪時期總統府照相比武的佼佼者——容光照相館，似乎就此成為新任首腦的「御用」攝影師。8月，新上任的馮國璋大總統、段祺瑞總理，命容光照相館再次進府拍照。[41] 1918年9月，徐世昌當選為新的北洋政府大總統，10月10日「雙十節」正式宣誓就職，馮國璋卸任，10月23日，容光照相館就正式推出「徐大總統就任暨各部總長合影。徐大總統半身、全身相片。馮大總統卸任暨閣府職員合影」系列照片。1924年10月31日，

32 《山本照相館》，見《順天時報》，1916年7月29日第1版。

33 《容光照相》，見《順天時報》，1916年8月10日第8版。

34 《同生照像館》，見《順天時報》，1916年8月11日第5版。

35 《太芳照像》，見《順天時報》，1918年11月17日第8版。

36 《注意：奉黎大總統命晉府照像》，見《順天時報》，

1916年8月31日第4版。

37 見《順天時報》，1916年9月2日第5版。

38 見《順天時報》，1916年9月2日第4版。

39 參閱1916年10月15日第3版同生照相館廣告、16日《順天日報》第1版容光照相館廣告。

40 《廣東同生照相館國慶紀念秋操像片出版》，見《順天時報》，1917年10月20日第4版。

41 《容光照相》，見《順天時報》，1917年8月24日第3版。

由雷卓霆、孔雨亭兩人合股營業的容光和其姊妹照相館容豐正式分家，容光分給雷卓霆，容豐分給孔雨亭。[42] 此時，馮玉祥發動「北京政變」後，段祺瑞被推為中華民國臨時執政，11月24日，段祺瑞就職典禮在北京鐵獅子胡同陸軍部舊址執政府辦公處舉行，容豐奉命拍照，12月25日，容豐照相館重張，立刻推出段祺瑞執政「禮服、全半身、單相多種，殊蒙謬獎」，容豐照相館還「減價七扣，以副各界愛護美術至意」。[43] 1926年6月28日，張作霖、吳佩孚在北京聯合起來，組建北京政府，「六月二十八日在懷仁堂大宴，行紀念攝影典禮」，容豐又「秉承國務院命，獨家經理拍照，謬承諸公稱獎，光色明美，裝潢新異，繼經各界函電索購者，絡繹不絕。本號為張揚名譽推廣營業起見，茲複印製多張，凡欲仰瞻二帥風采者，請赴本號購取，價定從廉」。[44]

此時的北京，總統府沒有專業攝影師，也沒有專門攝影的官方圖片社，不僅總統、總理、執政、大帥等需要照相館晉府照相，其他軍政要員的肖像，以及重大社會活動的拍攝，都需要各照相館承擔。朝雲暮雨、風雲變幻的北洋政壇，都留影在各照相館方寸之間，成為照相館的賺錢利器。（3-2-9, 3-2-10）

而在京城之外，雖然地方照相館和各方權貴沒有形成北京那樣的「蜜月期」，不過，隨着各地軍政首腦在政治、軍事鬥爭中的需求，影像也成為愈來愈受青睞的宣傳工具。（3-2-11）

在廣州，彼時城裏最知名的照相館——豔芳照相館，和廣州軍政府以及後來成立的國民政府關係密切。1923年8月14日，孫中山先生及宋慶齡女士在「廣州蒙難」一週年之際，重登永豐艦，接見官兵，並歡迎永豐艦南歸廣州軍政府，豔芳照相館攝影師奉命到艦上為他們與官兵合影。[45] 大革命時代，廣州發生的很多重大政治活動，都留下了豔芳照相館攝影師的身影，比如《中國國民黨第二次全國代表大會開幕》《粵人反日出兵示威大巡行》《國民政府歡宴華僑參觀團》《孫夫人出席代表大會》《北行車廂之四要人：丁維芬、何香凝、譚延闓、顧孟餘》等。這些照片不僅成為照相館的暢銷品，還不斷刊登在《廣州國民日報》上，起到了極大的政治宣傳作用。豔芳照相館因為精心印製孫中山及國民黨左派領袖廖仲愷先生遺像，得到國民黨第二次代表大會的「贈像誌謝」函：「豔芳照像館研究影相精益求精，以故近來營業情形發達……本會開幕，承贈總理遺像一座，影繪既工，裝潢亦美，且總理暨廖仲愷先生遺像，以該館之照片為最精巧，非他館所能及者。」[46] 北伐戰爭期間，任國民革命軍總司令部參謀長、廣東省政府主席、國民革命軍第八路總指揮的李濟深先生，留守廣州，他常常到「豔芳」照相，還親自書贈條幅：「其餘視諸斯乎。」此條幅一直懸掛於豔芳照相館的廳堂，直到新中國成立後。[47]

在湖北武漢，1898年，顯真樓為全面管

42 《容光容豐照相館緊要聲明》，見《順天時報》，1924年10月22日第1版。

43 《容豐照相重張減價》，見《順天時報》，1924年12月25日第5版。

44 《容豐照相館》，見《順天時報》，1926年8月22日第6版。

45 參考黃容光，《八十春秋倩影長留——廣州豔芳照相

館》，見廣州市越秀區政協學習文史委員會編，《越秀文史》第8期，2000年，第69—74頁。以及駱寶善，《五十年來中國大陸近代史料整理及考訂述評》，學術會議論文，未刊發。

46 見《廣州國民日報》，1926年2月18日。

47 參考《八十春秋倩影長留——廣州豔芳照相館》，第69—74頁。

理湖北教育的梁鼎芬拍攝了一張肖像,懸掛在自家櫥窗中,以廣招徠。梁鼎芬本人對這張個人肖像大為滿意,「認為顯真樓的肖像成像清晰、形神兼備,技術上乘,於是對顯真樓的業務大力扶持」。[48] 湖北的大中小學堂都在梁氏的掌管之下,各類學校每屆的畢業生都要辦同學錄,同學錄上的集體照片和單人照片是必不可少的,梁鼎芬規定這些照片都必須在顯真樓拍攝,僅此一項就使顯真樓迅速成為武漢攝影業的翹楚。

梁鼎芬還親筆書寫了一副對聯贈予顯真樓老闆嚴添承,上聯「孝友人家多厚福」,下聯「江山佳處想當年」,充滿了對顯真樓的欣賞與祝福。嚴添承將這副「金字招牌」懸掛在店堂內最顯眼的地方。正是由於顯真樓與梁鼎芬的這層特殊關係,顯真樓聲名鵲起,一時成為名重漢上的攝影業巨頭。

辛亥首義週年慶典之時,顯真樓專門製作了孫中山和黎元洪的照片,大量出售,深受市民的歡迎。為權貴拍照似乎成了顯真樓的一大專長,也成為顯真樓成功的最重要的秘訣之一。後來,宋慶齡、廖仲愷和夫人何香凝,民國時期的風雲人物吳佩孚、蔣介石、胡漢民等都在顯真樓拍攝過照片。

在偏遠的西南貴州省,照相館因為政局的動盪而大賺一筆。原來,自 20 世紀 20 年代後,貴州軍閥割據,動亂頻繁。每當一個軍閥佔據貴陽時,就有一批「新貴」走馬上任,省長以下,廳長、司令等人的單人相和團體相之類的生意激增。對照相館來說,其中「油水」

最大的,就是這些不同等級新貴們的照片。一般來說,他們都照例拍攝一張標準相(最小的規格是六英寸),「這個習慣,自二十年代的周西城,直至解放前夕最後一任貴州省主席谷正倫,幾乎人人如此,毫無例外。這種照片拍照不過只是三張兩張,可是加印起來,一批就是幾千張以上,還要配上卡紙,由秘書題款。其題款也有一定的『公式』,即上款為『×××先生(或同志)惠存』,下款為『×××敬贈』。製好後,其所屬縣長、團長、營長、鄉長、訓練團的學員等等,人各一張」。[49] 對這些「新貴」來說,宣傳了自己,滿足了虛榮心;而擁有這樣一張照片的人,「就可以將照片陳列於家中,表明其身份,大擺其威風,保甲長之流看到即將『退避三舍』,並可以此作為吹牛拍馬、欺壓老百姓的資本」。[50] 而一家家照相館,則賺得盆盈鉢滿。

1928 年,國民政府在形式上完成了南北統一,隨着遷都南京,中國「權貴」照相業的重心也隨之南移。在與國民政府合作的照相館中,南京光華照相館當仁不讓地成為照相業界的老大,據作者統計,從 1929 年 8 月 2 日到 1935 年底,僅僅在上海《申報》上,就刊登了光華照相館拍攝的國民政府相關照片 75 張,可以說,光華照相館在某種程度上已經成為國民政府首腦蔣介石及軍政要人的「御用」照相館。

光華與蔣介石的淵源應當是從 1927 年上海灘的「世紀婚禮」開始的。1927 年 12 月 1 日,「下野」的蔣介石和宋美齡在上海舉辦婚

---

48 周德鈞、朱聲媛,《百年顯真樓》,見《武漢文史資料》2006 年第 12 期(總第 170 期),第 44—47 頁。

49 吳傳德,《解放前的貴陽市照相行業》,見中國人民政治協商會議貴州省貴陽市委員會文史資料研究委員會

編,《貴陽文史資料選輯》第 8 輯,1983 年,第 115—132 頁。

50 同前註。

禮，婚禮分兩次進行：先在西摩路宋公館會客廳中舉行西式婚禮，後在戈登路大華飯店舉行中式婚禮。大華飯店的婚禮在樂曲聲中宣告完成後，蔣介石和宋美齡來到大華飯店花園攝影，由上海中華照相館的師傅拍攝了結婚照片；晚上，返回宋宅後，再次請中華照相館師傅「正式留影」，蔣宋二人「頗覺滿意」[51]，因為此次成功的合作，蔣宋常常照顧中華照相館的生意，也就認識了在店裏工作的錢樹滋和王貴遜。後來，隨着 1928 年蔣介石重新執掌南京政權，錢樹滋和王貴遜也離開中華照相館，到南京單飛，在石板橋開辦光華照相館。[52]

因為和蔣宋的特殊關係，光華很快成為國民政府指定攝影的照相館，「國軍編遣實施會議開幕禮」（1929 年 8 月 2 日）、「全國運動會開幕」（1930 年 4 月 1 日）、「首都歡迎凱旋大會」（1930 年 10 月 23 日）、「第三屆中執委會第四次全體會議開幕」（1930 年 11 月 13 日）等一系列重大政治社會活動的照片，都由光華拍攝，刊登在上海的《申報》上，國民政府軍政要員的合影及肖像拍攝也幾乎成為光華照相館的專利。光華的知名度，以及熟識蔣介石和宋美齡的特殊背景，讓照相館的生意日益興隆。

1937 年，隨着日本侵華戰爭的進一步發展，國民政府遷都重慶，光華照相館也跟隨政府遷到重慶，照相館就開在上清寺，離孔祥熙等人的公館很近。光華不僅多次為蔣介石拍攝肖像，1945 年 8 月底，毛澤東主席來重慶進行國共談判，王貴遜也曾被命令用相機記錄下重要的歷史場景。[53]

抗戰勝利後，國民政府遷回南京，光華照相館也跟着回遷。1946 年 10 月，在蔣介石舉辦六十大壽之前，光華照相館接到一筆大業務：將蔣介石 1943 年在重慶任國民黨主席後，由光華拍攝的一張大元帥戎裝照大量洗印。王貴遜曾經向女兒王明回憶過這一段事情：「照片本來是黑白的，洗的時候重新上了色，而且洗了很多張，是拿卡車來運的。」這些照片運回去以後，都發到國民黨的部隊了。[54]

1948 年 5 月 20 日，蔣介石、李宗仁分別當選總統、副總統。就職典禮完成後，在總統府子超樓前，光華照相館的王貴遜和徒弟們為全體國民黨黨政軍要員拍攝了合影，由於隨後爆發「三大戰役」，蔣介石在 1949 年初即宣佈下野，因此這一張照片實際上是國民黨黨政軍要員在大陸最後一次合影，也是國民黨高層在南京的最後一張「全家福」。

在南京之外，1929 年 4 月，蔣介石赴平漢（今北京至武漢）鐵路檢閱，一年前才剛剛成立、號稱「武漢首創美術照相第一家」的漢口啟新照相館，借給蔣介石拍攝照片之際，邀請蔣介石為照相館題詞，4 月 18 日，蔣介石為啟新題寫了匾額「藝術之光」，並落款「蔣中正，（民國）一八、四、廿九」，啟新照相館知名度從此大增，很快成為武漢鼎鼎有名的照相館之一。（3-2-12）抗戰時期，在貴州省貴陽市，大批照相館是從外省遷來的，其中，從安徽遷來的中國攝影社的招牌，是用時任國民黨主席林森的題額，其內部還有畫家徐悲鴻、電影明星胡蝶等名人的題詞，中國攝影社攝影師趙熙

51 《蔣介石宋美齡昨日結婚盛況》，見《申報》，1927 年 12 月 2 日第 13 版。

52 根據光華照相館學徒周培良的回憶，見《現代快報》，

2009 年 6 月 2 日。

53 同前註。

54 同前註。

中，西裝革履，風度不凡，同行多稱之為「趙西裝」。[55] 這樣的名人效應和拍攝格調，與過去的老式經營作風完全不同，吸引了大批顧客。

結交、攀附權勢人物是把雙刃劍，當年照相館的社會地位普遍低下，權勢人物的蒞臨和肯定，確實能夠提升照相館的知名度和社會地位，但俗話說「伴君如伴虎」，照相是技術活，如果服務不周，出現技術差錯，或者不能令人滿意，得罪權貴，輕則影響業務的發展，重則從此關門歇業。在 20 世紀 30 年代的湖北沙市，國民黨第 1 軍軍部及直屬部隊駐沙，該部照相業務統由沙市「真華」包辦，收入頗豐。有一次該軍部照集體相，軍長徐源泉等高級軍官參加，「真華」照相館的師傅一切準備就緒，然而徐等就座準備開拍時，照相師傅緊張之下，一不留神絆倒了相機的支架，相機跌壞。相照不成了，徐源泉甚為惱火，猛然立起，對

負責聯絡照相的劉副官大發脾氣。劉當即派車接來沙市另一家「顯容」照相館的師傅，很快就把相照好了。從此，該軍部的生意由顯容取而代之，顯容一下子聲名大噪，顧客盈門。真華照相館卻從此生意冷落，一蹶不振。為重整旗鼓，老闆柳督群改照相館名字為「達華」，但也未能擺脫厄運，不久，「達華」就閉門歇業了。[56]

從晚清到民國，中國照相業的發展史，在很大程度上就是一部照相館與權貴之間利用和反利用的歷史。權貴們憑藉照相館鮮活影像的塑造和傳播，大大提升了在政壇或社會生活中的威望和影響，那些充滿時代特色的音容笑貌，更是一次次風雲變幻的社會映照。一批批權貴影像的示範效應，帶動了照相業一步步向前發展，之後更多的普通民眾走入照相館，更多的社會生活有了影像的記錄，開啟了一個嶄新的照相館時代。

---

55 吳傳德，《解放前的貴陽市照相行業》，見中國人民政治協商會議貴州省貴陽市委員會文史資料研究委員會編，《貴陽文史資料選輯》第 8 輯，1983 年，第 115—132 頁。

56 黃祖德、夏循海、章運軍整理，《相館滄桑話顯容》，見中國人民政治協商會議沙市市委員會文史資料研究委員會編，《沙市文史資料》第 2 輯（工商史料專輯之一），第 228—236 頁。

3-3-1　女子肖像

抵制美貨的上海照相館之一 —— 英昌照相館，銀鹽紙
基，櫥櫃格式，1910 年前後。作者收藏。

3-3-2　男子胸像

廣州黎鏞映相館，銀鹽紙基，櫥櫃格式，20 世紀 20 年
代前後。作者收藏。

3-3-3　家庭合影

天津新明照相館，銀鹽紙基，卡紙 30.5×24.5 厘米，照片 20.11×13.85 厘米，20 世紀 20 年代前後。作者收藏。

3-3-4　打電話的女子

上海時新照相館，銀鹽紙基，卡紙 9.7×15.85 厘米，照片 6×9.15 厘米，20 世紀 20 年代
前後。作者收藏。

3-3-5 寶帶橋全景

蘇州福昌照相館，銀鹽紙基，卡紙 28.6×23.2 厘米，照片 20.26×14.5 厘米， 20 世紀 20 年代前後。作者收藏。

卡德照相
上海卡德路卡德院隔壁

3-3-6 女子單人肖像

上海卡德照相館，卡紙 10.7×17.7 厘米，照片 7×10 厘米，銀鹽紙基，20 世紀 40 年代。作者收藏。

居住上海法租界球龍路一八八美五弄

中華民國三十二年四月拍於滬上

二十九歲

3-3-7　女子坐像

上海蘭心照相室，銀鹽紙基，卡紙 22×29 厘米，照片 13.85×18.85 厘米，1943 年 4 月。作者收藏。

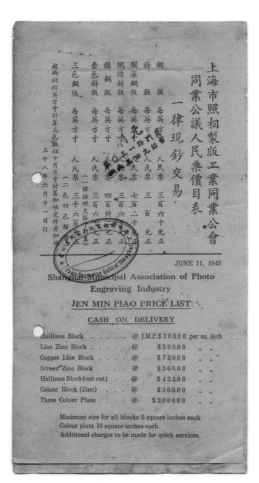
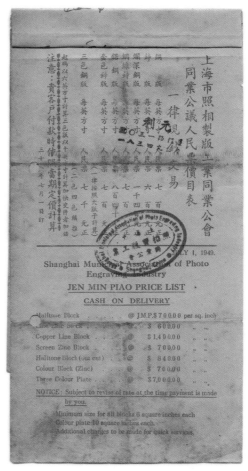

3-3-8　上海市照相製版工業同業公會同業公議人民票價目表

13×23.6 厘米，1949 年 6 月、7 月。作者收藏。

上海剛剛解放之初，照相製版同業公會每月制定一次價格，對比 6 月和 7 月份價目表，7 月份價格大大提高，這也從一個側面説明新中國成立前後上海照相、製版行業價格波動之大，而各級公會在價格制定上發揮了積極作用。藍色印章已體現當時分級標識：元利。

第三節

自我治理與政治參與

—— 照相業同業組織的發展與變遷

俗語說：商有商道，行有行規。行業組織在中國有着悠久的歷史，對於在封建時期卑列於「四民之末」的工商業者來說，傳統行會組織比如會館、公所等有着特殊的保障意義。清末民初的中國，經濟從傳統走向近代工業化，民族民主運動大發展。在很多行業內，不同類型的學會、協會、聯合會得以大量建立，所謂「人群進化，會社日興，同舟共濟，眾志成城，內以謀同仁之利益，外足以禦強力之侵凌，凡百皆然，商戰尤甚」[1]，即是這一浪潮的鮮明反映。這些組織廣泛建立，尤其在各個通商口岸率先進行。

從 19 世紀中葉開始，新興的照相行業誕生，其日益壯大的進程，正伴隨着現代行業組織在這些口岸城市的萌芽和發展的過程，傳統照相行業的各種同業組織，從清末自發成立，到民國初年的發展，又歷經日偽時期、解放戰爭，直到解放後公私合營後消失，在不同歷史時期，以其集團性的整體力量，在進行照相業自我治理與國家的政治、經濟和社會生活的參與中，發揮了相當作用。

從政府層面來講，自清末開始，就通過頒佈一系列法令，來規範和引導行業組織的發展。1904 年，清政府正式頒佈《商會簡明章程》，鼓勵各地建立商會，以加強眾商團結和官商溝通，但對於會館、公所等傳統行業組織則未予以明確規範。此時，雖然照相業還沒有自覺成立任何行業組織，但在晚清中央政治權威衰落和民間商人自主意識增強的背景之下，照相業同仁也開始擺脫在商言商的舊習，以行業整體為組織中心，開始參與國家政治活動，顯示了商人團體的政治力量。

1905 年，為了抗議美國的排華法案，在中國主要商埠，特別是華中、華東和華南地區，抵制美貨運動形成高潮。8 月 19 日，上海照相業在江漢公所簽約，共同抵制美貨，主要有五條：

（一）不用美國藥水材料。

（二）凡同業、東夥，務當互相勸勉，一律實行不用美貨。

（三）同業只實行不用美貨，凡土貨之可

1　上海檔案館，「上海震巽木商公所歷年公文」，S145-1-7。

售與美人者仍與交易。

　　（四）各東夥、各任廣勸親友一律實行之義務。

　　（五）專主和平辦法，切戒節外生枝。

　　協約規定「俟苛禁改良，再行照常購買。同胞互相查察，如有違背此議者，照所買之物罰一百倍，以充善舉」。[2] 上海主要照相館都簽名參加，包括耀華東西號、麗珠、致真、鏡中天、方祥珍、英昌、耀芳、戀昌高昇、美珍、公泰、二惟樓、麗芳、福生、德泰、寶記、寫真‧光華樓，華芳、三雅軒、梁尚惠、林海濤、鴻雪軒，只有一家照相館沒有簽名參加。這是中國照相業第一次自發地、以整體的力量，大規模參與到社會政治生活中，為未來照相業行業組織的進一步發展奠定了實踐基礎。（3-3-1）

　　辛亥革命後，民間結社權利在《臨時約法》中得到明確規定，公民擁有集會與結社自由成為社會共識，這也為照相業同業組織的成立掃除了政治上的阻礙。1918 年，北洋政府農商部頒發了《工商同業公會規則》及施行細則，首次在法律上認同了同業公會在行業經濟管理方面的重要性。由於社會動盪和政府的更迭頻繁，這一法令並未得到認真執行，但各行業自覺組織同業者的意願顯著加強。

　　1919 年，廣州照相館職工就建立了自己的同業行會——廣州攝影公會，1922 年，廣州攝影公會改名為攝影工會，選舉鄧肇初為主任，成為攝影行業的工聯組織。攝影工會為工人爭取福利待遇，為失業者介紹職業，並創辦攝影雜誌、夜學部、講演部，向攝影業工人講

授攝影技術。1924 年，原來主持會務的小業主同資方代理人紛紛辭職，廣州攝影工會改由以工人為主體主持會務。攝影行業的師傅林庭禮、鄧燕初等五人組成鬥爭委員會，並發動全市行業工人罷工，支援省港大罷工。店中選派代表出席中共廣東省工委召開的「廣州工人代表會」以及中華全國總工會在穗召開的「中國第三次全國勞動大會」。[3] （3-3-2）

　　1922 年 2 月，美、英、比、法、意、日、荷、葡和中國北洋軍閥政府在華盛頓會議上簽訂「九國公約」，肯定了美國提出的在華實行「門戶開放，機會均等」的原則，確立了以美國為首和英、日共同控制中國的侵略局面，此條約是對中國主權和領土完整的粗暴侵犯，也激起了中國人民的強烈反抗。

　　在北方的天津，「工商各業，無不聯絡同業，結成團體，共救國難」[4]，照相業也不例外，2 月 27 日下午三點，天津照相業同仁二十餘人，在北馬路總商會，正式宣告成立天津照相同業會，公推劉子固為主席。會上宣讀了該會緣起：「處今日之世界，潮流所趨，社會現象，已變個人之競爭，而為團體之競爭。乃太平洋會議，國民咸以外交失敗，群起而為示威運動。對於不公理之待遇，如二十一條、青島問題，均受極大感覺。而為團體之結合，是因各行各業，均有公會，獨我業闕如……正當謀積極進行，以示愛國堅決之誠意，希達最後外交勝利之目的。況以同業公益，關於技術之研究，及營業之發展，益當成立公會，共謀進行。同人等用敢聯絡成立斯會，望我同業，起為互助是盼。」[5] （3-3-3）

2　見《申報》，1905 年 8 月 22 日第 3 版。
3　黃容光，《八十春秋倩影長留——廣州豔芳照相館》，見廣州市越秀區政協學習文史委員會編，《越秀文

史》，2000 年 8 月第 8 期，第 69—74 頁。
4　見《益世報》（本埠新聞），1922 年 3 月 1 日，天津。
5　同前註。

3月4日晚8點，天津照相業同業公會在北海樓眾商聯合會開全體職員大會，討論公會地點、經費等，決定所需一切經費，由在會各號分配擔任。大會分別選舉正會長劉子固、副會長周克齊，為出席團體代表會之代表。當時，眾多照相館踴躍加入公會，唯獨日租界鼎章照相館沒有參與。開會之前，公會籌備會連去三函邀請入會，始終未見回音。會長劉子固「又往該號謁其經理、不但不見，反聲稱本號不但不加入公會，仍照常使用仇貨，不加抵制」，天津同業公會討論決定，「嗣後該號倘欲加入時，本會決定不准其加入」[6]，並且準備「即通告各官署、各機關，及紳商各界，永不在該館拍照」。[7]

天津照相業公會成立後，不僅注重本城的反帝局勢和行業的改進，而且對周邊城市照相業發展也給予關注。1922年4月22日，青島陳明來信稱「青島華人所設之照像館，只有一家，其餘盡屬日人開設，華人照像館實有應付不暇之勢。茲屆對日經濟絕交，似不宜任聽日人之壟斷，應請轉知貴埠各像館，迅即來青開設，以免利權外溢」。[8]天津照相公會當即轉知各照相館，鼓勵大家去青島開辦照相館。由於天津及其他地區照相同業組織的支持，青島華人照相業得以從此迅速發展。1924年，廣東人王秩忠與青島的鍾佩鳴、王鏡桐合夥開設了鴻新照相館，到1928年，青島華商照相館已有6家，1931年照相館增至10家，1937年3月，青島市照相業同業公會成立。

到1941年，青島的29家照相館中，華人照相館佔大多數，外商照相館只有10家（日商9家、德商1家），同年還成立了露天照相同業公會，參加者為單人遊動照相，均無固定門市。[9]

1927年初，在中國共產黨領導下，中國開展了聲勢浩大的群眾反帝運動，英國不得不將漢口、九江英租界交還中國，這是近百年來中國人民反帝鬥爭所取得的重大勝利。中國工人的武裝鬥爭也風起雲湧，3月，上海工人第三次武裝起義取得勝利。1927年4月1日，上海照相業職工會開設了籌備會議，到會的有時新、品芳、維新、容昌、瑞芳、新新等十一家照相館職工代表五十餘人。推舉朱千定為主席，凌漢鍾為記錄，由許燮卿報告組織本會宗旨，店員總會代表沈資田進行演說，主要講述了工人革命歷史、帝國主義政策之失敗、北洋軍閥之崩潰、人民起來握政權、兩次總同盟之意義等等。會議還推定戴鑒青等八人為徵求員，朱千良、劉佐侗等十二人為籌備員。並議定「下星期四日開成立大會」。[10]雖然緊隨其後的4月10日，蔣介石在上海悍然發動了「四·一二」政變，導致了職工會的夭折，但這無疑是上海照相業職工勇於參與大時代政治生活的一次積極嘗試。（3-3-4）

南京國民政府建立後，出於加強對工商團體管理和控制的考慮，對商會、同業公會等組織加以改組整頓。1929年將原《工商同業公會規則》修改為《工商同業公會法》及實施

6 《照像同業會開會紀》，見《益世報》，1922年3月6日，天津。

7 《鼎章像館干犯眾怒》，見《益世報》，1922年3月8日，天津。

8 《函請注重青島照像業》，見《益世報》，1922年4月

20日，天津。

9 青島市史誌辦公室編，《青島市誌》，五洲傳播出版社，2001年。

10 《照相業職工會》，見《申報》，1927年4月2日第15版。

細則，規定：「各業之公司行號，均得為同業公會之會員，攤派代表出席於公會。」[11] 不過，政府過於重視控制而忽視對工商團體的基礎組織建設，這引起商會的極度不滿。在當時西方資本主義經濟大危機後，不但商會感受到了內部的組織危機，政府也感到現行的工商團體法規已不合時勢的要求。1938 年政府頒佈了新的《商會法》及《同業公會法》，並多次明令「未加入同業公會的商店限期若干日內正式加入，逾期仍不遵辦者，即予以警告」。[12] 客觀分析，南京國民政府在 20 世紀 30 年代對行業組織現代化的推動力是相當大的。在生產力與生產關係轉變的內在推動下，商會與政府的督導與促進加速了行業組織現代化的步伐。

民國「黃金十年」(1927—1937) 的穩定發展，照相業各行業組織開始把更多的注意力從對國家的政治參與轉向了促進同業自治的發展上。1932 年 1 月，蘇州照相業同業公會正式成立，蘇州觀前街上光華照相館老闆陸懷玉被公推為首屆同業公會主任委員。(3-3-5) 第一批參加第一屆照相業同業公會的會員單位近 20 家，後來又增加了一些會員單位。照相業同業公會除了共同交流照相業務外，也制定了一些不准無序惡性競爭的規定，剎住了競相減價風。[13] 1935 年，河南開封照相業同業公會，在商務會內辦公，于桐軒為會長，「該業之價目，及一切事宜，均由該會主持之，每家又分經理，掌櫃，技師，學徒等職務，學徒三年出師，可充當技師，在未出師之先，一切衣食概

由經理供給，技師薪俸固定者，有視每月收入之多寡而定者，平均大約每人每月十餘元之譜，掌櫃多為經理兼任，亦有另聘者，月薪僅數元」。[14]

八年抗戰時期，淪陷區內照相材料缺乏，照相業更需要抱團取暖。同時，為了應對拍攝巨量「良民證」照片的需求，照相同業組織進一步發揮協調作用，以降低費用，讓更多民眾負擔得起。

1941 年，在汪偽政府控制下的上海，照相業再次成立了照相業職工會。上海市照相業共有一百五六十家，僱有職工一千二百餘人，工資每月自三五十元至二百餘元。[15]

照相業職工會成立後，向店方提出加薪要求：「加薪百分之二一十至百分之九十，並每人每月津貼白米三斗，年分紅利二成，及實行八小時工作制等條件十五項。」[16] 上海「各照相店向來無所聯絡，因此由全體店主組織上海市照相業同業公會。成立後，即推舉代表與勞方進行調解」[17]，雙方代表二度接洽後，準備再次續談。不過，職工方面認為資方缺乏誠意，從 8 月 4 日晨起實行怠工，「且因尚有少數同業，未曾加入，乃由罷工職工，分頭前往勸令停業，加入罷工。當罷工職工前往霞飛路六一四號白樂照相館時，因該館職工不明來意，未允停業，致雙方發生衝突。結果除該館器具略有被毀損外，並有職員一名，頭部被毆傷，嗣經報告法捕房，派大批探捕到場彈壓。當場拘獲粲帽工人一名，同時靜安寺路五三八

11 國民政府公報 246 號，1929 年 8 月 17 日，「法規」。
12 鄭成林，《國民政府與商會：1927—1936》，華中師範大學歷史所碩士學位論文，未刊。
13 譚金土，《蘇州照相業發展史略述》，未刊。
14 《經濟調查》(六)《開封照相業概況》，《河南統計月

報》，1935 年 1 卷第 7 期，第 116—117 頁。
15 見《申報》，1941 年 8 月 5 日第 7 版。
16 同前註。
17 同前註。

號光藝照相館，亦被罷工職工搗毀鏡箱等生財，損失額巨。茲公共租界及法租界政治部已派員分頭調查，以俾召集雙方進行調解」。[18] (3-3-6, 3-3-7)

在主管機關的調解下，勞資雙方很快達成協議，照相業同業工會與職工代表簽訂《上海特別市照相業同業工會協定勞資待遇契約》公佈於《新聞日報》上，其中第十一條規定增加工資的辦法為：「⋯⋯三十元以下加五成，五十元以下加四成，七十五元以下加三成，百元以下加一成半⋯⋯」。不久，因物價暴漲，有些企業把固定工資改為按營業額拆賬計算工資制，拆賬率（即勞方取得多少）由業主（資方）與職工協商確定。[19] 上海照相業於八月八日起照常營業，上海照相業同業公會登報公告「仍盼各界源源賜顧，無任歡迎。至於罷工期內服務不周之處，尚希鑒諒是幸」。[20]

這次罷工風潮也直接導致了照相業同業公會從 8 月 23 日起，提高照相業的價格：「刻因原料迭漲，開支浩繁，特召集全體會員公議，改訂價目，略事增高，藉維血本。茲定於八月廿三日起，一律依新價目單收費，事非得已，尚祈各界原諒為幸。」[21] 1942 年，日軍佔領上海公共租界工部局，從 5 月 11 日起開始給市民發放市民證。凡公共租界內之居民，向保長索取申請書，詳細填好後，連同本人二英寸照片兩張，親自送交當地捕房，市民證的

照相，「可向照相業同業工會指定之照相館攝影，每四張取費法幣二元二角」。[22]「照相業公會為遵兩租界當局減輕市民負擔之意旨，對於攝製市民證身份證照片，均經核定限價，由會員一體遵行，不得抬高減低。」[23] (3-3-8)

抗戰勝利後，至新中國成立前夕，照相業同業組織又進行了第二次重建。在上海，1945 年 12 月，張丹子、王開等再次發起成立照相業同業公會 [24]，第一任理事長就是王開照相館的王秩忠，「因其處事公正，領導有方，秩序頗上軌道」。[25] 不過，後來因為公會租賃會所與大家意見相左而辭職，改由國際照相館的王廷魁為第二任理事長，但「因凡事遷就，致為少數投機同業所左右，專以取巧者，既以自私為目的，公德與業務，當而不會有動於衷，因此會章與業規，亦即漸失效用，初尚少數陽奉陰違，繼則漫延不堪收拾，打折扣，送放大，明兜暗拉，形形色色不一而足，高尚之藝術，卑汙至此，寧飛笑談」。[26] 上海照相業同業公會第三屆主任委員是光藝照相館的張丹子，第四屆主任委員是萬象照相館的朱天民。

在照相業同業公會的自治中，制止惡意價格競爭是首要任務。在很多城市，由於照相業無序發展，同業之間競爭激烈，「經常出現某某照相館以打開張或成立週年紀念為由，張燈結綵，僱用樂隊在店裏吹吹打打，或上街遊

18 同前註。

19 《上海誌》、《專業誌》、《上海飲食服務業誌》，第 3 篇《攝影業》，第 5 章《工資改革》。

20 《上海市照相業復業啟事》，見《申報》，1941 年 8 月 8 日第 1 版。

21 《上海市照相業同業公會改訂價目通告》，見《申報》，1941 年 8 月 22 日第 5 版。

22 見《申報》，1942 年 5 月 9 日第 4 版。

23 《派司照售價歧異之點》，見《申報》，1942 年 8 月 24 日第 4 版。

24 《同業公會動態》，見《申報》，1945 年 12 月 21 日第 4 版。

25 培雯，《一年來的照相業》，見《社會畫報》，1948 年第 2 卷第 1 期，第 19 頁。

26 同前註。

行，散發廉價照相及贈送五彩大像的傳單，以廣招徠」。[27] 一些中小照相館鑒於力量不足，便幾家聯合起來，與大戶抗爭，「以致同業之間相互仇視，曾多次發生武鬥」。[28] 這種爭鬥，也引起了很多有識之士不滿：「減價，贈送，兜拉生意，固為商業之常事，不過高尚之藝術，並非普通商品，實屬不應有此現象，須知同一照相，材料上下相差甚多，工程高低距離亦遠，余如取巧底片縮小尺寸。處處皆可無形討巧。一言以蔽之，價錢愈低，贈送愈多，而藝術之退步亦必愈甚。」[29] 照相業同業組織，正是「為藝術前途計，為該業信譽計，為商業道德計，為國家顏面計，自亦不宜常此放任如許敗類之囂張也……原照相同業自今年起，一洗過去汙點，發揚未來光明才是，果爾，雖不能與突飛猛進之歐美相抵衡，而在藝術本位上，總可問心無虧耳」。[30]

除了協調同行非正常的價格競爭的矛盾外，照相業公會還議定會員照相館的級別。根據 1947 年 8 月上海市照相館商業同業公會會員錄的資料，當時照相館為 293 戶（實際上超過此數，因為有些照相館未參加同業公會）。按地段、規模、設備等各方面條件，分為「中」「華」「民」「國」四個等級。其中「中」字級別的有王開、永安、國際、光藝、大同、兆芳、大英、派克、大成、百樂、三民等 11 家，「華」字級別共 32 家，「民」字級別共 67 家，「國」字級別共 183 家。[31] 分定級別後，分級制定統

一價目表，這樣使一些設備較差，位置偏僻、級低價廉的小戶得以生存。另外，同業公會為了減輕小戶同業資金少，需要零星購買原材料的困難，曾由部分會員集資在會內附設了一個聯合照相材料行。經營照相材料，可直接向外商進貨，衝破照相材料業的壟斷局面，除入股會員可以享受一定優惠外，對沒有入股的本微小戶，也給予拆零供應的照顧。

不過，解放戰爭後期，法幣貶值，原材料飛漲，照相價格隨時需要調整。價格的調整，既無一定的比例，也沒有甚麼可循的規律，有時由理事長之類的頭面人物，在理事會上提出，理事同意之後，製出價目表，通知各店按調整價格收費。並且，照相館分級，看起來好像頗為公平合理，可是問題不少，爭論也不少。當年各店設備大體類似，一般並沒有甚麼特殊的設施。但由於經營的靈活，地點的適中，宣傳的高明，技術力量的不同，營業額的差額是相當大的。在評定等級時，各店都想爭取執行高一等級的價格，在營業時，又可以用打折扣的方式來競相殺價招攬顧客。在顧客的眼光中，高等級店的名聲又較為響亮。後來，在不斷爭論中，大多數店家都成了甲級店，只有較小的個體戶成了乙級店，雖然有了規定的價格，但執行時都各行其是。

新中國成立後，上海照相館的級別改為「元」「亨」「利」「貞」四級。其中「利」「貞」二級又分別分為甲、乙二等，簡稱「四級六等」。[32]

27 朱振三，《長沙照相業史話》，見中國人民政治協商會議湖南省委員會文史資料研究委員會編，《湖南文史資料選輯》第 17 輯，湖南人民出版社，1983 年，第 162—170 頁。

28 同前註。

29 培雯，《一年來的照相業》，見《社會畫報》，1948 年

第 2 卷第 1 期，第 19 頁。

30 同前註。

31 邱晨，《上海五十年代攝影評述》，上海師範大學學位論文，2006（學位年度）。

32 同前註。

建國前後，照相館同業公會為避免惡性競爭，照相館定級在很多城市成為一個普遍現象。在湖南長沙，由照相同業公會按各店的規模、生產設備、技術水準、產品質量，分一、二、三級，發給全市統一的照相營業價目表，各店一律按所發價目表掛牌營業收費，各店所收費用不得高於價目表上的規定。[33] 在福建省會福州，1950—1951 年，福州市工商業聯合會照相業同業公會對會員商號定級，同時期的七十九家照相館按照級別高低分為五級（1956年公私合營後增加到了六級），上海照相館、會英照相館、時代照相館、高尚照相館為一級，華南（1951 年關閉）、華大、宜華、月宮、東南五家照相館為二級。定為一級、二級的照相館知名度高、規模大、設備完善、技術力量雄厚。級別越高，同樣尺寸照片收費越貴。[34]

在新中國初期，照相業同業組織的自治功能大為弱化，開始更多地從道德層面約束同業各店，比如，不許以次充好。「凡不合規格的照片應及時返工重拍保證按時交件，如遇顧客所取盼照片因沖洗不當而變質，應免費重製，短少、丟失顧客的照片應補足、賠償，不容許任何不道德的行為發生，如發生嚴重事故，責任屬企業的，由公會限期停業整頓；如屬個人責任，即除出行業。」[35]

同時，照相館同業組織的政治參與，從主動改為被動，甚至成為政治服務的工具。在解放初期，照相同業組織曾協助政府，動員會員恢復營業，遵守共同綱領，安排就業，做到了勞資兩利。當時受到帝國主義的封鎖，照相業普遍原材料奇缺，導致生產發生困難，同業公會就出面向政府求援並得到支援，使原材料緊缺的問題逐步解決。抗美援朝時，又動員大家支援前線、勸募寒衣、推銷公債等。又積極進行照相業內部改造，爭取早日參加公私合營。

1956 年，中國大規模開展了對私營商業的社會主義改造工作，照相業公私合營全面展開。從此，照相業實現了統一管理，歸口到各地照相總店、飲食服務公司、福利公司等，照相業各同業組織全面解散。

作為中國工商業組織中一個分支，照相業同業組織，是一種由照相從業人員自發或自覺組建的民間團體，同業組織的運行在一定程度上採取了民主原則，能夠從一定程度上反映本行同業的共同願望。在不同時期的社會環境下，同業組織通過照相館評級、統一定價等措施，維護了市場的平穩運行。並且，通過同業人員的交流，或者集體培訓，開辦刊物等，促進了照相業從業人員整體水準的提高。從 20 世紀初的興起到 50 年代中期公私合營後的解散，照相業同業組織擺脫了傳統行會中存在的鄉緣及地域限制，以開放的姿態廣納會員，印上了近代工商業的烙印。照相業同業組織試圖廣泛參與國家政治生活的努力，更為照相館的社會影響力增添了濃墨重彩的一筆。

33 朱振三，《長沙照相同業公會》，見中國人民政治協商會議湖南省委員會文史資料研究委員會編，《湖南文史》第 34 輯，湖南文史雜誌社出版，1989 年，第 47—48 頁。

34 徐希景，《從宜華照相館管窺福州照相業興衰》，未刊。

35 朱振三，《長沙照相同業公會》，見中國人民政治協商會議湖南省委員會文史資料研究委員會編，《湖南文史》第 34 輯，湖南文史雜誌社出版，1989 年，第 47—48 頁。

3-4-1　南京娘

佚名日本隨軍記者，銀鹽紙基，10.5×7.5 厘米，1937 年前後。作者收藏。

本圖選自日本陸軍恤兵部 1941 年製作的一本照片紀念冊，照片背後寫有「南京娘」三字。在日佔區，日軍隨軍記者為了向其國內炫耀戰績，拍攝了大量佔領區影像，從而成為此時日佔區影像生產的主力軍，與中國照相館生產的稀少影像形成了鮮明對比。照片中七位南京姑娘雖然全部身着旗袍，有人還佩戴了手鐲、手錶等，甚至有人還強顏微笑，但從整體面部表情上，不難看出國運的映照。

3-4-2　郝日英與母親合影

成都光藝照相館，銀鹽紙基，10.1×6 厘米，1942 年 9 月 30 日。作者收藏。

照片背面有「壬午仲秋攝於成都，時余將離家赴嘉定之前夕也」字樣。雖然成都不是戰區，但祖國大半山河的淪陷，自己未來的不確定性，都寫在了照片上。

郝日英：家住成都雙鳳橋街十一號。1946 年畢業於國立武漢大學，是吳宓的學生。畢業後留學美國密歇根大學。1955 年跟丈夫席克正回國，先後在華東化工學院、中國科學院上海有機化學研究所工作。抗戰期間，武大遷往四川樂山（嘉定），故有此說。

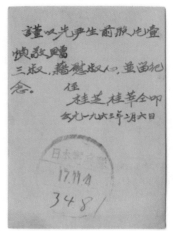

3-4-3 男子肖像

佚名照相館，銀鹽紙基，7×9.8厘米，
1939年，作者收藏。
照片背面有日本憲兵隊章，以昭和紀元
的日期和照片編號。

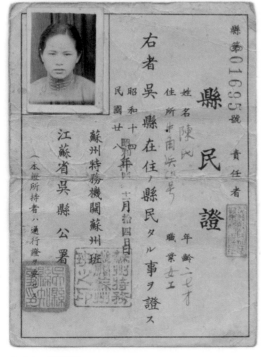

3-4-4 縣民證

蘇州日本特務機關蘇州班、江蘇吳縣公署，9×12厘米，照片
為一英寸，佚名照相館，1939年11月14日核發。作者收藏。
證件上同時使用中文和日文，蓋有各種證章，照片為一英寸，
上蓋有鋼印。

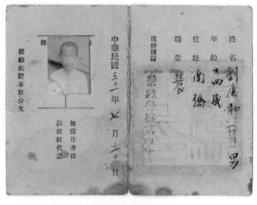

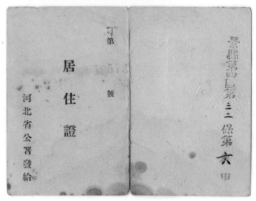

3-4-5 居住證

河北省公署景縣警察第四分所發給，14×10厘米，照片不
到一英寸，1942年7月20日核發。作者收藏。

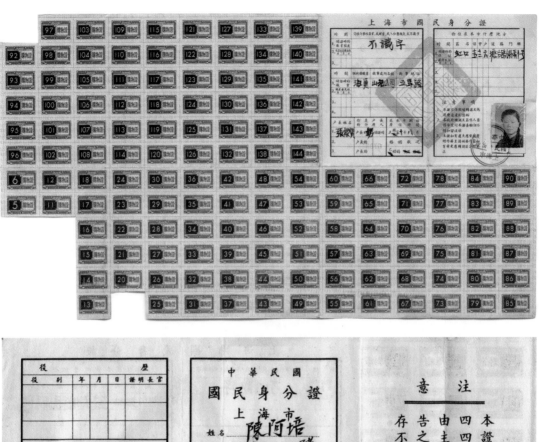

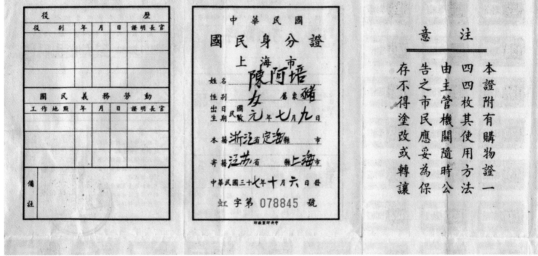

3-4-6　上海國民身份證

「中央印製廠」印，證件 38.5×21.4 厘米，照片為一英寸，1948 年 10 月 6 日核發。

身份證正面貼有一英寸照片。與國民身份證連在一起的是 144 張購物票證，已經用去 10 張，其餘完整。

3-4-7　張敬發肖像

聯華攝影社（傳），銀鹽紙基，5×8 厘米，1946 年。作者收藏。

照片背面用圓珠筆寫有「陸軍醫院二部管理員張同志，1946年於張家口」，還用鉛筆寫有 7088 編號。

張敬發，畢業於晉察冀軍區衛生學校，解放後任北京中醫院院長，這張照相館樣式的肖像中，背景布中大面積的花卉鋪陳、樸素的燈光、充滿希冀的人物表情，成為解放區照相館拍攝的時代記憶。

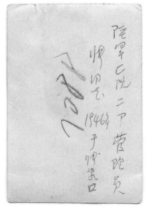

破壞、淪陷與畸形繁榮
—— 抗戰及解放戰爭時期的照相館

從 19 世紀 60 年代中國照相業的全面興起，一直到 20 世紀 50 年代末公私合營後中國傳統私營照相館的正式終結，在中國照相業發展的這近百年的時間裏，全面影響各地照相館正常發展的不是 1900 年八國聯軍入侵中國的「庚子國難」，也不是 1911 年從清朝到民國的辛亥鼎革。從 1937 年開始的日軍侵華，以及內戰才是給中國照相業正常發展帶來重大影響的兩大歷史事件，其引起的中國照相業的大破壞和大遷徙，以及短時期內照相業的畸形發展，值得我們今天仔細探查。

破壞

1937 年 7 月 7 日，盧溝橋事變，消息傳到上海，7 月 21 日，包括照相館業在內的百餘同業公會，致電國民政府統帥蔣介石：「準備所有之資力物力，貢獻於國家，抱犧牲之決心，以與敵人周旋，敬電奉陳，竚聽指揮。」[1]

掀起了照相業抗擊日寇的熱潮。上海的聯華照相館，為揭露日寇暴行，「自派專家冒險至戰地開拍戰事照片」，共拍攝一千餘種，「且用最新科學洗曬，電光五彩機印，清晰鮮豔，生動非凡。已出犧牲品十六套，每套八十張，只售一角」。[2]

日軍的戰火很快從北到南，從沿海往內地蔓延，大批城市遭到轟炸，大片國土淪陷，「昔之高大屋宇繁華商舖，今則一片焦土，淒涼萬狀」。[3] 很多照相館和照相館工作人員遭到滅頂之災。1937 年 11 月 7 日上午，日軍飛機轟炸上海「城內東大街中段最熱鬧之區」，汪鴻章開設的榮華照相館，「家中其妻及子女等五人，均被炸斃，情殊可慘」。[4] 1939 年 4 月 25 日，日軍一日間三度空襲福州，鼓樓前的「華芳照相館全部被毀」。[5] 在廣東惠州，1938 年第一次淪陷時，惠州最早的照相館 —— 溫卓卿照相店被日軍佔領，照相館「遭到徹底的破

---

1 《本市各團體電蔣願為後盾》，見《申報》，1937 年 7 月 22 日第 3 版。

2 《電光戰事照片出品》，見《申報》，1937 年 11 月 6 日第 8 版。

3 《淪陷下之嘉善一帶》，見《申報》，1938 年 10 月 11 日第 8 版。

4 《東大街受損頗重》，見《申報》，1937 年 11 月 11 日第 7 版。

5 《日機三架一日間三度襲福州》，見《申報》，1939 年 5 月 4 日第 7 版。

壞，所有珍貴的古董字畫、玉器，甚至最珍貴的玉如意等都被搜掠一空，蕩然無存」。[6] 照相館老闆溫卓卿先生受到沉重打擊。幾十年心血積累化為烏有，溫卓卿傷心至極，憂鬱成疾，第二年（1939）就去世了。1938 年漢口淪陷後，武漢品芳照相館停業，被日商霸佔，改為「永清寫真館」，僱用中國人給日商做事，原來的照相館館主李炳聲全家跑到黃陵磯避亂[7]；武漢的顯真樓照相館也被日軍強佔，掛上日軍「衛兵所」的牌子，改為日軍的哨所，照相館館主嚴愛堂舉家遷往漢口法租界內友益街北側的潞安里，在里口開設一露天照相攤。[8]

遷徙

1937 年底，國民政府移都重慶，大批人員、工業陸續湧向大西南。很多戰區和淪陷區的照相館面臨嚴峻的政治經濟形勢。在上海，部分照相館遷入租界區。其他地區的照相館或從業者則不得不考慮遷往大後方，以求生存和安全。在福州第二次淪陷（1944 年 10 月 4 日—1945 年 5 月 18 日）期間，會英、時代、青年等照相館遷往南平、永安等山區，有些則關門歇業，光復後才重新開業。這種照相業人才和物資的大遷移，不僅保存了照相業的實力，更促進了很多照相業欠發達地區的發展。

在抗戰時期的陪都重慶，攝影機構和照相館多達 120 多家，國民政府的「御用」照相館——南京的光華照相館，以及南京的中華照相館都遷到重慶。從漢口遷到重慶的啟新照相館館主過志毅，看到重慶照相材料供應困難，於 1942 年在重慶化龍橋設立西凱（OK）感光紙廠，嘗試生產感光紙。[9]

1944 年，日寇攻陷長沙時，大明照相館的股東之一朱振三去廣東採購材料，不能回長沙，後來與長沙蓉光照相館店主梁兆莘兄弟，同往貴陽，合股開設長沙大捷攝影社。店內工作人員全是長沙原蓉光、大明照相館的人。在全店人員的共同努力和在貴陽的湖南同鄉的支持下，大捷攝影社的業務頗好。[10] 在貴陽，著名外來照相館還有從廣東遷來的阿嘛相館、從安徽遷來的中國攝影社等等，此外還有一些從南京、上海逃難來貴陽的攝影工作者，也加入了貴陽照相行業，因而這一時期較大的照相館都形成了自己獨特的風格，採用「電影化照相」「印象派攝影」等宣傳手法，並常花樣翻新，經營手法也極為靈活，整體提高了貴陽市照相業的水準。[11]

在廣東省的法租界廣州灣（今廣東省湛江市），照相業始於 20 世紀 20 年代初期，攝影條件較差，有的照相館「僅有一個照相鏡頭和一個立腳架機，以及其他一些照相的必需材料。他們沒有流動資金，靠生意的進展來進行資金周轉」。[12] 登門照相的人寥寥無幾，造成

6　溫壽昌、張煥棠，《惠州最早的照相店》，見惠州市惠城區政協文史資料研究委員會編輯，《惠城文史資料》第 16 輯，2000 年，第 27—31 頁。

7　塗德深，《品芳百年品味芬芳》，見《武漢文史資料》2005 年第 11 期（總 157 期），第 45—46 頁。

8　周德鈞、朱聲媛，《百年顯真樓》，見《武漢文史資料》2006 年第 12 期（總第 170 期），第 44—47 頁。

9　蔣齊生、舒宗僑、顧棣編著，《中國攝影史 1937—1949》，中國攝影出版社，1998 年，第 125 頁。

10　朱振三，《長沙照相業史話》，見中國人民政治協商會

議湖南省委員會文史資料研究委員會編，《湖南文史資料選輯》第 17 輯，湖南人民出版社，1983 年，第 162—170。

11　吳傳德，《解放前的貴陽市照相行業》，見中國人民政治協商會議貴州省貴陽市委員會文史資料研究委員會編，《貴陽文史資料選輯》第 8 輯，1983 年，第 115—132 頁。

12　吳顯強，《廣州灣的照相業》，見中國人民政治協商會議湛江市委員會文史資料研究委員會編，《廣州灣》（法國租借地史料專輯，湛江文史史料第 9 輯），1990 年，第 181—185 頁。

生意清淡。1939 年，從桂林逃難的梁顯強、雷劍虹夫妻以五百銀元作為資本，在赤崁南興街開設現代照相館。梁顯強熟悉照相技術，懂得照相館的經營管理方法，注重廣告宣傳，在照相館櫥窗裏陳列着各種精彩的照片樣本，很快吸引了大批顧客，「既有商人，也有學生，甚至有國民黨高級官員，還經常有駐廣州灣的法國人和日本人光顧」。[13] 開業僅五個月，就收回全部投資，同時大大提升了廣州灣照相業的發展水準。

日本全面侵華後，據統計，先後遷到昆明的照相館有：廣東羅惠儂開設的金碧像館、廣東黃恪有在正義路開設的豔芳像館、廣東林德滔在護國路開設的中華像館、廣東吳智梅在金馬坊腳開設的國泰像館、廣東蔡教池在武成路開設的西湖像館、廣東吳永樂在福照街開設的皇后像館、南京高嶺梅在正義路馬市口開設的國際像館、玉溪郭子雄在雲瑞西路開設的子雄像館、彌勒張用之在正義路開設的存真像館、上海陳旭在南屏街開設的海燕像館。當時昆明的照像館多而分佈廣，到 1956 年公私合營時照相館已達 43 家。[14] 如此眾多的照相館，迅速把着色照、美術照等帶到昆明，昆明的照相業水平整體向沿海地區看齊。

淪陷區（3-4-1, 3-4-2）

在各淪陷區內，日偽的橫徵暴斂使百業蕭條，民生凋敝，工廠、商店門可羅雀，照相館也不例外。仍然營業的照相館，受到日偽軍的嚴密監控，照相館整體營業水準下降。在青島市，「青島各照相館中所沖洗之照片，咸先經其（指日軍——作者註）檢查，始交原攝影者。攝取日軍或軍事設備之照片，多經沒收，由日本領事署中出據與攝影者，通知照片已經沒收」。[15] 在偽「滿洲國」地區，很多城市實行「相片底板審查」制度，照相館「每天將照的底板沖洗完，第二天必須將底板送交第七憲兵團審查，經批准後方能洗片。（3-4-3）憲兵隊敲詐勒索，不僅有意拖延時間，還往往以『反滿抗日』罪名加害像館、從業人員和顧客，造成顧客不敢照像」。[16] 這樣就進一步加劇了照相業的衰退。從 1939 年到 1942 年間，在佳木斯一地，「照像戶數雖未減少，但經營下降四分之三以上，到 1944 年，有半數以上像館停業，營業的也處於停停歇歇，及至 1945 年，基本全部停業」。[17]

在照相館業務日益下滑的情勢下，日偽時期的照相館，還多了兩個額外的任務，一是為日本侵略者拍照，「小日本佔了中國，耀武揚威。他們站崗要照像，排隊要照像，軍事演習要照像，開會也要照像」。[18] 這種照相不僅是免費的，有時如果照相館服務不好，還會被日本人追究責任，甚至會掉腦袋。依附於日本人的大小走狗，甚至他們的家屬，想要照相，也會招照相館上門服務，他們的需用量還相當大，「如某縣長一次照八寸相，加洗一百餘

13 同前註。

14 何炳榮，《昆明照像業發展簡況》，見中國人民政治協商會議昆明市五華區委員會編，《五華文史》資料第 1 輯，1988 年，第 95—97 頁。

15 《青島返滬某外人暢談青島近況》，見《申報》，1938 年 10 月 16 日第 9 版。

16 曹棟軒、黃琦，《佳木斯市照相業史略》，見中國人民

政治協商會議佳木斯市委員會文史資料委員會編，《佳木斯文史資料》第 14 輯，1991 年，第 64—82 頁。

17 同前註。

18 郝式利，《一個照相師的回憶》，見中國人民政治協商會議北京市平谷縣委員會文史委員會編，《平谷文史選輯》（二），1990 年，第 215—225 頁。

張，贈送六十四村村長，市區五個區的區長，及縣府各科科長每人一張。偽政權的法官、分所長、特務、翻譯等大部份照相不給錢，極其可惡」。[19] 二是為日本人沖洗照片。許多日本軍人攜帶小型相機，「他們在中國的罪惡活動——燒、殺、淫、掠，都大言不慚地拍攝下來，以宣揚他們的『赫赫戰功』」。[20] 一般洗印時，日本人會在照相館師傅身後持刀監視，叫人膽顫心寒。每一張底片，每一張照片，包括洗壞了的，他們都統統拿走，片紙不留，生怕留下罪證。不過，很多充滿正義感的中國照相從業者，還是設法冒險留下了日軍暴行證據，1938 年 10 月，上海的《密勒氏評論週報》刊登了南京大屠殺時「日兵強姦及遭日兵毒手之華婦屍首之照片」，這些照片本為日本兵所拍攝，隨後，日本人「交與華人照相館，或日人所設而僱有華人之照相館中沖洗，該華人立即將其翻印」。[21] 這些照片，成為日軍暴行的實證。

日軍佔領一些城市後，也有日本和朝鮮商人跟隨侵略者，來淪陷區開設照相館，以攫取商業利益。日軍侵佔太原後，太原市的照相館大部分歇業，維持經營者只有美麗興、華昌、開明、新時代、天光、大美，從業人員六十多人。其間，日本人開設了廣來、小林、谷文、重田、高橋、戰友六家照相館，從業人員三十多人。[22] 在河南新鄉，從 1938 年到 1945 年日本投降，日本人和朝鮮人先後在新鄉開辦了

十一家「寫真館」，超過中國人開辦的九家照相館，一座不足兩萬人口的小縣城，卻有二十家照相館。[23] 不過，日本人和朝鮮人開設的照相館價格昂貴，一般只有日本人光顧，中國人很少登門。在江蘇鎮江，在日偽統治時期，原來的美、法等國製造的照相器材，全部由日貨取而代之，當時鎮江是由日商千太洋行總經銷。日軍為維護其利益，規定日人一律不許到中國人的照相館拍照，由日軍指定的「寫真會社」為他們服務。[24]

畸形繁榮

從 1937 年中國全面抗戰開始，在淪陷區內，中國的照相業，在那段血雨腥風的年月裏，經歷了大破壞、大遷徙等心酸哀痛和顛沛流離，能夠留守下來的照相館，在短時期內，還經歷過一段奇特的「畸形繁榮」。這是由於日軍為便於統治，要求各地居民都要辦理所謂「通行證」或者「良民證」，個人肖像照片在很多地區成為這種證件中不可缺少的部分。(3-4-4) 一時間，各地男女老少都湧進照相館拍照，很多小地方，好多人一輩子都沒照過相，平生第一次或許也是唯一一次走進照相館，卻是為了侵略者需要的一張證照！正是在這種畸形需求的推動下，各地照相業迎來了歷史上第一次畸形的繁榮。

一般來説，這些通行證或良民證上的照片，首先需要日軍或偽政府指定照相館拍攝，

19 劉育新，《解放前的遼源照相業》，見中國人民政治協商會議遼源市委員會文史資料委員會，《遼源文史資料》第 4 輯（建國前的遼源工商業），1991 年，第 84—99 頁。

20 同前註。

21 《密勒氏評論週報載日兵暴行》，見《申報》，1938 年 10 月 22 日第 10 版。

22 蘭台，《舊時的太原照相業》，見《太原晚報》，2012

年 12 月 15 日。

23 李西良，《新鄉早期照相業創始與發展》，見政協新鄉市學習和文史資料委員會編，《新鄉文史資料》16 輯，2007 年，第 70—76 頁

24 鄭樂生、陳山洪，《鎮江照相業述略》，見中國人民政治協商會議鎮江委員會文史資料研究委員會編，《鎮江文史資料》第 15 輯（工商史料專輯），1989 年，第 172—174 頁。

有日本人或朝鮮人開設照相館的地區，他們優先承擔拍攝任務，以賺取利潤。1941年江蘇泰州淪陷後，日偽地方政府規定，拍攝良民證須到清化橋大街日本人開設的松村照相館，有一叫作林彬的丹陽籍青年在該照相館拍照時，因對照片不滿意和日本老闆松村發生衝突，身強力壯的林彬將松村打倒在地後轉身離去，事後，氣急敗壞的松村帶着日本憲兵滿大街搜找林彬，林彬早已不見蹤跡。[25] 由於有些日本或朝鮮的照相館拍攝證件照效果不佳，加之其拍攝證件照應接不暇，以致沖洗較慢，人們多有抱怨。日偽地方政府漸漸也就放寬限制，允許由中國相館拍攝證件照片。

1937年淞滬會戰開始後，11月11日，上海附近的嘉善失守，不久，偽縣署成立，嘉善居民都需要向偽縣署領購良民證，每張證件索取費用五角。領取良民證，需要二英寸半身照四張，共需要費用四角。居民在照相館照相後，以一張貼良民證上，一紙繳縣署備查，照相上均蓋有硬印，「凡至其勢力所及之區，均須佩帶良民證，否則必遭槍斃，但日人每遇佩良民證者，必驟以手指捏掩證上填寫之年歲，厲聲質問，萬一驚惶誤答，必獲重咎」。[26] 淞滬會戰期間，上海近郊及京滬滬杭兩鐵路沿線各市縣淪為戰區後，大批華人去租界避難，一年後，局勢略趨平靜，很多難民想返回家鄉，但沿路都被日軍佔領，要想成行，必須申領一張通行證。上海公共租界內還成立了至少二十家「代領通行證之旅行公司」，當時的通行證

分為長期及短期兩種，須經上海日本憲兵部簽准方始有效。長期證有效期為一月，短期證則為半月。領證前，「須繳本人照相三幀，其一交日憲兵部，一留代領通行證之公司中，一則黏於通行證上」，當時從租界「返四郊者，日必三五百人」。[27] 這都給上海仍然開業的照相館帶來了大量照相業務。「故本市各大小照相店，營業頓盛，莫不利市三倍，並設法減短洗濯時間，力求迅速，以廣招徠」。[28]

上海附近的杭州，1937年冬淪陷，從1938年9月起，偽維持會曾製發「良民證」一種，共計發出20萬張之多，後來又改為叫「拍司照」（英文PASS的直譯，證照的意思——作者註），美其名曰「身份證明書」。這種證書分為甲、乙、丙、丁四種，「凡領甲種證明者，須就地兩個局長負責作保，每張須納費四角，另附照片三張，納費一角五分。凡領乙種者，須覓連環保人三個，每張須納費兩角，另附照片二張，納費一角。領丙種與丁種證明書者，由偽市府查明住址，然後發給，丙種每張須納費一角，另附照片一張，須納費五分。丁種免費，又領取手續，先向區公所領取申請單，填具清晰，再到偽社會科指定之照相館照像，然後由專司身份證明書之偽辦公處，派員查明，乃可發給」。[29] 一張證件，需要照片三張、兩張，至少一張，其照相的需求之大，可以想像。

在湖北沙市，1940年淪陷後，顯容照相館被指定專門照「良民證」照片，「每天約上千人照相，收入二百多元。職員總數五十一人，

25 李晉，《泰州民國照相業》，見《泰州記憶》網站，2013年11月7日。

26 見《申報》，1938年10月11日第8版。

27 見《申報》，1938年11月8日第9版。

28 《通行證須貼照片，照相業營業頓盛》，見《申報》，1938年10月31日第10版。

29 《杭州形成死市》，見《申報》，1938年10月11日第8版。

達到『顯容』開辦以來的人數最多階段，設備總計有轉機、座機各一部，8寸外拍機四部，12寸外拍機兩部，弧光燈、強光燈各一套，日常周轉應市的相紙約一百五十筒，營業額之高，可以想見」。[30] 不過，這年年底，良民證照完了，生意一落千丈。老闆留下潘東生、易德順、吳秀真等人，辭退了其餘員工。

1941年12月8日，日本發動太平洋戰爭，同時佔領上海公共租界。日軍為了加強公共租界內的保甲制度，打着「消滅公共租界之恐怖行動與維持治安」[31] 的幌子，從1942年5月起，開始給租界內居住的華人頒發特別「市民證」，照片也是市民證上至關重要的一項。市民證申領者每人需要準備本人二英寸照相兩張，自己送交當地捕房，「至於市民證照相，可向照相業同業工會指定之照相館攝影」。[32] 粘貼於市民證上的照片，原來「擬將領證人之姓名，印於本人照相上」，不過，因為後來大家覺得「殊失雅觀，故已通知照相業公會，轉飭同業制正」。[33] 同時，允許市民使用已經拍攝過的照片，只要符合市民證照片要求即可。

1942年5月7日，公共租界的市民證照相拍攝，上海市照相業公會專門在《申報》發佈了公告：

敬告各界

注意下列各點

（一）界內市民證即日開始申請。相今天開拍。惟截止期極短，促早拍早領，幸勿遲延。

（二）市民證照每份四張，售法幣二元二角。單鈔角票顧客自備。

（三）格式經當局特殊規定，胸前須寫與戶口單上同樣之姓名，攝入照片。無論識字與否，請各備好一姓名字條，去折，以免錯誤。

（四）此外尚有檢查蓋印手續，方得領證，但往返需時，至快須五天後取件。

（五）本會為普遍服務力量，加速領證，能率除公共租界會員照相館門口發貼「奉工部局核准市民證照指定攝影處」字條外，法租界、滬西、南市等亦另發「特約公共租界用市民證照指定攝影處」字條，參加合作。[34]

公告下面還將大部分會員的名單公佈出來，包括照相館的位址和名稱，共179家左右。上海公共租界當時共有居民913514人[35]，近百萬人需要短時期內拍攝照片，給上海的照相業帶來了巨大的機遇和壓力。在日軍佔領下的上海，照相材料極度缺乏，而拍攝如此之體量的市民證，所耗費照相材料必將十分巨大，上海市照相業同業公會「恐有不敷應用之虞，已向工部局方面請求協助，藉謀原料存貨之充沛。工部局則轉向某兩大日商照相館，要求其以拍攝市民證照相必需之材料，供給與本市照相業公會各會員照相館。但該兩日商照相館所存材料，亦日趨減少，故已向日當局申請，已自日本裝運照相材料來滬」。[36] 在拍攝市民證

---

30 黃祖德、夏循海、章運軍整理，《相館滄桑話顯容》，見中國人民政治協商會議沙市市委員會文史資料研究委員會編，《沙市文史資料》第2輯（工商史料專輯之一），第228—236頁。

31 《公共租界保甲制度，協助租界維持治安》，見《申報》，1942年3月11日第3版。

32 《公共租界市民證後日開始發給》，見《申報》，1942年5月9日第4版。

33 同前註。

34 《上海市照相業公會為公共租界市民證照相今天開撮》，見《申報》，1942年5月7日第4版。

35 《公共租界市民證尚未發，申請書老闆區未送出，首批市民證日內可發》，見《申報》，1942年5月19日第4版。

36 《拍照需材》，見《申報》，1942年5月9日第4版。

照片的過程中，上海的照相業同業公會發揮了一定的協調作用，「照相業公會為遵兩租界當局減輕市民負擔之意旨，對於攝製市民證身份證照片，均經核定限價，由會員一體遵行，不得抬高減低」。[37]

在其他淪陷區，各中小城市中，許多照相館不僅負責為本城居民拍攝「良民證」或「市民證」照片，照相館從業人員還深入周圍農村，為村民拍攝良民證照片。河南新鄉慶麗照相館的師傅王玉卿，1942 年至 1944 年間，就經常到附近的豫北各縣，如濮陽縣、新鄉縣、獲嘉、延津、封丘、原陽、淇縣、汲縣等，拍攝良民證照片。他還遇到過遊擊隊，老百姓都叫他們「吃乾隊」。王玉卿在封丘、延津給他們照過 200 多人的軍官證照片。相片洗成後他們派人來取，但是風險很大，因當時新鄉各照相館的相片都要經過日本憲兵隊的檢驗，蓋上驗證印後才交顧客，各相館相片都是偷偷洗的。[38] 不過，大量農村良民證照相，為中小城市的照相館帶來了不菲的收入。正因為鄉間有八路軍和民兵活動，不少地方的日偽軍便把老百姓一撥撥地集中到城裏照相，一次好幾百人。有的小照相館「忙得喘不過氣來，偽員警所還從中盤剝」。[39]

1945 年抗戰勝利後，各地照相業又一度繁榮。八年離散，很多重新團聚的親朋到照相館拍攝團聚照片。各行業也都開始復甦，機關團體、學校復員，華僑返鄉，工廠商家重

領營業執照，各種證件照的需求明顯增多。同時，國民黨接收大員來到各個城市，當時政治腐敗，軍隊更甚。不少國民黨中下層軍官利用剋扣軍餉的不義之財，娶妻納妾。在遼寧遼源西安縣，「小小縣城，每星期都有三、五份，車水馬龍，鼓樂齊鳴，歡宴娶妻納妾，照相是必不可少的。有的軍官太太專照頭相。金銀首飾，珠光寶氣，放十二寸、二十四寸不等。還要上油色，彩色豔麗，富麗堂皇」。在上海，美國海軍陸戰隊接踵而來，戰爭中他們領到的軍餉無處使用，一上陸地，他們就大把大把地花錢。他們不僅逛舞廳、酒吧間，也上照相館。那時，上海的「中國照相館每天要接待一百多名顧客，每份印六張明片（即明信片格式的照片，便於郵寄回國——作者註），要價達五塊美元。當時原材料成本很低，中國照相館用的是日本產的富士玻璃板，連續使用三個月，即獲利約二、三萬美金」。[40] 中國的照相業再次起航，形成了第二次市場繁榮。

在國統區，為強化統治，實行各種重新登記制度，每次登記都會為照相業帶來一次大額業務量。1948 年，中國國民黨上海市黨部決定，自 1 月 12 日起，開始辦理該市黨團員總登記，設立登記處四十餘處，凡原隸各區的黨團員，須本人前往該區登記處辦理登記手續，黨團員登記時，除繳驗黨團證或其他證明文件外，「尚須附繳相片兩張，登記費每人一萬元（學生及農工黨團員減半）」。[41] 該項登記限期

37 《派司照售價歧異之點》，見《申報》，1942 年 8 月 24 日第 4 版。

38 王玉卿，《我從事照相業 45 年回顧》，見政協新鄉市學習和文史資料委員會編，《新鄉文史資料》16 輯，2007 年，第 81—86 頁。

39 郝式利，《一個照相師的回憶》，見中國人民政治協商會議北京市平谷縣委員會文史委員會編，《平谷文史

選輯》二，1990 年，第 215—225 頁。

40 姚經才、何英生，《馳名京滬的中國照相館》，見中國人民政治協商會議北京市委員會文史資料研究委員會，《文史資料選編》第 29 輯，北京出版社，1986 年，第 263—274 頁。

41 《國民黨滬市黨部定期登記黨團員》，見《申報》，1948 年 1 月 5 日第 4 版。

半個月完成，預定於 1 月 25 日截止。凡參加登記黨團員，如需拍攝照相，「憑黨團員證件前往重慶中路十二號良友照相館，徐家匯華山路一一六九號金國照相館，南市城隍廟九獅路十二號維新照相館等特約照相處，當有半價優待」。[42]

在國統區的許多地方，也實行國民身份證制度，國民身份證上的照片自然是不可缺少的，這為照相館帶來了又一輪證照生意和再一次的畸形繁榮。一般來說，各城區或者縣轄各村鎮由不同的照相館分片負責。(3-4-5) 而隨着解放戰爭的開始，以及國民黨政府腐敗，國統區經濟面臨崩潰，物價飛漲，貨幣貶值，糧食短缺，人心惶惶。1948 年 3 月開始，上海開始實行糧食配給。8 月 19 日，蔣介石發佈「財政經濟緊急令」，全國物價凍結在 8 月 19 日水準。10 月份開始，為配合實施全面配購制度，上海準備「換發附有配購證之國民身份證」(3-4-6)，市政府特通告，「凡市民未領國民身份證者，務須在本（十）月廿五日前，拍攝一寸半身照片三張，以備核發新國民身份證之用，如無照片者，不得具領新證」。[43] 上海市民政局在《申報》上刊登廣告，督促人們及早準備照片，「社會局並已嚴令照相業公會轉知各照相館遵守八一九限價，不得乘機抬高」。[44]

消息公佈後，距離限定市民完成拍照日期只有一星期時間，上海照相館開始出現奇景，「連日各區居民紛紛扶老攜幼，趕往照相

館拍照，因之所有照相館均擁擠不堪，中區數家且須排隊等候」。[45] 根據 1948 年 10 月上海照相業同業公會編印的會員名冊，上海照相館從 8 月份的 265 家，激增至 382 家，猛增 117 家，最多時，連非會員在內共有 500 餘家[46]，照相業已呈現畸形發展。同業公會統計，每家照相館每日顧客約達 500 人以上，消費膠片數量較前激增，當時膠片限制進口，上海本貨又不多，到 10 月 27 日，「各照相館因材料缺乏，紛紛停業」[47]，而當時估計，還有 100 萬市民尚待拍照。當天，上海社會局會同民政局，邀集物資供應局、照相館業與照相材料業商討，決定「一百萬市民需拍之照相材料，全部由照相材料業向進口照相材料行交涉，負責供應各照相館。自二十九日起，本市各照相館全體恢復營業，為節省時間及材料計，改為拍照三張收費三角，此一百萬人待拍之照片限在下月五日前一律拍完，七日前取照，舊證上之照片可用者不必再拍。又本市各照相館自十月十八日起至目前止，為拍身份證照所耗之材料，將由物資供應局依八一九限價配還」。[48]

從 10 月 31 日開始，當局又有規定「拍身份證照定為每日上午，下午則只准取照不准拍照」[49]，當時尚有 50 萬市民身份證照待拍，當局限於 11 月 5 日前拍完，7 日必須取得照片，以便粘貼於新國民身份證上。根據 11 月 8 日晚間完成的上海市人口戶口總清查，上海市人口總數為 5448466 人，實發國民身份證

42　同前註。

43　《本月底將清查全市戶口，換發國民身份證》，見《申報》，1948 年 10 月 18 日第 4 版。

44　《市民及早準備照片，新身份證即將分發，全市戶口總清查廿八舉行》，見《申報》，1948 年 10 月 19 日第 4 版。

45　《照相館擁擠，膠片存貨無多，營業將感困難》，見《申報》，1948 年 10 月 21 日第 4 版。

46　上海《專業誌》，《上海飲食服務業誌》第 3 篇《攝影業》，第 1 章《行業沿革》。

47　《材料供貨商定辦法各照相館明起復業》，見《申報》，1948 年 10 月 28 日第 4 版。

48　同前註。

49　《身份證照片只許上午拍》，見《申報》，1948 年 10 月 31 日第 4 版。

者為 5228489 人 [50]，從 10 月 18 日到 11 月 5 日，不到一個月的時間裏，除去使用舊證照片者，上海照相業完成了幾百萬人口的身份證照片的拍攝和印製，可以說再次創造了一個照相業「畸形繁榮」中的奇蹟。這批配有購物證的國民身份證，隨着國民黨經濟管制的失敗和 1949 年 5 月上海解放很快廢用，從此成為歷史的遺物。

十幾年的戰爭，使得時局迭宕，百姓顛簸流離。照相館內，不論是戰火紛飛下的單人肖像或全家合影，還是淪陷時期的紀念拍照，以及那一幀幀流水線拍攝的證件照片，眾多的拍攝者已經無心留戀舊日的風花雪月，更有不少民眾是被迫步入照相館，帶着屈辱和無奈拍攝了人生第一幅肖像。此時的照片，已經淪為侵略者或政客統治人民的工具。照片中人們特有的苦悶、徬徨、希冀、爭鬥的表情，成為一個時代的國民記憶。

解放區

與畸形繁榮的淪陷區照相館相對應的，還有一個特殊區域的照相館存在，這就是解放區的照相館。解放區的照相館業，從 20 世紀 30 年代初期中國工農紅軍初創開始，在井岡山鬥爭和紅軍長征到達陝北期間有所展開，後經歷從 1937 年開始的全面抗戰時期，以及從 1945 年開始的解放戰爭時期的發展，直至 1949 年中華人民共和國成立後結束。

當時的解放區，絕大部分處於經濟欠發達的內陸地區，攝影術傳入晚、發展慢，因此，照相館業規模甚小。不過，照相館業從一開始就與中國共產黨的活動建立了不解之緣。在中國共產黨建立初期，沒有專職攝影人員，很多珍貴照片，比如《1922 年安源路礦工人慶祝罷工勝利大會》《1924 年成立廣東花縣農民自衛軍》《1931 年 11 月在江西瑞金召開的中共蘇區第一次黨代會》《反「圍剿」中的工農紅軍》等，都是「付費請照相館或個體攝影師拍照，多為合影和擺佈慢照」。[51]1935 年 1 月，中國工農紅軍長征到遵義，遵義真真照相館的老闆周冊京，應紅軍的邀請，「扛着三腳架照相機，到遵義老三中去 (現十一中)，等群眾大會 (萬人大會) 開完後，為毛主席等領導人照了一張 8 英寸的集體照，當晚就沖了底片。第二天早上，底片還未乾，紅軍就來人把底片取走了」。[52]

從 1937 年全面抗戰開始，因為日寇和國民黨的經濟封鎖，各解放區物資供應極度匱乏，民間照相館業幾乎無法開展正常營業，解放區的攝影成為以部隊攝影為主體的「一種新的鬥爭武器」。[53] 不過，解放區的攝影工作者中，很多人就是來自全國各地照相館的攝影師。比如開闢了延安攝影工作的吳印咸，1930 年從家鄉來到上海紅燈照相館擔任攝影師，1932 年淞滬戰爭爆發後，紅燈照相館因戰亂關閉，此後，吳印咸一直從事攝影和電影攝製工作。1938 年，吳印咸到達延安，在解放區，吳印咸創作出了許多攝影作品，並在延

50 《全市人口總數五百四十餘萬，民政局清查戶口後發表統計》，見《申報》，1948 年 11 月 20 日第 4 版。

51 顧棟編著，《中國紅色攝影史錄》，山西出版集團·山西人民出版社，2009 年，第 569 頁。

52 王永康，《黔北最早的照相》，見中國人民政治協商會議遵義市委員會宣教文衛委員會編，《遵義掌故》(一)，1999 年，174—175 頁。

53 摘自石少華在晉察冀軍區第一期 (總第二期) 攝影訓練隊舉行的爭辯大會上的發言 (1947 年 1 月 3 日)，見中國攝影家協會所存資料甲類 27 號。

安舉辦過多期攝影培訓班，還撰寫了在解放區很有影響的攝影理論專著《攝影常識》。據不完全統計，解放區攝影工作者中，還有多人來自傳統的照相行業：

蘇靜：1932 年 4 月底，在漳州參加中國工農紅軍，紅一軍團司令部偵察參謀，中國人民解放軍第一位兼職攝影工作者，曾在故鄉福建龍海縣籌建照相館。

潘沼：山東解放區膠東軍區攝影工作開創人之一，曾任青島鴻新照相館攝影師。

李鴻年（李途）、楊國治：晉察冀八路軍第一個攝影組成員，都曾在保定的照相館工作。

鄒健東：山東軍區《華東畫報》攝影記者（1946 年），華東野戰軍（三野）新華社前線總分社攝影記者（1947 年春），曾經在廣東省梅縣松口照相館當學徒。

王純德：《冀熱遼畫報》和《東北畫報》攝影記者，曾在瀋陽一家照相館當學徒。

田經緯：新四軍攝影事業的主要開拓者之一，曾在上海的照相館當學徒。

相比傳統照相業的商業經營，解放區內的攝影創作以軍事題材為第一攝取對象。不過，在戰爭相對平靜時期，攝影工作者還不忘為普通幹部群眾拍攝紀念照片，承擔起商業照相館的職能，滿足了廣大人民群眾的文化需求。1945 年 8 月 23 日，張家口解放後，《晉察冀畫報》社遷駐張家口市，《晉察冀畫報》是

共產黨創辦的第一個畫報刊物。畫報社在接收日本人開辦的三光照相館後，成立聯華攝影社，專門為機關、學校和附近的老鄉們照相，成為當時解放區為數不多的服務普通大眾的照相館之一。(3-4-7) 聯華攝影社經理為廉克，會計安康、張慧文，工人有蘇沛林、焦海卿、張一光（以上照相）、任佳林（修版），連暗室和營業人員共計十三四人。聯華攝影社生意非常興隆，部分盈利上繳畫報社，用以改善職工生活。聯華攝影社在張家口開辦了將近一年時間，直到 1946 年 9 月國民黨軍隊佔領張家口，聯華攝影社才撤回老區保定阜平，在王快鎮繼續營業。

解放區的照相館攝影，與當時整個解放區的攝影創作風格趨同，「質樸、淳厚、深切」[54]，在大部分民眾還不了解照相業的情況下，正是這種大眾化的藝術風格追求，使得照相成為廣大軍民在戰爭之外的一項喜聞樂見的活動選擇，雖然普通民眾拍照機會很少，今天能夠留存的照片數量也有限，然而正如解放區攝影「是新中國攝影誕生的母體」[55] 一樣，解放區的照相館攝影，無疑對新中國成立初期照相館的建立、發展起到了一定的積極影響。不過，新中國成立不久，公私合營運動全面展開，中國傳統私營照相館還沒有來得及全面復業，就投入這場史無前例的革命洪流當中，延續了百年的傳統營業方式，走向了一個不確定的未來。

54　顧棟、方偉著，《中國解放區攝影史略》，山西人民出版社，1989 年，第 35 頁。

55　同前註，第 27 頁。

僮族

佧瓦族

拉祜族

本人族

阿昌族

傣族

阿細族

3-5-1　雲南少數民族肖像一組十張

公私合營昆明豔芳、子雄照相館，銀鹽紙基，手工著色，
卡紙 12×15 厘米，照片 7.5×10 厘米，1956 年前後。
作者收藏。

中央民族調查團 1954—1964 年對雲南少數民族進行了
空前的社會歷史大調查，這組照片應該是調查結束後認
定民族的產物。照片中人物大都戴有「雲南民族學院」校
徽，他們穿着具有族群特徵的服裝，有的擺弄着民族樂
器之類特色道具，做出特定的姿勢和表情。照片下分別
有手寫的「阿昌族」「阿細族」「本人族」「傣族」「哈尼族」
「佧瓦族」「拉祜族」「傜族」「僮族」等字樣。為了讓照片
中的人物神采奕奕，紅光煥發，不分男女一律抹紅腮幫、
塗紅嘴唇。

哈尼族　　　　　　　　仏族　　　　　　　　儸族

3-5-2　女子肖像

公私合營武昌顯真樓照相館，銀鹽紙基，卡紙 6.4×9.4 厘米，照片 3.7×5 厘米，1956 年。作者收藏。

3-5-4　李子明、翁永芳合影照

公私合營南京金門照相館，銀鹽紙基，卡紙 9.8×14.8 厘米，照片 6×8 厘米，1958 年。

照片卡紙背面有被攝者題籤，贈送好友「富生弟留念」，日期為 1958 年 7 月 1 日，贈予者為「李子明、翁永芳」。

3-5-3　夫妻肖像

公私合營國際藝術人像，銀鹽紙基，鏡框 12.2×17.5 厘米，照片 7.5×10.6 厘米，1956 年前後。作者收藏。

3-5-6　女子肖像

公私合營上海華影照相館，銀鹽紙基，手工着色，
卡紙 11.7×11.4 厘米，照片 7.5×10 厘米，1956
年前後。作者收藏。

照片中人物的服飾、髮型、精神氣質及手工着色工
藝，都深深體現了時代的烙印，與傳統中國照相館
的追求漸行漸遠。

3-5-5　男子肖像

上海萬象照相館，銀鹽紙基，手
工着色，照片袋 35×47 厘米，
卡紙 35×40 厘米，照片 25×30
厘米，1954 年前後。作者收藏。

公私合營

—— 傳統私營照相館時代的落幕

1949 年，中華人民共和國成立。從新中國成立開始，中國有計劃地開展了對資本主義工商業的社會主義改造運動，傳統照相業面臨著自百年前出現以來最重要的一次洗禮。

1949 年到 1952 年，經過三年對國民經濟的調整和民族資本主義經濟的恢復和發展，從 1953 年到 1955 年，中國全面開始了對資本主義工商業社會主義改造的實施，首先在大企業中開展公私合營試點，後來開始在私營企業中有計劃地擴展公私合營，不過，這些合營的企業，「資金一般都在 100 萬元到 500 萬元，職工人數在 100 人到 500 人以上」[1]，對當時全國的照相行業基本沒有觸及。

1955 年 11 月，全國工商聯一屆二次會議，討論通過了《中共中央關於資本主義工商業改造問題的決議（草案）》，次年 2 月 24 日，中央政治局正式追認通過，提出了在一切重要的行業中分別在各地區實行全部或大部公私合營的決策。到 1956 年第一季度末，「除西藏等少數民族地區外，全國基本上實行了全行業公私合營。至 1956 年底，私營工業戶數的 99%，總產值的 99.6%，私營商業戶數的 82.2%，資金的 93.3%，分別納入了公私合營或合作化的軌道」[2]。在 1956 年全行業公私合營的高潮中，全國幾乎所有私營或個體照相館主動或被動地參加了公私合營運動，傳統照相館的命運在新時代的浪潮中起伏。

通過公私合營，原來的照相館館主失去了對生產資料的支配權。他們雖然沒有完全喪失對生產資料的所有權，但只起在一定時期內領取定息的憑證作用，並且也喪失了對企業的經營管理權和人事調配權。「工廠企業管理的實際權力轉到了國家手裏。資方人員參加一部分管理，這是一種甚麼管理呢？他僅是和一個普通的工作人員參加工作一樣，不能像從前那樣以資本家的身份來管理工廠了」[3]。實行定息後，館主定息收入多少，只取決於股金多少，與照相館盈利的多少已失去了關聯。

---

1 高化民，《全行業公私合營高潮評析》，見《當代中國史研究》，1999 年第 Z1 期。

2 同前註。

3 《資本主義工商業改造的新形勢和新任務》，見《陳雲文選》第 2 卷，第 288—289 頁。

當時，很多城市的工商聯組織了對私方人員及其家屬的教育和思想改造，成立講習班，「通過學習社會發展史以及三自方針（自覺、自願、自由），自己提出問題自己解決問題，使他們深刻認識到勞動者的光榮，剝削者的可恥；只有自食其力參加勞動，才能克服資產階級舊思想」[4]，堅定大家走社會主義道路的決心。1956 年 3 月下旬，中央在北京召開全國工商業者家屬和女工商業者代表大會，部分照相館負責人應邀參加。天津中國照相館的經理李耀庭的大兒媳劉世珍替代其婆母馬佑敏前往赴會，毛主席和黨中央領導人一起接見了與會代表並合影留念。當年夏季中國照相館正式參加公私合營，李耀庭將資金全部投入，接受社會主義改造。[5]

1966 年後，中國的照相業全部變為公有制和集體所有制。因此，公私合營也宣告了延續百年的傳統照相業的終結，在落日餘暉中，中國傳統照相業走到了新的歷史節點。

合併、撤銷、遷移 (3-5-1, 3-5-2, 3-5-3, 3-5-4, 3-5-5)

公私合營的具體操作，第一步是合併或撤銷部分照相館，以減少不當競爭，提高全行業的效率。

1956 年，廣東中山市照相行業全行業公私合營，這在當年的《石岐鎮人民委員會石岐映寫工商調查表》中有詳細的記載。據載，「基於生產的必要，首重店中設備，如影場光線、

沖曬設備、用水等，既受舖位地方限制，即其費用亦佔全部資金過半，幫對合營，首要解決商店併合問題」。[6] 提出對各照相館進行公私合併，以大方、全真兩店貫通改為合營第一組，真善美、寶劍兩店貫通改為第二組，英昌改為第三組，請求市商業局准予租賃金輪茶樓舊址為第四組，即將全行業大小戶共十三間，合併為四個組，統一經營管理。

在上海，1956 年初開始批准公私合營，為解決行業過剩、經營困難問題，大規模合併照相館。照相業共從合營前的 385 戶（設有分店的按一戶計算），到 1956 年底減少到 297 戶，到 1965 年底全市照相館僅 144 戶。

在江蘇常州，1956 年全行業公私合營時，大、中、小照相館共有盧開、銀都、國際、中國、美餘、新都、城內百樂門、城外西百樂門、愛的美、良友、雪裏紅、庭芳、萬國等13 家。合營時成立 3 個門市部，收歇了 5 家，併入集體工場。[7]

在河南新鄉，15 家照相館合併為寶光、大方、華芳（後改為青年）、中華、大開（後改為工農）、大眾、平原、北京、勝利等 9 家公私合營照相館。關併了大華、光明、陶洞天、青年、大陸、中興等照相館，並成立了以毋立觀（公方代表）、荊桂林（工人代表）、劉鳴鐘（私方代表）為正副經理的照相總店，實現了照相業的統一管理。[8]

在浙江溫州，1956 年照相館共有 22 戶，

4　王玉卿，《我從事照相業 45 年回顧》，見政協新鄉市學習和文史資料委員會編，《新鄉文史資料》第 16 輯，2007 年，第 81—86 頁。

5　李博文，《天津照像業的先驅：李耀庭與中國照像館》，見中國民主建國會天津市委員會、天津市工商業聯合會文史資料委員會編，《天津工商史料叢刊》第 5 輯，1986 年，第 105—115 頁。

6　黃文學，《(中山) 大方照相館》，見《南方都市報》，

2009 年 8 月 28 日。

7　潘裕康，《(常州) 照相業小史》，見中國人民政治協商會議江蘇省常州市委員會文史研究委員會編，《常州文史資料》第 10 輯，1992 年，第 226—228 頁。

8　李西良，《新鄉早期照相業創始與發展》，見政協新鄉市學習和文史資料委員會編，《新鄉文史資料》16 輯，2007 年，第 70—76 頁。

其中屬資本主義性質企業 15 戶，54 人，屬獨立勞動性質個體戶 7 戶、9 人（公園外拍攝）。公私合營時，對照相行業進行整合改組為 5 家照相館，分別是露天、南洋、美術、偉光和曙光。前三家規模較大，而露天因為是「本部」，規模最大，技術也最為優越。兼併數家小照相館後的「露天」，儼然成了攝影行當的巨無霸。「本來只有一間店面，後來我們把旁邊吾友等幾家店面都併了過來，一下子就有了七間店面，那在當時可不得了了啊！……我們照相館規模在全國也是數一數二，當時中央人民廣播電台都報導了」。[9]

通過合併、撤銷等私營企業的改造，擴大了一些照相館的規模，很多規模較大的照相館仍然保持獨立經營，很多中小型照相館則開始合作經營，原來中小照相館設備落後，流動資金薄弱的情況，經過人員和商業網點的調整得到改觀，同時，統一組織的業務技術培訓，提高了照相從業人員素質。

1956 年公私合營高潮後，在國家的統一協調下，很多大中城市為支援全國各地各行各業的建設，將一批又一批的企業陸續遷到外地，照相館也不例外。這種遷移，無疑加強了照相業的交流，促進了照相業欠發達地區的發展。

1956 年 7 月 6 日，中國照相館遷到北京，改店名為「上海遷京中國照相館」。一同遷京的其他企業有四聯理髮館、中央普蘭德洗染店、上海老正興飯店等。相比當時北京的

照相業，中國照相館的着色、用光、修版、放大、暗室技術等技術水準要高出許多，中國照相館還開辦了全國性的技術人員進修班，為北方許多城市培養出了建國後的第一批照相專業人才。[10]

為支援蘭州商業服務業建設，上海還把國聯照相館、恒昌照相材料行遷往蘭州。這幾家照相館，以高水準的拍攝藝術風格、全新的海派經營方式，使蘭州人眼界大開，蘭州本地照相業紛紛注意改進自身業務。[11]

據不完全統計，上海照相館外遷如下：[12]

外遷單位名稱	上海所在地	遷往的城市
國聯照相館	四川北路	蘭州
亞洲照相館	四川北路	撫順
大光明照相館	四川北路	洛陽
萬氏照相館	淮海中路	洛陽
人藝照相館	淮海中路	昆明
勝利照相館	瑞金二路	洛陽
國泰照相館	南京東路	北京
中國照相館	南京西路	北京
國華照相館	貴州路	鞍山
昊開照相館	金陵中路	馬鞍山
鳳凰照相館	白忠路	蘭州
鵬飛照相館	徐家匯路	馬鞍山
可樂照相館	徐家匯路	馬鞍山
龍象照相館	文廟路	蘭州
麗錦照相館	石門路	洛陽
任明照相館	泰興路	洛陽
王家照相館	石門二路	洛陽

為支援鄭州照相行業的發展，廣州市抽調了照相業 70 多人赴鄭，首批 13 人是從廣州老字號豔芳照相館抽調的，他們在鄭州的二七路 118 號（一說為 226 號。二七路南頭路西，原二七攝影社）開設了鄭州豔芳照相館，「廣州援鄭人員不僅帶來了在當時來說較為先進的照相設備，如相機、鏡頭、放大機等，而且帶來了攝影、暗房、整修、着色等方面的先進

9　鄭光雨、吳數德，《那個年代排隊照相解密溫州老字號照相館春秋》，見《溫州商報》，2006 年 1 月 8 日。

10　姚經才、何英生，《馳名京滬的中國照相館》，見中國人民政治協商會議北京市委員會文史資料研究文員會編，《文史資料選編》第 29 輯，1986 年，北京出版

社，第 263—274 頁。

11　趙清華，《蘭州攝影的變遷》，見《蘭州日報》，2008 年 7 月 4 日。

12　上海攝影家協會、上海大學文學院編，《上海攝影史》，上海人民美術出版社，1992 年，第 193 頁。

技術，使鄭州照相業無論設備、材料、技術，還是服務質量，都在不斷發生變化」，催生了鄭州的「豔芳神話」。[13]

1956 年公私合營後，山東濟寧先後分批派出數十名技工到上海、青島、濟南等地學藝，後經過考核，獲取技術職稱的有幾十人，全照相公司職工已達 140 多人。原來用玻璃房自然日光照相，通過學習改為用電燈光拍照，促進了當地照相業的發展。[14]

在很多新興城市、工礦區和小城鎮，則從舊有城市抽調數千名技術人員去支援，開設照相館。為了支援生產和便利廣大工農群眾照相，各地照相業還普遍組織一部分人員上山下鄉，到工地流動服務。據 1958 年不完全統計，全國共有近 1 萬戶照相館，從業人員 4 萬餘人，年服務人次達 2 億左右，1958 年的營業額比 1949 年增加 10 倍。[15]

定位和歸口

今天，如果說，照相和福利業、飲食業、眼鏡業、鑲牙業有關聯，你一定覺得不可思議，可是，在 1956 年公私合營時，這些行業和照相業卻往往歸巢於一個屋簷下，公私合營關於照相業的定位和歸口管理，確實令今人匪夷所思。

正常的公私合營，把原來眾多的照相館撤銷、合併為照相總店，或者經營組、照相處等，強調了照相館的商業特性。

在山東臨沂，1956 年公私合營時，5 家照相館「宏大」「華美」「榮華」「國光」「大陸」合併，改稱「公私合營華美照相店」，公方代表是李興華，推選蔣印環為中心店經理。1966年底，公私合營照相店過渡為國營照相店。[16]

在廣東潮州，解放後，照相業與眼鏡業組成影畫眼鏡同業公會，1956 年公私合營時，鳳城等 12 戶成立服務業照相組，公方代表 2人，工人 29 人，私方 27 人，合共職工 58 人。當時政府任命陳大熹、謝廷芳兩人為副經理；翁瑞芝、柯清華兩人為門市部副主管。此外周興等 7 戶納入合作商店。[17]

在山東濟寧，1956 年元月，由 5 家照相館公私合營合併成立了濟寧照相業經營處，經營處設在原來天真的後院，天真只作為一個門市部來經營。[18]

在更多的城市，照相館獨有的商業特性被人們忽視，在行業歸口管理的選擇上，飲食服務公司或者福利公司成為照相業的新上級。

在浙江嘉定鎮，公私合營時，原有的金城、光明、大同、潭影和大光成立了嘐城照相館（總店），但一律由「飲食服務公司」接管。[19]

在江蘇泰州，1956 年，天藝、光明、留緣、摩登、大同、兄弟、中國、紅星和公園攝影部等 9 家照相館參加了公私合營，合併為留緣、紅光、中國、大同 4 家國營照相館，也統

13 蘇瑜、任中敏，《鄭州豔芳照相館逸事》，見《鄭州晚報》，2008 年 2 月 27 日。

14 王治宇，《濟寧照相行業簡史》，山東省濟寧市市中區政協編，《文史資料》第 10 輯，1997 年，第 290—292 頁。

15 曹寶貞，《新中國照相業的十年》，見《大眾攝影》慶祝建國十週年特刊，1959 年第 9 期，第 7—10 頁。

16 常運增、周榮臻，《臨沂照相業小史》，見山東省文化廳史誌辦公室、臨沂地區文化局史誌辦公室編，《文化誌藝術資料彙編》第 13 輯（臨沂地區〈文化誌〉資

料專輯），1988 年，第 289—291 頁。

17 鄭啟昭，《潮州照相業發展簡史》，見政協潮州市文史資料徵集委員會編，《潮州文史資料》第 5 輯，1986年，第 78—85 頁。

18 盛太坤、何生，《天真照相館春秋》，見中國人民政治協商會議山東省濟寧市市中區委員會文史資料委員會編，《文史資料》第 6 輯，1990 年，第 185—189 頁。

19 章麗椿，《嘉定的照相業》，見新浪「楊柳有葉的博客」，2013 年 2 月 18 日。

一歸飲食服務公司管理。[20]

1956年初，新疆烏魯木齊有數的幾家照相館也進行了公私合營改造，私營業主攜照相館和企業技術工人全部轉為國營企業和國營職工身份，劃歸商業局飲食服務公司管轄。

在福州，1956年公私合營後，福州市所有的照相館都歸屬福利公司管理，1957年福州市飲食服務公司成立，照相館便納入旗下管理，當時全市有照相館（沖洗部）84家，從業人員238人，其中飲食服務公司所屬照相館60家。[21]

在江西南昌，1956年全行業公私合營後，23家照相館調整合併為11個核算單位，由南昌市福利公司歸口管理，劃為特種行業。[22]

在湖南岳陽，1956年實施公私合營時，全市照相業從業人員22人，合併為天然、湖山、容華三大照相館，成立了照相、鐘錶、鑲牙總店，也隸屬岳陽福利公司。[23]

工作方式

照相業公私合營中的合併與裁撤，加強了統一的管理，降低了費用，同時配合國產感光材料工業的建立，也在照相館中開始推廣使用國產照相材料。採取了這些措施，使行業的成本和費用有所降低，有些地區利潤顯著增加。

過去，不少照相業從業人員交流很少，甚至彼此相互瞧不起，更不願把自己的技術傳授給別人。公私合營後，大家交流機會增加，

並且通過師傅帶徒弟、展覽會、技術交流、業餘講座和短期訓練班的形式，提高了整體技術水準。在上海還成立了全國性的照相技術進修班，輪流抽調各地照相館人員去培訓深造，學習美術照相、上油色、色調層次的把握、光線的運用等，促進了中小城市照相業水準的發展。

但在實際操作過程中，公私合營照相館的重大財務審批權一般集中在主管單位——市級或區級飲食、福利或商業公司，基層無審批決定權。之後，許多地方還將獎勤罰懶的拆賬（舊中國服務、飲食等行業的工作人員沒有固定工資，從營業額中按一定比例提取工資總額，再按職工的工作性質、工作種類、工作質量等進行分配的制度——作者註）工資制改為固定工資制，「大鍋飯」生產帶來了人的惰性。

這期間，不少地區，照相館的後期加工均實行了集中統一，各個照相館只負責前期拍攝，而後期的沖洗、放大、整修、着色等諸工作由加工車間通過流水作業來完成。由於提倡「集中生產，流水作業」，加上操作人員技術水準不一，照片質量不斷下降，差錯率也居高不下，直接的後果是：各個照相館的特色沒有了，各個工種之間沒有了溝通，遇到技術難題也不能互相協作。

審美變遷

公私合營初期，各家照相館的照片基本上還是延續了以往的風格，不同照相館的合併

20 李晉，《泰州民國照相業》，見《泰州記憶》網站，2013年11月7日。

21 徐水丁，《記憶中的福州老照相館》，見《福州晚報》，2007年3月21日。

22 石鵬、宋海琴，《南昌的照相業》，見《江南都市報》，2014年7月20日。

23 李培天，《岳陽照相業》，見中國人民政治協商會議湖南省岳陽市委員會文史資料研究委員會編，《岳陽文史》第4輯，1985年，第161—165頁。

無形當中加大了技師之間的交流和技術進步。在上海、廣州等大都市，特別是女人們，似乎仍然慣性地延續着昔日的優雅，「她們的時尚生活好像並未受到打擾，衣着依舊領全國的風尚之先，愛美的小姐總把拍照當作一件極其隆重的事情，漂亮衣飾，胭脂唇膏，甚至披着皮革上鏡，盡顯奢華。如此盛裝之後才可以踏進『神聖』的照相館。所以，照片上呈現的依舊是上海女郎的巧笑倩兮、光鮮迷人的模樣。照相館也仍然習慣在門外的玻璃大櫥窗裏展示自己最得意的作品以招攬生意，能被擺出來的照片女主角必定是時下最漂亮的女子，其中不乏明星，但更多的是淹沒在茫茫人海裏的民間佳女子。『王開』『萬象』『中國』……或是無名小店的櫥窗秀，便是一部當代上海人的時尚進化史」。[24]

從今天留存的不少公私合營初期的照片來看，不論是結婚照，還是單人肖像，除了服裝上的變化，很多照相館的用光、背景、着色等工藝，不遜於民國的攝影高峰期。

但是，不同地區人們的攝影觀念，因為政治鬥爭影響，也呈現出明顯的差異，並且不時隨着時代潮流而變動。

廣州豔芳照相館剛由廣州進入鄭州後，因為當時剛剛公私合營，有些攝影、修版、着色依然保持着廣州老豔芳的特色，因此，照相館櫥窗中陳列的依然是「女披掃地白紗，男着燕尾西服」的結婚照，或者古色古香仿西廂式的仕女相片。但很快，隨着國內政治氣候的變化，這種風格被人們認為是「站在無產階級

的天地，為資產階級鬼怪思想招魂」。於是，照相館緊急調整，先是以自己的人做模特，拍攝了「戴柳條帽的工人、紮白毛巾的農民、納鞋底的家庭婦女」，陳列在櫥窗和前廳裏。不過，「因為工人像個白面書生，農民好似溫室花草，納鞋底的手勢像是在繡花，有人批評他們歪曲了工農兵的形象。據説，當地為此還仿照北京市的經驗，專門組織了《照相館為誰服務》的大辯論」。之後，豔芳照相館的各種照相從業人員「爭先恐後地下工廠，入農村，去連隊，到街道，深入實際生活」[25]，去尋找和拍攝具有「時代感」的新影像。

1958 年 4 月，中央商業部在天津召開全國性的照相業經驗交流會，批判了照相業人員中殘留的「資產階級思想審美觀點，單純技術觀點和脱離群眾的經營作風；揭發了部分照相業人員認為勞動人民群眾『不美』『土氣』『粗手粗腳』『不懂藝術』，因而對他們態度傲慢，敷衍了事的錯誤思想和作風；並提出二十四項倡議，全面開展社會主義的紅旗競賽運動」，照相館職工都表示要努力照好「表現勞動人民精神面貌的照片」。就像鄭州的豔芳照相館一樣，「許多照相館都撤換了原來櫥窗裏陳列的一些珠光寶氣、雍容華貴、矯揉造作和油頭粉面的照片，代之以工農群眾、勞動模範和婦女兒童等樸素大方、勤勞勇敢和活潑健康的照片」，使照相館櫥窗成為「政治宣傳廊、藝術陳列窗和技術指導站」。[26]

從整體上來説，公私合營後期的照相館攝影距離藝術個性越來越遠。照片中的人物基

---

24 邱晨，《上海五十年代攝影評述》，上海師範大學碩士學位論文，2006 年 5 月。

25 蘇瑜、任中敏，《鄭州豔芳照相館逸事》，見《鄭州晚

報》，2008 年 2 月 27 日。

26 曹寶貞，《新中國照相業的十年》，見《大眾攝影》慶祝建國十週年特刊，1959 年第 9 期，第 7—10 頁。

本是統一的情緒飽滿，充滿單純的快樂和真摯的激情，這或許是那個時代特有的精神情愫。從形式上來說，拍攝背景越來越簡單，用光也越來越單一，衣着、道具也越來越樸素，形成了一些拍攝的「套路」和「模式」，畫面程式化和相似度比較高。從拍攝對象來說，更多的普通勞動者走進照相館，「有工人、農民、解放軍戰士，也有青年學生、機關幹部；有要求照『闔家歡』的男女老少；也有照團體相的顧客⋯⋯他們都帶着幸福的笑容，等待着照相師把他們攝入鏡頭」。[27] (3-5-6)

1966 年，文化大革命在中國拉開大幕，照相業被定為「四舊」，在反對「封、資、修」的大旗下，講美即是腐朽、墮落與投降，這與新生政權的美學主張、訴求格格不入。店內實行「幾不照」——結婚照不照、奇裝異服不照等，只能拍統一模式的照片，照相背景廢除，並且規定只拍正面相，手捧「語錄」相，「造反派」姿態相，青、藍服飾照等，配光、姿勢、髮型等都受到了一定的限制。有時照相館還須要查詢顧客的出身、成分，很多照相館館名也改為「紅旗」「延安」「東方紅」等紅光亮的名字。可是，此時的照相館，沒人關注照片的質量、營業額的高低，更別提個性化、藝術化了。

公私合營，徹底改變了傳統照相館的經營形態，在時代的裹挾下，持續一百餘年的中國傳統私營照相業，大幕徐徐落下。新中國的照相業，只能在隨後發生的一系列歷史變革中，靜待時機，以期續寫新時代的榮光。

---

27 同前註。

第四章

個案調查

4-1-1　長江上的貨輪

漢口同昌公司，銀鹽紙基，櫥櫃格式，1910 年前後。作者收藏。

4-1-2　漢口同昌照相洋貨號商業名片

10×7 厘米，作者收藏。

從名片上看，同昌公司提供照相、放大、相框，還銷售各種風景照片。

4-1-3　武昌黃鶴樓

武昌寶記照相館（傳），蛋白紙基，27×20 厘米，1884 年之前。作者收藏。
黃鶴樓 1884 年焚燬，此照片應當拍攝於 1884 年之前。照片中部最右側有一塊招貼，隱約可見「嶺南
寶記照相」字樣。

4-1-4　南京東牌路雪景及南京寶記照相館外景
寶記照相館，蛋白紙基，1886—1891 年。私人提供。

4-1-5　廣州寶記照相館外景

佚名，蛋白紙基，26×17.6 厘米，1892 年前後。泰瑞・貝內特收藏、提供。

右側當中的白色招牌上，放大可見寶記照相館的英文館名：POWKEE PHOTOGRAPHER。

POW KEE & Co.
NANKIN ROAD, SHANGHAI

4-1-6　男子持扇小影

上海寶記照相館，銀鹽紙基，卡紙 24×31 厘米，照片 15×21 厘米，1890 年前後。作者收藏。

上海寶記，除了照相外，與其他許多照相館一樣，同時經營放大像，以及繪製油彩和水彩畫像。

4-1-7　兩孩童與洋道具合影

上海寶記照相館，銀鹽紙基，手工著色，櫥櫃格式，1908 年（戊申）正月。作者收藏。

4-1-8　兩男子合影

上海寶記照相館，銀鹽紙基，櫥櫃格式，1917 年正月。作者
收藏。

卡紙上的照相館位址在南京路三百七十七號，但此照片背
面，印有拍攝時間「丁巳正月」，即 1917 年正月，並且有「本
館由南京路泥城橋三百七十七遷移至拋球場弄五百四十二」
字樣，這說明，不能單純根據照相館位址斷定照片拍攝時間，
因為卡紙的製作有延遲的情況。

4-1-9 《攝影指南》書影

歐陽慧鏘著，寶記照相館，1923
年。趙俊毅提供。

4-1-11　兩女子合影

上海寶記照相館，銀鹽紙基，封套、卡紙 18.9×12.6 厘米，
照片 9.4×6.7 厘米，1928 年。作者收藏。

4-1-10　歐陽慧鏘肖像

寶記照相館，選自《攝影指南》，1923 年。趙俊毅提供。

照相業分支營業之範例
── 寶記照相館

1889 年 9 月 2 日，在上海寶記照相館開業的前一天，其廣告就出現在《申報》第 6 版上，雖然只有短短一句話 "新開寶記"，但能夠提前預告營業的照相館，在清末上海灘之照相業中並不多見。

經過 1843 年的開埠，尤其是 1860 年《北京條約》簽訂，隨着沿長江和北方沿海口岸的開放，上海地處長江口、居中國南北海岸線中點的區位優勢日益明顯，更多的海外商賈，紛紛選擇這裏作為他們在中國，甚至遠東的貿易基地。根據條約，外國開始設立領事館，建立租界，上海進入第一個初步繁榮時期，其無限的發展潛力，不斷吸引着全世界各地冒險家的加入。寶記照相館的老闆歐陽石芝，廣東新會人[1]，具有廣東人一貫的開放和敏銳精神，同樣意識到了上海未來的前景，毅然來滬開拓自己的老本行。

19 世紀 60 年代，宜昌、蘇三興、華興、同興、時泰、日成、英昌、日昌、吳萃和、群賢閣、味蓴園、悅來容、蓉鏡軒、天然氏等照相館先後開業，互相競爭，形成了各自的「勢力範圍」，寶記照相館，能否在激烈的競爭中脫穎而出呢？

在來上海之前，歐陽石芝已經有十餘年的攝影經驗。1889 年 9 月 3 日，上海寶記照像館開幕當天，其在《申報》上的廣告中說：「本行主人專習照像，研精攻苦十有餘年，前在漢滬同昌公司主筆，揮毫點染，惟妙惟肖，非敢自誇，實邀公鑒。今於滬大馬路泥城橋東彈子房對面朝北門內開張，各件俱仿西式，閨眷影片永不零售，諸君惠顧是幸。」同昌公司 (4-1-1, 4-1-2) 是一家經營照相和相關物品的洋行，當時在上海、武漢都有照相館，歐陽石芝應當是在漢口同昌照相館做主持 (4-1-3)，可見歐陽石芝來上海之前已是攝影行家，那麼，滬上寶記是他從同昌出道後經營的第一家照相館嗎？

就在上海寶記開業三年前的 1886 年 6 月 27 日《申報》第 5 版上，有一則這樣的廣告：

---

1 《歐陽石芝居士逝世》，見《申報》，1932 年 2 月 17 日第 5 版。

南京照相館

漢口分設，南京東牌路新法映相，其快如電，與別不同。另有名人山水片出售。如蒙仕商賜顧，價格外相宜，此布。

粵東寶記啟

那麼，這家來自漢口的支店「寶記」是否是歐陽石芝之寶記呢？繼續查詢《申報》之有關寶記照相的廣告，在 1891 年 12 月 1 日《申報》第 4 版，發現了這則廣告：

寶記考究照相

中國得了泰西照相法迄今約五十載矣。迄今可謂盛行矣，新奇百出，西國稍有，即傳中國。素愛此道者，藉以遣文房之別墅，快何如之本館主人，專習此件，廿寒暑矣。六年前在鄂渚、金陵創建一切，三年前在同昌公司秉筆主持，至己年乃上海設立……

上海泥城橋寶記主人謹啟

鄂渚，指湖北武昌；金陵，指南京。結合上則廣告不難斷定，歐陽石芝大概從 1871 年前後開始研習攝影術，不僅六年前，即 1885 年之前在南京創辦了寶記照像，在湖北武昌也創建了寶記照像 (4-1-4)，1888 年還在同昌公司主持照相館。清末能在三地連鎖開業，充分說明了歐陽石芝的開創精神。根據 1891 年寶記照相館的廣告，寶記南京照相館至少經營到 1891 年：

告白

本館主人深究照相，不遺餘力。現新添玻璃房一座，最得收光之妙，務必精研致美，價復改議從廉。至於時式、古式，諸公請自權衡。雨天、晴天，主人慣操把捏，不事虛張。陳設之聲，唯盼考核。確鑿之理，又登報章。庶邀公鑒。閨眷照片，永不他售。嶺南、金陵二處，均由滬號分枝，逢禮拜日登報，再此奉聞。

上海大馬路泥城橋寶記主人啟 [2]

從廣告中還可以看出，在上海寶記開張之後，歐陽石芝還把寶記照相分號開到了自己的老家——羊城廣州 (4-1-5)。1891 年 5 月 3 日《申報》第 9 版的一則廣告說：

告白
寶記照相

本館主人習照相業十餘年於茲矣。其用功則精研細究，獨出心裁故，臻花樣維新，莫名佳妙……一館分設廣東省垣沙基大街。

上海英大馬路泥城橋寶記謹啟

廣州沙基大街，緊鄰英法租界，清末，沙基大街開設有學堂、醫館、印務所、米埠等，日趨繁華，確實是開設照相館的最佳地點。1892 年 5 月 21 日的廣州《中西日報》刊載了寶記映相樓的廣告：

新法映相

得西藝異傳……能映化身圖本，一身化出三身，怪怪奇奇，令人莫測。更能電氣放相，高與人等，又可用藍色映出山水圖畫，其所映

2　見《申報》，1891 年 9 月 20 日第 5 版。

之相，俱過鏡面而歷久入新。

1900 年之前的晚清時期，交通、通訊、物流還遠遠不夠發達，歐陽石芝憑一己之力，在跨越大半個中國的四大名埠開設寶記照相連鎖，充分體現了歐陽石芝敏銳的商業嗅覺和過人的經營能力，這在當時的照相業中應當是絕無僅有的。通過上述廣告，我們還看到，當時羊城寶記已經能夠照「化身像」，能夠電氣放大，還可以藍曬印相，並能用鏡子給照片上光了，精湛的攝影技藝正是保證寶記照相多年不衰的另一個原因。

19 世紀末，在中國主要的開埠城市，尤其在上海，照相業已經度過最初的暴利時代，為了生存和營利，各大照相館都要使出渾身解數，爭取自己的一席之地。作為康有為的弟子，學養深厚的歐陽石芝，帶領寶記照相，自然在當時的競爭中不甘落後。

從照相館業務來說，普通印製的快照和放大照（4-1-6, 4-1-7），吸引力已經大大降低。因此，除了通過降價吸引顧客外，寶記還精研細究，獨出心裁，推出了多種多樣獨特的印相方式：比如綾絹照、布紙照、玉石照、洋瓷照、白紙照、方瓷照、象牙照等等 [3]，不一而足，花樣翻新的印相方式還吸引了很多文人墨客來拍照。時任《申報》執行總編輯的何桂笙（高昌寒食生），看到寶記照相館把印在綾絹上的照片裝裱到鏡框中，拍案叫絕，於是題詞其上：「買絲止合繡平原，韋布如何妄自尊。多

謝三毫添頰上，好從鏡裏認詩魂。」[4]

除了上面提到的身外有身的「化身照」外，當時化裝照也很流行，寶記照相館同樣緊跟時代步伐，「照古裝，仕女服飾今已製成，別有一番氣概。並新造西洋時裝，東洋宮裝，豔麗可人」。[5] 寶記還承諾「女眷照片，永不他售」。[6] 並且，根據文人雅士之趣味，寶記照相館「製成中國畫畫紙印相法，或作橫披，或繪回屏，或繪冊頁，中堂、手卷均可補圖」，[7] 以增加文人雅士書房之「慧眼」。

當然，從技術上，寶記也是始終保持與時代同步。1919 年，寶記照相館就購進了美國生產的能夠拍攝全景的長條轉機，可以拍攝上海外灘全景，「長五十四寸，闊十寸，精美絕倫，為中國空前所未有」。[8] 一張這樣的長條風景，連裝裱及玻璃鏡框，售價八元五角，利潤相當豐厚。這種轉機還能夠拍攝多人的長條團體照，各學校畢業照、各社團聚會拍照都被寶記攬到。同年，寶記以「南京路中市牌子最老真老！設備最新真新！」的口號，適應當時美術攝影的風尚，「竭力提倡美術，新設美術電光燈，能攝就種種變化無窮之美術照相。」[9]

此時，手持照相機開始在上海流行，寶記為擴大業務，也開始銷售德國蔡司的手提「快鏡」，「此種快鏡鏡頭，為素著聲譽之蔡司（Zeiss）廠所出，光度在 F4.5 猶居多數，其沖曬所用藥水、洗料等定價亦廉」。[10] 這種便攜式相機，主要都是銷售給攝影愛好者。這些業餘攝影師拍照完成後，寶記照相館再開展

3　《告白：寶記照相》，見《申報》，1891 年 5 月 3 日第 9 版。

4　《自題綾照》，見《申報》，1889 年 10 月 8 日第 4 版。

5　《寶記考究照相》，見《申報》，1891 年 12 月 1 日第 4 版。

6　同前註。

7　《寶記自製中國畫畫紙印相法》，見《申報》，1892 年 2 月 29 日第 4 版。

8　《特出》，見《申報》，1919 年 10 月 4 日第 1 版。

9　《寶記照相》，見《申報》，1923 年 10 月 10 日第 41 版。

10　《寶記運到快鏡》，見《申報》，1923 年 6 月 7 日第 17 版。

「代客沖曬，顯影免費」[11]業務，這樣一來又得到一大筆生意，因此，寶記照相館「營業頗盛」。[12] 不久，寶記又在上海首家推出了德國生產的彈簧三腳架，「用時輕按機鈕，四節實時伸出，全具重僅一磅，攜帶既便，質量亦堅。初次到申，廉價推售」。[13]

1895 年戊戌變法前，歐陽石芝曾經「抱維新思想，從康南海先生遊」。[14] 戊戌變法失敗後，歐陽石芝開始對世道大為失望，常常閉門杜客，並開始吃齋談佛，潛心淨業。照相館業務逐步移交給三子歐陽慧鏘主持。早年引以為豪的連鎖模式這時貌似已經終止，其他三家連鎖舖號可能都已經停業了。「寶記」兩個吉利的字樣，也給他們帶來了困擾，全國各地不少照相字號選「寶記」為店名，1910 年和 1919 年，如日中天的上海寶記照相館兩次特地在《時報》和《申報》上刊登廣告，告知民眾，自己沒有任何分號，甚至否認自己曾經開過分店：

啟者：

本主人以十餘年精研攻苦，歷至光緒十五年乙丑，乃營業於上海英租界大馬路泥城橋東首，坐南朝北，三開間門面，門牌 P 字三百七十七號，至今宣統二年庚戌，屈指二十有二年矣，並無遷移他處，更無支店分出，此乃同好之諸公早已洞悉，了然於胸中者也。只因數年來同業中有在北京單用「寶記照相」四字者，有在鎮江，在蕪湖亦單用「寶記照相」四字者，更有在杭州竟讓用寶記照相而加以上

海分支等小字者，是誠何心哉？至上海英租界中某花園內亦有用某某寶記照相樓者，亦竟有在英租界大馬路其牆邊用某某寶記照相號，其門首半窗處用寶記兩大字居中者，諸如此類，均與我風馬牛不相及。而邇邇同好諸公，近來常有詢及此中底蘊，是否分支，是否附股者，僕應之曰：我二十年之寶記照相並無分支於他處，也並無附股於同業也。由此觀之，伏思人心惟危，帝有明訓不自表白，恐蹈危機，乃登此廣告以表白證明之。日本公司並無兩股於同業，並無他處之分支，此啟。

寶記照相主人謹白[15]

聲明

敝館營業自乙丑迄己未，創設三十一年。冒牌影射之家所在多有。外埠如北京、杭州、寧波、鎮江、川沙、成都則單用「寶記」二字，本埠如某某兩花園，如滬南某地，或於其店名之下，加「寶記」二字，或則含糊取巧，支吾其詞。其甚者，有如南京路西藏路角門面朝南一家，大書「某某寶記」四大字，諸如此類，皆重金錢，而輕道德之所為。雖與我全無關係，緣邇因惠顧諸君，常有詢及此中底蘊，是否分支，有無附股同人等，則應之曰：「敝館創設三十一年，絕無分支他處，絕無附股同業，凡百君子幸垂鑒焉。」

上海南京路拋球場寶記照像館謹啟[16]

1915 年，在英租界大馬路泥城橋開業二十七年後，寶記進行了館址的第一次遷移。

---

11 《寶記照相》，見《申報》1923 年 10 月 10 日第 41 版。
12 同前註。
13 《寶記運售照相三足架》，見《申報》，1923 年 9 月 9 日第 17 版。
14 《歐陽石芝居士逝世》，見《申報》，1932 年 2 月 17 日第 5 版。
15 見《時報》，1910 年 5 月 8 日。
16 見《申報》，1919 年 1 月 23 日第 1 版。

因為英大馬路泥城橋房屋翻造，寶記把照相館遷到了英大馬路拋球場弄口朝北五百四十二號，這裏共有「房屋五幢」，設置了兩間玻璃照相室，「則應之日光明透，避陰雨無虞，皎潔麗華，神光離合，嘗見勝友，辱臨每謂此則磋磨精密之功深也」。其中一間能夠容納一百餘人合影，在上海「無有也。有之則自今日寶記始，雖曰小道亦可觀也。雖非奇異，尚樂趣焉」。[17] 新址於陰曆十月初二重新開張。（4-1-8, 4-1-9）

六年之後，1921年，寶記照相館因為「地方不敷所用」，為擴大營業，又遷移到南京路中市山西路東首，並「自建六間三層玻璃大樓房，長六十餘尺，於同一時間內能三處照相，並可容七十餘人合攝一影，為空前奇妙之攝影房」。這樣超強的接待能力，「諸君惠顧，隨到隨照，無慮久待之煩」，新館之「佈置之齊備，裝潢之華潔，藝術之精良，訂價之低廉，為諸君所樂於相見同人」。照相館的接待人員，還「通曉各處方言」[18]，更為顧客所嘉許。新館於陽曆8月10日正式營業，還推出一個月的「優待條例」[19]。

一年之前，美國柯達公司正式在上海設立了分公司，在柯達大力拓展對華業務的時候，如日中天的寶記照相館自然成為柯達的合作對象。在寶記的新址內，寶記照相館開始代售柯達照相器具，「均經詳細選辦，為旅行家、玩習家必需之品」，凡在寶記照相館購買者，還可以得到免費的攝影指導，「所有價目一律照市，並代客洗印，穩妥快捷，取值不昂。如向本館購買膠卷者，顯影免費」。[20]

從這次遷址開始，寶記還特聘美國大律師梅華銓為法律顧問，並登報聲明，處理損害照相館營業或名譽，及辦事職員等有損害該館公事規則等舉動。[21] 兩年之內，梅華銓就為寶記處理了兩次商業糾紛：一是寶記的伙計，廣東香山人譚叔文，因「有損害營業及有違背合同之事」，屢教不改，「已無再加原宥之餘地，茲照章應行辭退外，並取消其未到期合同。以後凡譚叔文在外一切舉動，均與本館無涉，特此鄭重聲明」。[22] 第二椿是涉及寶記照相館另一名伙計，名叫俞鑒生，又名慕周，原籍安徽，因他「往日不守本館規則，並有盜收賬款及各種舞弊證據」，被寶記辭退，為了防止他「在外或假用本號名義，向來往各號冒取貨物等情」，寶記再次以律師名義刊登聲明，「倘有發生俞鑒生個人對於各號來往之事，與本館無涉」。[23]

這時的寶記，自稱為上海「資格最老，經驗最深，有真藝術，得真名譽之照相專家」，並自稱「中國最宏偉之照相館」[24]，不僅兼賣照相機、沖洗膠卷，而且開始大量售賣全國各地風景照片，比如北京的頤和園與天壇，杭州的西湖各處名勝古蹟，海寧的錢江潮，還有蘇州、無錫、嘉定等處的各種風景等。「西人最為歡迎，是以新年以來，寶記各種風景照片，受西

---

17 《寶記照相遷移開幕廣告》，見《申報》，1915年10月31日第1版。

18 《預告》，見《申報》，1921年7月6日第1版。

19 《開幕》，見《申報》，1921年8月8日第1版。

20 同前註。

21 《美國梅華銓大律師代表寶記照相館聲明》，見《申報》，1921年7月16日第1版。

22 《辭退夥友聲明》，見《申報》，1921年12月14日第1版。

23 《特別聲明》，見《申報》，1922年9月13日第5版。

24 《寶記照相館之藝術與名譽在中國為第一》，見《申報》，1922年10月10日第20版。

人之定購者，每日亦有十餘起之多」，寶記大做廣告，想擴大內銷，「華人益可想見也」[25]。

1923 年，寶記照相館的聲譽在上海達到了頂峰，其標誌就是照相館經理歐陽慧鏘《攝影指南》一書的出版。歐陽慧鏘從小受父親影響喜歡攝影，畢業於南洋公學。求學期間，利用寒暑假曾到過蘇州、杭州、北京等地從事攝影創作，拍攝了大量風光照片。歐陽慧鏘執掌寶記後，一直堅持深入研究風光攝影，彌補寶記照相館原來只專注人像拍攝的不足。在寶記櫃檯上，歐陽慧鏘常常見到自習攝影者送來沖印的膠片，曝光不是過度就是欠缺，曝光時間正確的畫面還拍虛了。他感到困擾自習攝影者的瓶頸，就是中文攝影書的缺乏，而自己從事風光攝影創作十餘年，應該把攝影經驗編寫成書，公之於眾，服務社會。（4-1-9, 4-1-10）

《攝影指南》是歐陽慧鏘自己多年攝影實踐的總結。相比之前翻譯的攝影書籍，《攝影指南》的問世，開創了中文攝影書的新紀元。康有為親自給《攝影指南》題籤、作序。他在序言中十分讚賞歐陽慧鏘的攝影才能，並肯定此書的特殊價值：「蓋皆發其所躬行心得之妙，與夫譯襲抄竊者迥異也。滬上之為攝影久，且世而精妙者，應無出歐陽生上矣。」康有為還為慧鏘的攝影作品親自加以點評，開創了文化名人參與攝影圖書的先河。

在《攝影指南》出版前，寶記照相館就開始預告，稱之為「空前絕後」之圖書，「凡學界諸君，美術家，旅行家，自習攝影術者，欲求敏捷成功與金錢經濟，捨此書外，實無他法」。[26]1923 年 4 月，《攝影指南》正式在南京路永安公司、中華照相館、寶記照相館、商務印書館銷售[27]，全書二百餘頁，布面精裝，珂羅版精印，用上等紙印，計三十五總目，重要之表格共十種，中國南北風景圖片三十頁，每圖各附感光說明，售價大洋兩元二角，「初學照相者，一獲此書，雖無人指導，亦可得攝影美滿之成績」。[28]《攝影指南》自此成為自學攝影術者必備用書，多次再版，極大推動了攝影術在上海，甚至在中國的發展。

同年，歐陽慧鏘在「寶記」的資助下，在上海武定路 24 號開辦了「揚子影片公司」，拍攝「滑稽圖畫文字活動廣告影片」「教育、實業、新聞、風景、紀念影片」「彩色幻燈廣告片」「新聞全部戲劇片劇照」等，歐陽慧鏘擔任公司經理兼攝製主任，成為「精良器械與完備之製造場所」，從拍照一躍成為「電影攝製專家」。寶記照相館的業務則轉交給歐陽石芝的兩位「千金」——歐陽慧真和歐陽慧芳經營，兩姐妹通曉照相業務，熱心和社會各界人士聯絡，並積極參加國際交誼活動[29]，進一步提升了寶記的知名度。

1923 年 11 月，寶記照相館迎來開業三十五週年紀念。此時的寶記，從資格上來講，「創設於民國紀元前二十三年，為同業中之資格最老者」；從聲譽上來說，「冒牌影射日見其多，即此可知為同業中之名譽最好者」；從藝術上來說，「玻房宏敞，更設備、美術、

25 《寶記風景片之暢銷》，見《申報》，1923 年 2 月 24 日第 21 版。

26 《空前絕後之名著攝影指南出版預告》，見《申報》，1923 年 1 月 28 日第 1 版。

27 《寶記之新出品攝影指南》，見《申報》，1923 年 4 月

24 日第 17 版。

28 同前註。

29 吳群，《清末民初馳名滬上的寶記照相館》，見《人像攝影》，1986 年第 4 期，第 39 頁。

電光燈為同業中之藝術最精者」；從機會上來說，則「因卅五週紀念而優待兩星期，為同業中之優待最誠者」。[30] 為慶祝三十五週年，從 11 月 3 日開始，寶記優惠兩個星期，「拍照八折，放大九折。其他關於照相的各種材料，也均照本發售。其中最便宜的，攝影鏡箱機每具四元，三腳架二元八角」。[31]

1926 年，在全國美術攝影的浪潮下，寶記照相館也專門開闢了美術室，專照美術照相，並從「德國定來美術照相電燈多盞」[32]。這時的寶記，攝影範圍進一步擴大，不只專注室內人物攝影，還主動招攬新聞攝影、文體攝影、集會攝影等外拍業務，免費提供給報刊發表，只要署名不要報酬。

早在 1912 年，上海《時報》館就與寶記照相館就拍攝時事新聞圖片簽約，此舉使《時報》新聞圖片報導質量居全國報紙前列。1919 年五四運動擴展到上海，寶記拍攝了上海「城鄉罷市之情形」「英界、美界、法界、南市罷市之情形」等及時照片 8 張，刊登於 6 月 6 日《時報》上。1926 年 9 月 7 日，是《辛丑條約》簽訂 25 週年的「國恥」日，寶記派員參加上海民眾團體要求廢除這一不平等條約的集會，拍攝「九·七使命廢約運動開會之情形」照片，在《天民報》圖畫副刊第 3 期第 1 版發表。當年 11 月 6 日，上海巨賈朱葆三出殯時，寶記拍攝了「朱葆三君之靈柩」等 3 張照片，刊登於剛剛創辦不久的《良友》畫報第 10 期上。這些攝影活動，既填補了當時沒有專職攝影記者

的缺漏，又滿足了讀者對影像的需求，同時擴大了寶記照相館的知名度。

20 年代，寶記照相館還拍攝了很多文體照片及社團集會合影。《良友》雜誌就陸續刊登過寶記的「中葡足球比賽之狀況」「全國國語教育促進會開成立大會」等十多張合影照。寶記同樣拍攝了很多社團集會的大合影，拍攝時，讓不同的人自然散開，不固守整齊排列的站坐模式，以追求姿勢的變化和人物的個性表達。「南國劇社之酒會」「科學名詞審查會第十二屆審查會代表在上海徐園留影」等照片在《良友》第 7 期發表後，以清新的風格受到人們的歡迎。

1928 年，寶記迎來建館四十週年紀念日。11 月 24 日，寶記門口張燈結綵，慶賀生日。櫥窗內陳列了當代名人、要人的最近肖像，二樓陳列各名勝古蹟的照片，三樓則擺放著全國各界各團體所贈慶賀屏聯、鏡框，「琳瑯滿目，頗為雅觀」。[33] 全體職員及年輕的經理歐陽慧真、歐陽慧芳親自帶領女士參觀。晚上在「蔬食館」功德林設宴，宴請老顧客及新聞、藝術、文哲、佛學各界人士，並請名人演說及報告創業之經過。宴會上還有中西音樂、崑曲、歌詠、幻術等遊戲表演，來招待嘉賓。寶記還決定，自館慶日一個月內，特別打折優待顧客。(4-1-11)

1931 年，寶記照相館經歷館址第三次搬遷，因原址改造，3 月 15 日，寶記正式在南京路泥城橋畔新世界遊戲場隔壁新址營業，「內

30 《寶記照相三十五》，見《申報》，1923 年 11 月 3 日第 2 版。

31 《寶記廉價期中之新貨》，見《申報》，1923 年 11 月 9 日第 17 版。

32 《寶記照相館另闢優雅美術攝影室》，見《申報》，1926 年 6 月 27 日第 24 版。

33 《寶記照相館今日四十週年紀念》，見《申報》，1928 年 11 月 24 日第 15 版。

部全用新式電氣裝置,光線可隨意增減」。[34]此後,寶記照相館常年法律顧問改由黃宇平律師負責。[35]

1932 年,上海「一・二八」事變爆發,市場紛亂,寶記照相館的經營舉步維艱。就在,「一・二八」事變的戰火籠罩中,1932 年 2 月 15 日下午 2 時 3 刻[36],寶記的老館主歐陽石芝「忽於唸佛聲中西逝,年七十有四。」[37]2 月 17 日下午大殮,根據歐陽石芝遺囑,「不發訃聞,除唸佛外,別無舉動」。27 日下葬上海永安公墓,「僅親屬至友數十人參與」。[38]3 月 10 日午後 2 時,在上海派克路十號,功德林蔬食處禮堂,眾多佛學界與石芝居士生前有交誼者,舉行了一個小型追悼會,人們讚頌歐陽石芝居士「耆年碩德,為居士中淨土一宗。尊宿二十年來,各界人士經其開示而皈心學業者,指不勝屈。至於提倡蔬食,創設功德林利,生之功尤足」。[39]

歐陽石芝去世後,寶記繼續艱難維持,為了紀念寶記照相館成立四十四週年,1932 年 12 月 25 日起,優惠一個月。位於寶記南京路西藏路的照相館重新裝修,「本館照相室內部全用新式電光裝置,光線既可隨意增減,又無日夜雨晴之別。最近新出精美玲瓏小照,一元可拍四種,可得照八張。為各界仕女之便利起見,營業時間定為上午九時起至下午九時止」。[40]

1933 年 5 月,寶記照相館被南京路商聯會及市民一區分會評為「不售劣貨商店」,並頒發「證明牌」一枚,寶記照相館的號牌為 78 號[41]。至少到 1934 年 6 月,寶記照相館還在營業,因為這年的 6 月 27 日,《申報》刊登了寶記照相館經理陳秀屏的《辭職聲明》,因為「家務之羅,更被病魔所纏,實不堪兼任經理之職,會書面向各股東及副經理歐陽慧芳君辭職」,寶記則繼續由歐陽慧芳負責經營。不過,這次聲明,也是《申報》上最後一次出現寶記照相館。

上海寶記照相館,從 1889 年開幕到 20 世紀 30 年代歇業,承接綿延 40 多年,如果從歐陽石芝 1884 年在武昌創建「寶記」照相館開始,寶記照相館的歷史則跨越了近半個世紀。從早年歐陽石芝的開拓進取,到後來歐陽慧鏘幼承家學,著書立說,以及慧真、慧芳兩個女兒挑起主持「寶記」業務的重擔,一家兩代四人均從事照相館業務,這首先是一個家族的值得永記的榮耀;而寶記照相館早年成功跨越四大名埠的分支營業,精心打造出一幀幀精美影像,還有那本眾相傳閱的《攝影指南》,更演繹出一個攝影老號不朽的傳奇。

---

34 《寶記照相館之喬遷》,見《申報》,1931 年 3 月 17 日第 15 版。

35 《黃宇平律師受任寶記照相館常年法律顧問通告》,見《申報》,1931 年 3 月 18 日第 6 版。

36 《報喪》,見《申報》,1932 年 2 月 17 日第 4 版。

37 《歐陽石芝居士逝世》,見《申報》,1932 年 2 月 17 日第 5 版。

38 《歐陽石芝之追悼會》,見《申報》,1932 年 3 月 10 日第 2 版。

39 《追悼歐陽石芝居士啟事》,見《申報》,1932 年 3 月 9 日第 4 版。

40 《寶記照相館舉行四十四週年紀念》,見《申報》,1932 年 12 月 26 日第 5 版。

41 《南京路市民會證明不售劣貨商店》,見《申報》,1933 年 5 月 25 日第 10 版。

4-2-1　外國男子中式服裝像

上海沙為地照相館，銀鹽紙基，櫥櫃
格式，1885 年前後。作者收藏。
根據卡紙背面的標識，沙為地曾經在
1873 年博覽會上獲得過銀牌。

4-2-2　耀華照相館照片袋

19×12 厘米，右側胸像為耀華照相館創始人施德之，年代不詳。作者收藏。

4-2-3　耀華照相館外景

佚名，銀鹽紙基，15×10 厘米，1895 年前後。作者收藏。
耀華的英文招牌十分突出，而中文「耀華」二字只在一個
小招幌上。照相館櫥窗裏陳列着各種不同尺寸的照片，以
肖像照為主。門口豎楹聯一副：耀華號最講究拍小像，耀
華號最精巧放大像。

4-2-4　女子古裝圖

上海耀華照相館，銀鹽紙基，櫥櫃照片，手工着色，1900
年左右。作者收藏。

4-2-5　倌人小照

上海耀華照相館，銀鹽紙基，10×14 厘米，1905 年前後。作者收藏。

4-2-6　兩男子大幅合影

上海耀華照相館，銀鹽紙基，卡紙 30×40 厘米，照片 20×26 厘米，1908 年前後。作者收藏。

4-2-7 耀華照相室內景

上海耀華照相館，銀鹽紙基，照片 20×26 厘米，1908 年前後。作者收藏。
這本是耀華照相館在招待室內擺拍的一幅中國人吃飯的情景照片，作為對外僑的商業銷售使用。但無意當中，
為我們再現了耀華照相館內的珍貴場景，從牆上懸掛的照片可以看出，耀華照相館可以放大巨幅人物肖像了。

4-2-8 纏足女子和自行車合影

上海耀華照相館，銀鹽紙基，櫥櫃格式，手工着色，1905 年前後。作者收藏。

4-2-9　女子全體照

上海耀華照相館，銀鹽紙基，10×14 厘米，1905 年前後。作者收藏。

4-2-10　中外通商行船條約談判代表合影

上海耀華照相館，銀鹽紙基，21.8×27 厘米，1902 年。華辰 2008 春季拍賣會《影像》Lot 1224。
圖為清政府的商約大臣呂海寰（左四）和盛宣懷（左五）與英國、美國、日本、法國、德國代表就中外通商行船條約簽署談判時合影。

4-2-11　耀華照相館 1900 年世博會獲獎文憑

這是一張耀華照相館製作的新年賀卡照片明信片，背面印有 1900 年世博會獲得的「提名獎」證書。1903 年。作者收藏。

4-2-12　女子坐像

上海耀華照相館攝，銀鹽紙基，卡紙照片 10×14 厘米，照片 10×14 厘米，1915 年前後。作者收藏。

4-2-13 寧波外灘

上海耀華照相館，蛋白紙基，26×20 厘米，1900 年前後，右下角印有耀華名字和地址。作者收藏。

4-2-14 獨輪車

上海耀華照相館，蛋白紙基，27×21 厘米，1900 年前後，右下角印有耀華名字和地址。作者收藏。

4-2-15　夫婦肖像

上海耀華照相館，銀鹽紙基，卡紙 23.3×30.6 厘米，照片 13.25×19 厘米，20 世紀 20 年代。作者收藏。

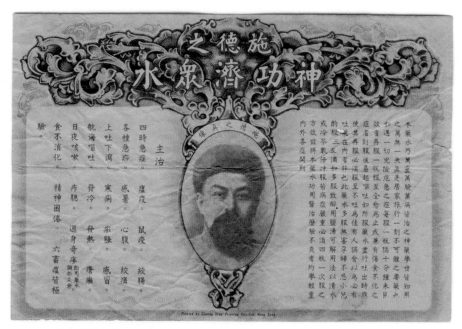

4-2-16　施德之神功濟眾水廣告

19.1×2.7 厘米，當中印有「施德之真像」，20 世紀 30 年代。作者收藏。

4-2-17　施德之和他的瓷器

21×13 厘米，選自《古月軒名瓷》，施德之著，S. Talbot & Sons 出版，1930 年。

第二節

照相業現代化經營之翹楚
—— 施德之和耀華照相館

清光緒三十一年（1905）出版的《繪圖遊歷上海雜記》（裴錫林著）中，有一段關於上海照相館的記載：「照相之法，出自西人傳於上海。故照相之處上海獨多……其店之最大者曰耀華、曰寶記、曰寫真不下十餘家。金碧輝煌，樓台如畫。客之登樓照相者，春夏秋冬四景皆宜。」這裏提到的耀華照相館，能夠雄踞當時上海灘照相業之鰲頭，那麼，這到底是一家怎樣的照相館呢？

1892 年 1 月 27 日的《申報》第 6 版，出現了一則這樣的廣告：

請照新相

設在大馬路沙為地舊址，准元月初一日（陽曆 1892 年 1 月 30 日 —— 作者註）開張，不獨照像之法與別不同，更兼機器最新最靈。倘蒙光顧，價從極廉。

耀華照相主人啟

耀華照相館的前身是沙為地照相館（H. Salzwedel & Co.），館主沙為地（4-2-1），被稱為「最精善光學之德國人」[1]，其照相館設備一流。沙為地，1878 年在印度尼西亞的泗水開設照相館，曾被委任為印尼林加國王的指定攝影師。上海沙為地照相館開業時間不詳[2]，1891 年 11 月 29 日，沙為地照相館全部設備被倍發洋行拍賣，來上海闖天下的施德之競買成功，改名「耀華」繼續營業。19 世紀末的上海灘，從最早的照相館出現，已發展了將近半個世紀，可謂照相館林立，特別是歐陽石芝的寶記照相館，已經營業兩年有餘，迅速打開局面，成了上海灘上流社會的雅集之所。新開業的耀華照相樓要想創出一片自己的天地，困難可想而知。但正是在這樣的環境下，耀華照相迅速發展，還一躍成為上海灘規模最大的照相館，這裏，我們有必要首先介紹耀華照相的主人施德之。（4-2-2）

---

1 《雨天最妙》，见《申報》，1894 年 10 月 5 日第 6 版。

2 耀華照相館在 1928 年 10 月 8 日《申報》第 17 版的廣告中，稱「本館開設以來已五十週紀念」，以此推算，

耀華照相館開業於 1878 年，這應當是沙為地照相館在印尼開業的時間，當時很多照相館以接手前任的照相館開業時間為紀念日期，以突出自己歷史之悠久。

施德之（1861—1935）[3]，英文名字為 Star Talbot，廣東話拼音為 SZE Tak Chee，又名施雨明（耀華照相的英文 SZE Yuen Ming 即為施雨明的廣東話發音）。[4] 施德之 1861 年出生在香港，父親是一名英國海員，母親是來自寧波的中國女子。[5] 施德之出生後一直隨母親在香港生活，畢業於香港最早的官立中學皇仁書院。[6] 早年施德之曾在一艘駐港美國船上打工，後來孤身一人來上海闖蕩。來滬後娶愛米莉·懷特（Emily White，1870—1957，中文名字為王中秀[7]）為妻，她的父親同為英國人，母親是廣東人，她的祖父奧古斯都·傑克遜·懷特（Augustus Jackson White，1800—1867）是花旗銀行倫敦分行的首任經理。由於妻子的關係，施德之和上海的英國社團建立了密切的聯繫。

有着英國和中國雙重文化背景的施德之，之所以能夠帶領耀華照相館一步步成為上海頂級照相館，首先和他很多現代化的經營策略是分不開的。

中國頭等照像店價廉物美

小號地方之精潔，配景之多，無出其右。一切照像、放大機器、藥料，俱購諸外洋有名大廠，非區區可比。大小各像，可照在五金、木器、瓷器、象牙，及一切綢布。價均從廉，放大可放長至一丈四尺，闊八尺。寫油相、水相、鉛筆相，無不盡善盡美。自開張迄今，凡中西諸尊賜顧者，無不稱美小號，所以不惜工本，價從極廉，但期久遠，非圖射利。賜顧者不可不擇焉。

　　　　　　　拋球場耀華照像號啟

　　這是 1893 年 7 月 13 日《申報》第 6 版的一則廣告，將耀華照相館的配景、機器、藥料、印相方式，到放大尺寸，畫像、價格等一一體現。從 1892 年 1 月 30 日正式營業開始，耀華照相館的廣告幾乎每天都會出現在當時上海灘最有影響力的新聞媒介《申報》上，如 1898 年 2 月 1 日第 6 版的一個小廣告：「耀華照像：上海第一等照相號，價廉物美，在拋球場東亨達利對門。」此後，每天的《申報》上，都會刊登這則廣告，一直持續了半年多。1904 年 6 月 2 日第 7 版，則同時刊登了耀華照相館的三則廣告：一是耀華照相樓可放大照片的「大像」，還有代理銷售慈禧太后照片的「請購御容小像」，以及推銷照相背景布的「景底」。每逢中國陰曆新年，施德之還在報紙包下版面，恭祝新禧，以增加照相館的美譽度。可以說，從清末到民國，耀華照相館是中國所有照相館中，在媒體上投放廣告數量最多的照相館。(4-2-3)

廣告策略

　　耀華的廣告類型主要包含以下幾種：減價促銷、拓展新業務、引進新人才、名人拍照、多種經營。

3　根據家族譜系，施德之出生於 1863 年或 1865 年的 10 月 3 日，但施德之訃告中卻記載施德之出生於 1861 年。

4　同前註。

5　根據施德之的重孫 Andre Gensburger 1982 年對施德之三女兒 Clara 的訪問，2005 年 9 月 5 日，Gensburger 通過郵件告知洪再新教授。

6　施德之訃告，見《精武叢刊》第 11 期，1935 年 12 月 25 日。洪再新教授提供。

7　洪再新教授提供。

1. 減價促銷

19 世紀末，上海照相業發展已經相對成熟，暴利時代終結。普通人拍照，首先比拼的就是價格。照相館之間的競爭，佔第一位的就是價格競爭，作為上海灘規模最大的照相館，價格優勢是耀華稱霸一時的最主要原因。

縱覽耀華照相的報章廣告，可以看出一個最突出的特點，就是將照相價格透明化。當時，有很多本地人，尤其是剛剛來到上海淘金的外地人對照相業還不了解，不敢輕易踏入照相館問價。施德之為了消除人們的疑慮，不像很多照相館的廣告，只是含糊其辭地宣稱「價格外公道」「價格外客氣」「價格外比眾從廉」「價錢相宜」等虛辭，而主動把詳細、具體的價目刊登在報紙上。

照像價目

四寸三張價一元，添印三角。六寸一張價一元，添印五角。八寸一張價二元，添印七角。尺二一張價四元，添印一元。放大：十八寸價七元，廿四寸十元，三十寸十五元，放至五百寸為止。設色配架另議。賜顧者，請向價廉物美、中外馳名之東、西耀華，不至上當。

耀華主人啟[8]

另外，各種各樣的價格優惠，則是耀華照相館廣告中一直倡導的方式。剛剛開業不久的耀華，採取「奉送小照」的方式來吸引顧客，就是每次來照相館拍照，就多送一張印像。當時，很多照相館的化裝照，例如古裝、西裝

等都要加收一半費用，而耀華聲明「泰西、日本、滿漢男女衣服，一律鮮明，分文不加，以廣招徠」[9]，都吸引了不少消費者。

當然，耀華照相最成功的價格戰是在 1905 年推出的「倌人半價」策略。倌人是指當時風月場裏的女子。照相術傳入上海之後，滬上妓女是最先一批熱衷拍照的人群，也是照相館尤為重要的顧客群之一。「勾欄中人必各照一象，懸之壁間」「十萬名花留小影，他年恐儉舊時妝」。[10] 為了用照片宣傳、推銷自己，青樓女子成群結隊赴照相館拍攝「小照」成為一景。為了爭奪這一龐大的客源，耀華照相從 1905 年正月起，在《申報》《時報》等大做廣告，「凡屬倌人來照相者，一律減收半價」[11]，還鼓勵來滬的仕商，無論是否拍照，均可進入照相館遊覽參觀倌人拍攝過程，又吸引了一大批客源。（4-2-5）

1906 年，耀華照相還針對回滬的日本留學生及各個學堂拍攝團體照、畢業照等推出優惠措施，「欲效投桃報李之舉」，從農曆正月初一開始，「無論來照或委到尊處照像，印十二張內，計價八折，廿四張外，計價五折，以副諸君賜顧之雅意。」[12]

1916 年 4 月，歐洲一戰正酣，「船艘稀少，是以藥料奇貴」，但為了吸引顧客，耀華照相不但「分文不加，更於放大一門，減收八折」。[13]

當然，價格戰的前提是質量的保證，耀華在價格戰的同時，時時在報紙上強調品質的重要性，下面是一個標題為「減價七折」的廣告，

8　見《申報》，1905 年 11 月 26 日第 16 版。

9　《奉送小照》，見《申報》，1894 年 6 月 7 日第 8 版。

10　顧炳權編著，《上海洋場竹枝詞》，上海書店出版社，1996 年，第 10 頁。

11　《倌人半價》，見《申報》，1905 年 2 月 17 日第 14 版。

12　《回滬日本留學生諸既各學堂公鑒》，見《申報》，1906 年 2 月 6 日第 14 版。

13　《二日總期價廉》，見《申報》，1916 年 4 月 4 日第 4 版。

內容強調的卻是照片的質量:「照像欲留存面目於後世,非徒遊戲已也。有貪賤價不問好醜,竟有到城隍廟照像者,可笑孰甚!凡照像價賤,不久變黑、發黃,或起白點,不要錢亦無用也。本館開設三十餘年,素以價廉物美見稱於世,今在百物騰貴之中,更減七折,而與諸君結緣,兼固我名譽矣。所有紙片,均由外國製就而來,無慮平宜,無好物之說。」[14]

價格戰中,耀華照相還採用贈送顧客禮物的方式吸引顧客。比如中國的舊曆年佳節,顧客「賜顧照像者,每元隨送良濟大藥房頂頂上好香水一罇」[15],或者「凡賜顧照相一元者奉送訂好白巾一條,十元十條,聊以報德」[16],還有時「仕商賜顧者,附送頂好肥皂」[17]。1894 年,耀華照相館還嘗試顧客每消費英洋一元,奉送彩票一張,「頭彩得洋五百元,二彩得洋二百元,三彩得洋一百元」[18],不過,這次彩票贈送「以送滿八千號為額,額滿不送」,但兩個月後,才送了不滿二百號,如果以八千號而論,幾年才能送滿,因此,耀華不得不宣佈「即行截止不送。所有已送之彩票,當作廢紙,得票諸君祈為原諒」[19]。

一方面是價格戰,一方面嚴守質量關,依靠這兩點,耀華把針對普通市民的大眾照相業務牢牢掌握在手中。(4-2-6)

2. 拓展新業務

大像

攝影傳入之初,和原來傳統的肖像畫比,一個主要的缺憾是尺幅的縮減,照相館一般直接曬印照片,最大底片一般只有十英寸,人們要想獲得大像,只能通過照相館提供的根據照片畫像的服務。施德之確信人們需要大像這個市場,除了畫像外,還開始進行技術含量很高的放大像業務,由英國進口巨幅照相放大紙,在上海灘最先推出「碩大無朋」的大像高端市場服務,最大的照片能夠達到「五百寸」。[20]

其廣告如下:

大像

中國自有照相以來,從未有照相可放大至八十九寸之大者。小號耀華自開張迄今,蒙中西諸尊賜照八十寸者十餘張,一律髮眉畢肖,神氣活動。世之以丹青鳴者見之亦當甘拜下風。現由英國自帶頂大放大紙,以備諸尊賜顧⋯⋯

施德之啟[21]

當然,這樣的大像,價格令人咋舌:「二十四寸洋六元,三十寸洋八元,四十寸洋十元,五十寸洋二十元,六十寸洋三十元,七十寸洋四十元,八十寸洋五十元,二丈長,丈六闊。」[22]這樣的價格,還是酌減後的價格。雖然至今尚未見如此大像存世,但當時推出後,不僅中國人「稱奇不絕,即泰西航海新來者亦稱罕見」。[23]1898 年底,耀華照相放大的照片「顏色之烏潤,久已膾炙人口」。到 1901 年,八十寸大像降價到三十五元一張,「但必須要有玻璃底,如無玻璃底另議酌加」。照相

14 見《申報》,1917 年 6 月 5 日第 6 版。

15 《敬送香水》,見《申報》,1897 年 2 月 11 日第 6 版。

16 見《申報》,1904 年 2 月 24 日第 7 版。

17 《耀華照像啟》,見《申報》,1902 年 6 月 6 日第 7 版。

18 《隨送彩票》,見《申報》,1894 年 2 月 14 日第 6 版。

19 《彩票作廢》,見《申報》,1894 年 3 月 29 日第 7 版。

20 《照像價目》,見《申報》,1905 年 11 月 26 日第 16 版。

21 《大像》,見《申報》,1894 年 7 月 14 日第 8 版。

22 《碩大無朋》,見《申報》,1893 年 8 月 7 日第 11 版。

23 見《申報》,1896 年 1 月 16 日第 6 版。

館還可以同時翻拍放大字畫，價格是人像放大的一半，並提供着色服務，「本店工藝與眾不同，賜顧者保無後悔之歎」。[24]

洋道具和全體照（4-2-7, 4-2-8）

為了吸引顧客，耀華照相不惜重金從外洋選購獅子、虎豹、大鹿、大洋狗等照相館道具。化裝照是當時上海各個照相館普遍推出的服務之一，耀華照相也推出「古裝、泰西、日本、滿漢男女衣服」[25]服務，並且不再像其他照相館那樣加收任何費用。1897年，耀華還推出一種新的照相方法——「能見人之前後左右全體」[26]的全體照，原來，這是在照相館內，利用兩面鏡子的反射原理，可以同時看到人的前後左右，尤其是拍攝仕女照片，「三維」立現，受到了中外人士的歡迎，很多照片被印製成明信片，流行一時。（4-2-9）

上門服務和快照

針對豪門貴冑的閨秀、女眷不便外出拍照者，或者府邸大宴賓閣、拜壽等，耀華提供上門服務，「日夜可拍，且不拘照片之大小，生意之多寡，一律惟命是聽」[27]，並把玻璃底送還。1900年之前，耀華就能在晚間憑電光拍攝了，「無論一二人，至千百人宴會均可，隨意拍成，比之日光更為妥當」。[28]1904年夏，耀華照相館為了解決「從來照像多費時日，使人不能立取」[29]的問題，推出立等可取的「快照」拍攝：「三分鐘內一律完結，日夜可照」。[30]每張這樣的快照收費五角，很多消夏

的人都來耀華拍照，一時供不應求。

3. 引進人才和利用名人

對於照相技術的重視、人才的引進，以及充分利用名人效應，也是耀華照相一直領銜上海灘照相業的重要原因。（4-2-10）

耀華照相的玻璃室，是精善光學的德國人沙為地建立，「光陰隱現分清，為他人所不能及。且又收光得法，宜雨宜晴，最好莫如雨天」。[31]上海春夏多陰雨天，這樣來滬的客商或遊客，如果不能多日逗留，雨天也可以照相了。

耀華照相館推出大像後，為了保證放大質量，還特別聘請遊歷美國多年的著名畫師朱毓珊任經理[32]，「一切放大，堪稱一時之盛」。朱毓珊離職後，又聘請一名從維也納回國的畫師相助，保證顧客得到「稱心遂意之油、水各像」。[33]

而充分利用名人效應，也是施德之的廣告策略之一。1902年，載振貝子代表清朝廷赴英參加英國國王愛德華七世加冕典禮，停留上海期間，曾在耀華照相館拍照，「極蒙稱讚，推為海上巨擘，與別家照像判若天淵」[34]，醇親王、蒙古親王、兩江總督周馥等也曾在耀華拍攝肖像，耀華照相館或「均邀讚賞」，或「更承嘉譽」[35]，這都被施德之作為資本，大作宣傳，以期待「富貴偕來」。

4. 引導攝影造型

耀華照相館創辦時的上海灘，雖然照相館極度繁榮，照相館顧客大量增加，但總體來

24 《大減價放大像價目（六月初五日起）》，見《申報》，1901年7月24日第11版。
25 《耀華照相》，見《申報》，1894年5月4日第6版。
26 《照相新法》，見《申報》，1897年5月26日第6版。
27 《承接出門拍照》，見《申報》，1894年9月26日第7版。
28 見《申報》，1899年3月27日第13版。
29 見《申報》，1904年10月6日第11版。

30 見《申報》，1904年6月12日第11版。
31 《雨天最妙》，見《申報》，1894年10月15日第14版。
32 《秘法》，見《申報》，1898年12月31日第10版。
33 見《時報》，1908年10月11日。
34 《照像者看》，見《申報》，1903年8月28日第7版。
35 《富貴偕來》，見《申報》，1906年1月19日第7版。

説，各個照相館的造型還是延續了傳統中國肖像畫的範式，全身像、正面像、平光像，以及人物、道具、背景三位並重的圖式肖像佔據了絕對主導地位。有着英國文化背景的施德之，通曉化學，對攝影用光很有研究，面對中國強大的傳統視覺習慣，試圖努力引導顧客轉向西方明暗造型方法，並在報紙大做廣告，指出國人光感的缺乏和光影造型能力的缺失，以強調與別家照相館之不同：

照相説

佳士寫真由來已久，自泰西照相法出，而韓魏丹青瞠乎後矣。願世人論相，貴白而不貴黑，不知黑為陰，白為陽，陽非陰不顯，白非黑不浮。故骨骼高低，鬢眉隱現，以及精神之流動，層次之深微，比藉黑以施其巧；倘白太多，則像與紙平，焉能浮凸？試觀西人各畫，全講光陰，其所以惟妙惟肖，非徒曰傳神阿堵而已。凡照相必靠聚光於玻璃室，小號耀華係由德國著名光學之師所造，其法盡善盡美，故一經秦鏡，像憂亦憂，像喜亦喜，非藉修飾餘事，以眩人之清視也。願賜顧者審之。

抛球場耀華照相號謹啟 [36]

在 1900 年之前，中國傳統的視覺審美習慣在市民階層仍然處於統治地位，雖然西風東漸，但遠遠沒有佔據上風，施德之的主張似乎並沒有得到多少應和，此時耀華照相館拍攝的大量中國人肖像中，傳統的肖像範式並沒有多

大改變。不過，施德之似乎並不氣餒，幾年之後，他依然在新年時大做廣告，強調自家照片能夠專注人的「精神」：「看相家動輒語人曰：新年氣色，照像家四時皆可照得，不論何時，均可留面目之真。然遇技藝生疏之人，僅能照其面目，而不能照其神情。本主人考察五大照像家精華，凡拍一照，可將其人之精神一一拍出。諸君子新春發財，容光煥發，盍惠臨小號一驗之。」[37] 施德之的光學造詣還吸引了一些想從西方視覺上尋求靈感的中國藝術家的注意，1901 年到 1902 年，施德之就和李叔同合作，在上海出版《春江花月報》，報紙上採用的原版照片，不少即為施德之拍攝。[38]

此時的上海，照相館更多在照相的介質、裝幀方式上大做文章，以新穎的形式吸引顧客，以圖贏利。施德之則先行一步，更具國際視野，在攝影造型上進行新的引導和嘗試，但畢竟中國繪畫論和西方認知的攝影造型規律帶有根本性的區別，人們的審美改變很難一蹴而就，施德之的攝影造型探索還有很長的路可走。

5. 多種經營

除了拍攝肖像照外，耀華照相館還依靠多種經營的方式保證提高照相館的收入水準，代銷各種暢銷照片就是策略之一。1904 年 5 月，照相館開始銷售裕勳齡為慈禧太后拍攝的御容小像，每張價洋五角。[39] 同時，還批發零售各省名妓小照[40]，並銷售照相館各種藥料[41]、佈景[42] 等。

為了增加收入，深深喜愛中國傳統文化

36 見《申報》，1896 年 3 月 22 日第 7 版。
37 見《申報》，1901 年 2 月 23 日第 1 版。
38 根據王忠秀 2005 年 5 月 1 日致洪再新教授的信件，"An entrepreneur in an 'Adventurer's Paradise': Star Talbot and his innovative Contributions to the Art Business of Modern Shanghai." 洪再新，*Looking*

Modern: East Asian Visual Culture from Treaty Ports to World War II，Art Media Resources，2009。
40 《小照批發》，見《申報》，1903 年 4 月 23 日第 13 版。
41 《照相材料》，見《申報》，1903 年 3 月 3 日第 10 版。
42 《景底》，見《申報》，1904 年 6 月 2 日第 7 版。

的施德之還在店內代售古畫。1894 年，就代售過關羽的畫作《江漳圖》一幅，上有宋徽宗御筆，還有陸機、李白、呂夷簡、蘇東坡諸名人題跋。[43] 另外，在經營照相業的同時，施德之還開設了製藥廠，因此，「秘製戒煙糖」「保命續嗣丸」「金精玉液精」「神功濟眾水」等也常常在照相店內銷售。[44] 照相業務淡季，耀華依靠多種經營，保證了照相館的利潤。

走出國門 (4-2-11)

除了各種各樣現代廣告營銷，施德之還很重視參加時髦的博覽會，以擴大照相館的影響。世博會，被當時很多不理解的國人稱為「炫奇會」或「賽奇會」，1900 年，新世紀的第一屆世博會在法國巴黎舉辦，施德之的耀華照相館參加了展覽，最後獲得提名獎（有獎狀沒獎牌），這也是有記錄的中國最早在世博會上獲獎的照相館。此後，施德之把獲獎的獎狀製作成「法京巴黎士賽會所獲文憑」，貼在照片的背面，廣為宣傳。

華洋分開，男女有別 (4-2-12)

施德之認為，照相館照相，除了機器及照相師的作用，拍攝效果與被拍照人的喜怒有很大關係，「人眾喧嘩，雅俗混雜，則照像之人意氣不舒，意氣不舒則神氣有異」。[45] 為提高服務質量，避免「人眾喧嘩，雅俗混雜」[46]，從 1901 年 5 月起，耀華照相館另設照相樓一座，面向中、西顧客分別營業，新樓設址跑馬場對面三層洋房，把這座新樓作為支店，名曰西耀華，「房屋佈置亦寬敞清潔」[47]，業務由著名攝影師區炎廷主持。西耀華專為華人照相，只有中文招牌，受到中國貴官顯宦、命婦淑媛歡迎，顧客紛至沓來。

施德之長女梅（Mae，1886—1964）一直在法國租界的大學堂學習，每日功課之外，則在照相館裏學習照相，到 1905 年，接觸攝影已經有十二年的時間了，「其藝之精，不亞於乃父」。[48] 從 3 月 1 日起，施德之開始把西耀華從原來的專門為華人拍照，改為專拍女照。這樣男女分開，「夫女子照像，以男子為之，則凡欲端正身首，整頓裙褶，皆須男子為之，不便孰甚焉。故不如以女子為之得體也」。[49] 從此，西耀華由梅開鏡代照，這樣的創舉，不僅創女子從事照相館攝影之先例，在男女授受不親的年代，必然受到具有一定社會地位的宦門命婦、閨閣賢淑的歡迎。在東耀華照相館內，施德之每日上午九點鐘至十二點半，「親自動手與人照像，風雨不改」。[50] 從此，父女二人坐鎮東西，競獻技藝，攝影界一時傳為美談。

兼併收購 (4-2-13, 4-2-14, 4-2-15)

通過兼併收購的方式擴大經營規模，讓職業經理人來承包照相館，在異地開設分支，也是施德之很有現代意識的經營嘗試，只是在當時的商業環境下，這些嘗試似乎很難取得大成功。

43 《真古畫出售》，見《申報》，1894 年 7 月 25 日第 12 版。
44 《耀華主人秘製戒煙糖》，見《申報》，1898 年 11 月 4 日第 10 版。《耀華照相》，見《申報》，1903 年 3 月 9 日第 11 版。
45 《照像靜局》，見《申報》，1900 年 9 月 17 日第 6 版。
46 同前註。
47 《西耀華新張》，見《申報》，1900 年 5 月 19 日第 7 版。
48 《女子照像》，見《申報》，1905 年 3 月 1 日第 8 版。
49 《女子照相說》，見《申報》，1905 年 9 月 5 日第 7 版。
50 《請來照像》，見《申報》，1905 年 2 月 18 日第 7 版。

1890 年 10 月 3 日開業於四馬路的光繪樓照相館，是比耀華照相館更老牌的照相館，剛開業時，「房宇寬敞，鋪置雅麗，所照人物、山水、房屋、內外，均有專鏡。且用藥料、裱紙均係西國極品，而金水、銀水尤為加重，故能耐久不退，與眾不同」。[51] 光繪樓曾風行上海灘十多年，但因經營不善，在 1898 年無奈對外招盤。[52] 此時，耀華本部已經有 30 名員工了，但為了擴大照相館的規模，施德之還是以「千金」受頂，將之納入麾下，「復訓練大小工師，費煞苦心，務使精巧過人，以期分我耀華之勞，而與我耀華並駕齊驅於海上」。[53] 不過，這次收購似乎沒有達到施德之的預期目標，僅僅一年多時間，到 1899 年 7 月，施德之又把光繪樓全部轉給了一位姓柏的管業。[54]

1906 年，施德之在報紙刊登廣告，準備在南京開設照相館分支一處，招聘一位南京人入股為該分店的總理及管賬，並且要求不用熟悉照相業務[55]。不知分號最終是否開設成功。從 1914 年 7 月 1 日到 1916 年 3 月 31 日，施德之還招聘了一位「職業經理人」羅萬春來管理大馬路的耀華照相館（東號），但最終因為意見不合，羅萬春遭到「解聘」，施德之還刊登廣告：「所有由一千九百十四年七月一號至本年三月三十一號，以前羅萬春經手，欠人、人欠，請向羅氏理楚，本主人不負其責。」[56]

(4-2-15)

遷移招盤

耀華照相館的發展過程中，也曾遭遇過幾次起伏。1904 年，施德之因為遠行，曾經準備把照相館全部轉讓出去，但最後沒有成功。不過，從當時一則廣告中，可以看出耀華照相館的家底：「計生財器具約值洋一萬八千元有奇，每年進賬實收現洋三萬元左右，按月房租、人工、零碎支銷洋六百元，紙料照片在外。實欲頂銀三萬五千兩。」[57]

1908 年，東耀華老舖經歷了第一館址的變遷，因為老舖改造，耀華遷入大馬路的聚寶坊內，「新建照像聚光室碩大無朋，佈景一新，更勝老舖多倍」。[58] 到 1916 年底，施德之因為「生意尚佳，只自顧不暇，又乏人料理」[59]，再次把耀華照相館全盤召頂，王宣甫、沈鼎臣兩位從此接手耀華照相館的生意[60]，施德之也從此基本退出照相業。

王宣甫、沈鼎臣接手後，1918 年整整一年，上海《申報》沒有一則耀華照相館的廣告。從 1919 年起，耀華恢復了在《申報》做廣告，但廣告的刊登頻率比起以前要少了許多，廣告內容主要就是減價招徠。1919 年從「十月初一日起十一月卅日為止，放大五折價，拍照六折價」。[61] 1921 年主要是擴放大像優惠，「廿四寸放大每張五元，照像照碼減收七折」。[62] 1922 年從閏五月初一日始，大減價兩個月，「十八寸放大三元五角。念四寸放大五元。

51 《光繪樓精巧各法影像八月二十日開張》，見《申報》，1890 年 9 月 28 日第 8 版。

52 《光繪樓今非昔比》，見《申報》，1899 年 4 月 10 日第 8 版。

53 同前註。

54 《光繪樓聲明》，見《申報》，1899 年 7 月 5 日第 11 版。

55 《南京人鑒》，見《申報》，1906 年 3 月 6 日第 8 版。

56 《債戶注意》，見《申報》，1916 年 4 月 4 日第 4 版。

57 《召盤》，見《申報》，1902 年 4 月 3 日第 7 版。

58 《耀華遷移》，見《時報》，1908 年 2 月 6 日。

59 《召盤》，見《申報》，1916 年 11 月 19 日第 4 版。

60 《耀華照像》，見《申報》，1917 年 2 月 16 日第 4 版。

61 《耀華照相館大廉價兩月》，見《申報》，1919 年 12 月 25 日第 5 版。

62 《耀華照像大廉價》，見《申報》，1921 年 5 月 25 日第 5 版。

三十寸放大七元五角。四寸相三張七角。六寸相二張一元。八寸相二張一元九角。十二寸相二張三元五角」。[63]1923 年和 1924 年，耀華照相館又歸於沉寂，在《申報》上沒有發佈一條廣告。1925 年和 1926 年，耀華發佈的主要廣告是針對學生「投考學校報名」，推出報名照片拍攝的優惠措施；1927 和 1928 年，則主要針對「新到大批材料，特行破天荒大減價，以酬答歷年惠顧之盛意」[64]，並且照相館主推「廿四寸放大，每張洋四元」[65]。

到 1928 年，如果從德國人沙為地 1878 年開設照相館以來，「已五十週紀念」[66]，耀華照相館「自八月初一日起，大廉價一月」。1931年 11 月 3 日第 15 版，《申報》上一則《招請跑街》的廣告，最後一次提到報名到「南京路文明書局隔壁耀華照相館蔡君接洽」，從此，《申報》上再也沒有耀華照相館的訊息。

晚年的施德之繼續經營自己的藥廠，因為時局的動盪和不時發生的疫情，施德之藥廠的神功濟眾水十分暢銷，為施德之帶來了巨額財富，他也開始投身公益慈善事業。1926 年，施德之贊助中華群醒會，「其發明之神功濟眾水二百瓶，為接濟醒會之時疫施藥隊需要」，群醒會試用後，認為神功濟眾水「確具特殊之

功效，誠為夏令防疫之珍寶」。[67]1931 年，神功濟眾水還獲得「全國註冊局商標登錄，准予立案」[68]，每年，施德之贈送給濟生會、普善山莊、滬南慈善會等各慈善組織，總數超過十萬瓶。(4-2-16)

1924 年，因為對上海精武會的捐助和熱心體育事業，施德之被選為精武會會長。[69]同時，施德之也集中精力開始自己的另一個愛好，即中國古董的收藏和交易，從書法、古畫到瓷器，廣泛涉獵，成為上海著名的文物交易商。1930 年，他還以七種語言編輯出版了《古月軒名瓷》。[7]

1933 年，施德之和上海經營「施道世十滴水」的藥廠打起了官司[71]，施德之登報說「施道世」是假藥用以謀財害命等，被對方以侵害名譽權告上法庭。在法庭調查過程中，施德之的國籍問題被報紙刊登出來，早年耀華照相館的不少廣告中，耀華照相館都以「英商」相稱[72]，而這次刊登出的調查中，說明施德之的註冊和商標上僅有其籍貫為廣東新安人，「而其開店為耀革藥店、並無洋商表示。而王振川曾請美國人薩同到英領事署調，由副領事翻簿，查無施德之之名」。[73]最後，地方法院查緝施德之，但施德之又以藥廠在準租界區的名

---

63 《耀華照像館大減價兩月》，見《申報》，1922 年 6 月 26 日第 5 版。

64 《上海耀華廿四寸放大每張洋四元》，見《申報》，1927 年 8 月 27 日第 2 版。

65 同前註。

66 《上海耀華廿四寸放大每張洋四元》，見《申報》，1928 年 10 月 8 日第 17 版。

67 《施德之贊助群醒會》，見《申報》，1926 年 7 月 18 日第 16 版。

68 《施德之神功濟眾水之榮譽》，見《申報》，1931 年 2 月 17 日第 7 版。

69 施德之訃告，《精武叢刊》第 11 期，1935 年 12 月

25 日。洪再新教授提供。

70 施德之經營古玩詳細情況，請參考 "An entrepreneur in an 'Adventurer's Paradise' : Star Talbot and his innovative Contributions to the Art Business of Modern Shanghai." 洪再新，*Looking Modern: East Asian Visual Culture from Treaty Ports to World War II*，Art Media Resources，2009。

71 《施德之被控妨害名譽》，見《申報》，1933 年 7 月 4 日第 15 版。

72 《申報》1894 年 3 月 29 日第 7 版《彩票作廢》中，最後落款為「英商耀華照像啟」。

73 《施德之被控後謂已入英國籍，但英領署查無此名》，見《申報》，1933 年 7 月 18 日第 14 版。

義，申請洋人司法介入[74]，最後官司不了了之。

1935 年 10 月 1 日，施德之因病在上海去世。[75]12 月 1 日下午 3 點，上海精武體育會在靶子路福生路口粵僑商業聯合會，為會長施德之舉行隆重追悼會[76]，備極哀榮，以紀念施德之「熱心公益慈善為懷，對於體育事業尤提倡，不遺餘力」。[77] 上海市市長吳鐵城的代表李大超、廣東同鄉會、廣東醫院、粵東中學、廣東中小學、泰和興銀公司各代表、新任精武會會長褚民誼，及吳耀庭、經潤石、崔聘西、徐致一等 200 多人參加追悼會。由吳耀庭主祭，徐致一宣佈施德之會長生平事略，李大超、盧頌虔、薛群初等相繼演說，最後由施德之家屬代表致謝詞，一直到下午 4 時結束，大家集體合影，才一一散去。

施德之一生，從照相業到製藥業，晚年從事的古董收藏和經營，以及精武會的積極參與，譜寫了一部個人人生的傳奇。他經營的耀華照相館，開辦於上海灘照相業競爭最激烈的時代，之所以最終能夠成為上海的「四大天王」之一，和具有歐洲、廣東雙重背景的館主施德之的開創性直接相關，其現代化的經營理念和對攝影造型的探索和引導，不僅在早期中國照相業中獨樹一幟，就是在上海的近代化轉型中，也應該佔據一個不可或缺的地位。(4-2-17)

---

74 《地方法院查緝施德之》，見《申報》，1933 年 8 月 4 日第 14 版。

75 《施德之先生追悼大會》，見《申報》，1935 年 11 月 10 日第 2 版。

76 《精武會昨追悼施德之》，見《申報》，1935 年 12 月 2 日第 14 版。

77 《施德之先生追悼大會》，見《申報》，1935 年 11 月 10 日第 2 版。

4-3-1　崇文門城樓、箭樓、閘樓和護城河

托馬斯・查爾德，蛋白紙基，23×20 厘米，
1886 年。作者收藏。
照片上有 T. Child PEKING 1886 字樣，背
面印有查爾德的藍色圓章和手寫編號 57。
查爾德曾經拍攝大量風景、民俗、人物照片
進行商業銷售，但是否在北京開設固定商業
照相館，目前還無定論。

4-3-2　任慶泰便服肖像

佚名，材質、時間不詳。選自《當代電影》2005 年第 6
期總第 129 期，第 9 頁，《中國電影誕生 100 週年紀念
專輯》。

4-3-3　任慶泰官服肖像

佚名，選自《當代電影》2005 年第 6 期總第 129 期，封面。

4-3-4　外國五孩童肖像

上海豐泰照相館，蛋白紙基，櫥櫃
格式，1885 年前後。作者收藏。

4-3-5 　老婦人及孩童

北京豐泰照相館，蛋白紙基，卡紙 25×32 厘米，照片 15×20 厘米，1890 年前後。作者收藏。
此照片原為著名歷史學家鄧之誠舊藏，卡紙題跋為鄧之誠手書。

4-3-6　古琴仕女圖

北京豐泰照相館，銀鹽紙基，櫥櫃格
式，1900—1901 年，原始相框。作
者收藏。

4-3-7　兩孩童肖像

北京豐泰照相館，銀鹽紙基，櫥櫃格
式，1900—1901 年，原始相框。作
者收藏。

4-3-8 閔玉清肖像

北京豐泰照相館，銀鹽紙基，櫥櫃格式，
1902 年前後。作者收藏。

閔 玉 清（Alfonso Bermyn，1853 年 1 月
3 日—1915 年 2 月 16 日），聖母聖心會會
士，天主教蒙古西南境代牧區主教（1901
年 4 月—1915 年 2 月 16 日）。

從構圖上不難看出，拍攝外國人，豐泰也會
適應其審美需求，從全身像轉為半身照，正
面照改為側面照。卡紙背面也全是外文，似
乎是針對海外客戶專門定製的。

4-3-9 四男子合影

北京豐泰照相館，銀鹽紙基，卡紙 30×24 厘米，照片 20×15 厘米，1915 年前後。作者收藏。

4-3-10 北京風景

北京豐泰照相館，銀鹽紙基，21×29 厘米，1900 年前後。華辰 2013 年秋季拍賣會《影像》Lot 0940。

除了人物肖像，豐泰還為外銷拍攝過京都風景照片。華辰拍賣的這組照片收錄了故宮、天壇、北海、景山等十二處風景，每張照片後均有該照相館的印章。

第三節

「京都第一」照相館再考證
——豐泰照相館

據《中國攝影史 1840—1937》一書記載，「北京第一家照相館『豐泰』照相館開業於光緒十八年（1892），創辦者為遼寧法庫縣人任景豐」[1]，這個說法被不少關於攝影史的文章引用過，但豐泰創辦於 1892 年的說法來源於哪裏，卻沒有引證。作者曾看到一則豐泰照相館的廣告，自稱「京都第一」，不知這裏是指京都「老大」，還是指「第一家」成立。那麼，「豐泰」照相館果真是北京最早的商業照相館嗎？

關於北京的現存最早的影像是生於意大利的攝影師費利斯·比托，於 1860 年第二次鴉片戰爭期間拍攝的系列照片。19 世紀 70 年代，在大清海關工作的英國人托馬斯·查爾德，在業餘時間曾在京城經營照相生意，他為居京的外僑進行過不少收費的商業拍攝，「一張三人合影加印一打的價格是 5 美金。我把小頭像的價格漲到了每打 4 美金」。[2] 從現存的史料看，查爾德在自己的居所搭建過一座帳篷，供拍攝、洗印照片之用。（4-3-1）根據

1932 年《北平市工商業概況》記載：「清同治年間（1862—1875），西方人在燈市口開設照相營業，後有粵人潘惠南、蘇振記繼之。」這裏提到的「西人」，不知是不是當時在北京進行商業拍攝的查爾德。這裏又提到了「粵人潘惠南、蘇振記繼之」，就是說，廣東人潘惠南、蘇振記也在北京開設過照相館。

1936 年 4 月《北平旅行指南》第 3 版中也記載，「舊都最早照相館乃清同治初廣東人潘惠南所設，在門框胡同即今華豐厚西服莊」，這裏不僅把潘惠南所開設的照相館作為國人最早在京都開設的照相館，而且具體地址更加清楚了。1873 年刊行的《都門彙纂·雜記》第 11 頁有《潘惠南照相》條目：「廣東南海縣人，精得西洋妙訣，照影傳神，纖毫畢肖，即山川、樓台、花木、字帖，俱可頃刻成就，真是巧奪天工也。在大柵欄西口內路南。」從這裏可以看出，潘惠南的照相館，可以開展人像、風景、碑帖等多種拍攝。清代藝蘭生所輯《清

1　馬運增、陳申、胡志川、錢章表、彭永祥主編，《中國攝影史 1840—1937》，中國攝影出版社，1987 年，第 51 頁。

2　托馬斯·查爾德的日記，見（英）泰瑞·貝內特，《中國攝影史：西方攝影師 1861—1879》，中國攝影出版社，2013 年，第 65 頁。

代燕都梨園史料正編・宣南雜俎》中，刊載了一首香溪漁隱[3]的《題姚郎小影》：

> 煙月韓潭第一家，芳名豔說偏京華。偶然乞得徐熙草，描出瑤台富貴花。

> 絕妙丹青寫素紈，畫圖真作璧人看。生香活色風流態，只恐龍眠繪亦難。

> 何須鄠被暗生春，解得相思便是真，最好含情相對處，畫中愛寵意中人。

> 憑空現出六郎蓮，別有華嚴色界天。駐得玉顏常不老，算來畫史是神仙。

緊跟後面註釋說，這張姚郎小照「影為粵士潘惠南仿西法攝取者，長洲畫士沙子春加之潤色，頗能耐久」。沙子春[4]是香溪漁隱之弟，可見，當時給照片着色也開始在都城流行了。至少到 1882 年，潘惠南的照相館仍在營業，因為 1882 年 5 月 1 日，上海《申報》第 9 版上，曾刊登了一篇《騙子奇言》的報導，講的是一名于姓湖南人，在門框胡同聚古玉器舖，偷走了玉器舖的一個夾有銀鈔的票夾和一個包裹，後來，于姓竊賊被玉器舖伙計抓獲後，曾經「央照相之潘惠南為之調停」。

關於蘇振記在京開設照相館，歷史上也有片言隻語的記載。晚清名臣、上疏屍諫慈禧太后請為同治帝立嗣的吳可讀[5]，在 1879 年離京赴蘇州自縊前，曾在蘇振記拍攝過小照，吳逝後，不少人見過蘇振記拍攝的照片，「最憐洛紙從今貴，爭取先生玉照看」。[6]寶廷在目睹吳可讀像後感歎：「生未識公面，死乃識公像……他年地下如相逢，公不識我我識公。」[7]國子監祭酒盛昱特作「題柳堂小像」：「事經千變世何堪，情到萬難天亦哭。」[8]張之洞閱吳可讀《攜雪堂全集》後亦有文記：「卷首為先生像，蓋生存時用泰西法所照，神觀逼真。」[9]

不過，到目前為止，還沒有發現過蘇振記及潘惠南拍攝的原版照片，這從一個側面也可以說明，19 世紀 80 年代前，京城的商業照相還不是特別發達，一般民眾進入照相館拍攝的機會甚少，不僅遺存的實物少，而且關於照相館的記載也是寥寥無幾。

現在再說所謂「北京第一家」豐泰照相館，其創始人任慶泰，字景豐，甫名觀楓。清道光三十年（1851）臘月十五日出生在山東省萊州府掖縣，後跟隨父母逃荒到東北，落戶於瀋陽西部地區法庫門四檯子村。[10]民國的《開原縣誌・人物》[11]裏提到，任慶泰「生性穎悟，心靈手巧。幼習木科，刻雕花卉、人物，無不

---

3 沙馥（1831—1906），字山春，號香溪漁隱。江蘇蘇州人。同治十年（1871 年）即來京赴科。但屢試不第，遂於光緒元年（1875 年）冬，作《鳳城品花記》，次年返南。

4 沙英（1835—1878）又名家英，字子春，號雨溪。江蘇蘇州人，沙馥之弟。學畫於任熊，亦工人物及花鳥。卒年四十四。（引自《海上墨林》）

5 吳可讀（1812—1879），字柳堂，號冶樵，漢族，甘肅蘭州人。性穎悟，善詩文。以籌建甘肅貢院、屍諫慈禧太后名震朝野。

6 傅嚴霖輯，《吳柳堂先生諫文》，光緒六年（1880）刊本。

7 《攜雪堂全集》卷四，浙江書局光緒庚子刊本，第 26 頁。

8 孫雄輯，《道咸同光四朝詩史》，上海古籍出版社，第 352 頁。

9 《攜雪堂全集》卷首，浙江書局光緒庚子刊本。郭衛東，《論光緒朝的繼統之爭》，見《清史研究》2009 年第 1 期。

10 關於任慶泰，部分參考了王大正撰寫的《中國電影創

始人——任慶泰》一文，見《當代電影》，2005 年第 6 期，第 9—14 頁。

11 李毅編，《(民國)開原縣誌》，民國二十年鉛印本。關於任慶泰的記載，全文如下：「任慶泰，字景豐，開原舊屬法庫西四檯子人。生性穎悟，心靈手巧，幼習木科，刻雕花卉、人物，無不畢肖。時照像術初見於省城。君為富紳於某充櫃夥，設照像館於奉天。投資攝影者，得像片多不愜意，君和術之未精也。商之于某，欲出遊上海，以求改良進步，于某未許。適英人羅牧師蒞奉，至館一晤，試托其購置上等藥品，需銀甚巨。羅去後，君深悔孟浪，料其不能代購也，乃不數日，所購藥品，由上海郵遞而至。彼時，于某已兌營業與君。由此，君專心於寫真術。復攜資赴上海，開豐泰照像館於四馬路，君之藝由此日精。忽回鄉業耕四五年，辛苦不輟，日逐長工赴田畝。旋捨農復營舊業於北京，所交皆一時名流。年歸鄉休養，家稱富有，子孫宦達，君今雖隸法庫，然三十年前，固開原之藝術人才也。特誌之。」

畢肖」。根據王大正的研究，正因為任慶泰在木工方面的天分，16歲的任慶泰曾經應詔，參與清朝著名軍事將領、蒙古族親王僧格林沁在法庫北部的陵寢工程。工程結束後，任慶泰成為法庫鄉紳于子揚家的管事，統管于家內外事務，並負責維修美化宅院。（4-3-2）

後來，于家在奉天（瀋陽）開設了一家相館，任慶泰順理成章地當上了相館的伙計，他還能利用自己的手藝，製作相框，隨手雕刻花飾，不久，躍升為相館的股東。《開原縣誌》也有載：「君為富紳于某充櫃夥，設照相館於奉天。」同樣根據《開原縣誌》的記載，當時因為照相館拍攝的相片質量「不愜意」，任慶泰和東家商量，準備去上海看看，「以求改良進步」，但于子揚沒有同意。當時正好有個英國人羅牧師來到奉天，任慶泰於是托羅牧師去「購置上等藥品」以改善照片質量。因為「藥品需銀甚巨」，在羅牧師走後，任慶泰也有點後悔自己的魯莽。不過，數日後，羅牧師從上海郵寄到了所購的藥品，這時，奉天的照相館也由于子揚轉讓給任慶泰獨自經營，從此，任慶泰正式經營起了照相業。

1938年《新北平報》一篇專記載言，任慶泰還可能去過日本考察：「君，於同光之際，自費東遊，足履瀛壖，以其所知，勾通中日商情，觀光攻錯，虛往實歸，擷其精蘊，以為都人士貢。」[12]

不過，任慶泰回國後充分意識到，當時中國照相業最發達的城市，非上海莫屬，這裏不僅有最好的照相材料，也有中國最大的照相市場。《開原縣誌》記載，任慶泰後來「攜資赴上海，開豐泰照像館於四馬路」。上海的照相館使用「盛京豐泰照相」的全稱，正如很多廣東人開設的照相館使用「粵東」「嶺南」「粵商」一樣，在照相館館名中標明自己的家鄉，是當時通行的做法。其照相館名取任景豐的「豐」和任慶泰的「泰」字，定名為「豐泰照相館」。關於豐泰照相館在上海的開業時間，目前還不得而知，來自東北的任慶泰，並沒有像很多當時開辦照相館的廣東人一樣，在上海的報紙上，通過刊登廣告宣佈開業。不過，1885年的《申報》上，曾登載一篇《上海四馬路浦灘文報局內協賑公所經收賑捐七月下旬清單》[13]，上面列有「盛京豐泰」和其他三家商戶捐「銀各三兩」的記錄。（4-3-4）

根據《開原縣誌》記載，任慶泰在上海開設照相館後，忽然「回鄉業耕四五年」，後來才再次轉戰北京，重操舊業，再次開設照相館。而正是在北京開設豐泰照相館之前，任慶泰於1887年六月初九再次來到上海，應當是訂購照相器具和藥料，不過，這次上海之行卻出現了意外：

告白

任景豐，奉天人。六月初九到滬，住寶善街老椿記棧內。因定七月初三日赴蘇，初二日由錦章取來洋銀備用，竟剩六十六元，放於箱內，以作路費。是夜，友邀看戲，至次日三點鐘回棧詎料房，門未動，而箱鎖被人扭壞，失去金鑲珠、金鋼鑽衣扣各一個，價洋一百三十二元，外洋銀六十六元，羅衫綢衫各一件。此外，衣服若干，絲毫未動。核其形跡，並非外賊，明係棧內欺余異鄉，趁余

---

12 王大正，《中國電影創始人——任慶泰》一文，見《當代電影》，2005年第6期，第9—14頁。

13 見《申報》，1885年9月6日第10版。

未歸，私行扭鎖，竊去銀物。惟呈控後，因余急於回奉，難以守候，現擬明春赴滬，再行稟催。為此，奉勸貴仕商，凡到滬者，萬不可再住老椿記棧內，以免被該夥偷竊，致使進退兩難，是為至幸。此啟。[14]

從這段告白中不難看出，當時任慶泰的大本營應當還在奉天，並且，他還準備 1888 年春天再次赴滬。那麼，任慶泰第二年到底有沒有來到上海，北京的豐泰照相館到底是甚麼時候開業的呢？2005 年，研究任慶泰生平的王大正，提出了北京豐泰照相館開辦於 1879 年之說，其根據為宣統元年（1909）二月初一《愛國報》的一則廣告：「豐泰照相館：本館在琉璃廠開設三十餘年，向蒙紳商所讚賞……」不過，這裏三十餘年是泛指，與 1887 年任慶泰上海之行隱含的資訊也不符。1894 年，上海《申報》上出現了北京一家照相館的廣告，這也是《申報》上僅見的來自北京的照相館廣告：

豐泰照相館　京都第一

西法照相，有臨空活現，有著紙無神。有數年退淡，有積久不變者。皆由技藝不精，器具不善。本館在京城琉璃廠土地祠西開設六載，四遠馳名，皆由考究上等鏡子等器，無論照人以及山水、飛禽、跑馬，各得其神。並且重用金銀藥水，房屋潔淨無塵，男女分座不混。園中花卉、假山、竹、樹清雅無比。凡仕商諸公到京，請至敝館照顧遊覽可也。[15]

從廣告中可見，豐泰照相館已經在北京經營六年了 (4-3-5)，其開業時間應當是 1888 年，不是現在廣泛流傳的 1892 年，也不是王大正研究得出的 1879 年。1888 年也正是任慶泰在上海辦事被盜的第二年。豐泰照相館能夠想到在上海《申報》上做廣告，除了想承攬來京的「仕商諸公」的生意外，可能和任慶泰在上海經營過照相館有直接關係。在 20 世紀前，相比南方的廣州、上海等地，禁閉的大清都城，照相館的營業還很少，競爭也沒有那麼激烈，所以，開業僅僅六年時間，豐泰照相館就敢號稱「京都第一」，可見其確實應當為業界翹楚。

豐泰照相館在《申報》上刊登廣告的前一年，《申報》上還曾經以個人見聞的方式，刊登過一篇豐泰照相館的介紹，詳細介紹了豐泰照相館的佈置和成功緣由：

余離京都於茲十載，今春因公北上，舊友邀余留照。所攝之影，皆不似本來面，殊屬恨事。後至琉璃廠，見豐泰照相號，客座潔淨，擺設精良，庭前假山、花卉，雅氣宜人。乃試照一像，栩栩如生。詢其致好緣由，據云，照鏡光準，藥料重用，技藝純精，三者既備，自然與眾不同。始知阿堵傳神，信不虛也。寄語京都客，盍往照之，方知余言不謬。[16]

任慶泰不僅從事照相行業，中年的任慶泰還在北京興辦各種實業。他曾經開辦過慶豐木廠、木器店、炭廠、中西大藥房、老德記大藥房、臨記洋行、大觀樓商場、大觀樓電影

14　見《申報》，1887 年 12 月 16 日第 6 版。
15　見《申報》，1894 年 8 月 15 日第 6 版。

16　《天長方子靜啟》，見《申報》，1893 年 9 月 28 日第 6 版。

戲、番菜館（西餐的舊稱）、保太和藥房、任慶餘堂藥店等，任慶泰還曾參與頤和園的修建工程，以及北京奉天會館的建設。《靜觀居士自定年譜》書中寫有這樣一段話：「觀楓在京，經營商業數十年，先設照相館，繼設大藥房，又建大觀樓，十分發達。交遊甚廣，上至王公，皆樂結交，其識解，非常人所及也。」[17]

豐泰照相館以拍攝合影照、戲裝照見長。正是因為和梨園界的關係，現在廣泛傳說，豐泰照相館於 1905 年，試拍了由著名京劇演員譚鑫培主演的《定軍山》戲曲影片，從而把《定軍山》定為中國攝製的第一部影片。但正如人們把豐泰照相館開業時間傳為 1892 年一樣，這個所謂中國「第一部影片」的攝製還缺乏確切的史料證據，只是一個傳說而已。[18] 不過，任慶泰的確以商人的獨具慧眼，不惜花費三千元重資，為梨園界泰斗譚鑫培錄過音：

優人譚叫天，為二十年來劇界之泰斗。近二年，該優因年逾花甲，故久不搭班，而社會渴想之忱，難以言喻。茲有商人任景豐，以譚為風中之燭，以後難覓其匹敵，故於日前，邀其在豐泰照相館內，將其擅長之劇詞調，貫入留音機器，以作將來稀珍。惟聞是日，譚唱劇詞六段，每段詞約十餘句，而譚所得劇價共計三千元。每唱一段，價值五百元。其事亦不可不謂為特色矣。[19]

豐泰照相館所處的琉璃廠，地理位置得天獨厚，古籍書店、古玩商號鱗次櫛比，是清末上層社會文人名士經常光顧的地方。「琉璃廠周圍，更是三教九流、五行八作雲集，不論敕封『內廷供奉』的梨園優伶譚鑫培、楊小樓，還是名噪一時的賽金花、筱鳳仙，這些日後的風雲人物都曾混跡於此。」[20] 在這個特殊的場所，「照相」成了各界人士最為喜愛的新鮮事物，一直到民國成立之前，豐泰照相館可以説在當地獨領風騷。（4-3-6, 4-3-7）

光緒三十四年（1908）正月《琉璃廠甸新年大會調查記》載：「從前上廠甸的，沒有不上土地祠的。上土地祠的，沒有不上豐泰照相館的。到照相館的就沒有不照相的。所以土地祠西院那個小夾道內，遊人總是擠不動。照相館門內門外，也都是人山人海，因此照相館買賣非凡的興旺，又是減價八折，所以半個月內，照相的人，每天多至千號，少也七八百號。況且女士太太們，更愛上照相館。因為照相館內有寬廣高大的洋樓，登樓眺望，萬像在前……」《翁同龢日記》《榮慶日記》《那桐日記》裏面，都曾提到豐泰照相館的老闆任慶泰和他所開設的照相館。宣統元年（1910），報紙載文《記廠甸文明氣象》記有：「廠甸內有一家字號最老的照相館，名叫豐泰，這家照相館在北京城是頭一家，開辦資本很大……字號最老。」雖然這裏的記載與歷史事實有別，但豐泰肯定是當時仍然營業的最老資格的照相館了。（4-3-8）

豐泰照相館的發展也非一帆風順，1908

---

17 此段文章參考轉自王大正，《中國電影創始人——任慶泰》一文，見《當代電影》，2005 年第 6 期，第 9—14 頁。

18 《定軍山》傳説由來，詳見黃德泉，《戲曲電影〈定軍山〉之由來與演變》，《當代電影》2008 年第 2 期。

19 《本京新聞·叫天特色》，《順天時報》1913 年 9 月 23 日第 5 版。

20 《關於中國電影誕生三處質疑問題的訂正解析》，作者：王大正，《當代電影》2005 年第 6 期。

年 5 月 5 日「十一點鐘，琉璃廠窰作內豐泰照相館，不知因何着火起來，燒燬樓房十八間」[21]，大火後，豐泰照相館很快派人興修，並且準備「較前大加擴充，並加蓋三層樓，一切景致，仍較他家首屈一指」。[22] 當時，豐泰的創辦人任慶泰把更多的精力用在了其他實業上，所以照相館委托給經理劉仲倫管理，劉仲倫被人稱為「頗富文明思想」，豐泰照相館原來準備五月內就重修竣工，不過，由於「秋間奉派赴皖照操，耽延甚久，冬季鳩工始竣，較前尤為美備，諸般拍照日新於昔……正月初四開張……」[23] 從這則廣告中我們還可以獲知，豐泰照相館受軍諮大臣濤貝勒的指派，到安徽為大型閱操活動照相，開始參與一些新聞的拍攝了。1909 年 8 月 29 日的《順天時報》也報導說，頃聞陸軍「第六鎮將校閱各圖片已飭豐泰照相館裝訂成套，極其精美。惟第五鎮圖片尚未訂妥，故校閱大臣一俟五鎮頂妥，即將各圖具奏進呈御覽。」能夠被選中為呈上貢品，可見豐泰此時照相館的實力和地位。(4-3-10)

宣統元年（1909）八月十五日，《愛國報》上《廠甸文明氣象・像館》一文，詳細記載了「豐泰」重修以後的面貌：「西南兩面都是極大的洋樓樓下院內有一小花園，假山石、各種花卉都極佈置得宜。樓上陳設洋式桌椅和皮榻大鏡、油畫等，四壁生輝，萬景俱幽。光線本是合適，技師更是頭等買賣，發達已非一日。須知這照相樓已是被火災燒燬過一次，現今這樓又是新建築的，所以氣象益發文明。」

火災之後不久，辛亥鼎革，民國肇始。從民國初年開始，北京照相業步入大發展的時期，首先是由日本人山本贊七郎開在內城的山本照相館崛起，廣東人開設的同生、容光等照相館後來居上，很快搶佔了不少市場份額，豐泰照相館的業務開始萎縮。不過，直到 1921 年，北京出版了一冊電話簿，豐泰照相館的電話為西局七九號，說明豐泰照相館此時仍在營業。

晚年的任慶泰，深感多種經營力不從心，加上時局動亂和商業蕭條，他把京城的商號出手，大部分都轉讓給自家的伙計，開始致力於家鄉法庫的教育事業，在家鄉興辦義學，校舍由他設計修建。自光緒末年開始，任慶泰幾次對學校進行翻修擴建，由他買良田、請教員、購桌椅、添教具，並給付所有經費開支。1930 年陰曆五月底，任慶泰因患肝腹水，歿於京城北池子 20 號宅內，時年 82（虛）歲。停靈於永定門外安樂林廟，葬於京郊。

自稱為「京都第一」的豐泰照相館，雖然不是北京最早開業的照相館，但在北京早期攝影發展史中，豐泰的影響力絕對居於無人能夠匹敵的地位。其照相業規模之大，營業持續時間之長，都堪稱真正的「京都第一」。在照相業遠遠不發達的清末民初時期，豐泰照相館拍攝的影像，成為大清都城子民第一手鮮活的歷史印跡，值得我們永遠珍惜和回味。(4-3-9)

---

21 《一日兩火》，見《正宗愛國報》，1908 年 5 月 5 日。
22 《豐泰照相館修復》，見《順天時報》，1908 年 5 月 12 日。

23 《豐泰照相館減價兩個月》，見《正宗愛國報》，1909 年 2 月 20 日副張廣告。

4-4-1 天壇祈年殿

北京山本贊七郎，蛋白紙基，
26×20 厘米，1900 年前後，
背面有英文山本照相館印章。
作者收藏。曾被收錄於 1906
年《北京名勝》，第 12 圖。

4-4-2 北京城牆和駝隊

北京山本贊七郎，蛋白紙基，
26×20 厘米，1900 年前後，
作者收藏。曾被收錄於 1906
年《北京名勝》畫冊，第 10 圖。

4-4-3 頤和園十七孔橋

北京山本贊七郎，明信片，手
工著色，1909 年前後。作者
收藏。

4-4-4　路易莎・皮爾森滿族服裝肖像

北京山本贊七郎，銀鹽紙基，櫥櫃格式，1903
年前後。作者收藏。

路易莎・皮爾森，裕庚之妻，與女兒裕德齡、裕
容齡同為慈禧太后御前女官，兒子裕勳齡為慈禧
「御用攝影師」。

4-4-5　裕德齡滿族服裝肖像

北京山本贊七郎，銀鹽紙基，櫥櫃格式，1903
年前後。作者收藏。

監國攝政王

4-4-6　陸軍貴冑學堂同學錄

書影、書中圖片和內頁所貼標籤。私人收藏。

4-4-7　雲岡石窟照片
北京山本照相館，銀鹽紙基，20×15 厘米，1910 年前後。華辰 2013 年春季拍賣會《影像》Lot 1067。
影像對雲岡石窟（特別是第五窟）的造像、壁畫、浮雕、建築做了全面的記錄，並對眾多佛像的臉部、衣飾、手印進行了細膩的特寫拍攝。

4-4-8　黃開文祭服肖像

北京山本贊七郎，銀鹽紙基，封套及卡紙 13×19 厘米，照片 9×13 厘米。1914 年前後。作者收藏。
黃開文，廣東蕉嶺人，歷任北京電報局總辦、北京電話局總辦、東三省電報局總辦、奉天勸業道、
漢口電報局總辦、湖北漢黃德道兼江漢關監督、北洋六個總統的大禮官、參謀本部邊務組專門委
員、蒙古救濟委員會副主任、北平蒙藏學校校長等。

最本土化的外國照相館

—— 山本照相館

一般來説，在清末民初的中國，外國人經營的照相館，由於文化背景、價格定位的原因，基本上把外僑作為最重要的顧客群。除了拍攝肖像，這些照相館還針對來華的外僑銷售一些風景、民俗的照片或照片冊，作為額外的收入。但在北京，有一家日本人開設的照相館，不僅是獨家給慈禧老佛爺拍攝過照片的照相館，還幾乎把清末王公貴族、民國政壇新貴的肖像拍攝一網打盡。照相館還採取各種推廣措施，吸引本地普通老百姓進館攝影，以儘可能地擴大營業，從而一時享譽北京城。這家照相館，就是山本照相館，也可以稱為清末民初中國最本土化的外國照相館。

山本照相館的創辦者山本贊七郎（Sanshichiro Yamamoto，1855—1943），出生在日本岡山縣，1882 年起在東京的新橋開設照相館，當時，日本照相業競爭已經十分激烈。1895 年，《馬關條約》簽訂，日本在華獲得巨大利益，刺激了日本各界進一步覬覦中國的野心，大批日本商人蠢蠢欲動。在這樣的大背景下，山本贊七郎也意識到中國，尤其是大清都城北京照相業蘊藏的巨大商機，於 1895 年遷址北京，在霞公府開設了山本照相館。

在 1905 年之前，山本照相館在北京照相業界的本地化並不突出。此時，南城的豐泰照相館、寶記照相館等勢頭正勁，吸引了大批王公貴族、梨園、花界的顧客，山本照相館本地顧客的來源還遠遠落後。於是，像很多當時外國照相館一樣，山本贊七郎把主要精力集中於外僑肖像，以及北京及附近的風景、民俗照片的拍攝、銷售和出版上，以單頁照片、原版照片冊或者印刷品的不同形式，銷售給來北京的外僑。

1899 年，山本照相館首次出版了《北京名勝》畫冊，收錄照片 36 張。(4-4-1) 這本凹版印製的畫冊在 1901 年、1906 年、1909 年多次再版，照片也擴充到 100 多張，從而成為山本照相館風景拍攝的代表作。(4-4-2, 4-4-3) 這本照片冊中，不僅有碧雲寺、臥佛寺等西山風景，前門、西四等繁華的商業街，以及天寧寺塔、長城等名勝遺蹟，還有身穿法衣的雍和宮喇嘛，結婚樂隊，以及身着漢族、滿族服飾的女子等。這些照片，既有風景的全貌，也有建築內局部特寫，畫面構圖嚴謹、規整，鏡頭語言紀實風格強烈。畫冊中有不少抬轎、拉車、理髮、吸食鴉片等民俗和人像照片，明顯是僱

備模特擺拍的，但整個畫面看起來輕鬆流暢，有的還帶有一絲幽默感。

這些中國特色風景人文景觀，受到了來華外僑的熱烈追捧，山本照相館得以大量售賣。山本贊七郎還把不少經典照片印製成明信片，更大量地發行。一直到 20 世紀 20 年代，當山本照相館轉型以拍攝本地人像業務為主時，「北京各種風景照片，及裱像，各種冊頁，繪色各明信片」[1] 等依然是照相館的一項業務。今天，北京留存的 19 世紀末 20 世紀初的原版商業影像中，山本照相館拍攝、印製的數量佔絕大多數。

1900 年，在義和團運動的高潮中，北京的照相館被義和團當成「二毛子」，很多店舖被付之一炬，包括山本照相館在內的北京照相館業受到巨大衝擊。戰亂平息後，1902 年，山本照相館重整舊業開張[2]，位址仍在霞公府，並安裝了當時京城為數不多的「德律風」（Telephone 的音譯），號碼為總局 66 號。

山本照相館的所在地——霞公府，毗鄰皇城。從選址不難看出，精明的山本贊七郎，深知結交政壇權貴將會給照相館帶來的潛在效應，因此，攀附王公貴族，甚至慈禧老佛爺本人，成為山本照相館進入本地市場的捷徑。

1905 年，「自備外洋各式上等照像傢具，專照尺五大像暨電光放大」的山本照相館，得以給當時清朝的最高統治者——慈禧老佛爺拍照，「恭照皇太后御容」[3]，從而成為山本照相館在《順天時報》上引以為豪的廣告語和宣傳的政治資本。關於此次照相，清代掌故遺聞彙編的筆記集《清稗類鈔》中，有更詳細的記載：「日人某精攝影，慶王為之介紹於孝欽後，令至頤和園為照一簪花小像，即在慶邸消夏園洗曬，已許以千金之賞矣，內廷傳諭又支二萬餘金。」[4] 山本贊七郎所得的重金賞賜，也說明老佛爺對山本照相館所拍照片的滿意與肯定。

此前的 1903—1904 年，大清國駐日、法公使裕庚的次子——裕勳齡曾經應詔入宮，為慈禧拍攝了大量肖像，也使得老佛爺第一次和攝影術接觸。裕勳齡之所以得以進宮拍照，正因為當時美國畫家卡爾（宮廷內叫她柯姑娘）來京給慈禧畫像，而慈禧想讓柯姑娘照着相片畫像。裕勳齡進宮的介紹人，是在慈禧身邊擔任御前女官的裕勳齡的母親[5]。從《清稗類鈔》的記載中可見，慶王奕劻是山本贊七郎給慈禧拍照的直接介紹人，但山本贊七郎和當時與慈禧關係密切的卡爾及裕勳齡一家都有來往，卡爾本人、裕庚、勳齡、勳齡的母親及同樣在慈禧身邊任御前女官的勳齡的妹妹容齡，都曾在山本照相館拍攝過個人肖像照片，可能正因為這些「外圍公關」，才使得山本照相館獨家獲得了為慈禧照相的機會，從而奠定了山本照相館本地化定位的基礎。（4-4-4, 4-4-5）

1905 年，山本照相館除了給慈禧拍照外，還拍攝了「列位王大臣之玉像」，這些照片，山本贊七郎自詡「皆能如顏鑒形，洵屬技巧刊訝，術越同儕唯望」。[6] 此後幾年，山本

---

1 《山本照相館》廣告，見《順天時報》，1917 年 5 月 11 日第 1 版。

2 根據《山本照相館》廣告，「本館於庚子後重整舊業，又四年於茲矣」，見《順天時報》，1906 年 2 月 14 日。

3 《山本照相館》，見《順天時報》，1906 年 2 月 14 日。

4 《清稗類鈔》二十四冊，《豪侈類》，《孝欽后以二萬金攝影》。

5 參考德齡，《御香縹緲錄》，文化藝術出版社，2003 年。

6 《山本照相館》，見《順天時報》，1906 年 2 月 14 日。

照相館一直更新照相館的設備，提高照相館的拍攝能力。1908 年底，山本照相館「特有中外洋購到夜間照相機器，一切照法無不精妙為望」[7]，開始夜間照相；同時，山本贊七郎還注重照相館技師的選拔，「有東瀛聘請高等照相名師，且該技師曾有歐美新法，實與他處有天壤之別」[8]，以提高攝影服務質量。雖然此時北京又有「相川」「三星」等幾家日本人開設的照相館開業，但無人能夠撼動山本照相館的地位。

1909 年，山本照相館迎來了值得紀念的大發展的一年。首先是五月份，給宣統小皇帝之父，攝政王愛新覺羅·載灃拍攝，「蒙攝政王傳喚，惟恭照之像，幸蒙攝政王嘉許賞讚，敝館實為感激無極矣」。可能正因為此次成功拍攝，這一年清廷的貴族子弟學校——陸軍貴冑學堂學員畢業，準備製作一本同學錄，山本照相館得到了為貴冑學堂的王公世爵，聽講員及學員，管理學堂的王爺、大臣等拍攝同學錄所需照片的機會。山本贊七郎不斷在《順天時報》上刊登廣告，首先是為各位王爺拍照：「今於本月間，洵貝勒爺首先駕臨敝館拍照玉像。謹將連日恭照之像：麟公爺、阿公爺、援公爺、祺公爺、朗貝勒爺、喀喇沁王爺、憲二爺、濤貝勒爺、順王爺、憲三爺、恭親王爺。惟尚有未照者謹請貴駕早臨為祈，敝館感激無盡矣。」[9] 半個多月後，開始為貴冑學堂王公學員一一拍照，「陸續駕臨敝館拍照，惟恭照一切之像，均蒙讚美，敝館不揣冒昧，敢請尚

未拍照學員諸君，速臨敝館拍照為盼」。[10] 一個多月後，山本再次給貴冑學堂「隨操拍照十餘種」。[11] 從六月到八月底，持續了近三個多月的貴冑學堂的拍攝順利結束，這次成功拍攝後，其他學堂每年一度的畢業照也成為山本照相館重要的客戶源：「惟恭照一切之像均蒙讚美，敝館不揣冒昧，敢請學界諸君注意，俟後遇有學堂畢業之期，敝館均能按規拍照不誤也。」[12] (4-4-6)

正是因為和京城王公大臣的良好關係，1910 年 2 月，清朝陸軍大臣載濤貝勒，赴日、美、英、法、德、意、奧、俄八國考察陸軍出京前，「曾率同隨使諸員，由霞公府山本照像館承辦電光寫真，用新法精製相片，以作紀念，並備為出洋酬贈之品」。照片上，「軍職人員，自副都統，以至軍校，則按照三等九級之制，全着軍服。至文職出身者，其裝束，則係用官服」。[13] 這些廣告及所拍的照片，不僅是山本照相館影響力的標誌，也成為照相館重要的銷售商品，為照相館賺來了不菲的利潤。

1912 年，民國肇始，北京作為新的國都，社會環境比較穩定，此時，京漢、京津鐵路已經通車，南北交通便利，各系軍政要人你來我往，極大刺激了照相業的需求，吸引了大批南方攝影師北上，尤其以廣東籍攝影師為多。最為著名的三家是廣東人譚景堂開設的「同生」、溫章文開設的「太芳」和雷卓霆、孔雨亭開設的「容光」照相館。

前門外廊坊頭條西口路北同生照相館，館

7　《夜間照像開始》，見《順天時報》，1908 年 12 月 6 日。
8　同前註。
9　見《順天時報》，1909 年 6 月 15 日。
10　《山本照相館》，見《順天時報》，1909 年 7 月 4 日。

11　見《順天時報》，1909 年 8 月 20 日。
12　同前註。
13　《濤貝勒出京紀事》，見《申報》，1910 年 3 月 24 日第 4 版。

主譚景堂，以「遠歷重洋，考參學光」為由，招徠「各界巨公、當代偉人」[14] 來照相館拍攝，照像放大，「工精料美，歷蒙各界嘉許」[15]，並於1916 年在中央公園開設分號；而同樣在前門外廊坊頭條西口路南，即同生照相對面的太芳照相館，館主溫章文，則以「畢業於香港皇仁大學光學專門，對於照像精研有素，深得奧妙，曾在青島與德國照相名家合辦多年，分設天津、濟南，歷有年」為廣告語，並且照相室「構置精奇，光陰純白，陰陽分清，精神光彩，與眾不同」，從而「盡蒙各界讚許」[16]；雷卓霆、孔雨亭開設的容光照相館，同樣位於前門廊坊頭條，簡潔明快、朗朗上口的三字句式廣告，受到了普通老百姓的歡迎：「容光號，照相好。本主人，精斯道。往外洋，親研考。學其精，得其奧。各色紙，均最高。真金紙，更美縞。色不變，準可保。交相期，準可靠。蒙各界，俱說巧。賜顧者，請駕到。本主人，謹奉告。」[17] 1916 年 5 月 3 日《順天時報》第 5 版上，就同時刊登了山本、同生、太芳、容光等四家照相館的廣告，可見當時北京照相館的繁榮和發達。

面對激烈的競爭，山本照相館一方面繼續自己面向外僑的北京各種名勝風景照片、各種冊頁、明信片、照相撲克的銷售，一方面開始以價格戰的方式吸引更多顧客。1915 年，山本照相館在北京開業二十週年，山本照相館「自十二月一日起，格外減價，以酬各界諸君

向來惠顧之雅意，兼作本館之紀念」。[18] 照相價目表見第一章第六節。

1916 年 6 月袁世凱恢復帝制失敗後，在憂懼中病故，黎元洪繼任民國大總統，山本照相館成為第一家給黎元洪拍照的照相館。7 月29 日，山本就刊登出給大總統「晉府拍像」的廣告，「敝館光彩莫過焉」[19]，直到 8 月 23 日，北京三家廣東人開設的照相館同生、容光、太芳才同時獲得晉府拍照的機會。[20] 面對新崛起的本地照相館的激烈競爭，山本只能進一步完善自己的技術設備，「外洋購到最新各種器具，專做最高白金紙照像，一切放大縮小，以及夜間照像，均能精美完善」。[21] 1917 年，山本照相館為進一步提高競爭力，方便顧客，把開業二十週年時制定的「每照三張一份」，改為「每照兩張一份，價目亦皆特別從減，由民國六年五月一日起，以後所有光顧各客，請照新章收費」。[22]

正因為山本照相館機器設備一直保持更新，所以「照法之精巧，顏色之耐久，早蒙各界諸君之讚許」[23]，其拍攝出的人像照片更是清晰自然，加上與各屆北洋總統府的良好關係，山本照相受到北洋新貴們的喜愛，眾多高官顯貴、文化名人並沒有避諱這家外資照相館，紛紛登門體驗，山本照相館也因此「久蒙紳商各界諸君歡迎」。[24]

1917 年仲夏，張勳發動復辟帝制鬧劇，

14 《同生照像館》，見《順天時報》，1914 年 3 月 27 日。

15 《同生照像館》，見《順天時報》，1916 年 5 月 4 日。

16 《廣東太芳照像大減價廣告》，見《順天時報》，1917 年 3 月 29 日第 8 版。

17 《容光照相》，見《順天時報》，1916 年 6 月 3 日第 5 版。

18 《山本照相館特別減價開業二十年之大紀念》，見《順天時報》，1915 年 11 月 28 日第 1 版。

19 《山本照相館》，見《順天時報》，1916 年 7 月 29 日第 1 版。

20 見《順天時報》，1916 年 9 月 2 日第 4 版。

21 《山本照相館》，見《順天時報》，1916 年 9 月 4 日第 4 版。

22 見《順天時報》，1917 年 5 月 11 日第 1 版。

23 《添設美術照相夜間照相》，見《順天時報》，1929 年 3 月 21 日。

24 《山本照相館》，見《順天時報》，1916 年 9 月 4 日第 4 版。

段祺瑞組織的討逆軍與張勳的「辮子兵」激戰，「此次本京之猛烈市街戰，為數百年來所未有」[25]，山本照相館在戰事停息後，迅速「派上等技師前往各處，攝其悲慘之實況，曬成相片，用作紀念，堪稱奇觀。每張取價大洋三毫」[26]，並且，為擴大銷量，「又將此等相片縮製銅板，印成明信片。每三份十八張，取價大洋五角，每一份六張，取價大洋二角」[27]，外地可以匯款郵寄。

到 1917 年仲秋，山本照相館「今年所照之號數已達三萬號」，為了「酬謝顧客並祝三萬號之起見，准由十月一號起至三十號止，所有駕臨敝館照像，或購材料者，均行敬送紀念贈彩」。[28] 所有照相或購買材料者，消費一元以上，就可獲得贈籤一支，並且十個等級彩票「並無空票」，贈品如下：

頭彩一張 三尺鏡框並附本人放大像一份，五十元。

二彩二張 二尺五寸鏡框並附本人放大照像一份，每份三十元，共六十元。

三彩五張 二尺放大照像一張，每張十二元，共六十元。

四彩十張 一尺五寸放大照像一張，每張六元，共六十元。

五彩二十張 一尺二寸放大照像一張，每張三元，共六十元。

以下到十彩。

這時的山本照相館，更多地開展多種經營，除了照相館拍照，還可以上門照相，夜間照相、放大照相，並開始「承洗相版並曬片」[29]，並出售鏡框、照相機器及各種藥品、材料等。當時京城業餘攝影愛好者逐漸增多，各種最新款的便攜式相機「小快鏡」成為山本照相館的暢銷商品。[30] 到 1920 年，山本照相館開始銷售「娛樂照相用」[31] 的各種設備，並且推出照相館暗房面向社會的臨時租用服務。（4-4-8）

1922 年，山本照相館「因推廣營業起見」[32]，從營業近三十年的霞公府遷移至北京王府井大街二十六號[33]，陽曆十二月五日重張開幕，「另建新式門面，今已工竣。並由歐美運到新式照相機器，各種材料、各處景致相片、明信片等，均已備妥」。[34] 為了進一步擴大自己的影響，「應酬主顧起見」，山本贊七郎還「不惜巨資，特製美觀團扇數百把，扇面所畫各處風景及十三陵、萬壽山、萬里長城、西陵等，計二百餘種，奉送各界人士」。[35] 凡是在照相館消費三元，就贈送一把，六元贈送兩把，依次類推。

此時，山本照相館依然延續早年銷售各種北京照片、照片冊的業務，並且，銷售照片的內容範圍，從北京及近郊擴展到全國的「各處風景相片」[36]。外地的影像，比如洛陽龍門

25 《山本照像館》，見《順天時報》，1917 年 7 月 19 日第 1 版。
26 同前註。
27 見《順天時報》，1917 年 8 月 24 日第 1 版。
28 《山本照相館三萬號紀念贈彩》，見《順天時報》，1917 年 10 月 2 日第 1 版。
29 同前註。
30 《出售》，見《順天時報》，1918 年 7 月 6 日第 3 版。
31 《新式照相》，見《順天時報》，1920 年 4 月 11 日第 6 版。

32 《山本照相重張廣告》，見《順天時報》，1922 年 12 月 9 日第 8 版。
33 《山本遷移廣告》，見《順天時報》，1922 年 9 月 13 日第 5 版。
34 《山本照相重張廣告》，見《順天時報》，1922 年 12 月 9 日第 8 版。
35 《注意奉贈精巧團扇》，見《順天時報》，1923 年 6 月 7 日第 6 版。
36 《山本廣告》，見《順天時報》，1927 年 5 月 28 日第 8 版。

石窟、大同雲岡石窟等佛像照片成為山本照相館的一大特色，這些照片的購買者也不再局限於早年的外僑，很多本地的文化名人也喜歡來山本照相館選購。魯迅日記曾記載，1923年7月3日，周作人與魯迅曾到山本照相館，買「雲岡石窟佛像寫真十四枚，又正定本佛像寫真三枚，共六元八角」[37]，魯迅先生特別喜愛正定佛像中的一張觀音像，並一直把這張照片擺放在書桌上，視若佛教美學的佳作。（4-4-7）

到1929年，山本照相館，緊隨當時美術攝影的風潮，添設美術照相，「應用各種電燈，無論光線明暗，晝夜均可隨時拍照，今以安設完竣，自登報之日起施行」。[38] 不過，1928年，國民黨政府定都南京，改北京為北平。失去「國都」光環的特別市，大批官員離去，社會購買力銳減，各種商業經營也遭遇「冰點」，照相業一樣「營業異常凋敝，虧累堪虞」[39]。1929年6月4日，山本照相館的廣告最後一次出現在《順天時報》上，此後，再也沒有發現山本照相館的記載。

從1895年開幕，一直到20世紀30年代，一個外國人開設的照相館，能夠在北京營業30多年，與其經營過程中的本地化策略直接關聯。山本贊七郎通過給慈禧老佛爺獨家拍照，獲得了與京城眾多王公貴族的廣泛交際，奠定了照相館在北京發展的基石。民國初年，又依靠給大總統拍照，再次贏得眾多北洋高官顯貴的青睞。在爭取普通顧客，與當地照相館的競爭中，山本照相館又打出價格戰，或者採取贈送彩票、禮品等老百姓喜聞樂見的策略，獲得了大眾的廣泛認知。在晚清、民國中國照相業發展過程中，相比眾多外國人經營的照相館，山本照相館作為一個特例，真正參與到了北京本地影像的視覺構建中，在中國照相館史上留下了應有的一筆。

37 魯迅，《魯迅日記》第1卷，人民文學出版社，2006年，第474頁。
38 《添設美術照相夜間照相》，見《順天時報》，1929年3月21日。
39 《二我照像館緊要廣告》，見《順天時報》，1930年11月24日第1版。

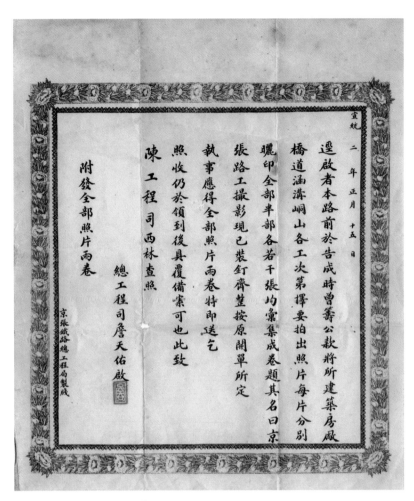

逕啟者本路前於告成時曾籌公款將所建築房廠
橋道涵洞峒山各工次第擇要拍出照片每片分別
曬印全部半部各若干張均彙集成卷題其名曰京
張路工撮影現已裝釘齊並按原開單所定
執事應得全部照片兩卷特即送乞
照收仍於領到後具覆備案可也此致
陳工程司西林查照

附發全部照片兩卷

總工程司詹天佑啟

京張鐵路總工程局製成

宣統二年正月十五日

4-5-1　京張鐵路總工程司詹天佑啟示

印刷本，28×32厘米，宣統二年（1910）正月十五。作者收藏。

4-5-2 京張路工攝影

上海同生照相館，銀鹽紙基，31×25 厘米。上海圖書館供圖。
左上：青龍橋停車場內鐵軌，銀鹽紙基，27×21 厘米。
右上：南口車站，銀鹽紙基，27×21 厘米。
下：路工、技術人員與驗道專車合影，銀鹽紙基，27×21 厘米，車前
站立者右三為詹天祐。

4-5-3 《津浦鐵路南段攝影集》
上海同生照相館，銀鹽紙基，21×28
厘米，1912 年。華辰 2014 年秋季拍
賣會《影像》Lot 1511。

4-5-4 《京師環城鐵路工程攝影》照片冊

北京同生照相館，銀鹽紙基，1916 年 8 月。私人收藏。

4-5-5　臨時大總統孫中山標準像

上海同生照相館，銀鹽紙基，卡紙 12×15 厘米，照片 8×10 厘米，1911 年 12 月 25 日，紙上有「孫文」英文題籤。作者收藏。

4-5-7 陳性良肖像

北京同生照相館，銀鹽紙基，卡紙封套 16×23 厘米，照片
10×14 厘米，1920 年。作者收藏。

陳性良，字錫周，安徽無為人，久居商政界。虔誠信佛，因在普
陀山許願成功，其子病癒，故為示還願，在 1919 年與北洋政府
原總統黎元洪、徐世昌、馮國璋等人捐款修建了普陀山海岸牌
坊、回瀾亭、多寶塔院。

照片上有陳性良英文親筆題籤，另外，肖像下面的八角星標識
內，有「同生照相館譚景棠業精工速肖」字樣。

4-5-6 同生照相樓廣告標籤

印刷品，1912 年。選自《津浦鐵路南段攝影集》內頁，華辰 2014 年秋季拍賣會，《影像》Lot 1511。

4-5-8 同生拍攝孫中山遺囑

同生照相館，27×7 厘米，可見孫中山、筆錄者、證明者等簽名。上海圖書館提供。

4-5-9 北京三海全景

北京同生照相館，照片冊 29×21 厘米，照片 18.5×13 厘米，銀鹽紙基，1920 年前後。作者收藏。

4-5-10　黃玉蓉肖像

北京同生美術部，銀鹽紙基，16×26 厘米，1927 年前後。作者收藏。

黃國光，號昱融，亦名玉蓉，北洋總統府大禮官黃開文之女，出生於 1902 年 1 月，1924 年
6 月畢業於北京燕京大學（今北京大學）。黃玉蓉燕大畢業後，赴美國柯洛克大學（今譯為「克
拉克大學」），專攻地理學，1928 年 6 月畢業，獲得文學碩士學位。歸國後任教於燕京大學高
等稅務專科學校、國立北京師範大學、國立清華大學。抗戰勝利後，中國地理學會重組，黃
玉蓉當選為理事。著有英文《中國輸出貿易之進展，1901—1925》(*Development of China's
export trade, 1901-1925*)。

4-5-11　福興公老京報藥房開幕紀念

天津同生照相館，銀鹽紙基，卡紙 23×34 厘米，照片 13×18 厘米，1933 年 9 月 20 日。作者收藏。

4-5-12　家庭合影

天津同生照相館，銀鹽紙基，卡紙 31×24 厘米，照片 19×13 厘米，1930 年前後。作者收藏。

鐵路攝影及國父之緣
—— 同生照相館

上海同生照相館創辦於光緒三十四年（1908）臘月，位於北四川路，館主為廣東人譚景棠。次年二月，譚景棠邀請胞兄譚存照入股，但僅僅一年多之後，1910 年 6 月，譚存照又將「名下之股退出」，並登報聲明：「所有股本存項及景娛弟經手往來揭借等，一概劃清。日後同生樓盈虧，由景棠是問，概與照、娛無涉，恐未周知，特登申新兩報，以免後諭。」[1] 從此，上海同生仍由譚景棠一人經營。

譚景棠（1876—1915），廣東香山縣人，原來是上海耀華照相館的學徒。1904 年，上海麗華照相館館主劉鏡泉邀請譚景棠入夥，「言明月給薪水外，分派花紅」，不過，1905 年譚景棠與劉鏡泉因為「算賬起釁，被毆受傷」，兩人還因此對簿公堂，劉鏡泉被判賠償譚景棠養傷費「洋二十元」。[2] 譚景棠後來在廣告中稱曾經「遠歷重洋，考參學光」，[3] 他不僅攝影技術高超，思想也比較進步，因與孫中山同鄉且相識，參加了同盟會，支持孫中山的

革命事業，從此也依靠攝影與國父結下了不解之緣。

同生照相館剛剛成立時，雖然在《申報》廣告中也是「無論人物山水，凡經攝攝，莫不維妙維肖」等照相館通用的廣告用語，但因為譚景棠的開放意識和對實業救國的關注，除了人物、山水外，「鐵路廠房攝影、精巧放大」[4] 成為照相館最大的特色。1908 年上海到南京的滬寧鐵路竣工，1909 年 6 月，蘇杭甬鐵路（起點改為上海後，更名為滬杭甬鐵路）上海到杭州段正式通車，剛剛開業不久的同生照相館迅速派員拍攝，「前者滬寧鐵路及蘇杭鐵路竣工，其全路建築之形勢，皆經敝館攝攝，一時傳為神肖」，從此開始了同生專業鐵路攝影。

1909 年 10 月，中國首條由中國人自行設計的鐵路 —— 京張鐵路投入營運，在鐵路建成時，京張鐵路總工程局「籌公款將建築房廠、橋道、涵溝、峒山各工，次第擇要，拍出照片。每片分別曬印全部半部各若干張，均

---

1 《退股聲明》，見《申報》，1910 年 8 月 16 日第 8 版。
2 《公共公廨晚堂案》，見《申報》，1905 年 8 月 23 日第 18 版。
3 《同生照像館》，見《順天時報》，1914 年 3 月 27 日。
4 《津浦鐵路南段攝影集》內的同生照相樓標籤，北京華辰拍賣有限公司「2014 年秋季拍賣會」，《影像》Lot 1511。

彙集成卷，題其名曰：京張路工撮影」，[5] 裝訂成上下兩卷，送給京張鐵路工程局的全部「執事」。這套照片冊，「所有房廠、橋峒一切工程建築之形勢」[6] 又是上海同生照相館拍攝的，照片冊封裏貼有「同生照相號，本號精究放大，時裝照像。舖在上海虹口北四川路，門牌二千零五十二號」及「上海公興印字館製造」的印簽。

照片冊上收入京張鐵路總工程司詹天祐等人的肖像及沿途各車站的隧道、橋樑施工和完成後情況的照片 86 幅；下冊主要紀錄京張鐵路通車儀式，政府官員觀禮及在南口舉辦慶祝茶會的情景，收入照片 90 幅。通觀全冊，具有強烈的紀實性和新聞性。照片製作完成後，詹天祐頒給同生照相館主人譚景棠「『精工速肖』四字獎牌」[7] 一枚，並且允許同生照相館可以「另曬全路照片出售」[8]，標誌着同生照相館的鐵路攝影達到了頂峰。（4-5-1, 4-5-2）

1912 年，英德投資修建的連接華北、華東的交通大動脈——天津至南京浦口的津浦鐵路通車，同生照相館再次拍攝了津浦南段（山東韓莊至南京浦口）的建設情況，包括沿線重要城鎮滁州、蚌埠、徐州等地的橋樑、車站，沿途地形地貌，以及工程師和工作人員合影等，最後彙集成一本 50 幅的照片冊，名為《津浦鐵路南段攝影集》[9]，照片均有文字說明，部分還標有里程，成為同生照相館鐵路攝影的又一力作。（4-5-3）

1914 年初，北洋政府為解決北京城內糧煤運輸問題，命交通部建設一條環城鐵路，這條「官款官辦」的環城鐵路從京綏鐵路（今天的京包鐵路）的起點西直門站（今天的北京北站），沿着北京城牆與護城河之間的「官荒地」，經過德勝門、安定門、東直門、朝陽門到東便門，與京奉鐵路（今天的京瀋鐵路）接軌後，向西過崇文門到正陽門車站（當時叫北京東站、前門火車站）。1916 年 1 月 1 日，北京環城鐵路全線建成通車，同生照相館再次受邀，於 1916 年 8 月拍攝完成《京師環城鐵路工程攝影》，共收錄工程照片 22 幅。環城鐵路的總工程司陳西林在這本照片冊的序言中說，照片冊是為了「頒致在工同人，留紀鴻泥」。《京師環城鐵路工程攝影》是同生照相館拍攝的最後一本鐵路大型照片冊，為同生照相館的鐵路攝影畫上了圓滿的句號。（4-5-4）

鐵路攝影之外，讓我們再次把目光轉回同生照相館的創辦地——上海。上海同生照相館人像拍攝，在競爭激烈的上海灘，顯得並不出眾。不過，就在民國宣佈成立的前幾天，同生照相館拍攝了一張肖像，永遠留在了中國的攝影史上，這就是臨時大總統孫中山的標準肖像。（4-5-5）1911 年 12 月 25 日，流亡海外的孫中山終於回到祖國，上午在上海三馬路（漢口路）外灘海關碼頭登陸[10]，開始主持成立中華民國的內外大計，在 25 日一天時間裏，除了與各方代表商談要政，接見記者並發表講話外，還特地去上海同生照相館拍攝肖像一幀，以備未來宣傳使用。[11] 這幀半身西裝肖像，

5　《京張鐵路總工程司詹天祐啟示》，印刷本，28×32 厘米，1910 年正月十五日。作者收藏。

6　《精工速肖》，見《申報》，1910 年 4 月 16 日第 7 版。

7　同前註。

8　同前註。

9　北京華辰拍賣有限公司《2014 年秋季拍賣會》，《影像》Lot 1511。

10　《孫中山到滬矣》，見《申報》，1911 年 12 月 26 日第 3 版。

11　王耿雄編著，《偉人相冊的盲點——孫中山留影辯證》，上海書店出版社，2001 年，第 74 頁。

深得孫中山的滿意。1912 年 1 月 1 日，孫中山從上海赴南京，當日就任中華民國臨時大總統，同生拍攝的肖像，被孫中山當作臨時大總統標準像，多次贈送友人。[12]

就在同生照相館拍攝的《津浦鐵路南段攝影集》照片冊上，貼有「同生照相樓」的一個廣告標籤 (4-5-6)，上面標明，「本號開在上海虹口北四川路，分號開在北京廊坊頭條胡同」。20 世紀初，清末北京的照相業競爭遠遠沒有上海激烈，同生照相館館主譚景棠意識到北京照相業的潛力，1910 年在廊坊頭條西口路北開設了同生分號[13]，譚景棠把主要精力轉到北京經營，上海同生照相館，則改由原來退出照相館股份的胞兄譚存照任館主，繼續經營[14]，正如早年譚存照從同生退股登報聲明一樣，親兄弟明算賬，譚景棠和譚存照同一天在上海《申報》上分別刊發聲明：

負欠求真

竊謂得人過信股本倍覺豪雄，有兄幫忙，數目尤須清白。啟者：上海美界北四川路，門牌第號同生照相店生意，原日係譚景棠一人創設，今因北京支店要景分身，是以未能兼顧，現擬將上海同生全盤生意，讓與胞兄存照接辦，所有以前賬債，悔由景棠經手者，請各財東自陰曆三月初一日起至一個月止，各攜單據數簿，到敝店聲明俾景棠認可，訂期找結，仍不見到敝店賜教者，顯係別位經手，與景棠無

涉，自後永遠不得向景棠討取，此布。是實乞勿吝玉，陰曆三月初一日。

美英北四川路同生店譚景棠啟[15]

聲明

今承接胞弟譚景棠交與同生照相店全盤生意，係由存照承受，日後盈虧，與景棠無涉。茲由陰曆三月初一日起，以前存照經手借項數目，係由景棠支結，與存照無涉，特此周知。

上海北四川路二千零五十二號譚存照啟。[16]

同生在北京開業的 20 世紀初期，北京最有聲名的照相館，一是在內城霞公府的山本照相館，館主為日本人山本贊七郎；另一個就是琉璃廠土地祠剛剛失火恢復營業的豐泰照相館；以及前門外觀音寺路南的寶記照相館。面對競爭，在照相館人像拍攝上，譚景棠利用時髦的照相館西洋道具進入北京市場。1914 年，同生照相館推出「飛艇畫景」拍照，正如中國古人所說的「木鳶可以升天」，同生的飛艇「空中旋轉亦泰西之新奇，近代文明日進，技藝日新，製造之精愈奇，光學之巧惟妙惟肖」「所拍之像與所坐一飛艇真贗莫辨，若出天然，如履雲霧之中，而現廬山真面目」。[17] 同生照相館還推出各色化裝照「西式新裝，男女洋服」，並且還「在粵東聘請好手，精繪鉛筆大相」，

---

12 西泠印社拍賣有限公司 2014 年春季拍賣會，《中外名人手跡專場》，Lot 0013，《孫中山英文簽名照》。此照片標註的拍攝時間有誤，1912 年為贈送照片時間。

13 《同生照相館十五週年紀念優待》，見《順天時報》，1925 年 1 月 13 日第 5 版。

14 見《申報》1915 年 12 月 23 日第 11 版，《被訴人交

保候訊》一文，「沈曹氏在公共公廨呈控同生照相館主譚存照圖賴借洋一千零十元」，說明上海同生至少經營到 1915 年底。

15 見《申報》，1913 年 4 月 12 日第 4 版。

16 同前註。

17 《同生照像館》，見《順天時報》，1914 年 3 月 27 日。

針對「各省政界諸君晉京，投者報名」，以及考試照相等需要緊急拍照的情況，同生推出「即日照像，可於翌日取件，萬無延期」[18]的措施，從而迅速打開了北京照相業市場。

1915 年 6 月，民國農商部鑒於一戰爆發後外國來源不繼，正值國貨暢銷有望的機會，呈請大總統袁世凱，準備「開設國貨展覽會於京師，廣為倡導，樹之風聲，庶足以應時勢之要求、而勵工商之邁進」[19]，此項建議得到了袁世凱的批准。10 月 1 日到 20 日，全國國貨展覽會在農商部商品陳列所召開，「遊覽人數平均每日不下萬人」[20]，展會結束後，評出特等、一等、二等、三等、褒獎各 173、541、658、750、417 名，北京「同生」照相館送往展覽會的攝影作品，獲得「金牌頭等獎章」，即一等獎，同生照相館把獲獎證書刊登在 1917 年 12 月 30 日的《順天時報》第 3 版上，以擴大自己的知名度。

就在同生照相館獲獎的 1915 年，同生老館主譚景棠因患白喉去世[21]，其子譚林標接管同生照相館。1916 年，應不斷擴大的照相業務需求，同生照相館在中央公園開設分號，「添聘有名技師，富儲最優等之材料，專做最高等之白金紙，及紅色、綠色真金等紙」[22]，為了滿足遊園客人的需要，這裏除了照相，還「有彈子房，以助遊人興趣，花畦中之奇卉羅

列甚多，並養白鶴一隻於其旁，金魚之屬亦至夥」。[23]1916 年，名伶梅蘭芳也在同生照相館拍攝「各等之喬裝像，其神情之畢見，點綴之得宜，確乎為妙為肖，一若如見其人，迥非別家尋常者可比」[24]，很多報紙、刊物還把梅蘭芳的「喬裝美人相」「喬裝文明結婚相」木刻製版，刊登發行，大大提高了同生照相館的知名度。同生南、北兩號同時售賣梅蘭芳肖像，可零售，可批發，外地還可以郵寄送達，生意日隆。(4-5-7)

同生照相館少主譚林標，還利用父親在北洋政府中眾多的廣東故舊，積極參與北洋政府的時事拍照。1916 年，袁世凱帝制失敗病亡後，8 月 1 日，國會復會，段祺瑞出任總理，同生照相館負責拍攝合影，除了為官方提供「完美印就」的照片，照相館還「將原版加意擴大，有三十寸者，有五十寸者，更有大至八十寸者，材料工作，堪稱美備，鏡框相架，隨時配便」[25]，以便進行商業銷售。同生還為新當選的黎元洪大總統、段祺瑞國務總理「晉府照像，軍禮各服，俱已印就」[26]。1916 年 10 月 10 日是民國第五個國慶日，黎元洪在南苑操場舉行了北洋軍閱兵儀式，這也是民國成立以來第一次大規模「雙十節」慶祝，同生照相館奉詔拍攝了各種操練照片，「計攝得十二寸像片一百餘份之多，並皆佳妙精巧異常，即日

18 同前註。

19 《限期徵集商品開設國貨展覽會》，《全國商會聯合會匯報》，第 2 年第 9 號，1915 年 8 月 1 日。

20 《農工商部呈恭報國貨展覽會辦理情形並呈會場陳設圖片請鑒文並批令》，見《大公報》，1915 年 11 月 24 日。

21 譚正曦，《我的攝影生涯 —— 兼議同生美術照相部》，見北京市政協文史資料委員會、北京市工商業聯合會、東城區文史資料委員會編，《王府井》，北京出版社，1993 年，175 頁。

22 《同生照相館》，見《順天時報》，1916 年 5 月 4 日。

23 君豪，《京塵逭暑錄》（五），見《申報》，1922 年 8 月 30 日第 18 版。

24 同前註。

25 《同生照像館》，1916 年 8 月 11 日第 5 版。

26 同前註。

出版」。[27] 此後，同生照相館還多次「蒙公府及各部署招往攝影」[28]，為保證照片的質量，同生所有照相「均由粵東聘請名師來京，製造出之像，玲瓏浮凸，比他家更覺工精藝美，誠為一時之冠」。[29] 並且，同生自稱「專家照像放大」「尤為本館之特色」[30]，同時備有新式大小鏡框。

為了擴大經營，1916 年，譚林標還同時開設了同生祥鏡框畫景店，銷售相框和美術畫片，「自運外洋各款金邊木，本國各省上等土貨木料，巧做各種西式大小相架。兼售中外馳名美術畫片，外國新到洋畫、油畫、墨水等畫」。[31]

1923 年 10 月，曹錕賄選為大總統後，26 日，參眾兩院臨時會議召開，同生照相館用美國購來沙克梯「最新式最大的轉鏡」，拍攝了「兩院臨時會」的全景照片，「玲瓏浮凸、活活傳神」[32]，並公開銷售，這也是北京照相館最早使用轉機攝影。

1924 年 10 月，直系將領馮玉祥反戈，在北京發動政變，推翻了曹錕政權後，邀請孫中山北上，共商國事，並提出召開由各實力派參加的和平會議，產生正式政府。孫中山接受邀請，於 12 月 31 日，抱病抵達北京，受到各界的歡迎。同生照相館自 1911 年給孫中山拍攝肖像後，以攝影再續與國父的前緣。

旅京的廣東同鄉，在孫中山到達之前，開會組織了「旅京廣東同鄉歡迎孫公中山籌備大會」[33]，位址就設在中央公園同生照相館。

1925 年 3 月 12 日，孫中山因病逝世於北京，在去世前，孫中山於 2 月 24 日口授《國事》和《家事》遺囑兩份，3 月 11 日晨，孫中山在遺囑上簽字，「由孫夫人手托其臂，而後執筆，共分三紙寫。孫之簽字及孫科等字均用藍墨水寫（所製銅版上所簽之字不明顯即以此故），餘以中國毛筆寫之，由同生照相館當場拍出」[34]，與此同時，同生照相館還拍攝了孫中山所在的行轅 —— 北京鐵獅子胡同顧（維鈞）宅的照片。（4-5-8）

孫中山逝世後，「家禱禮式，及由協和禮堂移柩至中山公園沿途，與社稷壇、大殿、靈堂全份相片」[35]，都是由同生照相館「獨家擔任攝影」，4 月 7 日，這些照片「已出版全份，或零購均可」。孫中山治喪處「為留紀念起見」，還在同生照相館「製中山六寸遺像千張，分贈諸人」。[36]

1929 年 2 月 17 日，北平各界籌備建立的孫中山總理銅像，在天安門舉行奠基典禮，各界代表及民眾千餘人參加，典禮極為隆重，「由公安局樂隊在場奏樂，同生照相館照紀念像片，華北影片公司照活動電影」。[37]

1929 年 5 月，南京中山陵的建築以及相關工程終於相繼竣工，從 5 月 26 日開始，孫中山的靈柩從西山碧雲寺奉移南下。根據趙俊

27 《廣東同生照相館國慶紀念秋操像片出版》，見《順天時報》，1917 年 10 月 20 日第 4 版。

28 《廣東同生專家照像放大》，見《順天時報》，1917 年 12 月 30 日第 3 版。

29 同前註。

30 同前註。

31 《新張廣告：同生祥鏡框畫景店》，見《順天時報》，1916 年 5 月 4 日。

32 《同生照相謹啟議員諸公公鑒》，見《順天時報》，1923 年 10 月 31 日第 1 版。

33 《旅京粵人歡迎中山之籌備》，見《申報》，1924 年 12 月 11 日第 7 版。

34 《孫寓弔唁記壯行》，見《申報》，1925 年 3 月 16 日第 5 版。

35 《同生孫公喪儀相片出版》，1925 年 4 月 7 日第 5 版。

36 《孫中山移殯後餘聞》，見《申報》，1925 年 4 月 8 日第 5 版。

37 《北平總理銅像奠基典禮》，見《申報》，1929 年 2 月 26 日第 10 版。

毅的研究，為了拍攝這一曠世大典，奉安委員會特別邀請上海王開、南京中華、上海中華、上海兆芳、上海長澤、上海麗昌、天津鼎章、北平同生八家照相館參加拍攝，「各報館的攝影記者，北平光社、南京美社兩家攝影團體，以及兩地的攝影愛好者、外國使節和國際友人也參與進來，他們紛紛拿起相機，沿街拍攝迎櫬的宏大場景」。[38]

不過，在所有拍攝者當中，北平同生照相館似乎享有官方拍攝權，5 月 26 日凌晨，在北平西山碧雲普明妙覺殿靈堂內，奉移禮節開始前，「覆蓋棺套後，同生照像館至堂前用鎂光攝影，攝畢，舉行奉移禮節，時十二時五十分」。[39] 此刻，拍攝是同生照相館獨享。凌晨一時行奉移禮後，靈櫬啟行，「一時三十五分、靈至大門前、將下石階時」，各報攝影記者才可以拍攝，「競相攝影，鎂光炫目，照耀如同白晝」。[40]

奉安大典的拍攝者，就是同生的少館主譚林標，據他晚年回憶：「我從碧雲寺到南京一路上都隨靈車走，把所有過程、重大場面都拍攝下來。為了使資料完整，我事先派人在沿途幾個點專門等候，拍攝靈車從遠處駛來的鏡頭。靈車在浦口過江時，所有停泊在南京港口的外國軍艦都鳴炮表示敬意。到南京下火車後，孫中山先生的衛士馬湘帶着我顧不上喘口氣就一直趕到了國民黨中央總部。」孫中山的靈柩先停放在國民黨中央總部，為了方便譚林標拍照，孫中山之子孫科還「發給我一個綬帶

斜掛在肩上做標誌」。[41] 6 月 1 日，孫中山的靈柩移往中山陵，為了不落下重要場面，譚林標「在中山陵的那 300 多級台階上，上上下下跑了好幾趟，那天真是給我累壞了」。[42]

6 月 1 日，奉安南京紫金山中山陵後，同生照相館製作了《總理奉安紀念冊》，該冊記錄了從 1929 年 5 月 22 日開始自北平西山碧雲寺起靈前，至 28 日靈櫬抵達南京，再至 6 月 1 日奉安大典告成的全過程。主要包括四大部分：一是自 5 月 22 日起孫中山靈櫬在北平香山碧雲寺移靈、易棺、公祭照片共 21 張；二是孫中山靈櫬起靈至靈車南下抵達南京浦口車站照片 97 張；三是靈車抵達浦口車站，恭扶靈櫬至威勝艦，至中央黨部禮堂公祭，共有照片 25 張；四是 6 月 1 日奉安日當天，從中央黨部至中山陵奉安照片 15 張。

除了奉安大典這樣的時事照片拍攝，北京同生照相館還拍攝過不少純粹的風景建築照片冊。利用和北洋總統府的良好人脈關係，在 20 年代初期，同生照相館拍攝製作了《北京三海全景》上下冊的照片貼冊，作者收藏了其中的一本下冊，共包含原版銀鹽照片 60 張，其中有北海照片 21 張，南海照片 16 張，中海照片 23 張。（4-5-9）同生照相以純粹紀實的手法拍攝，構圖規整，注重前後景色的搭配，從不同側面記錄了當時三海的自然風貌和建築景觀。有意思的是，照片冊封面上，同生照相館的英文名稱 K. T. THOMPSON STUDIO, PEKING 不但放在《北京三海全景》標題的上

38 趙俊毅，《奉安大典——一次重大的攝影活動》，四月風網站。

39 見《申報》，1929 年 6 月 1 日第 11 版。

40 同前註。

41 譚正曦，《我的攝影生涯——兼議同生美術照相部》，

見北京市政協文史資料委員會、北京市工商業聯合會、東城區文史資料委員會編，《王府井》，北京出版社，1993 年，180 頁。

42 同前註。

面，而且字號還大於標題字號，並且下面「北京同生攝製」幾個字和標題字號一樣大。在中國早期照相館照片貼冊的製作中，同生照相館是最注重照相館名稱標識的，除了在封面或封底標明，有時還特別製作一個標籤，粘貼在照片冊內，這表明同生的現代品牌廣告意識。

1926 年 2 月 6 日，同生照相館順應時代發展，在王府井大街南口路東開設「同生美術照相部」，採用「最新式的弧光美術攝影法」拍攝，替代以前主要依靠日光攝影的拍攝方式，照相館內各種燈光的佈置，不但可以「發射種種之光線，對於上下左右方向，可以隨意調發。射力可以自由縮放，能如照相諸君所欲，光線集於何點，黑白施於何處」，這樣拍攝出的肖像「色容柔麗，過化存神，尤巨湧美術觀感」，弧光攝影，「開華北美術攝影之先河」。[43] (4-5-10)

為了照顧大眾的需要，同生照相館還在王府井南口開設了「一元照相館」作為同生另一個分店。「一元」照相，顧名思義，就是每份照片一元錢，八英寸可以印一張，六英寸可以印兩張，四英寸印三張，兩英寸印四張，而同樣一份，在同生照相館需要付四倍價錢。[44]

20 年代末，北平同生還在天津開設了分號——天津同生美術部，由譚景棠另一個兒子譚林北負責。譚林北是二三十年代北方攝影名家，天津同生照相館也是順應時代大潮，以美術照相出名。1931 年，在同生的三層樓上，再開設了一個新的攝影室，「設備極優

雅。壁色如雪，迎門以短板間之，糊藍花圖案之布，地上敷淡黃漆布，界淺清格如棋盤。背幕用白絨，映以電光華美潤澤，得未曾有。一幕之值，百五十金，其餘稱是，設備較前益周」。[45] (4-5-11, 4-5-12)

天津同生美術部除了大量拍攝「美術照」外，1931 年，同生還與天津一個收藏有「全套戲箱」的票友合作，推出戲裝「出租攝影，以供嗜好戲劇者之採用。租價並不昂貴，攝影時並代為化裝，指點姿勢，一般愛美戲劇家，固不妨穿戴整齊，留張『戲象』；即戲戀已深尚不能唱者，亦不妨裝扮起來，來張無聲『電影』(同生照像皆用電光之謂也)，現已開始，往拍者已大有其人，想喜歡哼哼幾句者，必皆樂聞此消息也」。[46]

譚林北自己也拍攝照片，經常向京津各畫報提供照片。創刊於 1926 年 7 月 7 日的《北洋畫報》以信息量大而在民國畫報中佔有重要一席。1933 年初，《北洋畫報》創辦人馮武越鑒於時局以及家庭變故，忍痛將《北洋畫報》賣給了譚林北。譚林北接手《北洋畫報》後更加注重採用照片，特別是新聞照片、明星照片的刊發。《北洋畫報》最具代表性的標誌，是在畫報的報頭之下，每一期都刊登一幅人物肖像，如名媛閨秀、戲劇電影名流、學校女高才生、交際花、美女以及軍政界名人等，在 20 世紀 30 年代，天津同生則幾乎包辦了這些照片的拍攝。刊登照片的同時，下面往往註明「同生攝贈」，廣而告之，做足了廣告。

43 《同生美術照相部陽曆二月六號開幕》，見《順天時報》，1926 年 2 月 6 日第 1 版。

44 譚正曦，《我的攝影生涯——兼議同生美術照相部》，見北京市政協文史資料委員會、北京市工商業聯合會、東城區文史資料委員會編，《王府井》，北京出版

社，1993 年，177 頁。

45 《同生更上一層樓》，見《北洋畫報》，1931 年 3 月 5 日。

46 《戲劇與照像》，見《北洋畫報》，1931 年第 15 卷第 702 期。

同生照相館，從上海起家，專注鐵路攝影，成果卓著。進軍北京後，不但與北洋政府保持密切合作，拍攝軍政要員和常人難得一窺的總統府風貌，而且以當時最先進的照相設備和拍攝理念引領着北京照相業的發展。天津同生照相館，把眾多名人、名媛肖像推向大眾媒體，開始催生北方都市現代視覺文化的發展。

同生照相館與國父孫中山結下不解之緣，在記錄一代偉人光輝形象和逝後哀榮的同時，也使自己永遠鑴刻在中國攝影史上。一代同生照相館，跨越京、津、滬，享譽京、津、滬，在中國照相館發展中，雖然不算特例，卻足以值得今人的尊敬與銘記。

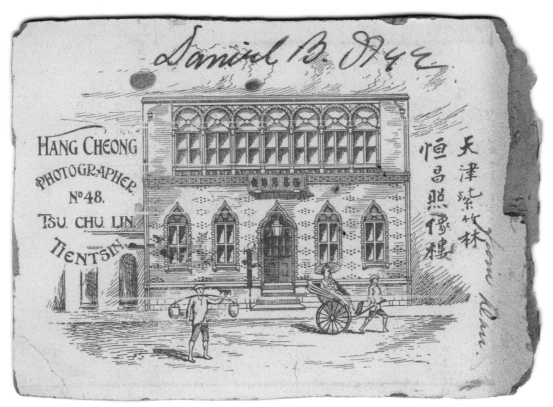

4-6-1　天津恒昌照相樓外景

14×10 厘米，1890 年前後。作者收藏。

恒昌照相樓位於天津紫竹林 48 號，為二層西式洋樓。

4-6-2 黃開文肖像

天津恒昌照相館，蛋白紙基，櫥櫃格式，1892 年前後。
作者收藏。

這是後來任北洋總統府大禮官的黃開文 27 歲左右時的肖
像。照片上有手書「錫臣公」，照片背面有照相館英文名
字和英文位址，照相館又開設在法租界，說明外僑是照相
館的主要顧客。

4-6-3 兩男子合影

天津鼎昌銘記，銀鹽紙基，卡紙 23×30 厘米，照片 15×20 厘米，1904 年。作者收藏。

4-6-4 單人男子肖像

天津鼎昌，銀鹽紙基，卡紙 8×12 厘米，照片 6×9 厘米，
1905 年前後。作者收藏。
照片背面印有「今移在日租界旭街司慶茶園西首」字樣，意
味着剛剛搬家不久，廣而告之。

4-6-5　黎元洪肖像

鼎章照相館，銀鹽紙基，29×19.1 厘米，1920 年前後。華辰 2011 年秋季拍賣會《影像》Lot
1360。

4-6-6　女子肖像

天津鼎章照相館，銀鹽紙基，卡紙及封套 32×39 厘米，照片 20×26 厘米，1925 年前後。作者收藏。

4-6-7　王占元之子王澤寬家庭合影

天津鼎章照相館，銀鹽紙基，卡紙及封套 31×24 厘米，照片 21×16 厘米，1930 年前後。作者收藏。

4-6-8　王占元家眷合影

天津鼎章照相館，銀鹽紙基，卡紙
22×18 厘米，照片 13.8×9.6 厘
米，1930 年前後。作者收藏。

4-6-9 王澤寬兄弟家庭合影

天津中國攝影公司，銀鹽紙基，封套、卡紙 36×28 厘米，
照片 27×22.6 厘米，20 世紀 30 年代。作者收藏。

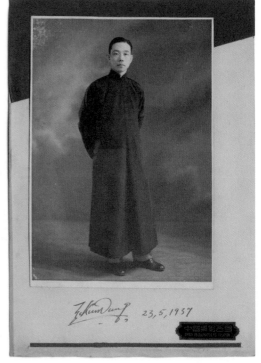

4-6-10 王占元之子王澤寬美術肖像

天津中國攝影公司，銀鹽紙基，卡紙及封套 26×37 厘米，照片
19×27 厘米，王澤寬英文簽名，1937 年 5 月 23 日。作者收藏。

第六節

天津歷史最悠久的照相館

—— 鼎章與中國照相館

晚清時期，中國最大的威脅主要是海上來的列強，天津又是從水路進入大清都城北京的必經之路，從地理上來講，天津衛就是大清都城的國門。正因如此，照相術伴隨着列強的槍炮很早就來到了天津，1858 年，英國對華全權代表額爾金使團中的羅伯特．馬禮遜拍攝了天津最早的影像。[1]

第二次鴉片戰爭後，天津被確定為通商口岸，先後建立了 9 個國家的租界，租界數量之多，在 16 個城市中名列前茅。從 1870 年開始，李鴻章主政的直隸總督府移駐天津，天津的政治地位迅速升格，不僅成為北方的政治中心之一，而且，也成為李鴻章和後來的袁世凱興辦洋務和發展北洋勢力的主要基地，照相業也伴隨着天津的開放和開發而發展起來。1874 年，一支俄國探險隊到訪天津，曾經提到，當地居民和外國居住地之間的大街上，「有一間中國人開辦的照相館，樣子不起眼」[2]，雖然我們還不知道這家照相館的確切

名稱，但可以確定，從 19 世紀 70 年代起，中國人開辦的照相館已經在天津發展起來了，在所有的照相館中，鼎章與中國照相館，是津門最值得大書一筆的照相館。

鼎章的前身是廣東人黃國華創辦於紫竹林的恒昌照相樓，成立於 1875 年[3]。(4-6-1) 1888 年 6 月 21 日的《天津時報》上，就曾經刊登了恒昌照相館的廣告：

本樓開設紫竹林，屢蒙士商光顧，已歷數年，今新購到照相傢俬一套，與前格外快捷，而且眉目清楚，衣褶分明，價目比前大省。諸尊光顧敬啟早臨為荷。

恒昌照相館謹啟

1898 年，恒昌照相館再建新樓，「內設玻璃照相樓兩所，光陰清亮，雅潔寬宏。另備男女客座，閨眷區分，洵大觀也」。[4] 9 月 16 日，新樓正式營業，總店在天津紫竹林大街郵政局

1 （英）泰瑞．貝內特，《中國攝影史 1842—1860》，中國攝影出版社，2011 年，第 124—126 頁。

2 Pavel Piassetsky，*Russian Travelers in Mongolia and China*，第 1 卷，1884 年，第 127 頁。

3 根據 2010 年《渤海日報》對陸宏慈的專訪，恒昌成立於 1875 年，陸在 1945 年進入鼎章當學徒。

4 《恒昌照相樓》，見《國聞報》，天津，1898 年 10 月 16 日。

對門，並且已經在先農壇前開設了「分舖」。這時的恒昌照相館，照相「法美工精，更有放大像，傳真像，光惟巧繪新奇，顏色鮮豔，形容活肖，無不絲毫畢現，雅致傳神，另新添各式景物，預為諸君配景」[5]，並且還開展多種經營，同時銷售「洋廣雜貨、鐘錶、洋琴、留聲機器等物」。[6] (4-6-2)

1900 年，八國聯軍入侵天津，恒昌暫時關閉，黃國華離津回鄉。1901 年，原恒昌照相館技師，寧波人王子銘接手恒昌照相館，改名為「鼎昌銘記」，繼續經營。(4-6-3) 1904 年 3 月 24 日，鼎昌因為「地勢狹隘，難盡所長」，從「估衣街路北中間」遷到「歸賈胡同內路東第一大門樓院」。[7] 1905 年，鼎昌再次遷到「日租界旭街司慶茶園西首」，樓上設鼎昌照相館 (4-6-4)，樓下設鼎昌祥煙公司。[8] 王子銘 1909 年病故後，其子王祖宋接替。因年輕外行，不善經營，任意揮霍，業不抵債，1911 年停業。嗣後，鼎昌照相館職工王潤泉找到財東鄭良棠，由鄭出資四百元，將鼎昌照相館改為鼎章照相館，於 1912 年農曆新年正式開業。經理為王潤泉，職工有李耀庭、張少山、殷國柱，每日營業額達 20 餘元，生意興旺，而後，營業額逐漸上升。

鼎章營業未到一個月，天津發生了「壬子兵變」[9]，鄭良棠原設在估衣街的中英藥房遭到搶劫，遂停業返回寧波原籍。此後，鼎章留守職工經幾個月的努力，營業額逐步上升到每月 1000 元，職工也逐步增加到十四五人。隨着業務的發展，急需流動資金周轉和添置照相器械設備時，鄭良棠來函表示無意繼續經營，讓王潤泉將該館兌出。後來，「王潤泉遂徵集新股東 10 人，由王海門為股東代表，共投資 1200 元，分為 12 股，每股 100 元。資金解決後，立即增添設備，改進技術，業務又逐漸上升，每月營業額達 1600 元。到 1913 年底，營業額每年達 2 萬餘元，職工也增至 20 餘人。股東紅利年終分發，每股 100 元可分到紅利 100 元，股息率為 100%」。[10]

北洋時期，大量清朝遺老遺少，下野的軍閥、官僚和政客避居天津租界區，進一步帶動了天津經濟、文化的發展，照相需求激增。1916 年，鼎章股東們利用貸款，將所租用的店面和後院的房東住房以 2.4 萬元全部買進；1917 年，將一部分平房改建成二層樓，成立第二攝影室；1918 年，將北房建為新式三層樓房，成立第三攝影室並全部安裝暖氣。鼎章自 1916 年至 1928 年間營業額高達 5 萬元，所獲利潤除分期歸還購買房產借款外，還添置一部分新式照相器械，如美製轉鏡照相機、明信片反光快鏡等，並將股票每股 100 元升值為 1000 元，鼎章一躍成為當時津門規模最大的

5　同前註。

6　同前註。

7　《大公報》，天津，1904 年 3 月 31 日。

8　李耀庭，《鼎章——天津歷史最久的照相館》，見中國人民政治協商會議天津市委員會、南開區委員會文史資料委員會合編，《天津老城記憶》，天津人民出版社出版，1997 年，第 157—161 頁。

9　1912 年 2 月，為了迫使清帝退位，和平統一南北，孫中山將中華民國大總統讓位袁世凱，但提出袁世凱必須到南京就職，並派蔡元培、宋教仁等到京迎接。袁世凱不願離開多年經營的老巢，於是密令他的親信張勳等在京、津、保等地發動兵變，聲稱反對袁南下，以製造北方局勢不穩，袁必須坐鎮北京的假像。兵變的士兵到處燒殺擄掠，使人民生命財產蒙受巨大損失。最終迫使南京臨時政府同意袁在北京就職。這一年為壬子年，故史稱「壬子兵變」。

10　李耀庭，《鼎章——天津歷史最久的照相館》，見中國人民政治協商會議天津市委員會、南開區委員會文史資料委員會合編，《天津老城記憶》，天津人民出版社出版，1997 年，第 157—161 頁。

照相館。

除了規模大，鼎章後來能夠名滿津城，還有賴於名人效應。鼎章照相館常為寓居或經過天津的各界名流拍照，這是最好的照相館廣告。

1918 年冬天，從總統寶座下野在天津寓居的黎元洪，請鼎章照相館的攝影師李耀庭來到家中，拍攝了一張 8 英寸半身像。不久，他又把李耀庭請來，拍攝了一張 12 英寸照片。1922 年第一次直奉戰爭結束，曹錕、吳佩孚力請黎元洪復任大總統，黎元洪臨行前，囑咐將照片加洗 500 張（合 650 元），後來又加洗了十多次。（4-6-5）

1924 年年末，孫中山抱病從廣州北上，12 月 4 日晨抵達天津，下榻張園。聞聽消息的李耀庭當天下午便造訪張園，為孫中山拍了一張 12 英寸全身像，不久孫中山逝世，「鼎章」將這張珍貴的照片洗印了數千張，傳遍全國。在「名人效應」下，達官顯貴與闊太太富小姐們趨之若鶩，那時候全家人去鼎章拍照片代表了一種生活態度，中產家庭都以擁有一幀鼎章照相館的寫真為時髦與榮耀。（4-6-6—4-6-10）

此時，鼎章的照相業務也由室內拍照擴大到戶外拍照。如大中學校的畢業團體照、畢業生的半身照片、製銅版印成同學錄等業務都十分繁忙，職工人數增加到 40 多人。另外，鼎章照相館的攝影師還走出照相館，拍攝了大量新聞時事照片。1917 年天津發生了水災，鼎章照相館「駕舟赴各災區拍攝影片多張，用玻璃版印製成冊，廉價出售」[11]，這就是著名的《天津水災紀念全圖》。津門報界名人劉孟揚在這套圖冊的前言中說明鼎章印製圖冊的目的：「購而閱之，不啻親歷災區，而知所儆惕，庶各懲前毖後，力矯從前奢華靡麗之氣。」[12]

1919 年，鼎章照相館各股東因分不到紅利，將每股 1000 元降為 700 元，出讓給經理王潤泉及李耀庭二人，王潤泉為 7 股（4900元）、李耀庭為 5 股（3500 元），從此鼎章就由王、李二人合夥經營，王潤泉為經理，李耀庭為副經理。

然而，就在三年之後，鼎章照相館遭遇了一次信譽危機。1922 年 2 月，美、英、比、法、意、日、荷、葡和中國北洋軍閥政府在華盛頓會議上簽訂「九國公約」，確立了以美國為首和英、日共同控制中國的侵略局勢，此條約是對中國主權獨立和領土完整的粗暴侵犯，也激起了中國人民的強烈反抗。在北方的天津市，「工商各業，無不聯絡同業，結成團體，共救國難」[13]，照相業也不例外。2 月 27 日下午三點，天津照相業同仁 20 餘人，正式宣告成立天津照像同業會，當時，眾多照相館踴躍加入公會，唯獨位於日租界的鼎章照相館，在開會以前，公會籌備會連去三函邀請入會，始終未見回音。會長劉子固「又往該號謁其經理，不但不見，反聲稱本號不但不加入公會，仍照常使用仇貨，不加抵制」，天津同業公會討論決定，「嗣後該號倘欲加入時，本會決定不准其加入」[14]，並且準備「即通告各官署、各機關，及紳商各界，永不在該館拍照」。[15]

---

11 《天津水災紀念全圖》弁言，鼎章照相館印製，1917年。

12 同前註。

13 《本埠新聞》，見《益世報》，天津，1922 年 3 月 1 日。

14 《照像同業會開會紀》，見《益世報》，天津，1922 年 3 月 6 日。

15 《鼎章像館干犯眾怒》，見《益世報》，天津，1922 年 3 月 8 日。

在此次愛國行動中，鼎章「干犯眾怒」的表現，留下了一個歷史的汙點。

不過，此後鼎章的發展似乎並沒有受到多大影響，「自1929年至1930年，鼎章每年營業額高達八九萬元之多，職工增到六七十人，鼎章業務達到了鼎盛時期」。[16] 這時，鼎章新聞照片的拍攝也大量增加，從當時天津《北洋畫報》《益世報》上，不時會看到鼎章照相館拍攝的新聞照片，如《天津游泳比賽會上之五十米決賽》（《北洋畫報》1930年8月21日）、《福特飛機到津之情形》（《益世報》1930年10月22日）、《華北球類比賽之天津代表隊》（《北洋畫報》1931年3月24日）等等。天津《中華畫報》第2卷第103期評論說：「每一會場，無不見鼎章號中人奔走拍攝於其間。照得準、洗得快，以倪汝福、倪煥章為新聞片中之最努力者，其認識新聞，有時竟勝於各報攝影記者。」

1931年「九一八事變」後，11月8日，日本侵略者在天津製造了一起武裝暴亂事件，史稱「天津事變」。日租界的鼎章照相館生意大受影響，於是，鼎章在法租界華中路新設分號，由李耀庭擔任經理。根據《北洋畫報》1932年2月4日秋塵所寫的《鼎章新館開幕記》一文，開幕日期是在1931年陰曆「10月1日」，但陰曆「10月1日」是陽曆11月10日，正是事變後第二天，所以，作者認為，「10月」應當是報紙印刷之誤。根據鼎章經理王潤泉1933年一個廣告聲明，「二十一年在法租界分設支館」[17]，所以，這個支館開幕日期應當是1932年1月1日。在這篇遊記式的短文中，

作者向我們展示了鼎章照相館新館內部的全貌：

新館為一三層之大樓，一切設備，均別出匠心。窗門均雕細花，作淺灰色。窗中陳列，以黑絨作成墊兒，歷階而上，遠觀之如懸鏡在牆。

樓下遍陳像片，玻璃櫥中，亦均用黑絨作襯，色彩格外顯明。仿女性最新式長方手錶，出該館某君之手，頗精巧也。

二樓為休息室，中置長案，周以軟椅，沙發設牆角，如會議廳。入室甚暖，不見爐，為巨鏡所掩，做一小間隔，几疑為暖氣管。盆花排列，極藝術化。

其化妝室，小而精，即設樓梯口，備女性擦脂抹粉之用也。

自一樓樓梯至三樓口，皆為喜聯賀鏡所掩蔽，本報所贈「形影不離」之賀鏡，即懸休息室之正面。

三樓為攝影室，黑幕白頂，設弧光燈三架，頂上燈凡六七十盞，開視之，光如白晝。面積甚寬敞，足容三四十人。為利用光線，壁色如雪，與二樓之燈紅壁綠者，又覺其雅潔可喜。

開幕日，梅蘭芳即與長城唱片公司經理葉畏夏先往攝影焉。鼎章營業，素稱發達，此後兩號並進，其成績當益見驚人矣。

分館經理李耀庭，1894年12月15日出生在天津河北區小關大街劉家胡同5號，自小家境貧寒，依靠親戚的資助，從10歲起讀了

16 李耀庭，《鼎章——天津歷史最久的照相館》，見中國人民政治協商會議天津市委員會、南開區委員會文史資料委員會合編，《天津老城記憶》，天津人民出版社出版，1997年，第157—161頁。

17 《鼎章照像館王潤泉緊要聲明》，見《益世報》，天津，1933年6月13日。

5 年私塾。1909 年，他經親友介紹到鼎昌照相館（鼎章的前身）學徒，開始他的照相生涯。

李耀庭完全住在店裏，「早起晚睡，不講工作時間，他專心致志，不會就學，不懂就問。自己的活幹完就幫別人幹，從中便多學會了許多技術。但僅憑這些是遠遠不夠的，還須細心觀察，刻苦鑽研。他在暗室工作中發現沖洗底版、相片的藥水配方是沖洗質量好壞的關鍵之一。於是他便偷偷觀察，用量筒測量每次用劑的數量，做好記錄，時間長了，他就掌握了這一門『保密』的技術」。[18] 幾年下來，李耀庭就初步掌握了全套洗片、放大、修版、照相等技術。李耀庭長年住店裏不回家，就連結婚（1914 年 10 月）也僅在家住了一夜。由於他的聰明勤奮，到 1914 年，他的照相技術在天津已享有盛名，成了鼎章照相館的「台柱子」。1919 年，李耀庭擔任鼎章照相館副經理後，經理王潤泉看到鼎章業務日益發展，對此很是滿意，很少過問業務情況了。實際上這時鼎章的興衰、發展已全部操於李耀庭之手。

1932 年成為鼎章照相館分館經理後，李耀庭於 1933 年 6 月 1 日，在法租界天祥市場北門對面，「集合攝影專家多人，創辦中國攝影公司」。[19] 這引起了鼎章照相館總館經理王潤泉的不滿，6 月 9 日，王潤泉在《益世報》發表聲明稱：「一切川換來往，皆由總館辦理。若獨以支館名義應聲、作保、川換、來往，如無總館簽字蓋章，概不負責。」[20] 準備架空李耀庭。6 月 13 日，李耀庭也在《益世報》回擊說：「耀庭與王潤泉同為鼎章資東，在法律

上立於平等。且耀庭既任法租界分館經理，對於業務上自非無權。乃王潤泉無端加以限制，洵屬無理。至於鼎章財產，原為資東共有，非會商同意，則任何一人不能處分，或擅為借債。」[21] 後來經中間人調解，雙方同意，鼎章分館歸李耀庭所有，鼎章總館及房產均歸王潤泉所有。

陸宏慈曾經是鼎章照相館的學徒，1945 年進入鼎章學藝，他回憶說：「那會兒當學徒每天起早給師傅買早點、收拾屋子，營業時間到了，搬道具、做佈景、開燈，給師傅幫忙……顧客來了，首先就是讓到會客室坐下，看樣本，選擇佈景，一切就緒後進攝影室開始拍照，攝影室是個玻璃棚，裏面掛着遮光布，我們會根據用光需求，用竹竿將布簾撩開，這樣讓自然光照到人的臉上。鼎章照相館，除了技師是一流的，設備也一流。」1942 年王潤泉因病在家休養，其子代為經營，因係外行不懂業務，逐漸虧損，每月營業收入不夠開支，1950 年王潤泉病故，加上歷年營業虧損，以及外欠稅款無力償還，於 1954 年將全部資產及營業樓房作價抵債，正式歇業。1955 年底交文化用品公司接管，改為照相器材營業部。後來因為群眾反映仍希望老鼎章恢復拍照，1957 年鼎章照相館在天津市福利總店主持下重新開業，是當時全市唯一的國營照相館。

再回到 1933 年，李耀庭正式接手鼎章分號後，改名為中華照相館，與其管理的法租界中國攝影公司，各自獨立經營。中華照相館的職工都是鼎章分號的原班人馬，中國攝影公司

18 楚麗霞，《名人與鼎章照相館》，見天津理工學院、天津和平區政協經濟與文化研究所編，《近代天津知名工商業》，天津人民出版社，2004 年，第 87—91 頁。

19 《規模完備之中國攝影公司六月一日開始營業》，見《益世報》，天津，1933 年 6 月 2 日。

20 《鼎章照像館王潤泉緊要聲明》，見《益世報》，天津，1933 年 6 月 9 日。

21 《鼎章照像館法界分館李耀庭啟事》，見《益世報》，天津，1933 年 6 月 13 日。

的職工全是新人。可是中國攝影公司具有兩個攝影室，其中一個大室可照百餘人合影。中華照相館只有一個普通攝影室，條件遠不如前者。李耀庭分析了這兩個照相館之後，便將自己絕大部分精力投入中國攝影公司的經營和發展上。1934年，李耀庭看到中華照相館業務不夠理想，主要原因是地處偏僻，於是他將照相館遷到繁華的現和平路341號。

李耀庭常說：「質量是立足之本。」他常向職工講授照相技術。他說：「顧客中愛照相的不少，對照相好壞鑒別能力很強，有的顧客看信得過的攝影師不在就不照了。要讓顧客信任，就得處處高過顧客，比顧客多想一層，這就要靠技術上的硬功夫。這就必須苦心鑽研，精益求精。」[22] 不僅如此，李耀庭經常與職工交流技術，傳授經驗。他認為要拍攝一張稱心如意的相片，必須善於與顧客合作。他將如何觀察顧客面貌特點，如何揣摩顧客心理，如何識別其地位、身份等經驗詳盡地傳授給職工。就連如何捕捉顧客最好的笑容這樣的小經驗，也不遺漏。因此，中國攝影公司的技術在同業之上。

李耀庭主持的中國攝影公司，在經營肖像拍攝的同時，繼續投入大量精力進行新聞照片的拍攝，尤其關注體育新聞。僅在《益世報》上，1935年和1936年，中國攝影公司就發表了《本市體協主辦春運會上之中西女學田徑隊》《滬郵工乒乓球隊抵津首次賽與北寧及混合兩隊合影於青年會健身房》《體協公開游泳賽全體職員及選手合影》《本市河北省體育場與西人對抗時之百米決賽》等多篇體育攝影報導。

1939年7月間，天津洪水成災，大部分地區被水淹沒，中國攝影公司被迫歇業。李耀庭在搶救照相館物品同時，「與部分職工每天早八點乘木船去各受災地區，用反光快鏡將災情逐一拍攝下來，並詳細記載所拍照的地址。後來他與民間的慈善組織合在一起，一邊拍照，一邊幫助施放饅頭等食品救濟災民」。[23] 洪水退後，中國攝影公司恢復營業，李耀庭將拍攝的100多張水災慘景的底版，印成珂羅版相片，並裝訂成冊，共印1000餘冊；另外還印成珂羅版明信片相片，每張附拍照地址，共印1萬多張。兩者所得的利潤不但彌補了因停業所受損失，而且還有盈餘。

1944年底中國攝影公司因近鄰失火被波及而焚燬。1945年1月，李耀庭遂將中華照相館改名為中國照相館。解放後，1956年夏天，中國照相館正式公私合營，李耀庭將資金全部投入，接受社會主義改造，1958年李耀庭調離中國照相館，先後在東風、真如兩個照相館任經理，直到1962年退休。

在天津的照相業發展過程中，早年有日本人開設的武齋、山本誠陽照相館，廣東人梁時泰的照相館，以及元彰照相號、耀真照相館等，民國時期又有福生、同生、劉捷三等照相館。但是，沒有一家照相館能像鼎章和中國一樣，從規模、聲譽上，幾乎一直雄踞津沽全市同業之冠，並且成為津城營業最久的照相館。這裏面的緣由，和同是學徒出身的經理人王潤

22 李博文，《天津照相業的先驅：李耀庭與中國照相館》，見中國民主建國會天津市委員會、天津市工商業聯合會文史資料委員會編，《天津工商史料叢刊》第5輯，1986年，第105—115頁。

23 李博文，《天津照相業的先驅：李耀庭與中國照相館》，見中國民主建國會天津市委員會、天津市工商業聯合會文史資料委員會編，《天津工商史料叢刊》第5輯，1986年，第105—115頁。

泉、李耀庭刻苦鑽研、精益求精直接相關，特別是李耀庭的攝影技術名噪津門，對業務事必躬親，深受顧客喜愛。鼎章和中國照相館還適應潮流，勇於接受新事物，對於美術着色、佈景裝飾不斷講求改進，並首先引進美國轉鏡搖頭機，可為百人以上的團體拍攝全景照片，又添設昂貴的「快鏡」，可攝照各項運動圖像，這些都在津城獨一無二。另外，他們還主動走出照相館，開展外照服務，既增加收入，又提高聲譽。並且，李耀庭還富有新聞眼光，積極參與拍攝社會上的重大活動、事件，送往報章發表，大大擴大了照相館影響力。

鼎章和中國照相館的傳奇，一直延續到新中國成立後，甚至一直到 21 世紀的今天，跨越百年。不過，走入照相館拍照，今天看來也許已經過時，因為幾乎人人手裏都擁有一部相機。傳統照相館的時代早已結束，但鼎章和中國照相館出品的一張張發黃的舊影，卻永遠深印在幾代人的腦海中，綿遠而雋永……

附　錄

《申報》上的照相館名錄

《申報》，1872 年 4 月 30 日（清同治十一年三月二十三日）在上海創刊，一直到 1949 年 5 月 27 日停刊，持續經營 77 年，是近代中國發行時間最長、具有廣泛社會影響力的報紙，也是中國現代報紙的開端和標誌。1872 年 5 月 2 日，在《申報》第 2 號上，首次出現了照相館的廣告；1949 年 5 月 17 日第 25590 號，在一封讀者來信中，最後一次提到一家照相館的名字。77 年中，在《申報》的廣告、新聞報導、讀者來信等文字中，記載的照相館資訊數不勝數。僅僅以「照相館」三字為例，就可以查到 27248 條記錄，其他如「照像館」「照相（像）樓」「照相（像）店」「照相（像）號」「照相（像）舖」「照相（像）局」「照相（像）室」「照相（像）社」「照相（像）公司」，以及「攝影室」「攝影館」「攝影公司」等，記載不計其數。這些記載中，有各照相館的成立日期，也有照相館地址及館主介紹，以及照相館地址遷移、產權轉讓等變更記錄，是研究近代上海照相館發展的鮮活的一手資料。今天，這些記錄還為我們鑒定一張照片確切的拍攝者、拍攝時間等提供了最權威的參考依據。

本名錄共分三部分：

一、傳略

各個照相館在《申報》上有成立日期，有些資訊會在不同時期分別刊登在《申報》上，如營業地址、照相館館主的介紹，或是照相館地址遷移、產權轉讓等變更記錄。

錄入時以《申報》刊登的開業日期（或以《申報》文字推算出的日期）為先後排序；無準確開業日期的，以《申報》首次出現照相館的名字的日期為準。照相館地址以開業時《申報》刊登地址為準，或首次刊登在《申報》上時的地址為準。地址、名稱或產權變更等信息，錄入同一條目下。

二、名錄

如果只在《申報》廣告或文章中提及照相館名字和詳細地址，沒有更多資訊，則收入名錄中。照相館名稱後面日期為當時出現於《申報》上的日期，如果出現不止一次，則標出年份跨度。錄入時同樣以年代為先後順序。如果只提到一個名字，無具體地址或其他資訊，則不錄。

三、「市民證照指定攝影處」照相館名錄

1941 年，日本發動太平洋戰爭後，佔領上海公共租界。為了加強公共租界內的保甲

制度，從 1942 年 5 月起，開始給租界內居住的華人頒發特別「市民證」，上面都要貼有照片。上海照相業同業工會於 1942 年 5 月 7 日在《申報》上刊登了「市民證照指定攝影處」名錄，共 179 家照相館。本附錄根據地址，全部錄入。

一、《申報》上照相館傳略

1872 年

蘇三興

1872 年 5 月 2 日首次刊登廣告，也是《申報》上第一家刊登廣告的照相館，開業時間不詳，地址在三馬路。5 月起一直稱「三興」，12 月開始稱「蘇三興」。1891 年廣告中稱「開張三十餘年」。1894 年 8 月 30 日，蘇三興「藥水房」起火燒燬。1908 年 7 月 19 日，在《寓滬粵商勸捐廣東水災籌賑所第五次報告》中，最後一次提到「蘇三興」名字。

宜昌

1872 年 10 月 11 日首次刊登廣告，地址在四馬路中江西路隔壁轉角起首。1875 年 8 月 22 日老舖改造後重新開業。1892 年 2 月 27 日，將生意全盤頂與効記承受。1902 年 12 月 26 日子夜一點發生火災焚燬。

會地理洋行

1872 年 11 月 8 日首次出現在《申報》上，1880 年 3 月 2 日最後一次出現，地址在廣東路。主要售賣照相設備及材料，同時可拍照和教授攝影技術。

1873 年

華興

1873 年 1 月 25 日開業，位於棋盤街口海利洋部舖北首。經營時間不長，只在 1873 年 1—2 月在《申報》上刊登過廣告，1874 年 5 月 1 日開始對外招盤。

1874 年

同興

1874 年 10 月 16 日開業，地址在棋盤街即廣東路。1880 年 8 月 30 日，大有發洋行廣告中，最後一次提到同興照相樓。

1875 年

悅容樓

1875 年 3 月 4 日首次出現在《申報》上，地址在大馬路拋球場左，1896 年 2 月 15 日搬至徐園，1899 年 2 月 16 日最後一次出現在《申報》上。

（南昌）麒麟閣

1875 年 4 月 30 日，開設於江西省城「桌司後牆福順公館」，一直做廣告到 5 月 14 日，是第一家在《申報》上做廣告的外地照相館。

1876 年

時泰

1876 年 5 月 29 日首次刊登廣告，地址在四馬路。1877 年 5 月 24 日，《申報》一則《房屋招租》廣告中提到時泰照相樓。

日成

1876 年 7 月 15 日首次刊登《拍照火輪車》廣告，地址在五馬路。1880 年 11 月轉租給廣東人梁積峰。1882 年 4 月，梁積峰準備回鄉，再次招租。1883 年 12 月，譚泗源全盤頂受。1884 年 4 月 29 日，譚泗源又將日成照相館全盤頂與譚渭泉承受，改名為「日成渭記」。1889 年 11 月 1 日店主譚渭泉因病去世，其妻譚杜氏把照相館生意轉讓至一位劉姓的「執業」。不到一年時間，1890 年 10 月 14 日，日成主人以「有事返裏不能兼顧」為由再次招盤。1894 年 1 月 6 日，日成照相館大減價的廣告最後一次出現在《申報》上。

恆興

1876 年 10 月 27 日首次刊登廣告，地址在上海四馬路。1876 年 11 月 3 日最後一次出現在《申報》上。

公芳

1876 年 12 月 19 日開張，地址在四馬路角震元洋貨店對面。1879 年 1 月 3 日，全部生意頂受給英

昌照相館。

1877 年
禮安

開設時間不詳，地址在虹口路，館主黃湘亭。1877 年 3 月 1 日頂與李永兆、譚晏朝、陳紹田三人，改用「禮安和記」字號。

1878 年
悅興

1878 年 5 月 20 日開張，地址在上海五馬路。1880 年 9 月 21 日一則廣告中最後提到悅興照相樓地址。

英昌

1878 年 10 月 4 日，英昌照相館主人為一位名叫凌小白的名醫做廣告，出現在《申報》上，地址在五馬路。1887 年，英昌照相館的李幹甫教授「照書之法」。1890 年 4 月 22 日，館主為潘惠遣、陳晃者。從 1901 年 5 月 1 日起，英昌的方傑卿因「年邁未暇管理號事」，把照相館轉讓給梁芝田、方敬謙。1919 年 10 月 7 日，英昌四股東朱梓田、馮省三、謝禮庭、方守炳之一的朱梓田退出照相館股東，讓與其餘三人。1920 年 12 月 5 日，英昌在廣告中自稱「創辦以來六十餘年」。同年，照相館改組，加入新股東張麗民、黃立生，改為「英昌照相公司」。1921 年 1 月 3 日，英昌公司股東如下：張麗民、黃立生、馮省三、謝禮庭、方鑒湖。1921 年 1 月 30 日，英昌照相遷移到四馬路江西路東首第十三號。1921 年 11 月 13 日，英昌照相公司所有「生財木器、畫鏡、着衣鏡、拍照油畫佈景、照相卡紙、廚窗、鐵箱、另星什物」等在上海的魯意師摩洋行被拍賣。

1879 年
生昌

1879 年臘月二十五開張，地址在三洋涇橋北堍亨達利洋行對面。1880 年 7 月 23 日最後一次刊登廣告。

1880 年
森泰

1880 年 4 月 14 日，一則拍賣廣告提到森泰像館，地址在大橋北堍。1883 年 8 月 8 日，一則尋狗廣告中提到森泰照相。1885 年陰曆四月初七，乾泰洋行在森泰照相館內拍賣照相館物品。5 月 25 日，拍賣中未賣出的「263、266 上等照相機器」被再次拍賣。1891 年 5 月 20 日，大英醫院開始寄售原來森泰照相館的照相物品。

1881 年
永康

1881 年 4 月 15 日首次刊登廣告，地址在四馬路巡捕房對門，經營時間不到一年。1882 年正月初三，永康照相館「大小照鏡並照相生財什物……外國台椅、大鏡、中國台椅、家用什物、地氈」等被拍賣。

1883 年
英和

1883 年 9 月 12 日開業，為五馬路英昌照相館的分館，地址在四馬路聚豐園對門。1892 年 11 月 3 日遷移到麥家圈。1892 年 11 月 9 日最後一次出現在廣告中。

羅春台

1883 年 11 月 4 日，首次提到安慶小南門羅春台照相號和江西省城磨子巷羅春台照相號。1892 年 12 月 30 日最後一次在《申報》出現。

1884 年
新盛

成立時間不詳。1884 年 7 月 6 日《申報》提到新盛照相店，地址在三洋涇橋。7 月 16 日，因為股東及伙計逃走，店內剩餘物件被房東老沙遜經租賬房拍賣。

1885 年

利安

成立時間不詳。1885 年 8 月 27 日，提到利安照相館館主減半賑災事宜，地址在三洋涇橋。1889 年 4 月 25 日，因為拖欠老沙遜經租賬房房租，利安照相館所有物品被拍賣。

盛京豐泰

成立時間不詳。1885 年 9 月 6 日，《上海四馬路浦灘文報局內協賬公所經收賑捐七月下旬清單》上，提到盛京豐泰和其他三戶商號捐銀事宜。

1886 年

松茂

1886 年 1 月 31 日開張，全名為「松茂外國照相行」，地址在江西路四十七號，以銷售照相器材為主。1886 年 2 月 11 日最後一次刊登廣告。

吳萃和 / 恒萃和

成立時間不詳。1886 年 6 月 25 日刊登吳萃和照相找補學徒的廣告，地址在四馬路。1894 年 10 月 22 日，館主「另圖他就」，將照相館招盤。12 月 2 日楊吟香接手吳萃和，改牌號為「恒萃和」。1896 年 3 月 13 日凌晨恒萃和失火燒燬。

（南京）寶記

1886 年 6 月 27 日，漢口寶記在南京東牌樓設立分館。

1887 年

鈴木

成立時間不詳。館主是日本人鈴木忠視，地址在五馬路。1887 年 2 月 18 日，在四馬路藥善堂書房對門開設分館。1887 年 4 月 1 日一篇文章中，提到五馬路鈴木照相館設立「已四五年矣」，這也是《申報》中最後一次提到去鈴木照相館拍照。

華芳

成立時間不詳。1887 年 3 月 11 日，在一則廣告中首次提到華芳照相館。1896 年 6 月 9 日，一家

新的華芳照相館開張，地址在四馬路中市大新街口三萬昌對門轉角洋房。1924 年 6 月 5 日，老西門外華芳和記照相館轉盤與楊景清。1927 年 6 月 15 日，一則新聞中提到，北四川路南首大德里華芳照相館館主任寶山人趙致中。1927 年 8 月 26 日一則廣告中又提到老西門電車站華芳照相館。1929 年 8 月 12 日《申報》中又一次提到老西門中華路華芳照相館「於本月二十一日正式成立」。1942 年 5 月 7 日，廣告中最後一次出現這家位於南市的照相館。

金石齋

1887 年 5 月 22 日，廣東人開設，地址在五馬路。「專做膠紙照書」。當年 5 月 27 日，最後一次刊登廣告於《申報》。

群賢閣 / 味蓴園 / 光霽軒

1887 年 6 月 7 日起，群賢閣在味蓴園「每逢禮拜六禮拜兩日」開始照相，只連續做了三天廣告後，改名為「味蓴園照相」。1888 年 10 月 26 日起又改稱「光霽軒照相」，館主吳樸誠。

悅來容

1887 年 12 月 4 日首次刊登廣告，地址在老閘北徐園內，以園景照相為特色。1894 年 3 月 22 日最後一次刊登廣告。

1888 年

蓉鏡軒

1888 年 7 月 31 日首次刊登廣告，地址在三馬路。1894 年 4 月 17 日，一則賑災募捐中最後出現了蓉鏡軒的名字。

天然氏

1888 年 10 月 29 日，天然氏照像首次刊登廣告，地址在四馬路杏林春番菜樓上。後來在上海大花園和味蓴園內開設分部。1893 年 10 月 3 日一則新聞中最後提到天然氏照相館。

北京豐泰

成立於 1888 年，館址位於北京琉璃廠土地祠西。1893 年 9 月 28 日首次出現在《申報》上。1894

年 8 月 17 日,廣告中提及已經開設「六載」。1910
年 1 月 6 日的一則醫藥廣告中,最後提到豐泰照相
館攝影師劉仲倫。

1889 年

公泰

成立時間不詳,地址在三馬路。1889 年 1 月
26 日首次出現於《申報》一則元濟堂善士施粥的清
單上。1899 年 11 月 8 日,公泰照相館館主去世,
夫人區黎氏將公泰頂與意成堂承受。

恒昌 / 德泰

開業時間不詳,地址在四馬路。1889 年 8 月
21 日被德泰頂受。1890 年 9 月 17 日,恒昌照相館
最後出現在一則社會新聞中。1892 年 8 月 3 日,德
泰照相館遷移到大馬路亨達利洋行對面。1897 年 3
月 25 日,德泰館主潘明軒把照相館全部股份讓與管
業羅明生。1910 年 12 月 5 日,德泰的房東震泰昌
號登報聲明,德泰照相欠房租四個月,並且把「一切
生財器具」等偷運搬走,無從追蹤。

寶記

上海寶記照像於 1889 年 9 月 3 日開業,地址
在大馬路泥城橋東彈子房對面(1910 年門牌號為
P377 號),館主歐陽石芝。1915 年,寶記照像遷移
至英大馬路拋球場弄口朝北 542 號,11 月 8 日再次
開業。1921 年,寶記又一次遷移到南京路中市山西
路東首,8 月 10 日正式營業。1923 年,寶記館主
改為歐陽石芝的兒子歐陽慧鏘。1931 年,因為原址
改造,寶記照相館經歷館址的第三次搬遷。3 月 15
日,寶記在南京路泥城橋畔新世界遊戲場隔壁新址
營業。1934 年 6 月 27 日,寶記最後一次出現在《申
報》廣告上。

1890 年

星和

1890 年 2 月 1 日開張,為日本分設,地址在上
海四馬路中西大藥房隔壁。1893 年 4 月 20 日,星

和照相館將所有生意招頂與杜庚垣。

方祥珍

開業時間不詳,地址在四馬路。1890 年 4 月
24 日,一則廣告提到方祥珍照相店。1891 年 9 月 2
日,方祥珍照相店最後出現在一則銷售戒煙藥的廣
告中。

留芳閣

成立時間不詳,地址在棋盤街北首。1889 年
12 月 19 日照相店盤與保記。1903 年 1 月 15 日,留
芳閣照相店主婦汪氏「因虧欠房租洋銀一百三十餘
元,被收租人王姓扭案」,所有物品被拍賣。

光繪樓

1890 年 10 月 3 日開張,地址在四馬路慎裕號
東隔壁。1898 年,耀華照相館館主施德之接手光繪
樓,繼續以光繪樓商號經營。1899 年 5 月 30 日,
施德之在《申報》上廣告,把光繪樓對外公開招盤。
1899 年 7 月 1 日,光繪樓頂盤與柏姓管業。1899 年
7 月 5 日,光繪樓最後一次出現在《申報》上。

佐藤

1890 年 12 月 29 日開業,地址在英大馬路新衙
門西。1906 年 3 月 6 日,最後一則《招請拍照修底
人》的廣告出現在《申報》。

1891 年

致真 / 和興

1891 年 8 月 22 日前後開業,位於英大馬路紅
廟斜對門。1893 年陰曆四月十三,致真照相樓將
「全盤生意盤與合意堂祥記承受」。1901 年陰曆十月
二十八,鄰居失火,殃及致真。但致真在老公茂洋
行保有火險,得到賠付後,1902 年 2 月 3 日前已經
再次開張。1905 年 1 月 26 日,因舊屋改造,致真
遷移到英界大馬路石路西首震泰昌洋貨號對門新洋
房。1911 年 2 月 27 日,致真因積欠公和洋行房租
洋一千餘元,照相館被封。3 月 25 日,在致真照相
館內,「紅木椅子、茶几、石面、元台、賬台、銀箱、
玻璃大櫥、石面圓台、沙發、大椅、藤椅、火爐鏡、

拍照器具、生財乾片數十打」被拍賣。4 月 1 日，致真改名為「和興照相樓」繼續經營。1918 年 1 月 29 日，已經更名為「和興照相公司」。1924 年陰曆正月十二，和興照相公司再次遭到拍賣，「寫字檯、椅，玻璃櫥，石面圓台，落地大鏡，照相佈景，照相用具，各種樣子畫片」，此後命運不得而知。

柳風閣

1891 年 10 月 11 日已經在張園開業，推出園景照相，但 10 月 17 日後就再無消息。

天然

1891 年 10 月 12 日已經開業，地址在四馬路西首。1894 年 10 月 13 日，天然發佈了一則廣告後，一直到 1939 年，其間都沒有出現。1939 年 5 月 1 日，總部在南市邑廟內的天然照相館，在法租界萊市路勞神路口增設第二家分店，愛多亞路共舞台開設第一家分店。一直到 1949 年 4 月 2 日，一則社會新聞中還提到中正路的天然照相館。

1892 年

沙為地 / 耀華

開業時間不詳，創辦人為德國光學專家沙為地，地址在大馬路拋球場東。1892 年 1 月 30 日，沙為地讓盤與施德之，照相館改名為「耀華」。1898 年施德之兼併四馬路的光繪樓照相館，1899 年 7 月再次把光繪樓讓出。1900 年 5 月 19 日起，耀華照相館另設西耀華，在跑馬場對面，專為華人照相。從 1901 年 8 月 7 日開始，施德之在《申報》做廣告，準備將拋球場東耀華招盤，但沒有成功。從 1902 年 4 月 3 日起，施德之再次把東耀華招盤，依然沒有成功。1905 年 3 月 1 日起，西耀華由施德之長女主持，專為女子照相。1908 年，東耀華遷入大馬路的聚寶坊內。1914 年 7 月 1 日到 1916 年 3 月 31 日，經理人羅萬春主持東耀華。1916 年 11 月 19 日，施德之又把東西耀華招盤。1916 年底，王宣甫、沈鼎臣接手東西耀華照相館的生意，施德之也從此基本退出照相業。1931 年 11 月 3 日，耀華照相館廣告

最後一次出現於《申報》上。

二惟樓 / 二惟樓和記

1892 年 7 月 2 日開張，地址在四馬路尚仁里內朝南門面。1894 年 3 月 13 日，盤店給二惟樓和記經營。1903 年 1 月 16 日中午，二惟樓和記遭火災，後重建。1911 年 10 月 9 日凌晨再遭火災。1911 年 12 月 10 日，二惟樓店主潘蘭生火災後不歸還良劑藥房欠款，被訴公堂，此事刊登在《申報》新聞上。

兆蓉樓

成立時間不詳，1892 年 10 月 6 日，遷址到四馬路尾兆富里西首。10 月 19 日，最後一次出現在《申報》廣告中。

曾瑞昌

開業時間不詳，地址在鐵馬路清雲里對過，館主曾瑞田。1893 年 8 月 5 日廣告中曾提及：1892 年 10 月，照相樓劉姓股東把自佔股份讓與曾焗開。1898 年 4 月 22 日，一則醫藥廣告中最後提到曾瑞昌照相樓地址。

1893 年

(杭州) 留春園

1893 年 10 月開設，地址在杭州羊壩頭直街柳翠津巷口。1894 年 2 月 10 日《申報》一則新聞中唯一一次提及。

1894 年

福生

1894 年 9 月 20 日開張，館址在英大馬路望平街口。1905 年 8 月 1 日失火曾被延及。1905 年 8 月 22 日，最後一次出現在《申報》上。

(天津) 元彰號

開業時間不詳，館址在天津紫竹林。1894 年 12 月 28 日，《申報》一則《白魚肝油發售》廣告中提到元彰號照相店。

(南京) 福星樓

開設時間不詳，地址在南京貢院前東街。1894

年 12 月 28 日，在《申報》一則《白魚肝油發售》廣告
中出現，一直到 1895 年 10 月 1 日最後一次被提及。

1895 年
詠仙閣
1895 年 1 月 20 日已經開業，地址在四馬路麥
家圈對門。1 月 23 日最後一次刊登廣告。

西成
開業時間不詳，地址在四馬路東面十六號平和
洋行對門。1895 年 4 月 14 日首次被提到。1901 年
10 月 1 日租界新聞中，提到西成照相店主章雲峰控
章安牛擊毀雜物一案。

1896 年
紳昌
成立時間不詳，在上海四馬路。1896 年 9 月
27 日，主人因為要去天津，對外招盤。廣告一直持
續到 10 月 1 日。

1897 年
華昌
華昌照相館成立時間不詳，開設於五馬路。
1897 年 5 月 10 日在一則廣告中出現。1908 年 7 月
31 日，廣告中標明地址為新北門邑廟花園內。1910
年 4 月 6 日，一則新聞中提及店主陳錦榮。1910 年
6 月 15 日起，改名為華昌晉記。

1931 年 11 月 19 日，原千代洋行華經理詹福
熙，創設華昌照相材料行，地址在上海英租界勞合
路白克路恒清里內。1933 年 12 月 2 日遷移到南京
路望平街大陸商場三四五號門面增開新址。1949 年
4 月 13 日最後一次出現在《申報》上。

翠璋
1897 年 7 月 30 日最早出現在《申報》上，地
址在大馬路望平街口。1899 年 1 月 5 日正式開張。
1900 年 7 月 23 日，開始對外招盤。1900 年 9 月 10
日，翠璋照相店所有物品被魯意師摩洋行拍賣。

光華樓
成立時間不詳，地址在張園。最早出現於 1897
年 12 月 9 日廣告上。1910 年正月，陸紀香接手。
1918 年 8 月底停業。

1898 年
麗華 / 麗芳
兩間照相館主人同為劉鏡泉。最早出現於 1898
年 8 月 31 日的一則廣告中，麗華在英大馬路點石齋
對門，麗芳在英大馬路拋球場朝北門面。1898 年 9
月 4 日麗華照像放大公司開張，1898 年 10 月 10 日
麗芳正式開張。1908 年 2 月 21 日，麗芳所有生意
以銀八千五百兩頂與美商那透打承受，後美商欲反
悔，與劉鏡泉打起官司。1908 年 8 月 17 日，麗芳
所有物品被魯意師摩洋行拍賣。1942 年 5 月 7 日，
虹口又出現一家麗芳照相館。

1923 年 5 月 3 日，於三馬路廣西路轉角新設
麗華照相館。1930 年 12 月 22 日，館主申左思因另
有他業，將全部店基生財盤與聯記公司。1930 年 12
月 24 日，麗華最後一次出現在《申報》上。

1899 年
寶華
成立時間不詳，地址在上海愚園。1899 年 3
月 24 日，出現在《申報》廣告中。

1907 年 10 月 3 日，新開寶華照相樓，地址在
上海新北門內。

1904 年 6 月 3 日，一則新聞中提到南京寶華照
相館被火焚燬。

1916 年 3 月 25 日，提到重慶白象街寶華照像
館，館主為湖北人余南山。

1931 年 3 月 21 日，首次提到無錫老寶華照相
館。1937 年 6 月 24 日，老寶華照相館館主之子張
啟明提到本店「迄今近四十年」。

永安 / 大方 / 永安章記
成立時間不詳，地址在四馬路。1899 年 5 月 17

日，館主梁子莊因為回粵，招盤或者合租。6月15日，將全部生意頂與大方照像。1900年1月17日，大方又將永安全盤頂與溫章文，改為「永安章記」。

兆芳

自威海分設上海，1899年成立。1914年12月22日首次出現在廣告中，位於英大馬路泥城橋堍，館主史流芳。1915年12月19日新屋落成，重新開業。1949年2月1日最後一次出現在廣告上。

1901年

(北京) 蓉生

開業時間不詳，地址在崇文門內大街。1901年9月22日在廣告中被提及，1903年1月11日最後一次出現在廣告上。

1903年

宏昌

開業時間不詳，地址在三洋涇橋頭。1903年10月22日—25日對外招盤。

1904年

麗珠／麗珠華記

開業時間不詳，地址在四馬路。1904年3月18日，招頂後改名為「麗珠華記」。1907年1月21日又被交易，改為「麗珠金記」。1911年2月10日發佈廣告，仍用麗珠照相樓，稱開業「十餘年」。1913年10月31日，麗珠所有物品被拍賣。

1905年

鏡中天

成立時間不詳，地址在二馬路石路西。首次出現在1905年8月22日《照相業會議抵制美約》名單中，1912年6月9日最後一次出現在《申報》上。

懋昌

成立時間不詳，地址在四馬路。首次出現在1905年8月22日《照相業會議抵制美約》名單中，1906年12月23日失火燒燬。

寫真

成立時間不詳，地址在英大馬路。最早出現在1905年8月22日《照相業會議抵制美約》名單中，1907年2月12日，寫真照相店盤與安記承受。

1906年

中國照相公司

成立時間不詳，地址在虹口百老匯路第七號。1906年2月18日開始，中國照相公司物品被魯意師摩洋行售賣。

小花園留影

1906年4月28日開業，位於四馬路胡家宅街。1906年5月22日最後一次做廣告。

(長沙) 鏡蓉室

1906年12月20日首次出現在《申報》上，位於藥王街。1907年3月31日最後一次見報。

美華

1906年開業，地址在荷英大馬路小菜場對面。最早出現於1911年9月26日新聞中，廣告一直持續至1948年8月16日。

麗昌

1906年開業，地址在虹口北四川路一八五五號，館主梁澤月。1916年12月22日首次出現於《申報》。1928年在北四川路中建造新屋，10月15日正式開業。1932年8月，梁澤月因拖欠貨款被告上法庭。8月23日後，再無麗昌照相館消息。

1907年

寶珠

1907年5月24日開業，地址在上海英大馬路泥城橋東首。1911年10月13日，因各股東另圖別業，開始招頂。1911年10月31日，寶珠所有物品被魯意師摩洋行拍賣。

奇真／鏡緣

開業時間不詳，地址在二馬路。1907年4月5日首次出現在《申報》上。1915年3月6日，將所

有生意轉讓給合和堂，更名為「鏡緣」。1916年6月18日，合和堂又將所有生意轉給郭富承受。

1908 年

麗章

1908年9月23日開張，地址在英大馬路拋球場。1916年12月13日，麗章所有物品被瑞和洋行拍賣。

同生

1908年臘月開張，地址在北四川路，館主譚景棠。1913年4月，譚景棠赴北京開設同生照相館，上海照相館轉給胞兄譚存照經營。1915年12月22日，譚存照出現在一則同生欠款糾紛新聞中。1929年6月1日，北京同生最後一次在《申報》上出現。譚景棠之子也在天津開設同生照相館，1931年12月3日，在《申報》新聞中曾被提及。

1909 年

招仙閣

1909年正月開張，地址在英大馬路三百七十六號。1909年8月29日最後一次出現在《申報》上。

華真

開業時間不詳，地址在十六甫橋南。1909年3月16日，全盤生意頂與義合堂，改號經營。1915年，又一家華真照相館開張，地址在美界北四川路一千九百九十四號，1918年正月，因股東意見不合，全部盤與元亨承受。1923年7月4日，館主為何毓池。

（杭州）二我軒

開業時間不詳，地址在杭州湖濱路至平海路。1909年9月4日首次見報。1933年12月20日，開設上海分館，地址在靜安寺路哈同花園對過。1936年12月19日，上海二我軒最後一次出現在《申報》上。

維新

1909年開張，地址在邑廟。1948年1月14日，最後一次在《申報》上出現。

1910 年

人鑒照相社

1910年1月24日開業，地址在英大馬路巡捕房對門。1911年12月13日，人鑒照相社所有物品被寶和洋行拍賣。

同文社

1910年10月20日開張，地址在上洋英大馬路勞合路億鑫里三弄口。1910年12月1日，最後一次在《申報》刊登廣告。

1911 年

上海照相公司

1911年春開業，地址在勞合路鑫里口。1912年遷移至英大馬路，把原址作為分公司。1917年7月7日，最後一次刊登廣告。

容新

1911年開業，1917年7月17日首次出現在《申報》上，地址在棋盤街交通路，館主程姓。1934年8月31日，譚元華接盤經營，一直刊登廣告至1946年11月5日。

英華

1911年開業，位於虹口東西華德路。1919年12月21日，英華照相館轉手，改為「英華成記」。1932年3月20日，最後一次出現於《申報》上。

1924年3月4日，曾登載杭州英華照相館。

1912 年

新民

1912年1月27日開張，地址在英大馬路巡捕房對面第376號。1914年5月2日最後一次出現。

中華

1912年開辦，1915年9月29日首次刊登廣告，位於英大馬路502號盆湯弄斜對過。1923年1月16日，原股東楊雪如、楊兆雲、區炎廷將股份轉與郭叔良。1923年12月25日，在南京路勞合路轉

角開辦西號，原址為東號。郭叔良為照相主任，區炎廷為理事長。1924 年，被英國皇家照相公會推舉為該會會員，是國內唯一獲得會員資格的照相館。1925 年 5 月 10 日，因東號房屋租約到期，停業，所有業務轉歸西號。1934 年 3 月 31 日，再次遷移到南京路 594 號。1937 年 3 月 5 日，最後一次出現在《申報》廣告中。

1913 年

畢肖樓

1913 年 11 月 29 日成立，地址在城內拱辰路即前九畝地。總理葉素真，協理傅守誠、康翠仙。1915 年 10 月 10 日，最後一次出現在《申報》上。

光華

成立時間不詳。1913 年 9 月 29 日，曾出現於《申報》廣告中。1930 年 6 月，上海北四川路蓬路口良友社對門，也曾開設光華照相公司，由藝術家劉亮禪、錢雪凡合作開設。1931 年 4 月 1 日，上海霞飛路二三五號（呂班路口）再開光華照相館。

徐瑞庭曾於 1919 年在漢陽設立光華照相館。

1930 年，安慶設有光華照相館。

1930 年，南京設有光華照相館。

1930 年，蘇州設有光華照相館。

1914 年

美麗

1914 年 3 月 28 日開業，地址在四馬路東首 16 號。不過到當年 6 月，「因經理乏人」，開始減價出賣所有機器。1936 年 1 月 8 日，位於有西門中華路 1280 號大令照相館推盤與顧書堂，改名為「美麗照相館」。1942 年 5 月 7 日，最後一次出現在《申報》上。

1920 年 5 月，蘇州宮巷也曾有一家美麗照相館。

1915 年

品芳

成立時間不詳，位於城內邑廟，館主陸子文。

1915 年 5 月 11 日首次見報。1927 年 10 月 20 日，陸子文去世。1940 年 5 月 26 日，着火焚燬。

時芳／匯中

成立時間不詳，1915 年 12 月 16 日首次出現在廣告中，地址在浙江路三馬路口天外天北首。1924 年 7 月 16 日改名為「匯中照相館」。1928 年 9 月 6 日，時芳最後一次見報。1931 年 8 月 22 日，匯中最後一次出現在《申報》廣告中。

1917 年

亞細亞

成立時間不詳，最早出現於 1917 年 1 月 6 日廣告中，地址在靜安寺路 50 號，經理林祝三。1921 年遷移至泥城橋。1929 年 10 月 13 日，最後一次出現於廣告中。

小廣寒

1917 年 4 月 3 日開張放盤，地址在四馬路。1930 年 10 月 19 日，最後一次出現在《申報》上。

匯芳／寶芳

1917 年開業，地址在跑馬廳靜安寺路 11 號。1918 年 9 月 17 日，匯芳三層樓房上接通新世界，改為「日夜照相」。1925 年 5 月 27 日，匯芳所有財產被寶芳公司購買，改名為「寶芳照相館」。1926 年 4 月 13 日，館主為黃蔭堂。1929 年 11 月 1 日，因鄰居失火被殃及，1929 年 12 月 1 日，裝修後重新成立。1939 年 5 月 8 日，館主為程顯章。1942 年 5 月 7 日，寶芳最後一次出現在《申報》新聞中。

1919 年

競芳／競芳新記／啟昌

1919 年 6 月 5 日，首次出現在《申報》廣告中，地址在南京路三百四十七號，館主席少珊。1927 年 5 月 30 日，競芳所有生財以洋六千元盤與孫啟昌，另加「新記」招牌。1927 年 8 月 27 日至 1928 年 2 月 7 日，孫啟昌曾經把照相館租給葛岱孫經營。後來，孫啟昌收回，恢復使用「競芳」招牌。1930 年 8 月 12 日，「競芳」最後一次出現在《申報》廣告中。

1930 年 6 月 15 日，「競芳」與「啟昌」名稱開始並用。12 月 26 日，改用「啟昌照相館」。1934 年 9 月 5 日，孫啟昌再次在照相館內開辦啟昌照相材料行。1937 年 1 月 5 日，啟昌照相館重新裝修後再次開業。1939 年 9 月 15 日，孫啟昌盤下虞洽卿路 47 號東亞照相館，改為啟昌照相館第一支店。1944 年 6 月 22 日，啟昌照相館最後一次出現在廣告中。

英明

1919 年 5 月 21 日開張，地址在英大馬路望平街對過。1923 年 3 月 9 日，在江西路口設立支店，此時，營業部主任為周延慶，照相部主任則為王秩忠。王秩忠在照相館北部新建攝影大玻璃棚一座，1923 年 10 月 1 日正式開業。1947 年 9 月 25 日，最後一次出現在《申報》廣告中。

寶發

1919 年 9 月 6 日成立，總館在英大馬路中 501 號，分支在英大馬路西 393 號，創辦人為屠柯、柳仁甫、郎耀宇。1931 年 11 月 7 日，最後一次出現於《申報》。

王開

根據 1934 年 10 月 13 日《申報》廣告，王開照相館宣稱創立十五年，則成立日期應當是 1919 年，這是英明照相館的創辦時間，王開的創辦人王秩忠當年在英明照相館任攝影部主任。1926 年 1 月 20 日，王開照相館首次出現在《申報》上。不過，1926 年 8 月 1 日，《申報》刊登的照片還署名「英明王開攝」。可見，王秩忠獨立經營王開照相館應當在 1926 年 8 月 1 日之後。1927 年 5 月 9 日，王開照相樓的地址為南京路 P528 號。1931 年 10 月 1 日前遷移至南京路 308 號。1938 年 11 月 23 日門牌已改為 378 號。1949 年 5 月 9 日，王開照相館的名字最後一次出現在《申報》上。

1920 年

亦吾 / 亦吾義記

1920 年 2 月 12 日，首次出現於《申報》，地址在吳淞外灘，館主康達。1928 年 10 月 8 日，最後一次出現在《申報》廣告中。

1923 年 10 月 24 日，在北四川路 10 號，又開設一家亦吾照相館，館主趙甫臣。1927 年 1 月 30 日，趙甫臣將亦吾賣與香港義成堂，改用「亦吾義記」字號。

美新 / 秉記美新

創辦時間不詳，1920 年 5 月 19 日首次在《申報》上出現，地址在北蘇州路 3 號。1928 年 8 月 9 日，楊睿芳將「西勞勃生路櫻華里口西首」的美新全盤頂與秉記，改號「秉記美新」。

時新

成立時間不詳，原址在邑廟豫園。1920 年 11 月 27 日，遷址到新北門內大街，總經理蘇醴源。1948 年 10 月 24 日，最後一次出現在《申報》廣告中。

容昌

成立時間不詳，在湖北路（即大新街）。1920 年 11 月 15 日，被火災殃及。1921 年 2 月 8 日重新修繕後開業。1928 年 1 月 17 日，股東陳子莊退股。1934 年 7 月 23 日，因市場不佳，登報開始清盤。

1922 年

滬江

1922 年 4 月 6 日成立，地址在北四川路郵局對面，館主姚貴亭。1940 年 12 月 31 日，因房屋租賃到期，停止營業。1946 年 12 月 5 日，滬江照相材料行在南京東路 129 號開業。

生霞軒

開業時間不詳，1922 年 7 月 19 日首次出現於《申報》廣告中，館址位於英租界勞合路。1931 年 12 月 25 日最後一次出現在《申報》上。

心心 / 心心好記

1922 年 10 月 27 日成立，地址在南京路望平街口，館主徐小麟，營業部主任魯文輝。1927 年 6 月 7 日，心心照相館盤與好記公司，改字號為「心心好記」。1929 年 12 月 25 日，心心照相館廣告最後一

次出現在《申報》上。

1923 年

鴻發

1923 年 10 月 20 日成立，地址在南京路拋球場科發藥房對面。1923 年 11 月 11 日，最後一次出現在《申報》廣告中。

基督教 / 天影美術

1923 年成立，位於北四川路 31 號，館主潘知本。1928 年 2 月 24 日，易名為「天影美術照相材料公司」，並遷移至南京路 A23 號，聘請王顯虞為總理。

美生

美生照相公司總公司於 1923 年開業，地址在美租界東西華德路源昌路口，分公司於 1925 年 10 月 8 日成立，地址在英租界北泥城橋新聞路 27 號。1931 年 7 月 9 日，經理為錢福成。1932 年 2 月 5 日，總公司在「一·二八」事變中被日本人焚燬。

1924 年

世界

世界照相公司成立於 1924 年 1 月 1 日，位於城內邑廟。1926 年 11 月 6 日，以七千餘元對外招盤，是否成功不得而知。1931 年 12 月 4 日，世界照相館最後一次出現於《申報》廣告中。

廬山

1924 年 5 月 7 日開業，地址在南京路巡捕房對面，館主于繼宗。1941 年 1 月 6 日，最後一次出現在《申報》廣告中。

明明

1924 年 7 月 2 日首次出現在《申報》上，地址在北四川路 225 號。1930 年 2 月 12 日，最後一次出現在《申報》上。

1925 年

菱花

1925 年 1 月 28 日開業，地址在北四川路郵政總局對面。1947 年 7 月 18 日，最後一次出現在《申報》上。

匯山

1925 年 4 月 11 日正式開業，地址在虹口提籃橋，館主陳崇蘭。1936 年 4 月 17 日，最後一次出現在《申報》廣告中。

人仙

開業時間不詳，1925 年 5 月 2 日首次出現於《申報》上，地址在邑廟豫園，館主為無錫人蔣耀文。1932 年 4 月 22 日，因照相館經營不善，蔣耀文自殺。7 月 29 日，人仙將所有財產盤與單和記。1942 年 5 月 7 日，最後一次出現於《申報》上。

冠芳

1925 年 7 月 5 日開張，位於東西華德路新記濱路東首。1925 年 7 月 9 日，最後一次出現在《申報》上。

新新

1925 年 9 月成立，位於邑廟得意樓東首。1937 年 5 月 16 日，最後一次出現在《申報》上。

迎芳 / 羅芳

1925 年 12 月 26 日成立，地址在雲南路大世界對面，由法國留學生王雪橋創辦。1928 年 1 月 19 日，攝影師為孫元振，執事為田丹夫。1931 年 9 月 1 日，改號為「羅芳」營業。1936 年 11 月 5 日，羅芳最後一次出現於《申報》上。

1926 年

美美 / 美藝

1926 年 10 月 13 日成立，地址在北泥城橋新聞路 2070 號，攝影家王熙龍創辦。1927 年 11 月 24 日，王熙龍把美美轉讓給美藝照相公司繼續經營，館主趙致中。1933 年 3 月 30 日，趙致中以兩千元招盤，8 月 3 日，姚鶴亭、馮鑒泉接盤經營。

光藝

1926 年 10 月 16 日開始營業，地址在靜安寺路 1924 號。1927 年 1 月，攝影師卡爾生加盟。1927 年 3 月 12 日，遷址到靜安寺路 34 號。1927 年 8 月 31 日，卡爾生辭職，在靜安寺路 167 號設立

卡爾生照相館。光藝再僱用德國美術照相技師卡羅氏。1933 年 8 月 1 日，卡爾生再次加盟光藝，卡爾生英文原名 Oscar Carson，自 1927 年離滬後改名為 Oscar Seepol，所有 Carson 名稱不再使用，此後在光藝照相館作品一律簽用 Oscar 字樣。1938 年 10 月 30 日，光藝在香港設立分館，此時藝術部主任為 D. Nicolas。1941 年 10 月 27 日，經理為張子丹。1942 年 6 月 10 日，遷址到國際飯店一樓營業，原址改為分號。1948 年 1 月 6 日，光藝廣告最後一次出現在《申報》上。

寶德

1926 年 12 月 25 日成立，地址在跑馬廳 54 號卡爾登西隔壁，館主為區炎廷、田德良。1929 年 12 月 17 日，館主改為田德良一人。1933 年，獲得南京路「不售劣貨商店」稱號，證明牌號碼為 13 號。1947 年 9 月 16 日，最後一次出現於《申報》上。

1927 年

中央

成立時間不詳，1927 年 2 月 19 日最早出現於《申報》上，地址在四川路青年會對門。1929 年 8 月 22 日，又一家中央照相館成立，地址在民國路方濱橋 1123 號，創辦人沈馨吾，總理沈定基。1935 年 10 月 15 日，於文廟設立支店。1947 年 3 月 27 日，最後一次出現於《申報》上。

三民 / 三民芳記

1927 年 9 月 26 日成立，地址在四川路老靶子路口，創辦人范夢菊、朱自廉、楊潤滋等。1932 年 6 月 10 日，三民改組，改名為「三民芳記」，並於 7 月 1 日正式營業。1935 年 2 月 17 日，最後一次出現在《申報》廣告中。

卡爾生

1927 年 10 月 1 日成立，地址在靜安寺路 167 號，攝影師為卡爾生，經理應區。1929 年，卡爾生離開。但照相館仍然沿用卡爾生商標。1930 年 12 月 12 日，地址更改為靜安寺路 1143 號。1934 年 9 月 1 日，遷移至靜安寺路 1041 號。1939 年 1 月 29

日，最後一次出現於《申報》廣告中。

榮華

1927 年 11 月 5 日成立，地址在北四川路 369 號，由黃漢民、顧文生、趙沖等創辦，黃漢民任經理。1937 年 11 月 7 日，榮華照相館被日軍飛機炸燬。

1928 年

好萊塢 / 好萊塢協記

1928 年 3 月 18 日成立，館址在北四川路月宮飯店對過，由天津富商李君獨自創辦。攝影師為留日李小舟，以及意大利技師彼得。5 月 9 日，聘鄭正秋、徐公美為名譽正副經理。1928 年 7 月 16 日，因為股東意見不合，鄭正秋、屠福記、徐公美、研幼孚退出股份。8 月 21 日，好萊塢股份全部轉讓給協記，改名為「好萊塢協記」。10 月 17 日起，再聘美國著名照相技師飛力浦、德國照相專家牛門凡，擔任美術攝影及修片工作，經理為朱麗生。後來，好萊塢股份再經轉手。1942 年 5 月 7 日，最後一次出現在《申報》上。

瑞泰

成立時間不詳，1928 年 4 月 5 日首次出現在《申報》，位於馬霍路靜安寺路 99 號。1929 年 8 月 17 日，聘請好萊塢攝影師密勒氏，「專攝外景轉團及商品照相」等，還聘請張君銘為該館營業部經理。8 月 19 日最後一次出現在《申報》上。

冠真美術

1928 年 8 月 10 日成立，地址在南京路畫錦里西首冠生園二樓飲食部左，漢口攝影名家克潘勤主辦。廣告一直持續到 1943 年 10 月 9 日。

美光

1928 年 8 月成立，位於山西路南京路口富華公司樓上，館主為兆芳照相館之小主史邦俊，攝影師為歐陽升如。1929 年 2 月 17 日，最後一次出現於《申報》上。

大美

1928 年 8 月 1 日成立，位於西藏路遠東飯店對

面文元里口,攝影師吳仲雲。1946 年 11 月 23 日最後一次出現在《申報》上。

遠東自動

1928 年 9 月 10 日成立,館址在南京路 33 號。1929 年 2 月 27 日,已遷至南京路外灘沙遜房子內(北四川路 1921 號)。1929 年 7 月 2 日,最後一次出現於《申報》廣告上。

三新日夜

1928 年 11 月 15 日成立,位於北浙江路愛而近路北高壽里口。1929 年 3 月 15 日,最後一次出現於《申報》上。

南方 / 大陸

南方照相館 1928 年 12 月 1 日成立,地址在新閘路對面。1933 年 7 月 20 日,南方照相館分館大陸照相館成立,館址在新閘路卡德路口。1942 年 5 月 7 日,兩館最後一次出現在《申報》上。

上海

創辦時間不詳,1928 年 12 月 25 日首次出現於《申報》上,位於東西華德路東貴坊對面 498 號,創辦人孫懷本。1934 年 12 月 1 日,孫懷本將上海照相館租與凌萬鵬營業。1946 年 10 月 20 日,最後一次出現於《申報》上。

1929 年

康生

成立時間不詳,1929 年 1 月 5 日首次出現於《申報》上,位於霞飛路 371 號,經理顧福鴻,技師為俄國人賴克透。1935 年,經理為人顧英泉。1939 年 6 月 9 日,最後一次出現在《申報》上。

星女子

1929 年 3 月 19 日成立,地址在東新橋東首寶裕里口,創辦人為常熟女攝影家戈蘊文。1929 年 7 月 27 日,最後一次出現於《申報》上。

魔術

成立時間不詳,1929 年 6 月 4 日首次出現於《申報》,地址在英大馬路老九章對門,館主黃少康。

1929 年 10 月 4 日,照相館盤與瑞記。

留芳 / 留芳永記

留芳日夜美術照相館,成立於 1929 年 6 月 27 日,地址在雲南路上海舞台南首。1940 年 7 月,解散營業,一切盤與「留芳永記」照相館經營。

可明 / 曼麗

創辦時間不詳,1929 年 9 月 14 日首次出現於《申報》,地址在北四川路 19 號蓬路北首,創辦人為廣東人陳健初。1935 年 7 月 25 日,可明照相館全盤頂與許就泉,改名「曼麗照相館」。

怡怡 / 新光

怡怡照相館開業時間不詳,位於公館馬路 188 號,館主江宗耀。1929 年 10 月 7 日,怡怡推盤與新光照相館。10 月 27 日,新光正式成立。

1931 年 1 月 1 日,位於芝罘路一號偷雞橋口的新光照相館成立。1942 年 5 月 7 日,新光照相館最後一次出現在《申報》上。

東亞美術 / 東亞明記 / 東亞昌記 / 國聯 / 何氏

1929 年 10 月 8 日成立,位於法租界八仙橋,陳鳳炎與周燮康合資創辦。1935 年 4 月 15 日,東亞盤與馮鴻勳,改商標為「東亞明記」。1939 年 9 月 15 日,應炳榮又一次將東亞盤與啟昌照相館孫啟昌經營,改名為「東亞昌記」。1940 年 10 月 3 日,孫啟昌將東亞昌記出盤與吳澤生,改名為「國聯照相館」。1941 年 5 月 1 日,吳寶光、吳澤生、何佐明,將國聯照相館推盤移轉與何佐明,改為「何氏照相館」繼續營業。1942 年 5 月 7 日,何氏照相館最後一次出現在《申報》上。

紫羅蘭

1929 年 12 月 1 日成立,館址在浙江路芝罘路口,由攝影名家姚元玨與人共同創辦。12 月 8 日,最後一次出現在廣告上。

1930 年

世盤

1930 年 1 月 10 日成立,地址在靜安寺路戈登

路口安樂坊 26 號，館主為留美電影專家石世盤。1931 年 5 月 21 日，最後一次出現在《申報》上。

活動

1930 年 1 月 30 日成立，地址在南京路新世界旁，創辦人為舒相駿、張福康。1931 年 12 月 21 日，最後一次出現於《申報》廣告中。

民民美術

1930 年 3 月 2 日成立，地址在南京路石路東首 359 號。1930 年 3 月 16 日，最後一次出現在《申報》廣告上。

山石梯

成立時間不詳，大概在 1920 年前後。1930 年 3 月 12 日首次出現在《申報》廣告中，地址在靜安寺路 99 號，創辦人為西人吉諾夫。1930 年 3 月 12 日，聘請吳梅笙為經理。1933 年 3 月 10 日，最後一次出現在《申報》廣告中。

良友

良友照相公司，1930 年 3 月 18 日首次出現於《申報》上，位於南浙江路東新橋，發起人為汪省三。良友照相館，成立於 1938 年，位於霞飛路嵩山路西首 279 號，館主為汪鴻章、陳征祥，攝影師為汪明。1946 年 5 月 4 日，又一家良友照相館成立，位於重慶中路（白爾部路福煦路口）12 號。1948 年 5 月 1 日，館主為唐旭升，1948 年 5 月 23 日，最後一次出現於《申報》上。

光明美術

1930 年 5 月 1 日成立，館址位於北四川路郵政總局對面 16 號。1941 年 11 月 6 日，最後一次出現於《申報》上。

拿薄利

1930 年 7 月 10 日成立，地址在北四川路上海大戲院對面。林聰華、陳瑞生、朱富英等合股創辦。9 月 4 日，林聰華退出股份。9 月 6 日，最後一次出現於《申報》上。

愛爾康

1930 年 8 月 16 日成立，地址在北四川路 16 號郵政總局對面。1931 年 12 月 14 日，最後一次出現於《申報》上。

蓬萊

1930 年 8 月 16 日成立，地址在小西門蓬萊市場。1934 年 8 月 11 日，最後一次出現於《申報》上。

群芳

群芳照相公司，1930 年 9 月 16 日開業，地址在廣西路汕頭路口。1930 年 12 月 19 日失火，因保有火險銀 5000 兩，後重修，1935 年 3 月 4 日，最後一次出現於《申報》上。

卡爾登

1930 年 10 月 10 日成立，地址在靜安寺路赫德路口 1589 號，館主楊霽明。1935 年 9 月 12 日，最後一次出現在《申報》上。

雪鴻

1930 年 10 月 15 日成立，位於靜安寺路靜安寺對面 1693 號，館主鄭崇蘭。1942 年 5 月 7 日，最後一次出現於《申報》上。

皇后照相館 / 皇后攝影室

開業時間不詳，1930 年 10 月 26 日首次出現在《申報》上，地址在靜安寺路 213 號門。1932 年 5 月 29 日，新開玻璃巨室。1946 年 10 月 31 日，最後一次出現於《申報》上。皇后攝影室 1933 年 1 月 1 日成立，地址在八仙橋小菜場西福德里。

1931 年

紅燈

1931 年 3 月 25 日已經開業，地址在四川北路，館主吳印成。1931 年 11 月 15 日，最後一次出現於《申報》上。

巧善富

俄國人開設，成立時間不詳，1931 年 4 月 25 日首次出現於《申報》中，位於南京路 103 號。1936 年 3 月 30 日失火焚燬。

梅芳 / 梅芳盛記

成立時間不詳，1931 年 5 月 22 日首次出現在

《申報》上，地址在四馬路大觀樓對面，館主喻慶祥。1931 年 9 月 5 日，喻慶祥將梅芳盤與盛阿祥，改用「梅芳盛記照相館」牌號。1932 年 12 月 7 日，梅芳的周渭廷對外招盤。

永安攝影

1931 年 6 月 16 日，首次出現在《申報》上，位於南京路永安公司三層。1939 年 2 月 22 日，永安攝影室擴充後重新營業。1942 年 5 月 7 日，最後一次出現在《申報》上。

湖山／真真

湖山照相館開業時間不詳，位於廣西路五馬路口。1931 年 7 月 1 日出盤，改名為「真真照相館」，8 月 11 日正式開業。1934 年 11 月 30 日，最後一次出現於《申報》上。

時代

1931 年 8 月 16 日成立，位於老靶子路 171 號，朱麗生主持。1938 年 4 月 14 日，最後一次出現於《申報》上。

麗光

1931 年 8 月 16 日成立，地址在北四川路 683 號。1931 年 12 月 20 日，最後一次出現於《申報》上。

摩登美術

1931 年 9 月 20 日成立，位於南京路英華街大東旅社對面。1934 年 11 月 15 日，最後一次出現在《申報》上。

雪懷／德明

1931 年 10 月 15 日成立，位於新新公司後面、新光大戲院對面，攝影主任為林雪懷。1931 年 12 月，周守定受盤雪懷照相室，繼續使用「雪懷」商標。1933 年之前，林雪懷又在蘇州觀前街開設雪懷照相室，並在無錫、京漢設立分館。1933 年 6 月 5 日之前，蘇州雪懷被法院查封。7 月 1 日，無錫雪懷的幕後出資人龔德明，將雪懷照相室改名為「德明照相館」。1947 年 9 月 25 日，上海雪懷照相館最後一次出現在《申報》上。

民光

成立時間不詳，1931 年 11 月 10 日首次出現於《申報》上，位於霞飛路 865 號。1934 年 1 月，聘請德國人惠鐵林為攝影師。1934 年 1 月 16 日，最後一次出現在《申報》上。

1932 年

蝴蝶／新上海

蝴蝶攝影社成立時間不詳，1932 年 6 月 4 日，名稱最早出現於《申報》上海第一特區地方法院申請商標備案的聲明中，位於英租界福州路 738 號，創辦人田德良等。1937 年 1 月 29 日，田德良、趙鍾麟將蝴蝶推盤與新上海照相館營業。1942 年 5 月 7 日，新上海最後一次出現於《申報》廣告中。

吉士

1932 年 9 月 5 日成立，位於寧波路新光大戲院轉角，館主陸寶榮。1939 年 1 月 3 日，陸寶榮將吉士推盤與金滋生，也是最後一次出現於《申報》上。

大同

1932 年 11 月 1 日成立，位於靜安寺路 242 號（跑馬廳對過），創辦人金為偉。1949 年 5 月 1 日，最後一次出現於《申報》上。

大光明

成立時間不詳，1932 年 12 月 18 日，最早出現於《申報》上，地址在西藏路遠東飯店轉角。1934 年 1 月，聘請應夢蝶女士擔任攝影指導。1935 年 4 月 30 日，大光明原館主劉宗達出盤，讓於鄭公俠接辦。1935 年 8 月 17 日，鄭公俠又將照相館轉給徐天章經營。9 月 15 日，在攝影名家徐天章、顧大球主持下，大光明重新成立。1943 年 6 月 3 日，最後一次出現於《申報》上。

1933 年

有德

1933 年 1 月 1 日成立，位於新新公司後面貴

州路三百十口號，館主為《時報》攝影記者張有德。
1935 年 1 月 16 日，最後一次出現於《申報》上。

一如

開業時間不詳，1933 年 1 月 14 日首次出現於
《申報》上，1937 年地址為同孚路華順里一衖 21 號，
由屠一如創辦。1942 年 5 月 7 日，最後一次出現於
《申報》上。

紅運

1933 年 3 月 18 日已經成立，位於南京路虹廟樓
上。1949 年 3 月 30 日，最後一次出現在《申報》上。

何樂攝影室

1933 年 3 月 18 日成立，位於大陸商場三樓
310 號，創辦人為前中華照相館技師何樂。1933 年
3 月 18 日最後一次出現於《申報》上。

大華美術

1933 年 7 月 1 日，館址在法租界八仙橋青年會
內，館主為張明為。1942 年 5 月 7 日，最後一次出
現於《申報》上。

玫瑰攝影室

1933 年 7 月 23 日成立，地址在西門蓬萊路福
安坊 1 號，由魔術家李肇雄創辦。1933 年 9 月 30
日，最後一次出現於《申報》上。

萬氏

萬氏美術攝影室（照相館）於 1933 年 10 月 14
日開業，位於埠霞飛路華能路 512 號。由卡通畫家
萬氏兄弟籟鳴、古蟾、超塵、滌寰所組織，萬滌寰
親自執鏡。1947 年 2 月 4 日，最後一次出現於《申
報》廣告中。

光陸

1933 年 11 月 24 日之後成立，館址在靜安寺路
304 號，館主吳彭年。1942 年 5 月 7 日，最後一次
出現於《申報》上。

大都會

開業時間不詳，1933 年 11 月 27 日首次出現
於《申報》上，館址在上海寧波路新光大戲院對面，
創辦人為顏鶴鳴。1949 年 3 月 30 日，最後一次出
現在《申報》上。

1934 年

春光

1934 年 2 月 10 日前後成立，位於北四川路靶子
路口，館主陸禎芝，胡天月精繪彩色照相又兼放大沖
曬。1937 年 7 月 17 日，最後一次出現《申報》上。

新華 / 新華方記

1934 年 4 月 2 日成立，位於邑廟豫園新路 22
號，館主李昌林。1940 年 7 月 4 日，李昌林將新華
盤出，改名「新華方記」。1943 年 4 月 19 日，最後
一次出現於《申報》上。

霞飛

1934 年 6 月 16 日成立，位於霞飛路白爾部路
轉角，館主為陳彭年。1934 年 8 月 31 日，聘請留
美攝影專家高勒音擔任攝影，1935 年 11 月 30 日，
最後一次出現在《申報》上。

國泰 / 國泰松記

1934 年 8 月 25 日成立，位於南京路中石路
西首 475 號，攝影主任為柏林頓。1943 年 1 月 23
日，朱介人把國泰全部推盤與沈樟松，改名「國泰松
記」。1949 年 2 月 1 日，最後一次出現在《申報》上。

大眾照相室

1934 年 12 月 21 日前成立，位於法大馬路東新
橋待西首。1942 年 5 月 7 日，最後一次出現在《申
報》上。

1935 年

國際

1935 年 4 月 18 日成立，位於靜安寺路國際飯
店左鄰 124 號，館主朱泓波。1935 年 8 月 16 日，
朱泓波讓盤與王廷魁任經理。1944 年 4 月 23 日，增
設禮服部，地址在靜安寺路 132 號（國際飯店東首綠
屋）。1949 年 3 月 10 日，最後一次出現於《申報》上。

大令 / 美麗

開辦時間不詳，1935 年 9 月 14 日首次出現於

《申報》上，位於小西門中華路 1280 號。1935 年 9 月 13 日失火，後重建。1936 年 1 月 8 日，大令推盤與顧書堂，改名為「美麗」。1942 年 5 月 7 日，最後一次出現在《申報》上。

雲林攝影室

1935 年 10 月 20 日成立，位於南市蓬萊路口，館主為前康生照相館經理顧應齊。1935 年 10 月 23 日，最後一次出現在《申報》上。

蝶來 / 蝶來德記 / 一飛

成立時間不詳，最早出現於 1935 年 12 月 3 日《申報》上，位於霞飛路馬浪路東。1939 年 3 月 8 日，蝶來推盤，改為「蝶來德記」，經理周一飛。因為「戰事遭毀」，蝶來後遷移到霞飛路 322 號繼續營業。1947 年 6 月 4 日，蝶來最後一次出現在《申報》上。1947 年 6 月 5 日，周一飛在南市文廟路（文廟公園西）分設一飛照相館。1947 年 6 月 5 日，一飛照相館最後一次出現於《申報》上。

1936 年

洪德

開業時間不詳，1936 年 9 月 11 日最早出現於《申報》上，位於上海天潼路 372 號，館主洪友良。1939 年 6 月 3 日，洪友梁將洪德推盤與陸宏得承受。1946 年 12 月 9 日，最後一次出現在《申報》上。

天來 / 天來義記

成立時間不詳，位於華德路荊州路口 482 號及 484 號。1936 年 10 月 1 日，推盤與天來義記承受。1937 年 4 月 21 日，館主黃心照又將照相館推盤於虞甫榮，此後再沒有在《申報》上出現。

1937 年

淑記光畫攝影室

1937 年 3 月 25 日成立，位於靜安寺路安登別墅一號，經理為「德和醫學研究院攝影部創辦主任」「留英皇家攝影會會員」姚伯寬，攝影為西人 Viira 擔任。1937 年 3 月 25 日，最後一次出現在《申報》上。

綠楊

1937 年 8 月 7 日成立，位於虹口提籃橋，館主孫茂堂。1947 年 6 月 9 日，最後一次出現於《申報》上。

1938 年

王吉

1938 年 10 月 15 日成立，位於南京路廣西路 333 號，館主為吳李莉、吳中立。1947 年 12 月 4 日，最後一次出現於《申報》上。

樂來

1938 年 12 月 15 日前後成立，位於法租界西門路 135 號，由攝影家唐企新等創辦。1949 年 4 月 2 日，最後一次出現於《申報》廣告中。

新大陸 / 新大陸鈞記 / 新大陸茂記

1938 年 12 月 15 日成立，位於虞洽卿路 73 號。1939 年 10 月 10 日，新大陸推盤與經立鈞，改名為「新大陸鈞記」經營。1940 年 11 月 3 日，經立鈞又將新大陸推盤與石茂興的茂記經營，改名為「新大陸茂記」。1942 年 5 月 7 日，新大陸最後一次出現於《申報》上。

何氏攝影社

1938 年開辦，1939 年 4 月 2 日首次出現在《申報》上，由攝影家何仕明主辦，位於霞飛路巴黎大戲院東隔壁霞飛市場 10 號。1946 年 10 月 30 日，最後一次出現於《申報》上。

1939 年

皇宮 / 皇宮永記

1939 年 2 月 1 日成立，位於法租界西門路馬浪路口（西門路第 166 號），館主楊鶴齡。1939 年 4 月 27 日，楊鶴齡將皇宮出盤與邵永年，添加「永記」繼續經營。1942 年 5 月 7 日，皇宮照相館最後一次出現在《申報》上。

仙樂 / 仙樂公記

1939 年 2 月 11 日後成立，地址在靜安寺路 441 號，館主為攝影家朱自廉。1940 年 8 月 31 日，

仙樂將全部生意盤出，改名為「仙樂公記」繼續經營，當時推盤人為陳顯庭，受盤人魯禎祥。1947 年1 月1 日，最後一次出現於《申報》上。

木蘭邨

1939 年7 月1 日成立，位於福煦路408 號（九星大戲院西對面）。1943 年12 月21 日，最後一次出現在《申報》上。

慕爾

1939 年8 月29 日成立，地址在慕爾鳴路威海衛路。1946 年9 月15 日，最後一次出現於《申報》上。

國華

1939 年9 月17 日成立，位於貴州路新新公司後面。1947 年5 月21 日，最後一次出現於《申報》上。

康明照相室

1939 年11 月29 日成立，地址在虹口平涼路韜朋路口。1944 年5 月2 日，最後一次出現於《申報》上。

萬籟鳴

1939 年12 月2 日成立，位於福煦路408 號（九星大戲院西對面），電影卡通作者萬籟鳴創辦。1944 年12 月21 日，最後一次出現於《申報》廣告中。

龍翔

1939 年12 月24 日成立，位於華龍路77 號法國公園對面。1943 年5 月16 日，最後一次出現在《申報》上。

1940 年

大地

創辦時間不詳，地址在廣西路69 號，館主應炳芝。1940 年2 月25 日，出盤與方志惠。1942 年3 月16 日，已改為赫德路735 號的大地照相館店主葉梅將照相館轉讓給合記，繼續使用「大地」字號。1944 年7 月23 日，中山公園內（舊兆豐公園）新開設一家大地照相館，這也是大地照相館最後一次出現在《申報》上。

滬光 / 滬光玉記

開業時間不詳，1940 年6 月23 日最早出現於《申報》上，位於麥琪路204 號，館主朱叔良。1941 年11 月1 日，朱叔良將滬光推盤與沈桂和。1942 年10 月1 日，滬光照相館的代表茅永康將全部生財店基等推盤與薛廉遜，加「玉記」，改為「滬光玉記」經營。1947 年5 月17 日，滬光最後一次出現於《申報》上。

美芳

1940 年7 月20 日成立，位於靜安寺路1479 至1481 號。1942 年5 月7 日，最後一次出現於《申報》上。

蘭心

1940 年10 月16 日，地址在福煦路同孚路口。1943 年6 月6 日，蘭心再次擴充後開業，攝影師為滿劍濤，地址在福煦路544 號。1946 年8 月18 日，最後一次出現在《申報》廣告中。

1941 年

寶明 / 泰山

開業時間不詳，位於新閘路499 號，股東王鬥孚。1941 年3 月28 日，王鬥孚將寶明全部轉讓給張秀瑛繼續經營。1941 年10 月3 日，張秀瑛又將寶明推盤與泰山照相館李士傑經營。1942 年5 月7 日，泰山最後一次出現於《申報》上。

好萊塢義記攝影室

1941 年4 月14 日成立，位於貴州路寧波路口新新公司後面133 號。1941 年4 月14 日，最後一次出現在《申報》上。

英雄

1941 年12 月6 日成立，地址在靜安寺路1251 號西摩路。1942 年5 月23 日，聘請德國攝影師 Brown Wood 擔任攝影。1949 年1 月25 日，最後一次出現在《申報》廣告中。

1942 年

萬象

成立時間不詳，1942 年4 月30 日首次出現於《申報》，位於辣斐德路金神父路口696 號。1946 年

4 月 11 日萬象照相館北區分館成立，位於天潼路四川北路口 373 號。1946 年 4 月 14 日，最後一次出現於《申報》上。

美琪

1942 年 5 月 18 日成立，位於靜安寺路 1073 號（戈登路口），創辦人陳憲謨。1942 年 8 月 9 日，最後一次出現在《申報》上。

菁菁

1942 年 10 月 1 日，菁菁照相材料行和攝影室同時成立，地點位於寧波路新光大戲院隔壁。1942 年 10 月 6 日，最後一次出現於《申報》廣告中。

孔士

1942 年 1 月 5 日成立，地址在虞洽卿路 437 號大新公司對面。1947 年 4 月 30 日，最後一次出現在《申報》上。

1945 年
勝利

1945 年 12 月成立，位於金神父路 A76 號陳斐德路口。

1942 年 5 月 7 日，北京路上也有一家勝利照相館。

1946 年
徠卡攝影室（照相館）

1946 年 8 月 3 日成立，地址在邁爾西愛路 490 號。1946 年 12 月 31 日，最後一次出現在《申報》上。

大吉

1946 年 12 月 12 日成立，位於貴州路 109 號，館主葉振華。1946 年 12 月 13 日，最後一次出現於《申報》廣告中。

1947 年
黃瑞民攝影館

1947 年 12 月 10 日正式開業，位於林森中路 816 弄內 836 號 B 字公寓內，館主黃瑞民。1947 年 12 月 10 日，最後一次出現在《申報》上。

維也納

1947 年 12 月 17 日成立，位於青島路黃河路口，創辦人翁思龍。

1948 年
蘭影

1948 年 1 月 1 日成立，地址在上海西摩路 291 號（小菜場對面）。僅在 1948 年 1 月 1 日當天做了廣告。

金國

成立時間不詳，1948 年 1 月 5 日首次出現在《申報》上，位於徐家匯華山路 1169 號。1948 年 1 月 14 日，最後一次出現於《申報》上。金國照片公司，1948 年 6 月 5 日成立，位於南京東路六合路德裕里 8 號，1948 年 8 月 5 日最後一次出現於《申報》上。

二、《申報》上照相館名錄

（蘇州）自在軒（1892 年，臨頓路西花橋塊蔣察院第內）

日本上野（1893 年，四馬路第 16 號）

（蘇州）真廬（1896 年，蘇州吳縣養育巷）

（漢口）同昌（1898 年，花樓）

美真（1906—1934 年，三馬路中市石路東首）

（杭州）光繪（1907 年，浙藩司前）

日華（1907 年，二馬路）

（武昌）鹿鳴閣（1908 年，武昌門級營街）

亦亦軒（1908 年，小東門外洋行街中市）

張園（1908—1915 年，張園）

昌記（1909 年，英大馬路 465 號）

（奉天）華真（1920 年，大西門內）

美利豐（1910—1920 年，百老匯路 2 號）

日華新記（1910 年，大新街）

發昌（1910 年，邑廟花園內）

（北京）守真（1910—1914 年，琉璃廠火神廟）

梅鶴居（1911 年，松江佛寺橋）

宛真（1912—1936 年，佛字橋）

美真（1913 年，三馬路石路口）

（鎮江）春鏡台（1914 年，鎮屏山腳下）

真華（1915 年，大馬路）

廬真（1915—1917 年，南市十六鋪內街）

（紹興）寶和（1915 年，城內大路）

致珍（1916 年，虹口西華德路）

（嘉興）同益（1916—1934 年，北門大街）

留影（1916 年，三馬路望平街）

鏡緣（1916 年，英界新聞路 2075 號）

（南京）惟肖（1917—1927 年）

光華樓（1917 年，張園內）

留影館（1917 年，望平街）

麗泰（1917 年，虹口西華德路）

亞張（1918—1931 年，北四川路）

河合（1919 年，虹口北四川路）

鏡華協記 / 鏡華德記（1918 年，福佑路）

中英（1920—1928 年，英大馬路新世界東首）

（廣州）民鏡（1920 年，十八甫）

（南京）廬山（1921—1922 年，貢院街）

（長沙）石井（1922—1928 年，太平門外）

容光（1922—1943 年，邑廟）

先施公司照相部（1923—1941 年，北四川路）

品時（1923 年，浙江路三馬路）

上海美術（1925—1933 年，南京路 73 號）

滬中（1926 年，浙江路三馬路口）

天勝（1925—1948 年，市區江北岸）

洪中（1926—1928 年，浙江路三馬路口）

惟我（1927—1929 年，閘北）

知本（1927 年，北四川路 31 號）

浙中（1928—1931 年，浙江路三馬路口）

卡爾生（1928 年，靜安寺路 167 號）

南新（1928—1931 年，靜安寺路 660 號）

國光 / 美容（1928—1946 年，舢板廠新橋恒豐路）

東方（1928—1931 年，霞飛路 144 號）

松石軒（1928—1944 年，小北門口）

滬西美術（1928 年，愛文義路赫德路）

天福（1928—1935 年，吳淞路 787 號門牌轉角）

上海日夜（1928—1929 年，東西華德路東桂坊）

競通（1928—1933 年，四川北路）

美利（1929—1930 年，霞飛路三八零號）

心聲（1929 年，靜安寺西首愚園路 610 號）

新藝（1929—1943 年，新閘路北泥城橋西）

（常熟）虞新（1930 年，城內北趙弄 15 號）

郵政總動（1930—1931 年，北四川路）

中國（1930—1947 年，靜安寺路 88 號）

生生（1931—1942 年，菜市路）

大新（1931—1947 年，曹家渡）

卡爾門（1932 年，芝罘路 1 號）

交藝（1932 年，靜安寺路）

家庭攝影室 / 家庭新記（1933 年，靜安寺路斜橋總會對過）

明星（1934 年，湖北路 258 號）

瑪克太維（1934 年，靜安寺路 725 號）

時代自動（1934 年，麥高包祿路 156 號）

天星（1934 年，霞飛路 716 號）

玉記（1934 年，東西華德路 498 號）

春星 / 徐匯（1934 年，徐家匯海格路 T 字 1169 號）

卡頓 / 德記（1934 年，虹口海寧路）

鴻運（1934—1948 年，南京路盆湯弄 82 號）

（廈門）美的（1934 年，中山路 259 號）

塘山協記（1934 年，塘山路 290 號）

小小美術照相室（1934 年，海愛文義路 332 號）

金城（1934—1947 年，北京路 768 號）

百樂門（1934—1948 年，小東門民國路 39 號）

金星（1935 年，靜安寺路 1693 號）

東門（1935 年，十六鋪東門路 58 號）

美亞（1936—1949 年，北四川路海寧路 872 號）

就是我（1936—1949 年，貴州路）

美令登（1936 年，虹橋路 1898 至 1896 號）

煒南照相室（1937 年，新聞路 39 號）

伯揚（1937 年，中華路文廟路口）

光麗（1937 年，老靶子路口北四川路 1315 至 1317 號）

華光（1937—1942 年，白克路 352 號）

天龍照相室（1938—1942 年，南京路 442 號）

百樂攝影室（1939—1941 年，霞飛路 614 號馬斯南路東首）

靜安照相室（1939—1948 年，靜安寺路 749 號同孚路東靜安大樓 3 樓 330 號）

真善美攝影室（1939 年，威靈頓街 72 號地下）

喬氏攝影室（1939 年，霞飛路 847 號）

香海（1939—1946 年，康腦脫路赫德路東）

快樂（1939—1942 年，法租界馬浪路 391 號）

爵士（1939—1942 年，山西路）

偉樂（1939 年，赫德路 156 號）

達爾美（1939—1946 年，上海虞洽卿路 353 號）

拉都（1939 年，辣斐德路拉都路口）

長虹（1939—1942 年，河南路泗涇路口）

新快（1940 年，靜安寺路 A15 號）

大麴（1940 年，靜安寺路）

金新／金新協記（1940—1942 年，拯司非而路 922 號）

飛虹華記／馥開（1940—1941 年，愛多亞路 1240 號）

丁香（1940—1942 年，公共租界柏頓路 228 號）

綠寶（1940—1947 年，八仙橋青年會對過）

洛陽（1940—1942 年，河南路）

真如（1940—1943 年，霞飛路貝禘鏖路）

卡德（1940—1943 年，卡德路）

麗都（1940—1941 年，靜安寺路 1251 號西摩路西首滄洲飯店隔壁）

金都攝影室（1941 年，聖母院路 45 號）

大英（1941 年，靜安寺路 725 號）

高尚（1941—1946 年，靜安寺路）

蔣氏（1941—1942 年，福煦路 861 號）

亞蒙（1941 年，白爾路 213 號）

喬其（1941 年，霞飛路 847 號）

白樂（1941 年，霞飛路 614 號）

達影（1941 年—1945 年，山西路 143 號）

辣斐（1941—1942 年，辣斐德路 280 號）

大上海（1942 年，戈登路 1174 號）

汪明（1942—1943 年，麥特赫司脫路電話局對面）

智和（1942 年，哈同路 112 號）

薔薇（1942 年，霞飛路 407 號）

白雪（1942 年，法租界華龍路 15 號）

成龍（1942—1948 年，靜安寺路戈登路口重華新邨內）

銀花（1942—1943 年，四川路 569 號）

派克（1942—1946 年，愛多亞路 1030 號）

青鳥（1942 年，霞飛路）

華新（1942—1949 年，康腦脫路）

藝華（1942—1948 年，新閘路醬園弄電車站口）

藝林（1942—1949 年，康悌路）

顯容合記（1946 年，滬西法華西鎮 760 號）

鴻運來（1947—1949 年，八仙橋黃金大戲院對門）

樂開（1947—1948 年，中正路 538 號）

芷江（1947 年，塘沽路 615 號）

羅氏（1947 年，馬浪路 160 號）

藍吉（1947—1949 年，東大名路 1168 號 2 樓）

華華（1948 年，大場西街 420 號）

良晨（1948 年，北京路浙江路西）

喬氏（1949 年，茂名南路 A131 號）

三、1942 年 5 月 7 日《申報》上「市民證照指定攝影處」照相館名錄

南京路

英明照相館、華昌攝影部、冠真照相館、紅運照相館、國泰照相館、永安攝影室、啟昌照相館、兆芳照相館

山西路

爵士照相館、達影照相館

英華街

摩登照相館

廣西路

王吉照相館

湖北路

仙樂照相館

雲南路

時新照相館

浙江路

好萊照相館、美林照相館、金山照相館

貴州路

就是我照相館、國華照相館、新華照相館、有德照相館、好萊塢照相館

寧波路

大都會照相館、上海女子會照相館、雪懷照相館

白克路

佳多照相館

靜安寺路

中國照相館、國際大照相館、大同照相館、寶德照相館、光藝照相館、可哥照相館、美芳照相館、竟成照相館、美良照相館、英雄照相館、雪鴻照相館

梅白格路

梅蘭照相館

虞洽卿路

大光明照相館、大美照相館、新大陸照相館、銀都照相館、盧山照相館、孔士照相館

三馬路

寶芳照相館

四馬路

新上海照相館、大東照相館

福煦路

萬籟鳴照相館、蘭心照相館

同孚路

國華照相支館

愛多亞路

金星照相館、天一照相館、天然照相館、馥開照相館、派克照相館

呂宋路邑廟

良友公司照相館

新閘路

新藝照相館、新聞照相館、藝華照相館、華美照相館、南方照相館、大陸照相館、卡德照相館、王森照相館、泰山照相館

麥根路

克明照相館

康腦脫路

香海照相館、天香照相館、綠楊照相館、華新照相館、王開照相館

赫德路

大地照相館

麥特赫斯脱路

汪明照相館

愛文義路

大滬照相館

勞勃生路

中華照相館、中興照相館、天真照相館、新都
會照相館

北京路

新光照相館、金城照相館、勝利照相館

河南路

長虹照相館

交通路

容新照相館、好運道照相館

北河南路

藝海照相館、洛陽照相館、河南照相館、丁香
照相館

天潼路

大華照相館、大眾照相館

四川路

銀花照相館、虹口麗芳照相館、培芳照相館、
揚子照相館、天龍照相館、康明照相館、亞開照相
館、青青照相館、萬利照相館、華德照相館、天真
照相館、楓葉照相館、塘山照相館、匯東照相館、
福來照相館、紅運照相館、滬東照相館

滬西區大西路

美麗照相館

極斯斐而路

大新照相館、華光照相館、金新照相館

白利南支路

光陸照相館

憶定盤路

寶明照相館

愚園路

蝶園照相館、愚園照相館、美化照相館、銀都
照相館、香海照相館

法租界愛多亞路

巴黎照相館、王海照相館、光華照相館

葛羅路

滬光照相館

敏體尼蔭路

綠寶照相館、大成照相館、松石軒照相館

公館馬路

美華照相館、鏡芳照相館、吳開照相館

霞飛路

鏡華照相館、蝶來照相館、良友照相館、一如
照相館、薔薇照相館、青島照相館、何氏照相館、
萬氏照相館、雪利照相館、國光照相館、汪明照相
支館

呂班路

百樂門照相館

華龍路

龍翔照相館、白雪照相館

貝締鏖路

真如照相館

福煦路

蔣氏照相館

聖母院路

玲瓏照相館、金都照相館

慕爾鳴路

慕爾照相館

菜市路

生生照相館、大來照相館、天然照相館

西門路

樂來照相館、皇宮照相館

白爾路

皇后照相館、楊氏照相館

馬浪路

快樂照相館

康悌路

藝林照相館

辣斐德路

辣斐照相館、萬象照相館、華影照相館、皇家照相館

打浦橋

友德照相館

麥琪路

麥琪照相館、濾光照相館

徐家匯

大西照相館、金都照相館、匯藝照相館

南市

百樂門支館、美新照相館、呂芳照相館、大新照相館、容光照相館、人仙照相館、達爾美照相館、華芳照相館、藝華照相館、南華照相館、東亞照相館、中央照相館、南國照相館

主要參考書目

周耀光編著，《實用映相學》，致用學社發行，1911 年再版。

杜就田，《新編攝影術》，商務印書館，1913 年。

陳公哲，《攝影測光捷徑》，精武體育會攝學部出版，1917 年。

劉半農，《半農談影》，上海開明書店，1927 年。

舒新城，《攝影初步》，中華書局，1929 年。

杜就田編，《攝影術顧問》，商務印書館，1935 年。

遼寧省服務業公司整編，《照像業技術經驗彙編》，1956 年。

《義和團運動史料叢編》第 1 輯，中華書局，1964 年。

《三才圖會》人事四卷，成文出版社，1970 年。

吳壬麟，《照片着色技術》，上海人民美術出版社，1972 年。

程佳麟，《底片整修技術》，上海人民美術出版社，1978 年。

崇彝，《道咸以來的朝野雜記》，北京古籍出版社，1982 年。

《清代日記匯抄》，上海人民出版社，1982 年。

中國攝影家協會創作理論研究部編，《中國攝影史料》第 3 輯，1982 年。

陳石林，《翻攝基本技術》，上海人民美術出版社，1982 年。

熊正寅編著，《人像照片整修》，上海人民美術出版社，1983 年。

中國社會科學院新聞研究所編，《中國攝影史話》，遼寧美術出版社，1984 年。

山東省飲食服務技工學校編，《照相着色工藝》，中國商業出版社，1984 年。

吳群，《中國攝影發展歷程》，新華出版社，1986 年。

《清稗類鈔》第 13 冊，中華書局，1986 年。

馬運增、陳申、胡志川、錢章表、彭永祥著，《中

國攝影史 1840—1937》，中國攝影出版社，1987 年。

葛元煦，《滬遊雜記》，上海古籍出版社，1988 年。

龍熹祖編著，《中國近代攝影藝術美學文選》，天津人民美術出版社，1988 年。

顧棣、方偉，《中國解放區攝影史略》，山西人民出版社，1989 年。

上海攝影家協會、上海大學文學院編，《上海攝影史》，上海人民美術出版社，1992 年。

劉北汜、徐啟憲主編，《故宮珍藏人物照片薈萃》，紫禁城出版社，1994 年。

《話夢集·春明夢錄·東華瑣錄》，北京古籍出版社，1995 年。《東華瑣錄》為沈太侔著，1928 年。

李超，《上海油畫史》，上海人民美術出版社，1995 年。

李超，《中國早期油畫史》，上海書畫出版社，2004 年。

顧炳權編著，《上海洋場竹枝詞》，上海書店出版社，1996 年。

蔣齊生、舒宗僑、顧棣編著，《中國攝影史1937—1949》，中國攝影出版社，1998 年。

蘇珊·桑塔格，艾紅華、毛建雄譯，《論攝影》，湖南美術出版社，1999 年。

王耿雄編，《偉人相冊的盲點——孫中山留影辯證》，上海書店出版社，2001 年。

石谷風編著，《徽州容像藝術》，安徽美術出版社，2001 年。

胡紹宗，《中國早期製像藝術》，人民美術出版社，2001 年。

焦潤明、蘇曉軒編著，《晚清生活掠影》，瀋陽出版社，2002 年。

李長莉，《晚清上海社會的變遷》，天津人民出版社，2002 年。

德齡，《御香縹緲錄》，文化藝術出版社，2003 年。

關善明主編，《中國寫真畫》（沐文堂收藏全集01），香港：沐文堂美術出版公司，2003 年。

天津理工學院、天津和平區政協經濟與文化研究所編，《近代天津知名工商業》，天津人民出版社，

2004 年。

沈嘉蔚編撰，竇坤等譯，《莫里循眼裏的近代中國》，福建教育出版社，2005 年。

（美）巫鴻著，鄭岩、王睿編，鄭岩等譯，《禮儀中的美術》，生活·讀書·新知三聯書店，2005 年。

趙靜蓉著，《抵達生命的底色》，廣西師範大學出版社，2005 年。

北京市檔案館編，《那桐日記》（上冊），新華出版社，2006 年。

上海圖書館編，《上海圖書館藏歷史原照》，上海古籍出版社，2007 年。

江瀅河，《清代洋畫與廣州口岸》，中華書局，2007 年。

宋鑽友，《廣東人在上海》（1843—1949 年），上海人民出版社，2007 年。

王玉茹，《近代中國物價、工資和生活水準研究》，上海財經大學出版社，2007 年。

林家治編著，《民國商業美術史》，上海人民美術出版社，2008 年。

鍾叔河、楊國楨、左步青校點，鍾叔河編，《走向世界叢書》第 1 輯，嶽麓書社，2008 年。

周晉，《寫照傳神：晉唐肖像畫研究》，中國美術學院出版社，2008 年。

楊新，《傳神寫照惟妙惟肖：明清肖像畫概論》，上海科學技術出版社，2008 年。

中國國家圖書館、大英圖書館編，《1860—1930：英國藏中國歷史照片》，國家圖書館出版社，2008 年。

萬青力，《並非衰落的百年》，廣西師範大學出版社，2008 年。

（英）彼得·伯克著，《圖像證史》，北京：北京大學出版社，2008 年。

何伯英著，張關林譯，《舊日影像——西方早期攝影與明信片上的中國》，東方出版中心，2008 年。

中華世紀壇世界藝術館編著，《晚清碎影——約翰·湯姆遜眼中的中國》，中國攝影出版社，2009 年。

澳門博物館編製，《凝光攝影——攝影術的發

明暨中國澳門老照片》，澳門特別行政區文化局出版，2009 年。

顧棣編著，《中國紅色攝影史錄》，山西出編集團・山西人民出版社，2009 年。

仝冰雪編著，《一站一坐一生：一個中國人 62 年的影像誌》，上海社會科學院出版社，2010 年。

葛濤、石冬旭，《具像的歷史——照相與清末民初上海社會生活》，上海辭書出版社，2011 年。

澳門藝術博物館製作，《像應神全——明清人物肖像畫學術研討會論文集》，2011 年。

（英）泰瑞・貝內特著，徐婷婷譯，《中國攝影史 1842—1860》，中國攝影出版社，2011 年。

（英）泰瑞・貝內特著，徐婷婷譯，《中國攝影史：西方攝影師 1861—1879》，中國攝影出版社，2013 年。

（英）泰瑞・貝內特著，徐婷婷譯，《中國攝影史：中國攝影師 1844—1879》，中國攝影出版社，2014 年。

陳申、徐希景，《中國攝影藝術史》，北京：生活・讀書・新知三聯書店，2011 年。

林茨、王瑞，《攝影藝術論》，北京：生活・讀書・新知三聯書店，2011 年。

（美）布魯斯・巴恩博著，樊智毅譯，《攝影的藝術》，人民郵電出版社，2012 年。

（英）利茲・韋爾斯等編著，《攝影批判導論》（第 4 版），人民郵電出版社，2012 年。

郭傑偉、范德珍編著，葉娃譯，《丹青和影像：早期中國攝影》，香港大學出版社、蓋蒂研究所，2012 年。

晉永權，《闔家歡》，中國攝影出版社，2012 年。

任騁，《中國民間禁忌》，山東人民出版社，2012 年。

（美）內奧米・羅森布拉姆著，包甦、田彩霞、吳曉凌譯，《世界攝影史》（第 4 版），中國攝影出版社，2012 年。

中國文學藝術基金會、巴黎中國文化中心主編，《前塵影事：于勒・埃及爾最早的中國影像》，中國建築工業出版社，2012 年。

趙俊毅，《中國攝影史拾珠》，北京：中國民族攝影藝術出版社，2013 年。

祝帥、楊簡茹編著，《民國攝影文論》，中國攝影出版社，2014 年。

（英）霍普・金斯利、克斯多弗・奧佩著，崔贏譯，毛衛東審校，《藝術的誘惑》，中國民族攝影藝術出版社，2014 年。

佚名，《炭精畫像技術》，印刷本。

武漢市第二商業學校編，《照相整修着色技術》（試用教材）。

中國人民政治協商會議湖南省委員會文史資料研究委員會編，《湖南文史資料選輯》第 17 輯，湖南人民出版社，1983 年。

中國人民政治協商會議貴州省貴陽市委員會文史資料研究委員會編，《貴陽文史資料選輯》第 8 輯，1983 年。

蓬溪縣商業局商誌編纂小組，《蓬溪縣商業誌資料》第 28 期，1984 年。

中國民主建國會泉州市委員會、泉州市工商業聯合會、政協泉州市委員會文史資料研究委員會合編，《泉州工商史料》第 5 輯，1985 年。

中國人民政治協商會議湖南省岳陽市委員會文史資料研究委員會編，《岳陽文史》第 4 輯，1985 年。

開封市地方史誌編纂委員會，《開封市史誌資料選輯》第 4 期（總第 10 期），1985 年。

中國人民政治協商會議寧夏回族自治區銀川委員會文史資料研究委員會編，《銀川文史資料》第 3 輯，1986 年。

中國民主建國會天津市委員會、天津市工商業聯合會文史資料委員會編，《天津工商史料叢刊》第 5 輯，1986 年。

中國人民政治協商會議北京市委員會文史資料研究委員會，《文史資料選編》第 29 輯，北京出版社，1986 年。

中國人民政治協商會議山東省濟寧市委員會文史資料研究委員會編，《濟寧文史資料》工商史料專輯第 4 輯，1987 年。

中國人民政治協商會議昆明市五華區委員會編，《五華文史》資料第 1 輯，1988 年。

山東省文化廳史誌辦公室、臨沂地區文化局史誌辦公室編，《文化誌藝術資料彙編》第 13 輯（臨沂地區《文化誌》資料專輯），1988 年。

中國人民政治協商會議石家莊市委員會文史資料委員會編，《石家莊文史資料》第 8 輯（工商史料專輯），1988 年。

中國人民政治協商會議鎮江委員會文史資料研究委員會編，《鎮江文史資料》第 15 輯（工商史料專輯），1989 年。

中國人民政治協商會議湛江市委員會文史資料研究委員會編，《廣州灣》法國租借地史料專輯，湛江文史史料第九輯，1990 年。

中國人民政治協商會議山東省濟寧市市中區委員會文史資料委員會編，《文史資料》第 6 輯，1990 年。

中國人民政治協商會議榆林市委員會文史資料委員會編，《榆林文史資料》第 10 輯，1990 年。

無錫市政協文史委員會編，《江蘇無錫文史資料選輯》總第 19 輯，1990 年。

中國人民政治協商會議北京市平谷縣委員會文史委員會編，《平谷文史選輯》第 2 輯，1990 年。

中國人民政治協商會議遼源市委員會文史資料委員會編，《遼源文史資料》第 4 輯（建國前的遼源工商業），1991 年。

中國人民政治協商會議佳木斯市委員會文史資料委員會編，《佳木斯文史資料》第 14 輯，1991 年。

中國人民政治協商會議江蘇省常州市委員會文史研究委員會編，《常州文史資料》第 10 輯，1992 年。

中國人民政治協商會議山東省德州市委員會文史資料委員會編，《德州文史》第 11 輯，1994 年。

中國人民政治協商會議天津市委員會、南開區委員會文史資料委員會合編，《天津老城記憶》，天津人民出版社，1997 年。

惠州市惠城區政協文史資料研究委員會編輯，《惠城文史資料》第 16 輯，2000 年。

廣州市越秀區政協學習文史委員會編，《越秀文史》第 8 期，2000 年。

中國人民政治協商會議天津市委員會文史資料委員會編，《天津文史資料選輯》第 2 輯（總第 94 輯），天津人民出版社，2002 年。

《武漢文史資料》第 11 期（總 157 期），《武漢文史資料》編輯部。

《武漢文史資料》第 12 期（總第 170 期），《武漢文史資料》編輯部，2006 年。

政協新鄉市學習和文史資料委員會編，《新鄉文史資料》第 16 輯，2007 年。

遵義市政協教科文衛體委員會，遵義民國《工商金融》遵義文史十四，2008 年。

中國人民政治協商會議沙市市委員會文史資料研究委員會編，《沙市文史資料》第 2 輯（工商史料專輯之一），年代不詳。

Burton F. Beers, *China in Old Photographs 1860-1910*, Museum of the American China Trade, 1978.

Clark Worswick and Jonathan Spence, *Imperial China:1850-1912*, Pennwick Publishing, Inc., 1978.

Preface by L. Carrington Goodrich, Historical Commentary by Nigel Cameron, *The Face of China, As Seen by Photographers & Travelers 1860-1912*, Aperture, Inc., 1978.

Picturing Hong Kong: Photography 1855-1910, Asia Society Galleries, New York, in association with South China Printing Company, Hong Kong, 1997.

Richard Ovenden, Foreword by Sir David Puttnam, *John Thomson* (photographer), The Stationery Office Limited, 1997.

Regine Thiriez, *Barbarian Lens*, *Western Photographers of the Qianlong Emperor's European Palaces*, Gordon and Breach Publishers, 1998.

Jan Stuart/ Evelyn S. Rawski, *Worshiping the Ancestors*, Stanford University Press, 2001.

David Harris, *Of Battle and Beauty, Felice Beato's Photographs of China*, Santa Barara Museum of Art, 1999.

Nick Pearce, *Photographs of Peking, China 1861-1908*, The Edwin Mellen Press, 2005.

Jennifer Purtle and Hans Thomsen, *Looking Modern: East Asian Visual Culture from Treaty Ports to World War II*, Art Media Resources, 2009.

後 記

從 2000 年入手第一張原版歷史影像，2005 年開始系統收集相關文獻資料，2014 年春節後正式動筆，到今天，書稿終於要付梓了，放鬆之餘，感喟良多，特此小記。

十七年來，通過個人收藏實證中國早期攝影史，一直是我的一個理念與堅持。一件件藏品，從天南地北，通過各種渠道，入藏我的陋室。收藏，也成為我最大的業餘愛好和生活方式之一。

這期間，2009 年，我推出了第一個收藏——關於世博會的專題，出版兩本小書：《世博會中國留影》和《世博會獎牌收藏與鑒賞》；2010 年，又把一個個人的照片冊研究出版為《一站一坐一生：一個中國人 62 年的影像誌》；2012 年，再次推出了一個家族史的研究，出版了《北洋總統府大禮官》和《解說老北京》。

在一個個影像專題研究之餘，我始終難忘初心，一有時間，就不斷研究與照相館有關的藏品及歷史背景。當年在國家圖書館，一頁頁翻看《申報》縮印本，一張張瀏覽《順天時報》的縮微膠卷，不時看得頭暈噁心，但一旦有新的發現，則精神提振，困頓全無。也正是

因為十多年的斷續積累，讓我產生一種不吐不快的衝動，不為拿學歷，不為評職稱，只想把自己的研究心得整理出來，與大家共用，更期留諸後世。

真正動筆後，遇到的困難卻是我意想不到的。書籍框架的搭建，沒有任何同類書籍可供參考，只能自己摸索；電腦文檔裏積累了不少鮮活的史料，但因為缺乏系統性和全局性，大多無法納入書中；有些一手史料，沒有實證原始圖片的支持；有些找到了實證圖片，卻找不到文字佐證，致使有些章節不得不忍痛割愛；有時遇到思路瓶頸，一天寫不到百字；為了核實一個數字或尋找一句引語的原始出處，不得不反覆到圖書館查找，卻往往無功而返。

由於最初並沒有出版社的催稿，我也沒有為自己制定嚴格的出版時限，因此，我也是放鬆心態，一邊撰寫，一邊再學習。攝影史研究涉及社會史、美術史等多學科知識，遇到不懂的地方，我就在網上購買參考書籍，或者下載相關文章、論文，一年下來，網上購書竟花了一萬多塊。可能正是因為理念的堅持和發自內心的熱愛，在寫作的困憊之外，我更多體會到的是一個個章節完成後的愉悅，尤其是看到

自己的一件件藏品能夠成為書中的圖證，其成就感更是無以名狀。

在整個收藏與著述過程中，還有許多師長、同好、朋友熱忱相助，才使得此書能夠最終順利脫稿。2013 年底，在著名攝影家黑明兄的宋莊工作室一席暢談，堅定了我把自己的階段性研究公佈出來的信心。2014 年 11 月，參加大理攝影博物館開館研討會期間，鮑昆、陳小波、趙俊毅等專家學者對本書的寫作提出了中肯的意見。2014 年 12 月，本書的章節構架得到顧錚老師專門指導，收穫頗豐。2015 年初，我還就本書的具體寫作請益於攝影史學者陳申老師、徐希景教授，陳申老師還為本書提供了資料圖片，徐希景教授對書稿仔細審校，提出了許多建設性意見。上海社會科學院歷史研究所研究員，原上海社會科學院出版社社長承載先生，作為我先前三本收藏系列叢書的出版人，也對本書的撰寫提出了寶貴建議。中國人民大學的盛希貴教授，就攝影史研究的方法論給予了指導。年輕的老照片研究者徐家寧先生也為本書的具體考證提供了有益的幫助。在此特別感謝。

此外，眾多同好和藏友為了支持我的寫作，或與我交換藏品，或為我提供文字資料，或慷慨發來自己藏品的圖片，在此一併致謝，他們是：王秋杭、臧偉強、趙平、譚金土、韓一飛、大康、沙開勝、吳燕子、劉陽、王耀庭、陳穎、黃方、趙前、英國的泰瑞‧貝內特先生、倫敦伯納德‧夸里奇（Bernard Quaritch）出版公司的喬安娜‧斯基爾斯（Joanna Skeels）女士，以及美國的顧丹尼先生等。

另外，感謝北京華辰拍賣公司提供資料圖片，感謝影像部李欣女士的熱情幫助。感謝上海圖書館提供館藏電子圖片，感謝陳果嘉先生的具體幫助。

最後，感謝商務印書館（香港）有限公司的垂愛，感謝每一位對本書出版給予指導和付出辛勤勞動的人。

完稿之後再回首，深深感到，每一個章節，應該更加深入，更加系統化和理論化。但囿於篇幅、目前所掌握一手史料的限制，以及筆者本身學養的局限，很多方面實感力不從心，只能寄望於未來的修正或其他研究者進一步的跟進。書中出現的一切舛誤，本人負全部責任，懇請各路方家不吝賜教。

本書的架構雖然着眼於整個中國的照相館，但無疑重點集中在了早期的開放口岸，尤其是上海、北京、天津等名埠重鎮。其實，每一個省份、每一個城市都可以撰寫本地特色的照相館攝影史，眾多地方攝影史的集成，才會豐富和完善中國攝影史的研究維度。如果本書能夠成為引玉之磚，將會感到無限欣慰。

仝冰雪
2017 年 6 月於北京白石橋